Kristiane Hasselmann

Die Rituale der Freimaurer

Kristiane Hasselmann (Dr. phil.) ist wissenschaftliche Mitarbeiterin am Institut für Theaterwissenschaft der Freien Universität Berlin und Geschäftsführerin des Sonderforschungsbereichs »Kulturen des Performativen«, wo sie in einem neuen Projekt ästhetische Darstellungstabus untersucht.

KRISTIANE HASSELMANN

Die Rituale der Freimaurer. Zur Konstitution eines bürgerlichen Habitus im England des 18. Jahrhunderts

[transcript]

D 188

Gedruckt mit Unterstützung der Stiftung zur Förderung
der Masonischen Forschung an Hochschulen und Universitäten, Köln.

Bibliografische Information der Deutschen Nationalbibliothek
Die Deutsche Nationalbibliothek verzeichnet diese Publikation
in der Deutschen Nationalbibliografie; detaillierte
bibliografische Daten sind im Internet über
http://dnb.d-nb.de abrufbar.

Zugl.: Univ.-Diss., FU Berlin, 2005.

Umschlaggestaltung: Kordula Röckenhaus, Bielefeld
Umschlagabbildung: Assemblée de Francs-Maçons pour la Reception
des Maitres, Plate V aus: Johann Martin Bernigeroth: Les Coutumes
des francs-maçons dans leurs assemblées principalement pour la
réception des apprentifs et des maîtres, tout nouvellement et
sincèrement découvertes, Leipzig 1745.
(Foto: Herzog August Bibliothek Wolfenbüttel: Tq 4° 8)
Korrektorat: Christian Köhler, Ute Hasselmann
Druck: Druckkollektiv GmbH, Gießen
ISBN 978-3-89942-803-2

Gedruckt auf alterungsbeständigem Papier mit chlorfrei
gebleichtem Zellstoff.

Für Andreas, Bjarne und Alma

Inhalt

Danksagung

Die vorliegende Arbeit wurde im Mai 2005 von der Fakultät für Geisteswissenschaft und Philosophie der Freien Universität Berlin für das Fach Theaterwissenschaft als Dissertationsschrift angenommen und später für den Druck überarbeitet.

Im Zuge der Beschäftigung mit einem Thema, dessen Quellen schwer zugänglich sind, haben mir namhafte Kollegen und Mitglieder der Bruderschaft ihr Interesse an meiner Arbeit versichert und Empfehlungen ausgesprochen, um mir die Türen in die Archive zu öffnen. Für ihren Zuspruch und ihre Unterstützung danke ich Jan A. M. Snoek, Klaus Hammacher, Florian Maurice, Hermann Schüttler, der Forschungsvereinigung Frederik mit ihrem Vorsitzenden Eckehard Hoheisel, der Forschungsloge Quatuor Coronati mit ihrem Vorsitzenden Klaus-Jürgen Grün sowie seinem Amtsvorgänger Hans-Hermann Höhmann, nun Vorsitzender des Wissenschaftlichen Beirates.

Von großem Nutzen waren mir die Aufenthalte in der Bibliothek und dem Archiv der *Freemasons' Hall* in London und an der Freimaurerischen Sammlung in Den Haag. In London fand ich die Unterstützung der Direktorin Diane Clements und des Archivars Martin Cherry, der mir in kniffligen Fragen fachkundig und geduldig zur Seite stand. Emily Greenstreet fertigte sorgsam die gewünschten Reproduktionen an. Ich danke dem *Board of General Purposes der United Grand Lodge of London* für die Erlaubnis, aus den Archivalien und Beständen der Bibliothek der Freemasons' Hall in London zitieren zu dürfen, sowie für die erteilte Reproduktionserlaubnis für in diesem Band abgedruckte Bilder. Herrn Evert Kwaadgras, Direktor des *Cultureel Maçonniek Centrum »Prins Frederik«* in Den Haag, danke ich für die freundliche Aufnahme und die Erlaubnis, zahlreiche Kopien anfertigen zu dürfen.

Die Arbeit wurde mithilfe eines Forschungsstipendiums im Rahmen des DFG-geförderten Graduiertenkollegs »Körper-Inszenierungen« am Institut für Theaterwissenschaft der Freien Universität verfasst und dort von Erika Fischer-Lichte mitbetreut. Die Geburten unserer beiden Kinder konnten ihr Vertrauen in mich und meine Arbeit nicht erschüttern, wofür ich ihr herzlich verbunden bin. Den Mitgliedern des Graduiertenkollegs und des Kolloquiums von Christoph Wulf verdanke ich fachübergreifende Diskussionen. Erst aber durch das Interesse von Eleonore Kalisch und Michael Franz an meiner Arbeit, ihre kontinuierliche Beratung und tiefgehende Unterstützung, die weit über ein ›normales‹ Betreuungsverhältnis hinausging, erhielt das Buch seine heutige Form. Klaus Hammacher verdanke ich zentrale philosophiegeschichtliche Hinweise und Anstöße zur kritischen Prüfung meiner Überlegungen zur freimaurerischen Ethikkonzeption. Jan Snoek gab als ausgewiesener Experte freimaurerischer Rituale und historischer Hintergründe großzügig Hilfestellung bei der Überarbeitung der Texte für den Druck.

Ich danke meiner Familie, meinem Mann und meinen Schwiegereltern für ihren liebevollen Beistand, für produktive Arbeitslager an Meer und See und vor allem dem *Au-pair-Opi* für seine rettenden Einsätze im Großstadtdschungel.

Christiane Berger hat für diesen Band freundlicherweise die Formatierung übernommen. Ich danke Christine Jüchter für die kluge und geduldige Projektleitung von Seiten des transcript Verlages, Christian Köhler und Ute Hasselmann für ihr gewissenhaftes Korrektorat.

Berlin, den 14.09.2008 Kristiane Hasselmann

Sigelverzeichnis

Siglen häufig zitierter Quellensammlungen, Werkausgaben und Periodika

Ascl.	–	Das Corpus Hermeticum Deutsch, Teil 1: Die griechischen Traktate und der lateinische ›Asclepius‹, übersetzt und eingeleitet von Jens Holzhausen, Stuttgart, Bad-Cannstatt 1997.
AQC	–	Ars Quatuor Coronatorum, being the Transactions of Quatuor Coronati Lodge No. 2076, London.
CH	–	Das Corpus Hermeticum, einschließlich der Fragmente des Stobaeus, aus dem Griechischen neu übertragen von Karl-Gottfried Eckart, hg. und mit einer Einleitung versehen von Folker Siegert, Münster 1999.
Constitutions	–	James Anderson: The Constitutions of the Freemasons. Containing the History, Charges, Regulations, &c. of that most Ancient and Right Worshipful Fraternity. For the use of the Lodges, London 1723 and The New Book of Constitutions of the Ancient and Honourable Fraternity of the Free and Accepted Masons. Containing Their History, Charges, Regulations, &c. Collected and Digested By order of the Grand Lodge from their old Records, faithful Traditions and Lodge-Books, For the Use of the Lodges, London 1738, facsimile edition by Quatuor Coronati Lodge, London 1976.
EMC	–	The Early Masonic Catechisms, transkr. u. hg. von Douglas Knoop, G. P. Jones und Douglas Hamer, überarb. 2. Aufl., hg. von H. Carr, London 1963.
EME	–	English Masonic Exposures of 1960-1769, with full transcripts of Three distinct Knocks (1760), Jachin and Boaz (1762), Shibboleth (1765), hg. von A.C.F. Jackson, London 1986.
EFE	–	The Early French Exposures, hg. von Harry Carr, London 1971.
EMP	–	Early Masonic Pamphlets, hg. von Douglas Knoop, G.P. Jones und Douglas Hamer, Reprint der Ausgabe London 1944, London 1978.
Essay	–	John Locke: Versuch über den menschlichen Verstand

		(Essay Concerning Human Understanding), in zwei Bänden, übers. von C. Winckler, Hamburg 1988.
Freemasons' Mag.	–	The Freemasons' Magazine, or, General and complete Library, London: Printed and published by J. W. Bunney, No. 7 Newcastle Street Strand, and sold by Scratcherd and Whitaker, Ave Maria Lane, 1793-1796.
Gent. Mag.	–	The Gentleman's Magazine, or, Monthly Intelligencer, London 1731-1821.
LM	–	George Lillo: »The London Merchant: or, The History of George Barnwell (1731)«, in: Eighteenth Century Plays, hg. von John Hampden, London, New York 1958, S. 213-265.
Nik. Eth.	–	Aristoteles: Nikomachische Ethik, hg. von Günter Bien auf der Grundlage der Übersetzung von Eugen Rolfes, Hamburg 1972.
Scient. Mag.	–	Scientific Magazine, and Freemasons' Repository, London: George Cawthorn, British Library, Strand, 1797-1798.

Zur Verbesserung der Lesbarkeit wurden für die Publikation die Quellentexte im Haupttext durch deutsche Fassungen ausgetauscht. Sofern nicht als fremde ausgewiesen, sind alle deutschsprachigen Umschriften eigene Übersetzungen. Zu Referenzzwecken sind die originalen Textstellen jeweils in voller Länge in der dazugehörigen Fußnote abgedruckt. Die historische Orthographie und Zeichensetzung wurde dabei unkorrigiert übernommen.

Bei der Wiedergabe von Versdichtung wurde auf eine Übersetzung verzichtet.

Abbildungsverzeichnis

EINLEITUNG

Spekulationen um die geheimnisumwobenen Versammlungen und Rituale der Freimaurerbruderschaft inspirieren immer wieder fiktive Erzählungen, schüren die Neugier und bedienen kreative Plots um Macht und Verbrechen. Auch der externen Forschung, die sich mit dem Wirken des Geheimbundes beschäftigt, blieb zunächst nur die Produktion von Zwitterwesen zwischen Roman und Forschungsbericht.[1] Der mutmaßliche politische Einfluss der Bruderschaft, die ihr anhaftenden Verschwörungstheorien und die Bedeutung einer Mitgliedschaft in der Bruderschaft für die Biographien historischer Persönlichkeiten standen anfangs im Zentrum des Interesses an der Freimaurerei.

Den lange Zeit nahezu ungebrochenen Bemühungen um Geheimhaltung ist es geschuldet, dass bisher nur wenige Untersuchungen zur historischen Rolle freimaurerischer Rituale vorliegen. Die universitäre Forschung widmet sich dem Thema Freimaurerei erst ausgiebiger seit den 90er Jahren des letzten Jahrhunderts.[2] In der geschichtswissenschaftlichen, oftmals politiktheoretisch ausgerichteten,[3] oder organisationssozio-

1 Siehe beispielsweise Umberto Ecos Roman *Das Foucaultsche Pendel* (1989).

2 John M. Roberts beklagt 1969 noch ein mangelndes Interesse der professionellen englischen Geschichtsforschung an der Freimaurerei in ihrem Ursprungsland, »könne die Freimaurerei doch einen völlig neuen Zugang zur Kultur des 18. Jahrhunderts öffnen.« John M. Roberts: »Freemasonry: Possibilities of a Neglected Topic«, in: English Historical Review 84 (1969), S. 323-335. Mittlerweile sind masonische und nicht-masonische universitäre Forschung in verschiedenen Einrichtungen vernetzt, universitäre Forschung wird unterstützt und gezielt gefördert. An den Universitäten in Sheffield, Leiden, Paris (Sorbonne) und Amsterdam wurden Lehrstühle für Freimaurerforschung und Westliche Esoterik eingerichtet und damit als Forschungsinteresse fest im Studienprogramm verankert. Literatur- und kunstwissenschaftliche Untersuchungen befördern seit den neunziger Jahren erstaunliche Ergebnisse hervor und fordern alte Sichtweisen heraus. Siehe beispielsweise die hier vielfach berücksichtigen Arbeiten von Marie Mulvey-Roberts und Mark Hallett.

3 Siehe, um zwei besonders einschlägige zu nennen, Reinhart Koselleck: Kritik und Krise. Eine Studie zur Pathogenese der bürgerlichen Welt, Frankfurt a.M. 1997 (Erstveröffentlichung 1959); Margaret C. Jacob: Living the Enlightenment. Freemasonry and Politics in Eighteenth Century Europe, Oxford 1991.

logischen Erforschung der Freimaurerei,[4] die bereits verstärkt in den 70er Jahren des letzten Jahrhunderts einsetzte, blieben Verweise auf die geistesgeschichtliche Nähe zu Ideen der Aufklärung bislang pauschal und daher wenig informativ hinsichtlich der Rolle freimaurerischer Rituale. Arkanphänomene wurden von der universitären Forschung lange Zeit als unzugängliches, mystisches Beiwerk wahrgenommen und mit dem schlichten Hinweis, dass sie als Explikationsmuster für aufklärerisches Gedankengut fungierten, *ad acta* gelegt.

Vor dem Hintergrund der Annahme, das Wesen der Freimaurerei sei in besonderer Weise von körperlich fundierten Praktiken zur Einübung moralischer Verhaltensweisen geprägt, scheint eine theaterwissenschaftliche Beschäftigung mit dem Phänomen als *Cultural Performance* angezeigt. Einen wichtigen Hinweis auf die Bedeutung dieser performativ-symbolischen Praktiken gab 1982 Norbert Schindler, der das Ritual analysiert, indem er die Theater-Metapher zur Beschreibung der rituellen Arbeit als »gruppeninternes Theater der Moral« verwendet und es in Relation zu der parallelen Phase öffentlicher Selbstdarstellung in der ersten Hälfte des 18. Jahrhunderts in Deutschland setzt.[5] Er erörtert die Schaffung eines »sozial exklusiven, zwischen öffentlicher und privater Sphäre angesiedelten Freiraum[es], in dem egalitär, handlungsentlastet und unter Einbeziehung vorhandener Geselligkeitsbedürfnisse neue bürgerliche Tugend- und Verhaltensmuster sukzessive eingeübt und stabilisiert werden« können und dessen »vorrationale rituelle Symbolik« ein »latentes Transformationspotential [...] in Hinblick auf die praktische Konstitution bürgerlich-rationaler Verhaltensmuster« enthält.[6] Schindler hebt hervor, dass bei dem Erwerb bürgerlicher Verhaltensweisen weniger kognitive Prozesse im Zentrum stehen als eine »latente, durch verhaltenspraktische Einübung und Routinisierung [...] umso alltagswirksamere« Form der Aneignung, die durchaus experimentellen Charakter hat.[7]

Die Historiker Florian Maurice und Stefan-Ludwig Hoffmann analysierten in ihren wegweisenden Arbeiten Modifikationen des Rituals und die Bedeutung von Geselligkeit in verschiedenen historischen und sozio-

4 Siehe zuletzt R. William Weisberger: Speculative Masonry and Enlightenment. A Study of the Craft in London, Paris, Prag, Wien, New York 1993; Peter Clark: British Clubs and Societies 1580-1800. The Origins of an Associational World, Oxford 2000.

5 Norbert Schindler: »Freimaurerkultur im 18. Jahrhundert«, in: Klassen und Kultur, hg. von Robert M. Berdahl u.a., Frankfurt a.M. 1982, S. 205-262, hier: S. 228.

6 Norbert Schindler über die Freimaurerei in seinem Aufsatz »Der Geheimbund der Illuminaten – Aufklärung, Geheimnis und Politik«, in: Freimaurer und Geheimbünde im 18. Jahrhundert, hg. von Helmut Reinalter, Frankfurt a.M. 1993, S. 284-318, hier: S. 290f.

7 Ebd., S. 207.

kulturellen Kontexten im deutschsprachigen Raum.[8] Beide, Maurice im Rahmen seiner Untersuchung der Reform der Berliner Großloge *Royal York* zwischen 1796 und 1802 unter dem Josephiner und Freimaurer Ignaz Aurelius Feßler (1756-1839) und Hoffmann in seiner politischen Kulturgeschichte der Geselligkeit im Deutschland des 19. Jahrhunderts, nehmen neben den organisationssoziologischen Elementen auch die freimaurerischen Rituale als spezifische »Praktiken des Selbst« in den Blick und würdigen ihre Bedeutung in ihrem jeweiligen zeit- und kulturgeschichtlichen Kontext. Maurice stellt seiner Studie die Untersuchung freimaurerischer Rituale voran und macht in seinen Beschreibungen die Relevanz ritueller, den ganzen Körper erfassender Erfahrung explizit:

»Die freimaurerische Einweihung umfasst – wie alle Initiationen – den ganzen Initianden, sie wirkt nicht nur auf sein Bewusstsein, sondern verändert auch seinen Körper. Der Körper wird in gewisse Stellungen, Positionen gebracht, die er zuvor nicht kannte, und fortan kann er diese Stellungen in Griff und Zeichen wiederholen und damit Zeugnis ablegen von diesem ursprünglichen Akt, der ihm wie eine unsichtbare Tätowierung bleibt.«[9]

»Die Rituale machten«, schreibt Hoffmann, »die politisch-moralischen Ordnungsideen der Logen körperlich erfahrbar; sie sollten die Tugend des Einzelnen fördern, ihn ›zivilisieren‹, bis sie zu einer, in den Worten Simmels, ›von Innen her wirkenden Verfassung‹ wurde.«[10] Auch Max Weber sah »nicht in der Ausbreitung, Verflechtung und Zusammensetzung von Assoziationen wie den Logen, sondern in ›der Frage nach der Beeinflussung des menschlichen Gesamthabitus durch die verschiedenen Inhalte der Vereinstätigkeit‹ den Schlüssel zum politischen Verständnis der Geselligkeit. ›Wie wirkt die Zugehörigkeit zu einem bestimmten Verband nach innen‹, fragt Weber, ›auf die Persönlichkeit als solche?‹«[11]

Die Untersuchungen Maurices und Hoffmanns markieren eine längst fällige Perspektivänderung in der geschichtswissenschaftlichen Betrachtung der Freimaurerei zugunsten einer sozial- und kulturgeschichtlichen

8 Florian Maurice: Freimaurerei um 1800. Ignaz Aurelius Feßler und die Reform der Großloge Royal York in Berlin, Tübingen 1997; Stefan-Ludwig Hoffmann: Die Politik der Geselligkeit. Freimaurerlogen in der deutschen Bürgergesellschaft 1840-1918, Göttingen 2000.

9 Maurice, Freimaurerei um 1800, S. 21. Ich selbst bevorzuge, von *engrammatischen Effekten* zu sprechen, da das Initiationsritual einen Eingriff in die Tiefenstruktur des menschlichen Habitus bewirken soll und damit nicht auf die Körperoberfläche beschränkt bleibt. Siehe zum »Engramm«-Begriff die Fußnote 20 in diesem Kapitel.

10 Hoffmann, Politik der Geselligkeit, S. 20.

11 Zitiert nach ebd., S. 205.

Kontextualisierung. Sie sind allerdings – das ist ihrem Gegenstand geschuldet – eng der deutschen Kultur-, Zeit- und Sozialgeschichte verhaftet. Hoffmann untersucht die Freimaurerei als ein ›Überhang‹ des 18. Jahrhunderts, als scheinbar unzeitgemäßes und doch äußerst erfolgreiches Phänomen des 19. Jahrhunderts. Maurice verortet das von ihm analysierte Vereinsleben der *Royal York* im Rahmen seiner erkenntnisreichen gesellschaftsgeschichtlichen Mikroanalyse fest im kulturellen Leben Berlins kurz vor der Wende zum 19. Jahrhundert.

Um der in den genannten Abhandlungen angedeuteten Funktion freimaurerischer Rituale in einem früheren Entstehungskontext tiefer auf den Grund zu gehen, konzentriert sich die vorliegende Untersuchung ganz auf die frühe Entwicklungsgeschichte der Freimaurerei im England des 18. Jahrhunderts; wo die Bedeutung des Geheimnisses viel weniger auf bürgerliche Behauptungsversuche gegen feudale Superiorität beschränkt ist, wo mystische Rituale und aufklärerische Selbstermächtigung viel weniger im Widerspruch zueinander stehen und nicht als »verfremdendes Schauspiel«[12] verstanden werden denn als eigene Realitätssphäre mit direktem Wirkungsanspruch auf den gesellschaftlichen Alltag.

Eine unersetzliche Grundlage für das Studium englischer Rituale bilden noch immer die Textsammlungen von Douglas Knoop, Douglas Hamer und G.P. Jones, von Harry Carr und nicht zuletzt A.C.F. Jackson. Fortführende komparatistische Studien früher freimaurerischer Rituale und Katechismen, wie die des in Heidelberg lebenden Religionswissenschaftlers Jan Snoek, fördern die Rekonstruktion relevanter Entwicklungslinien für den britischen und kontinentalen Raum und verdichten so die Kenntnis der rituellen Praxis in verschiedenen historischen Zeiträumen und lokalen Gegebenheiten.[13] Klaus Hammacher gab wichtige Anstöße zur Untersuchung der *performativen* Paradigmen im Kontext einer Analyse der funktional differenten Zeichen des konkreten Rituals; das gilt auch für die eingehende Beschäftigung mit den rituellen Körperinszenierungen und ihrer Bedeutung für den Vorgang der Selbstformung im philosophiegeschichtlichen Kontext.[14] Zur Neubestimmung einiger relevanter Entwicklungslinien der freimaurerischen Darstellungskonven-

12 Vgl. Hoffmann, Politik der Geselligkeit, S. 36.

13 Eine solche Detailstudie stellt auch der von Jan Snoek und mir gemeinsam verfasste Beitrag »Entwürfe eines neuen Rituals für die Vereinigte Großloge von England im Jahr 1816. Ein Baustein deutsch-englischer Ritualgeschichte« dar, der in Kürze in der Zeitschrift für Internationale Freimaurerforschung (IF) erscheinen wird.

14 Klaus Hammacher: Einübungsethik. Überlegungen zu einer freimaurerischen Verhaltenslehre, Schriften der Forschungsloge Quatuor Coronati Bayreuth, Nr. 45/2005.

tionen, deren Wurzeln in Großbritannien liegen, geben außerdem neue archivalische Funde Anlass.

Was macht also die Freimaurerei, wie wir sie in der zweiten Hälfte des 18. Jahrhunderts in England auffinden, zur spezifischen Erscheinungsform kultureller Performanz, die spezifische theaterwissenschaftliche Erkenntnisinteressen auf sich zu versammeln vermag – und zwar nicht nur in dem von Schindler intendierten metaphorischen Sinn, sondern im Hinblick auf eigene genuine Traditionen, Potentiale und Praktiken, deren Analyse und Kontextualisierung weit über eine Explikation der Theateranalogie hinausgehen? Es sind vor allem sechs Momente, die hier zunächst das Interesse auf sich ziehen:

Das erste Analysemoment, das die genuine Tradition kultureller Performanz markiert, ist *die Herausbildung und der Charakter der Freimaurerbruderschaft als eine Wertegemeinschaft mit einer spezifischen Actor-Spectator-Struktur.*[15] Indem die Freimaurer in ihrer gemeinschaftsbildenden Praxis den sozial-kommunikativen Charakter des interaktionellen Wertungsverhaltens kultivieren und die Funktion der Persönlichkeitswerte sowie der persönlichen Wertschätzung unterstreichen, erschließen sie einen Zugang zur Wertproblematik, der sich mit entsprechenden Vorstößen des englischen Philosophen John Locke berührt. Wenn in diesem Buch bestimmten Fragestellungen und Lösungsansätzen von Locke also größerer Platz eingeräumt wird, dann nicht in der Absicht, eine direkte Linie von Locke zur Freimaurerei zu ziehen oder eine gedankliche Abhängigkeit des freimaurerischen Ethikkonzepts von Lockes Ethik zu behaupten, sondern es geschieht, weil Locke neu herangereifte Problemlagen an der Schwelle zur *Commercial Society* schärfer und gründlicher erfasst und beschrieben hat als andere, die ihrerseits möglicherweise zu völlig anderen Ergebnissen gelangt sind. Locke spielt in der Geschichte der Habitusethik eine wichtige Rolle, vor allem dank seiner Neufassung der personalen Identität, der betonten Abhängigkeit des Einzelnen von Gruppennormen und von der »Währung« Reputati-

15 Zum Begriff der *Actor-Spectator*-Struktur siehe Eleonore Kalisch: Von der Ökonomie der Leidenschaften zur Leidenschaft der Ökonomie. Adam Smith und die *Actor-Spectator-Kultur* im 18. Jahrhundert, Berlin 2006; dies., »Leben in einer Gesellschaft von Zuschauern. Die *Actor-Spectator*-Beziehung im Denken von Adam Smith«, in: Spektakel der Moderne. Bausteine zu einer Kulturgeschichte der Medien und des darstellenden Verhaltens, hg. von Joachim Fiebach u. Wolfgang Mühl-Benninghaus, Berliner Theaterwissenschaft Bd. 2, Berlin 1996, S. 79-137; dies.: Theaterkrieg und histrionischer Körper. Der Pietismus und die Ansätze zu einer performativ orientierten Habitus-Ethik im späten 17. und frühen 18. Jahrhundert, Habilitationsschrift, Humboldt-Universität zu Berlin 1999, S. 219 und dies.: Konfigurationen der Renaissance. Zur Emanzipationsgeschichte der *ars theatrica*, Berlin 2002, S. 158.

on/Stigmatisierung. Beides, Zurechnungsmacht und Eigenverantwortung auf der einen Seite, Gruppenabhängigkeit und Begehren nach Anerkennung auf der anderen Seite, bilden ein Spannungsverhältnis, das sich vielfach zum Widerstreit verschärft hat.

Ähnlich wie die Freimaurer hat Locke besonderes Augenmerk auf die Generierung und Anwendung von Bewertungsmaßstäben gelegt. Dies ist kein isolierter Akt der auf Innerlichkeit beschränkten Moralität, sondern ein Vorgang in Gemeinschaften und Vereinigungen, die sich Satzungen geben und insofern über das stillschweigende Sich-Einspielen von Konventionen hinausgehen. Private Gesellschaften funktionieren als freiwillige Zusammenschlüsse jedoch nur, wenn sie ihre Umgangsregeln selbst formulieren und deren Einhaltung durch eigene interne Sanktionsmaßnahmen sichern können. Mit Einführung des Gesetzes der gesellschaftlichen Anerkennung (*law of opinion and reputation*), welches Locke dem göttlichen und bürgerlichen Recht als dritten Normentypus zur Seite stellt und das anders als Letzteres nicht auf äußerem Zwang beruht, findet eine Differenzierung zwischen Moral und Recht statt, ohne aber die Verquickung beider Bereiche gänzlich aufzulösen.

Die Freimaurerbruderschaft kann als symptomatisch für jene neuen Formen der Vergemeinschaftung gelten, die sich innerhalb der modernen Gesellschaft herausbilden und die zwar strukturell an alte Traditionen anknüpfen, sich durch die Form ihrer gesellschaftlichen Integration aber von denen vormoderner Gesellschaften unterscheiden. Freimaurerei ist zunächst kein groß angelegter gesellschaftspolitischer Entwurf, sondern bedient ein Bedürfnis jener Bürger, die sich rüsten wollen oder müssen, um den Chancen und Risiken sozialer Selbstbehauptung in der modernen Gesellschaft gewachsen zu sein. Nicht zuletzt lassen sich innerhalb des Bundes neue, interessante Geschäftskontakte knüpfen. Freimaurer versuchen, die Entwicklung eines ›Geschäftshabitus‹ in korrektive Wertorientierungen einzubinden, um gestaltenden Einfluss auf die *Commercial Society* zu nehmen. In diesem Kontext behauptet sich die Freimaurerbruderschaft als esoterische Wertegemeinschaft,[16] die sich zugleich als not-

16 »Esoterisch« wird hier als typologisch-historischer Begriff verwendet zur strukturellen Bestimmung der Loge als geheimnisgeschützen Raum, in welchem sich ein Kreis Eingeweihter mittels einer spezifischen initiatorischen Praxis von der Allgemeinheit abgrenzt. Historisch bezeichnet er in Ableitung von Aristoteles zunächst eine Form der oralen, persönlichen Wissensübertragung. Klemens von Alexandrien assoziiert den Begriff erstmalig mit einem »Geheimnis«. Schüler des Aristoteles' hätten eine esoterische und eine exoterische Lehre unterschieden, von denen sich erstere zum Schutz ›besonderen‹ Wissens einer mystischen Verschleierung bedient habe. (*Stromata* V, 58, 3-4). Hippolytus von Rom und Iamblichos waren die ersten, die mit dem Begriff die Eliteschüler des Pytagoras bezeichneten. Wouter J. Hanegraaff: »Esotericism«, in: ders. (Hg.), Dictionary of Gnosis and

wendiges Komplement zur sich herausbildenden modernen Gesellschaft begreift. Als gesellschaftliches Komplement in dem Sinne, dass sie die Anforderungen, die die *Commercial Society* an den Bürger stellt, zwar akzeptiert, gleichzeitig aber ihre Schattenseiten reflektiert. Die Bruderschaft der Freimaurer versteht sich als *notwendiges* Komplement, da ihr eine Gesellschaft allein auf der Grundlage eines vitalen Egoismus auf lange Sicht nicht überlebensfähig erscheint. Um Vorurteile abzubauen und die Überlegenheit freimaurerischer Daseinshaltungen vor Augen zu führen, haben die Freimaurer selbst nicht nur ein vielfältiges Liedgut geschaffen, auch die Theaterbühne diente als bevorzugtes Forum, um auf die öffentliche Meinung einzuwirken. George Lillos Drama *The London Merchant, or The History of George Barnwell* (1731) ist eines jener von Freimauern damals als besonders lehrreich eingestuften und gezielt geförderten Dramen, welches durch häufige Aufführung einige Wirksamkeit auf der englischen Bühne erlangte und regelmäßig von Freimaurerlogen besucht wurde. Die Theateraufführung bekommt hier nicht nur die Funktion eines Instruktionsabends, sondern wird auch zum streitbaren Forum der Verteidigung gegen kursierende Vorwürfe der Amoralität.[17]

Kraft für die Erfüllung ihrer selbst gestellten Aufgabe schöpft der Freimaurer im Esoterischen.[18] Die im Ritual und geselligen Umgang erprobten Selbstentwürfe sollen in exoterischer Sphäre, d.h. im sozialen Alltag außerhalb des Logenhauses wirksam werden. Die Beschäftigung mit der Freimaurerbruderschaft zwingt dazu, eine Schlüsselfrage zu stellen, die sich aus der von Ferdinand Tönnies thematisierten Differenzierung von Gesellschaft und Gemeinschaft ergibt. Wie ist Gemeinschaft möglich innerhalb der modernen Gesellschaft mit ihren sachvermittelten marktwirtschaftlichen Abhängigkeitsverhältnissen? Tönnies lässt den Eindruck entstehen, dass Gemeinschaft ein vormodernes Phänomen ist und der modernen, funktionell differenzierten Gesellschaft, die ohne Markt undenkbar ist, kaum zu vermitteln sein dürfte. Tatsächlich jedoch ist zum einen die Ablösung der persönlichen Bindungen durch sachliche

Western Esotericism, Leiden, Boston 2005, S. 336ff. Diskutabel ist hingegen, wie Roger Dachez bemerkt, ob mit diesem Begriff im neuzeitlichen Sinne auch eine Dimension intimer persönlicher Erfahrung innerhalb der Freimaurerei zu fassen ist, welche zu höherem Wissen führen soll, indem sie eine rein allegorische Ebene übersteigt. Ders., Stichwort »Freemasonry«, in: ebd., 382ff.

17 Ein Beispiel für den deutschsprachigen Raum ist Carl Friedrich Henslers Drama *Handeln macht den Mann, oder der Freymäurer* (1785), das allerdings weniger durch seinen künstlerischen Wert, als aus diagnostischen Gründen zur Betrachtung herausfordert. Siehe Kristiane Hasselmann: »Die Freimaurerei im Spiegel der Dramatik«, in: Quellenkundliche Arbeit der Forschungsloge Frederik Nr. 16, Flensburg 2003, S. 207-224.

18 Zur Begriffsbestimmung des »Esoterischen« siehe Fußnote 16.

Abhängigkeitsverhältnisse der Individuen (Marx) nicht durchgängig und vollständig; es handelt sich eher um ein Dominanzphänomen. Auch die persönlichen Abhängigkeitsverhältnisse, die sowohl in familiären und interpersonalen Beziehungen als auch im patriarchalisch organisierten mittelständischen Gewerbe fortbestehen, werden von sachlichen Abhängigkeitsverhältnissen überlagert. Zum anderen wecken gerade die versachlichten Beziehungen in der modernen Gesellschaft den Wunsch nach Gemeinschaft, der nicht einfach als eine an der Vormoderne orientierte Nostalgie abzutun ist. Nimmt man das soziale Imaginäre im Sinne von Castoriadis nicht nur als Entfremdungsphänomen, sondern auch und vor allem als ein produktives Potential, so ist zu fragen, ob es überhaupt jemals Gemeinschaftsbildung ohne konstitutiven Anteil des sozialen Imaginären gegeben hat. Dies wird im Anschluss an die Analyse des Verhältnisses von Gesellschaft und Gemeinschaft unter Modernitätsbedingungen durch Talcott Parsons und John Rawls untersucht. Das Ausgehen von gemeinsamen Werten und Zielen, bzw. von Wertsystemen als spezifisch gemeinschaftsbildenden Faktoren, ist eine Zugangsweise, die sich auch in der Analyse des Gemeinschaftsmodells der Freimaurer in ihrem Verhältnis zur *Commercial Society* bewährt.

Die Freimaurerei hat das Entstehen eines »geheimen Gesinnungsraumes« (Koselleck) innerhalb des Umbaus des feudalen Staatswesens genutzt. Unabdingbare Bestandteile dieses aus dem Staat ausgegliederten moralischen Gesinnungsraumes stellen Mystifikation und Geheimhaltung dar, um der Gefahr des Belangtwerdens bei Eindringen in staatliche Zuständigkeiten vorzubeugen. Der Grundstein für die Dialektik von Geheimnis und Aufklärung, von Entlarvung und Mystifikation wird im Prozess der Assimilation eines privaten Raumes für die bürgerliche Selbstverwirklichung gelegt.[19] Bildete sich in diesem Prozess die moderne Gewissensethik, in der die Tendenz zur Verinnerlichung der Moral von äußeren Verhaltensweisen und damit auch vom Körper wegführte, so bedurfte der Konstitutionsprozess der Moderne zugleich einer *Reformation of Manners*, in der sich die moderne »performativ orientierte Habitus-Ethik« (Kalisch) etablierte, die stets an die körperlichen Handlungsvollzüge gebunden blieb.

Die Traditionen und Praktiken kultureller Performanz innerhalb der Bruderschaft werden besonders sichtbar – und das ist das zweite der oben genannten Momente – in den *räumlichen Konstitutions- und Organisationsformen (Raumformen) der freimaurerischen Wertegemeinschaft* und in ihrem funktionalen Zusammenhang zum öffentlich-staatlichen Raum.

19 »Private is in secret free.« Thomas Hobbes: Leviathan oder Stoff, Form und Gewalt eines kirchlichen und bürgerlichen Staates, hg. von Iring Fetscher, Frankfurt a.M. 1996, II, 31 und III, S. 40.

Die Betrachtung der zentralen Versammlungsstätten der *Premier Grand Lodge* macht deutlich, dass die räumliche Rahmung der Begegnungen für die Konstitution freimaurerischer Identitäten eine spezifische Rolle spielt. Ist die Freimaurerei doch nur in *dem* Sinne eine Geheimgesellschaft, dass ihre Rituale geheim gehalten werden, nicht aber ihre grundsätzliche Existenz oder Treffpunkte unbekannt bleiben sollen. Die *Gentleman Masons* wählen für ihre Treffen öffentlich zugängliche Räume der Stadt, wie Tavernen und Gasthäuser, welche sie für begrenzte Zeit als ihren Raum besetzen und zu ihrem Forum machen, indem sie Nichtmitglieder hinausweisen. Wachhabende sollen das Eindringen neugieriger Fremder verhindern.

Nach Gründung der Ersten Englischen Großloge wächst mit steigenden Mitgliederzahlen auch der Wunsch nach einer eigenen freimaurerischen Versammlungshalle für die vierteljährlichen Versammlungen. Dieser Wunsch wird in Thomas Sandbys *Freemasons' Hall* in *Lincoln's Inn Fields* in London, die zum Ausdruck der neuen, gewachsenen Gemeinschaft wird, realisiert. Der Zusammenhang von Funktionskonzept und Raumstrukturen, Konstruktion und Ornament lässt ein kulturell-performatives Potential erkennen, dass sich darin bestimmt, wie Gruppierungen, Beziehungsmuster, Handlungsvollzüge, Geschehensabläufe im Rahmen einer bestimmten symbolischen Ordnung räumlich organisiert, d.h. ermöglicht und vorgeschrieben werden. Die ästhetischen Raumformen des Logenhauses rufen in ihrem Ensemble eine eigene imaginäre Ordnung auf, in deren symbolischen Verweisungen sich die Konfigurationsmechanismen des modernen (freimaurerischen) Selbst offenbaren. Dieses konstituiert sich in einem Wechselspiel der Blicke, zwischen Selbstprüfung und gegenseitiger Inaugenscheinnahme: Die Vorhänge, durch die der Maler Joseph Gandy den Blick in die Versammlungshalle wie durch einen Theatervorhang hindurch freigibt, markieren den hermetischen Innenraum als eine eigene, abgeschlossene mystische Sphäre der Gemeinschafts- und Selbsterfahrung. John Soanes *Council Chamber* in *Freemasons' Hall* gibt wenig später nicht nur dem freimaurerischen Synkretismus einen adäquaten Gestaltausdruck, sondern ist bis auf das durchstilisierte Arrangement der Möbel auf die zeremoniellen Bedürfnisse der Bruderschaft zugeschnitten. Soane lässt den Raum zwischen Privatem und Öffentlichem changieren und weiß durch geschickte Lichtinszenierung mit der für die Freimaurer paradigmatischen Dialektik von Transparenz und Intransparenz zu spielen. Zugleich verblüfft er durch die augenfälligen Anleihen an die 1792 von ihm gestalteten *Stock Office Chambers* der Bank of England.

Das dritte Moment liegt in der *konstitutiven Funktion der freimaurerischen Rituale* und dem *Vorrang des Ereignisses* als ›rituelles Erlebnis‹, dem der zweite Teil des Buches gewidmet ist. Die stufenweise Einführung des Einzelnen in die freimaurerische Bruderschaft von der Aufnahme bis in die höchsten Meistergrade vollzieht sich als eine Durchwanderung vielfältiger gestaffelter Einsetzungs- und Initiationsrituale. Die rituelle Einsetzung ist ein Verfahren, das die performative Äußerung in solche operationalen Zusammenhänge stellt, die durch Verhaltensregeln, spezielle Kompetenzen und verbindliche praktische Konsequenzen gekennzeichnet sind. Das Ritual erzeugt, was es benennt. Es ist vor allem der privilegierte Erlebniszugang, der der Freimaurerei für den Außenstehenden den Anstrich einer ›Geheimkunst‹ gibt. Diesem Eindruck kommt das oberste Gebot der Gemeinschaft entgegen, sowohl die Rituale selbst als auch ihre Wirkung auf diejenigen, die sie durchlaufen, als Geheimnis der Gemeinschaft streng zu hüten. Diesem rituellen Erlebnis wird im Einzelnen nachgegangen.

Wenn in der vorliegenden Untersuchung der Erlebnisbegriff aufgegriffen wird, dann wird hierbei eine spezielle, im Erfahrungshorizont der Freimaurer zu verortende Bedeutung zugrunde gelegt. Erlebnis wird als *Evidenzerfahrung* und *engrammatischer Effekt* des rituellen Vorgangs verstanden und ist von der Intensität des *Vollzugs* abhängig. Der Begriff des »rituellen Erlebnisses« soll – in Abgrenzung zum weitaus komplexeren und subjektzentrierten Erlebnisbegriff der Moderne – diese Gegenwärtigkeit und Unmittelbarkeit des rituellen Ereignisses betonen, das sich am Körper des Initianden vollzieht und in seiner prägenden Wirkung auf das körperliche Empfinden auch zur Grundlage zukünftiger ethischer Entscheidungen werden kann. Die besondere performativ-symbolische Konstellation ermöglicht und konditioniert zugleich den *gefühlsunmittelbaren Zugang* zur Zeichenwelt der Freimaurer, der über einen bloßen Dekodierungsvorgang hinausgeht und den Kern des hier gebrauchten Erlebnisbegriffs bildet.

Hier ist – und das ist das vierte Analysemoment – die *herausragende Funktion des Körpers* in der Freimaurerei in all seiner Widersprüchlichkeit in den Blick zu nehmen. Einerseits wird der Körper als potentieller affektiver Störenfried intensiver Kontrolle und Disziplinierungsmaßnahmen ausgesetzt, andererseits rückt er als Protagonist eines rituellen Dramas in den Mittelpunkt gemeinschaftlicher Aktivitäten. Die freimaurerische Körperkonzeption ist in ihrer Widersprüchlichkeit meines Erachtens nur von ihren hermetischen Ursprüngen her zu begreifen. Die Generierung eines freimaurerischen Habitus vollzieht sich als spezifischer Zeichenprozess am Körper, ist aber zunächst verbunden mit dem durch das rituelle Ereignis gesetzte Engramm als Beginn eines lebenslangen, individuellen Lernprozesses entlang von Bildern und Metaphern, deren Bedeutung sich der Neophyt nach und nach selbst erschließen soll.[20] Er beginnt mit der Auslösung sensorisch-motorischer Reaktionen im Vollzug des Rituals. Hier ist es der sinnliche Körper, der angesprochen wird, um die assoziative Verbindung zwischen rituellem Ereignis und gezielt hervorgerufenen begleitenden Vorstellungen gleichsam im Körpergedächtnis zu verankern. Das Ritual übernimmt dabei eine doppelte Funktion: Einerseits hat es eine engrammatische Einschreibung zum Ziel, die den materiellen Körper zur Voraussetzung hat, andererseits aber illustriert der Hirammythos des Meisterrituals mit der vergöttlichenden Vergeistigung den entgegengesetzten Vorgang. Im Ritual wird der soziale Körper wei-

20 Engramm heißt ›Gedächtnisspur‹, wörtlich das ›Eingeschriebene‹. 1904 hat Richard Semon (1859-1918) in seinem Buch *Die Mneme als erhaltendes Prinzip im Wechsel des organischen Geschehens* die einflussreiche Engrammhypothese entwickelt. Nach dieser hinterlassen Reize eine engraphische Wirkung, eine Erinnerungsspur, »die sich in der organischen [Hirn-]Substanz sozusagen eingräbt oder einschreibt.« Richard Semon: Die Mneme, 3. Aufl., Leipzig 1911, S. 15. Engramme können nach Semon in einem *pars-pro-toto*-Signalmechanismus abgerufen werden. »Der originale Erregungskomplex wird hervorgerufen und aufrechterhalten durch die mit der Erregung synchrone Einwirkung eines Reizkomplexes, den wir als originalen Reizkomplex bezeichnen. Der entsprechende mnemische Erregungskomplex bedarf zu seiner Auslösung nicht der Wiederkehr dieses Reizkomplexes, sondern nur eines meist viel kleineren Anstoßes. [...] Derselbe besteht in der partiellen Wiederkehr derjenigen energetischen Situation, die vormals engraphisch gewirkt hat.« Ebd., S. 187f. Semon unterschied einen ererbten und einen individuell erworbenen Engrammschatz (als der Summe der Engramme über die ein Organismus verfügt). »Das ererbte Engramm ist das Produkt einer Reizwirkung, die die Vorfahrengeneration getroffen hat.« Ebd., S. 81. Vor allem die Auffassung von der Vererbbarkeit von Engrammen als Dispositionen hat Semons Hypothese obsolet werden lassen. Analog zu modernen Forschungen wird der Engrammbegriff von mir in einem weiteren Sinne verwendet. Er hat mit dem von Semon eingeführten Begriff die Frage nach neuroanatomischen Grundlagen von Erinnerungsspuren gemeinsam, geht aber nicht davon aus, dass diese an bestimmten Stellen lokalisiert werden können. Vielmehr sind bei jeder Aktivierung von Gedächtnisspuren verteilte, zusammen arbeitende Gehirnregionen wirksam. Vgl. Stefan Gall, Rudolf Kerschreiter, Andreas Mojzisch: Handbuch Biopsychologie und Neurowissenschaften, Bern 2002, Artikel »Gedächtnis«, S. 92-94. Zum anderen zeichnet sich der heutige Sprachgebrauch dadurch aus, dass die Vererbbarkeit von Engrammen keine Rolle spielt. Den Grund für alle späteren Engrammkonzepte hat wissenschaftsgeschichtlich David Hartley im Rahmen seiner Assoziationspsychologie gelegt. Nach Hartley bilden Spuren von Empfindungen und Ideen (*traces of sensations and ideas*), die er als Elemente des Gedächtnisses auffasst, Cluster, in denen sich, verstärkt durch sprachliche Verbindungen, Erinnerungsspuren abrufbar stabilisieren. Da Freimaurer in assoziations- und gedächtnistheoretischer Hinsicht an Hartley angeknüpft haben, empfiehlt sich auch aus konzeptionellen Gründen die Verwendung eines reformulierten Engrammbegriffs. Siehe hierzu Kapitel »Die Macht der Assoziation im Prozess der Formung eines Habitus der Uneigennützigkeit« im dritten Teil der vorliegenden Studie.

testgehend zurückgedrängt, um den körperlichen Handlungsvollzügen später in der sozialen Performance umso deutlichere soziale Attribuierungen zu verleihen. Der Körper ist in der Freimaurerei nicht nur Repräsentation oder Projektionsfläche seelischer Vorgänge. Er ist Mitspieler und mimetischer Generator tiefergehender Veränderungen,[21] an deren Ende ein tugendhafter, tolerant und humanitär agierender Freimaurer stehen soll.

Im gemeinschaftlichen Ritual konstituiert sich das individuelle, moderne Selbst zwischen subjektiver Empfindung und äußeren Verhaltensansprüchen. Das fünfte Analysemoment betrifft dementsprechend die Relativierung des *Gegensatzes von Innen und Außen.* Das Wechselverhältnis von innerer Zivilisiertheit (*inward civility*) und äußerem Verhalten (*disposition of the mind visible in the carriage*) ist eine maßgebliche Voraussetzung der freimaurerischen Gemeinschaftsbildung und der Konzeption eines performativ-symbolisch konstituierten Selbst. Um dieses Konzept in seinem soziokulturellen Kontext zu erschließen, werden Querverbindungen zum Begriff der personalen Identität des englischen Philosophen John Locke verfolgt, der seinen vollen Gehalt erst aus dem Doppelsinn des Forensischen gewinnt. Locke hat gezeigt, dass erst die Zurechnungsfähigkeit, d.h. die in selbstreflexiver Operationalität verankerte Fähigkeit, sich selbst Handlungen und ihre Folgen auch rückwirkend zuzuschreiben, und die daraus folgende Verantwortlichkeit für das eigene Tun den Menschen zu einem moralischen Akteur machen. Der soziale Akteur, der sich im Licht der Öffentlichkeit (*forensi luce*) einer Charakterbewährung aussetzt, ist eine originäre Dimension des *Persona*-Begriffs, die Locke als ausgewiesener Kenner Ciceros und dessen Untersuchungen öffentlicher Auftritte römischer Redner präsent war. Das »forensische Licht«, in dem die Freimaurer neue Verhaltensweisen erproben, ist allerdings zunächst eine ganz spezielle Öffentlichkeit, denn sie ist eingebettet in einen durch eine Schweigeverpflichtung abgegrenzten, geschlossenen Raum.

Hier muss – und das ist das letzte der oben angesprochenen Momente – das *genuin performative Potential des Lebens in zwei symbolischen Körperordnungen* hervorgehoben werden, welches geprägt ist von einer

21 »Überall, wo jemand mit Bezug auf eine schon bestehende Welt handelt und dabei selbst eine Welt herstellt, besteht ein mimetisches Verhältnis zwischen beiden; beispielsweise, wenn man die Bewegung eines anderen nachahmt, wenn man nach einem Modell handelt, wenn man etwas darstellt, wenn man eine Vorstellung körperlich ausdrückt. Es kommt darauf an, zu sehen, daß es sich nicht einfach um imitatorische Akte handelt. Darstellen ist nicht eine simple Reproduktion, die Punkt für Punkt einem Urbild folgen würde; – es ist *ein Erzeugen von etwas Eigenem.*« Gunter Gebauer/ Christoph Wulf: Spiel, Ritual, Geste. Mimetisches Handeln in der sozialen Welt, Hamburg 1998, S. 18f.

Dialektik des Esoterischen und des Exoterischen, der die Freimaurerbruderschaft als ›Geheimgesellschaft‹ unterliegt. Über die Auslösung sensomotorischer Reaktionen und gestützt auf Engramm- und Assoziationsbildung wird dem physischen Körper im Ritual eine neuartige, nur schrittweise dekodierbare Körperordnung aufgelagert, die zur symbolischen Ordnung der sozialen Distinktionszeichen und Alltagsregime in eine spannungsvolle Beziehung tritt. Daraus resultiert ein Leben in zwei symbolischen Körperordnungen; diese Problematik verschärft sich durch den Charakter der Freimaurerbruderschaft als Geheimgesellschaft. Die Freimaurerbruderschaft ist eine *symbol-sharing group*, die ihre Mitglieder mit symbolischen Mitteln ausstattet, um eine begrenzte Solidarität zu entwickeln.[22] Doch der Verkehr in zwei symbolischen Körperordnungen birgt Konfliktpotential. Ein Nachteil der konspirativen Statuserhebung beruht darin, dass sie nicht offen ausgeplaudert werden darf.

Wie sind also diese beiden Sphären – die eso- und exoterische –, in denen sich die Freimaurer bewegen, zusammenzudenken? Freimaurer stellen mit den *Freemasons' Halls* ihre eigenen, geschlossenen Foren her, in denen sie, geschützt und im Kreise Gleichgesinnter, Selbstentwürfe erproben und ihrer gegenseitigen sozialen Wertschätzung Ausdruck verleihen, wo Identitäten vor und durch den prüfenden Blick signifikanter Anderer konstituiert werden. Ihr Zusammenschluss zu einer geschlossenen Gemeinschaft bedeutet nicht den gesellschaftlichen Rückzug. Vielmehr dienen die geschlossenen Foren der vorweggenommenen Erprobung von Selbstentwürfen, die in exoterischer Sphäre, d.h. im sozialen Alltag außerhalb des Logenhauses, Bestand haben und habituell lesbar sein sollen. Diese Wirksamkeit nach außen bereitet der »Geheimgesellschaft« jedoch einiges Kopfzerbrechen. Die Vereinigung hat die Wahl zwischen einem totalen Rückzug, der dazu dienen kann, Kritikern so wenig Angriffsfläche wie möglich zu bieten, und einer Liberalisierung der Kommunikation durch Publikationen in moralischen Wochen- und Monatsschriften sowie die Veröffentlichung von *Pocket Companions*. Beides sind kompromissbehaftete Wege und die interne Auseinandersetzung darüber, wie viel die Gemeinschaft von sich und ihren rituellen Tätigkeiten preisgeben sollte, dauert bis heute an. Geheimnis und forensisches Licht, Transparenz und Intransparenz – das sind die extremen Pole, zwischen denen sich die freimaurerische Ethik entfaltet.

Der dritte Teil des Buches untersucht das neufundierte Wechselverhältnis von Moralität und Sitte im Spannungsfeld von modernem Hedonismus und sozialer Disziplinierung. Er handelt von den hedonistischen Gemeinschaftsritualen, in denen der Konsum von Tabak und alkoholhal-

22 Lloyd W. Warner: The Living and the Dead. A Study of the Symbolic Life of Americans, New Haven 1959, S. 232.

tigen Getränken eine wichtige Rolle spielt, und von gewieften Spielen mit der Öffentlichkeit, mit denen die Gemeinschaft ihren Kritikern durch selbst inszenierte Protestveranstaltungen gegen ihre Vereinigung den Wind aus den Segeln zu nehmen versucht. Seit dem frühen 18. Jahrhundert sieht sich die Bruderschaft mehrfach herausgefordert, ihre Ziele und Absichten – aber auch ihre Praxis – zu explizieren. Der indirekte Rückgriff auf die Schriften des englischen Philosophen John Locke durch die geschickte Lancierung eines vermeintlich historischen freimaurerischen Schriftstückes im Jahre 1753, das die Antiquität und Seriosität des Bundes belegen und von Locke persönlich aufgefunden und kommentiert worden sein soll, setzt einen markanten Ethisierungsschub in Gang, dem eine Reihe weiterer folgen.

Wie Florian Maurice in der Einleitung zu seinem Buch *Freimaurerei um 1800* richtig bemerkt, kann es in einer einzelnen Studie wohl niemals darum gehen, *die* Freimaurerei an sich zu untersuchen. »Es lassen sich jeweils die Praktiken bestimmter Personen und ihre Vorstellungen, die sich damit verbanden, betrachten«, schreibt er, »auch ihre Vorstellungen von dem ›Wesen‹ der Freimaurerei.« Dies ist nicht weniger der Fall, wenn man zu spezifischen Formen und Wurzeln kultureller Performanz vorzudringen versucht, die zum großen Teil in der heutigen freimaurerischen Praxis noch wirksam sind. Immer hat man es mit sehr persönlichen Erklärungsansätzen und individuell formulierten Zielsetzungen zu tun, die sich nicht als ahistorische allgemeine Setzungen auf eine ›Freimaurerei als solche‹ übertragen lassen. Gerade aber hinsichtlich dessen, was ich die *freimaurerische Habitusethik* nenne, scheinen einige historische Linien für eine Bedeutungsbestimmung der brüderlichen Gemeinschaft und ihrer spezifischen rituellen Praxis für die Herausbildung eines bürgerlichen Habitus im England des 18. Jahrhunderts von einschlägiger Bedeutung.

Innerhalb der *Masonicus*-Aufsätze von 1797, die eine Charakterstudie des Freimaurers liefern und die Vereinigung von dem Vorwurf befreien sollen, nichts als ein bacchantischer Vergnügungsverein zu sein, wird im Rahmen der Explikation des freimaurerischen Charakters und der Mechanismen seiner Formierung das Locke'sche Konzept eines im forensischen Licht des sozialen Verkehrs konstituierten Selbst indirekt weiter ausgeführt. Im Zuge der Erläuterungen, welche besonderen Persönlichkeitsmerkmale den Freimaurer auszeichnen und wie man sich diese anzueignen vermag, wird dabei häufig und explizit der Terminus »habit« verwendet. Dieser wird dabei sehr komplex gefasst. Es ist nicht nur von einem »habit of mind« die Rede, sondern auch von »habits of life and character«. *Habit* wird gleichsam als eine »generative Matrix« (Bourdieu) des individuellen Gesamtverhaltens verstanden, als ein Komplex von kognitiven, ethischen und affektiven Dispositionen. Diese ergeben sich nicht einfach aus der Entfaltung und Festigung natürlicher Prädispositionen durch Gewohnheitsbildung, sondern schließen auch deren Korrektur durch aktive Selbstformung des Charakters und selbstbestimmte Lebensführung ein. Dieser Ansatz ist zugleich in den Kontext der freimaurerischen Gesamtkonzeption eingebunden. Die *Reformation of Manners* hat nicht nur zu einem Wertewandel beigetragen; vielmehr wurde das historische Auseinandertreten von subjektiver Innerlichkeit und äußeren Verhaltensweisen problematisiert, um den Dualismus von Moralität und Sitte zu überwinden.

Entwürfe des Selbst im »forensischen Licht« eso- und exoterischer Sphäre

Im September 1753 publiziert das *Gentleman's Magazine* ein bis dahin unbekanntes, auf den 6. Mai 1696 datiertes Schreiben des englischen Philosophen John Locke (1632-1704), das nicht nur in Freimaurerkreisen Aufsehen erregt. Es ist an seinen Freund und Förderer Thomas Earl of Pembroke gerichtet, welchem er sieben Jahre zuvor bereits sein berühmtes erkenntnis- und wissenschaftstheoretisches Werk *An Essay Concerning Human Understanding* (1689) gewidmet hatte. Darin präsentiert er eine Kopie der Abschrift einer 260 Jahre alten Handschrift König Heinrichs VI., welche einen frühen freimaurerischen Katechismus enthält.[1] Locke verleiht in einem Begleitschreiben der Vermutung Ausdruck, dass es sich bei dem Text mit dem Titel *Certayne Questyons, with Awnsweres to the same, concernyne the Mystery of Maconrye* um ein freimaurerisches Prüfungsgespräch handelt, welchem – möglicherweise in Anwesenheit des Königs, von dem es hieß, er sei selbst Mitglied und Protektor der Bruderschaft der Maurer gewesen – ein neues Mitglied unterzogen wurde. Die erste Abschrift des Originals sei von John Leyland, einem Antiquar Heinrichs VIII., um 1536 angefertigt worden, welcher im Zuge der Klosterauflösungen mit der Aufgabe betraut war, wertvolle Bücher und Aufzeichnungen herauszusuchen und für die Nachwelt zu retten. Dieses Manuskript wiederum habe er, John Locke, auf Wunsch des Lord of Pembroke in der *Bodleian Library* aufgespürt und mit zahlreichen erläuternden und kritischen Anmerkungen versehen.

Durch diese Beschäftigung habe er nicht nur seine Schülerin Lady Masham, der er die Lektüre erleichtern wollte, in Aufruhr versetzt – sie sei »für die Freimaurerei so eingenommen [...], dass sie sich nun mehr denn je wünschte, ein Mann zu sein, um in die Bruderschaft aufgenom-

1 Die Zeitschrift gibt an, ein 1748 in Frankfurt, Deutschland, gedrucktes, kleines Pamphlet von 12 Seiten in Oktavformat mit dem Titel »Ein Brief Von dem Beruehmten Herrn [sic!] Herrn Johann Locke, betreffend die Frey-Maureren. So auf einem Schrieb-Tisch eines verstorbenen Bruders ist gefunden worden« abzudrucken. *Gent. Mag.*, xxiii, September 1753, S. 417-421. Das Dokument wurde mit freundlicher Genehmigung des *Board of General Purposes der United Grand Lodge of England* reproduziert und in den Appendix aufgenommen.

men werden zu können« –, sondern er behauptet, sie habe auch sein eigenes Interesse an der Vereinigung und ihren Mysterien geweckt. Locke schließt seinen Brief mit den Worten, er wisse nicht, welche Auswirkungen die Durchsicht dieses alten Dokuments auf seine Lordschaft habe; er aber könne seinethalben nicht verleumden, dass es seine Neugier in solch einem Maße geweckt habe, dass er nun überzeugt sei, selbst der Vereinigung beitreten zu wollen. Er sei fest entschlossen, die Bruderschaft im Laufe seines nächsten Aufenthaltes in London – und er fügt hinzu, dass dies bald sein würde – um Aufnahme zu ersuchen. Ein tatsächlicher Logenbeitritt Lockes ist jedoch nicht belegt.[2]

Über die Herkunft und das plötzliche Auftauchen des Manuskriptes und seines Begleitschreibens ist viel spekuliert worden; ob der Text tatsächlich ein originäres Dokument oder lediglich das Resultat eines intelligenten Trugspiels des englischen Philosophen sei, der in Anlehnung an das von ihm in Paris beobachtete, Aufsehen erregende Verwirrspiel um eine unsichtbare Rosenkreuzerbruderschaft einen alten Katechismus erfindet und geschickt inszeniert.[3] In beiden Fällen würde der Brief – sofern dieser denn Locke authentisch zugeordnet werden könnte – seine Kenntnis der freimaurerischen Gesetze, der *Alten Pflichten*, bezeugen, was an sich schon eine aufregende Entdeckung wäre.

Locke, der seit 1668 selbst Mitglied der *Royal Society* ist, billigt politischen und privaten Gesellschaften in ihrer satzungsverankerten, präskriptiven Macht eine zentrale Rolle innerhalb der ethischen Verhaltensregulation zu.[4] Es wäre durchaus denkbar, dass ihn sein moralphilosophi-

2 William Hutchinson stellt in seinem freimaurerischen Handbuch *The Spirit of Freemasonry* (1775) auf den als *Leland-Locke* Manuskript bekannten Text Bezug nehmend fest, »[that] there remains little doubt, but the favourable opinion he conceived of the society of Masons before his admission, was sufficiently confirmed after his initiation.« William Hutchinson: Spirit of Masonry (1775), hg. von George Oliver, Kessingers Publishing's Rare Mystical Reprints, o.D., S. 313. Einen tatsächlichen Nachweis für einen Logenbeitritt gibt es allerdings nicht. Siehe dazu auch: J.R. Clarke: »John Locke and Freemasonry«, in: *AQC* 78 (1965), S. 168-171, hier: S. 168. Die Briefe Lockes an Molyneux vom 30. März und 2. Juli 1696, die George Oliver, dem Herausgeber einer Neuedition von Hutchinsons *Spirit of Freemasonry*, als untrügliche Beweise für seine Initiation dienen, belegen zwar eine Londonreise Lockes, erwähnen jedoch mit keinem Wort eine Kontaktaufnahme mit Freimaurern. Hutchinson, Spirit of Masonry, S. 22.

3 Diese These formuliert J.R. Clarke in seinem Artikel »John Locke and Freemasonry«, in: *AQC* 78 (1965), S. 168-171.

4 Michael Franz: »Das Feld der Operationalität. Zur fundamentalen Rolle der Semiotik bei John Locke«, in: Das Laokoon-Paradigma. Zeichenregime im 18. Jahrhundert, hg. von Inge Baxmann, Michael Franz, Wolfgang Schäffner, Berlin 2000, S. 118-137, hier: S. 135f. Siehe auch: The Royal Society: its origins and founders, hg. von Harold Hartley, London 1960 und Robert Lomas: The invisible college. The Royal Society, freemasonry and the birth of modern science, London 2002.

sches Interesse an gesellschaftlichen Clubs und ihren Statuten auch auf die Bruderschaft der Freimaurer aufmerksam gemacht hat. Die Authentizität beider Dokumente, sowohl des Katechismus als auch des Briefes, werden heute jedoch zu Recht angezweifelt und bereits Ende der siebziger Jahre des 18. Jahrhunderts vereinzelt als Stilblüte des Originaritätsdisputes innerhalb der Freimaurerei abgetan.[5] Und dennoch ist der zwischen der Freimaurerei und dem englischen Philosophen hergestellte Bezug – wie im Folgenden zu sehen sein wird – ungeachtet gescheiterter Authentifizierungsversuche von spezifischem Interesse.[6] Selbst in dem sehr wahrscheinlichen Fall, dass nicht einmal der Brief tatsächlich aus der Feder Lockes stammt, sondern sein Name der Schrift lediglich Gewicht verleihen und erhöhte Aufmerksamkeit bescheren sollte, wäre der zwischen dem englischen Philosophen und der Freimaurerbruderschaft hergestellte Bezug durch Dritte noch von besonderer Signifikanz und verdiente ein genaues Studium.

5 Robert Freke Gould stellt das *Leland-Locke* Manuskript in seiner *History of Freemasonry* als apokryphe Quelle vor. Seitdem Lessing erstmals in seinen Freimaurergesprächen *Ernst und Falk* (1778) sein Misstrauen gegenüber der Schrift geäußert hat, überwiegt sowohl in der anglophonen als auch der deutschen Freimaurerforschung die Zahl jener Skeptiker, die die Schrift für eine freche Fälschung halten, die Zahl derer, die das Manuskript als ein Original wertschätzen. Begründet wird der Zweifel zumeist mit einer nicht zeitgemäßen Orthographie des Textes oder mangelndem Verständnis freimaurerischer Arkana. Gould selbst vermutet, dass die Publikation der Memoiren Elias Ashmoles in der *Biographia Britannica* (1747) Betrüger auf den Plan gerufen hat, die Leichtgläubigkeit der Freimaurer auszunutzen und ihnen eine falsche Quelle unterzuschieben. Robert Freke Gould: The History of Freemasonry. Its antiquities, symbols, constitutions, costumes etc., embracing an investigation of the records of the organisations of the fraternity in England, Scotland, Ireland, British colonies, France, Germany, and the United States; derived from official sources, Edinburgh 1887, S. 489.
Trotz seiner damaligen Erhebung in den ›Kanon‹ freimaurerischer Quellentexte verliert mit dem Zweifel an seiner Originalität auch die Verknüpfung des Schriftstücks mit der Person John Lockes an Aufmerksamkeit. Bis heute wurde ihr von der freimaurerischen Forschung kaum mehr Beachtung geschenkt. Bis zur aktuellen Ausgabe der *AQC* 115 ist jener von Clarke der einzige Artikel, der Lockes Verhältnis zur Freimaurerei thematisiert. Dabei erweist sich der zwischen Freimaurerei und Locke hergestellte Konnex für die Analyse des Phänomens als überaus fruchtbar.

6 Da die Frage der Originalität von Manuskript und Brief nicht abschließend zu klären ist und Zweifel berechtigt scheinen, bekommt die Person Lockes im direkten Kontext Züge einer fiktiven, literarischen Gestalt. Weil die formale Markierung dieses qualitativen Unterschiedes in der Namensnennung unnötig verkompliziert, werde ich nachfolgend stattdessen korrekterweise lediglich vom Kommentator des Textes oder dem Verfasser der Fußnoten sprechen.

Das *Leland-Locke* Manuskript

Neben der Bestimmung der Herkunft und des Wesens der Freimaurerei als eine Institution, welche die Wissenschaften und die Erkundung der göttlichen Schöpfung zum Wohle der Menschheit vorantreiben will, hinterfragt der als *Leland-Locke* Manuskript in die Freimaurerforschung eingegangene Katechismus das für die Bruderschaft zentrale Prinzip der Geheimhaltung.

Das freimaurerische Geheimnis bestehe, so ist der Antwort zur ersten Frage zu entnehmen, in einer besonderen Kenntnis der Werke und Kräfte der Natur sowie in mathematischem und mechanischem Wissen. Maurer wüssten mit Zahlen, Gewichten und Maßen zu operieren und diese Fertigkeiten zum Wohle der Menschheit, insbesondere beim Bau von Unterkünften und Bauwerken aller Art, einzusetzen.

Die Phönizier,[7] denen man die Erfindung der alphabetischen Schrift zuschrieb, hätten als Reisende die Künste, darunter auch jene, in deren Besitz die Maurer seien, in den Westen getragen. Pythagoras aber,[8] der im Rahmen seiner Studien Ägypten und Syrien bereist hat und dort in verschiedene Priesterorden, so auch in den Bund der Maurer, aufgenommen worden sei, gründete nach seiner Rückkehr in Crotona, einer Stadt der griechischen Kolonie Grecia Magna in Italien, eine eigene Loge. Einige ihrer Mitglieder, so der Katechismus, bereisten später zunächst Frankreich und führten erst hier, anschließend auch in England die Freimaurerei ein.

Die Freimaurerei stehe als Wahrerin eines geheimen Wissens in der Tradition dieser Priester- und Gelehrtenbünde, die bemüht waren, ihre Lehren vor Unwürdigen zu schützen. Von Pythagoras heißt es, erläutert eine Anmerkung, er hätte jedes geometrische Theorem zunächst geheim gehalten und erst nach einer Fünfjahresfrist der Öffentlichkeit preisgege-

7 Hier korrigiert der Annotator den vermeintlichen Fehler eines ungebildeten Schreibers, der aufgrund eines phonetischen Irrtums von »Venetiern« spricht, und erntet damit die Anerkennung eines späteren freimaurerischen Kommentators. Siehe Olivers Edition von Hutchinsons *Spirit of Freemasonry*, S. 306.

8 Auch in diesem Fall enträtselt die dazugehörige Anmerkung einen amüsanten Fehler, denn in dem Manuskript ist ursprünglich die Rede von einem Mann namens »Peter Gower«. Die dazugehörige Fußnote erläutert: »I was puzzled at first to guess who Peter Gower should be, the name being perfectly English; or how a Greek should come by such a name: but, as soon as I thought of Pythagoras, I could scarce forbear smiling to find that a philosopher had undergone a metempsychosis he never dreamt of. We need only consider the French pronunciation of his name, Pythagore, that is Petagore, to conceive how easily such a mistake might be made by an unlearned clerk.« Ebd., S. 298.

ben.[9] Dieser Tradition gemäß würden auch die Freimaurer ihr Wissen prüfen und von Zeit zu Zeit die Menschheit lediglich in jene Geheimnisse einweihen, die ihr von Nutzen sein könnten. Jene Lehren aber, die, sobald sie in falsche Hände gerieten, entweder der Menschheit oder ihnen selbst Schaden zufügen könnten, behielten sie für sich.[10] Auch schützten die Maurer ihre Mysterien, um vor dem Hintergrund dieses gemeinsamen Besitzes den Zusammenhalt innerhalb der Gemeinschaft zu stärken.

Der Katechismus stellt die kühne – und von seinem Kommentator zu Recht beschmunzelte – Behauptung auf, es wären die Freimaurer, die der Menschheit Architektur, Astronomie, Geometrie, Mathematik, Musik, Poesie, Chemie, Politik und Religion vermittelten. Nur sie, die Freimaurer, beherrschten die gottgegebene Kunst, neue Künste zu erfinden und zu lehren. Zugunsten ihres eigenen Profits und Ansehens hielten sie sie jedoch geheim und entwickelten – während ihnen selbst nichts verborgen bliebe – eine Kunst der geheimen Verständigung.

Eine dieser Künste, auf die der Verfasser der dazugehörigen Fußnote die Aufmerksamkeit des Lesers lenkt, da sie ihn ganz besonders interessiere, ist die »Fertigkeit gut und perfekt zu werden ohne die Mittel der Angst und der Hoffnung«.[11] Der von ihm geäußerte Wunsch, mehr über diese Kunst zu erfahren, entspricht ganz den Interessen Lockes. Schließlich bevorzugt auch dieser, wie im Folgenden darzustellen sein wird, eine säkulare Form der Selbstverbesserung und die ethische Verhaltensregulation in einer gesellschaftlichen Vereinigung gegenüber den herkömmlichen kirchlichen Strafandrohungen und Erlösungsversprechen.

Auf die Frage, ob Maurer denn bessere Menschen seien, antwortet der Katechismus, dass einige Maurer gewiss sogar weniger tugendhaft als andere Männer seien, in nahezu allen Fällen aber wären sie weitaus schlechtere Menschen, stünden sie nicht unter dem Einfluss der Freimaurerei. Die Maurer lernten einander für ihre Tugendhaftigkeit und Treue auf besondere Weise zu schätzen und diese gegenseitige Anerkennung wachse stetig mit der fortschreitenden Vervollkommnung des Einzelnen.

Der Verfasser der Fußnoten endet seine Ausführungen dementsprechend mit dem Wunsch, man solle die gesamte Menschheit in dieser Kunst unterweisen, »[…] sei doch nichts wahrer als der schöne Satz, welchen die letzte Antwort enthält, dass ›die Menschen einander umso

9 Ebd., S. 299.

10 Darunter fallen ebenso die Weissagungs-, Transmutationskunst sowie andere magische Praktiken. Ebd., S. 302.

11 »[…] skylle of bekomynge gude and parfyghte wythouten the holpynges of fere and hope«, siehe: »Antient Manuscript on the subject of Freemasonry«, in: *Gent. Mag.*, xxiii, September 1753, S. 420 Vgl. im Appendix S. 352.

mehr lieben, je besser sie sind‹. Die Tugend hat etwas so Liebenswertes an sich, dass sie die Herzen aller verzaubert, die sie erblicken.«[12]

In der Tat hätte ein John Locke an dem hohen Stellenwert, den die frühe freimaurerische Schrift den Herausforderungen des sozialen Verkehrs im Prozess der Konstitution eines tugendhaften Selbst zubilligt, ein gesteigertes Interesse gehabt. Die Ausrichtung ihrer geheimen Veranstaltungen zugunsten eines öffentlichen Agierens zum Wohle der gesamten Menschheit und die herausragende Bedeutung gesellschaftlicher Anerkennung eröffnen der freimaurerischen Ethik eine kommunikativ-praktische Dimension, die Lockes eigenen Vorstellungen und Absichten sehr entgegen kommt. Zwar wird die Sittenlehre traditionell der Philosophie zugerechnet, er selbst jedoch hält die Durchsetzung einer verbindlichen Moral im philosophischen Schulenstreit für nicht erreichbar, sondern vertraut auf die Kraft der Selbstgesetzgebung und die Wirksamkeit von Anerkennung und Missbilligung (*force of morality*). Gesellschaftliche Vereinigungen und Clubs spielen dabei eine ausschlaggebende Rolle, indem sie Räume und Rahmenbedingungen bieten, in denen sich eine freiwillige Verhaltensregulation einspielen kann.

Den geäußerten Wünschen, möglichst viele Menschen an den Vorzügen der Freimaurerei teilhaben zu lassen und durch die Veröffentlichung ihrer Geschichte und Ziele in der öffentlichen Meinung zu Ansehen zu verhelfen, wird durch die Veröffentlichung des Schriftstücks Folge geleistet. Und tatsächlich bringt die Publikation des Katechismus im Jahre 1753 die gewünschte Wirkung. Ein anonymer Leserbrief an den Herausgeber des *Gentleman's Magazine* Sylvanus Urban in der folgenden November-Ausgabe berichtet, dass die Bruderschaft von der Schrift derart entzückt war, dass sämtliche Exemplare in kürzester Zeit in der Stadt vergriffen waren und große Nachfrage nach einer Neuauflage bestand. Die Anmerkungen John Lockes erwiesen der Schrift große Ehre und seien ihr eine Zierde. Sowohl seine Interessensbekundung, als auch die der genannten Dame, Lady Masham, hätten zu einem merklichen Anstieg der Mitgliederzahlen in zahlreichen Logen geführt.[13]

Der Text wird in freimaurerischen Kreisen als Beweis für die Antiquität der Institution gehandelt und, so ein Mitglied der *Lodge of Antiquity*, in nahezu jeder einschlägigen, freimaurerischen Publikation nachge-

---

12 »[…] since there is nothing more true than the beautiful sentence contained in the last answer, that ›the better men are, the more they love another‹. Virtue having in itself something so amiable as to charm the hearts of all that behold it.« Ebd.

13 Leserbrief aus Norwich vom 9. Oktober 1753, in: *Gent. Mag.*, xxiii, November 1753, S. 518.

druckt oder zumindest zitiert.[14] Lord Petre, der Großmeister der *Grand Lodge of England*, sanktioniert das Manuskript durch die persönliche Signatur von William Hutchinsons *Spirit of Masonry* (1775) und bestätigt damit offiziell seine Nützlichkeit für die Verbindung. Im Jahre 1784 wird es in die von der Großloge publizierte *History and Constitutions of Masonry* aufgenommen und damit noch umfassender verbreitet.[15]

Bei näherem Hinsehen entpuppt sich die Zuschreibung der Autorschaft an John Locke also als eine erfolgreiche Authentifizierungsstrategie, die die Originalität des ›Fundes‹ nach historischen und wissenschaftlichen Standards verbürgen soll. Die *Premier Grand Lodge of England* veröffentlicht das Manuskript als Beleg für die frühesten Wurzeln der Freimaurerei, um damit am Ursprungsmythos der Freimaurerei zu arbeiten. Es soll gleichsam der Kräftigung der eigenen Position im Streit um die ursprüngliche Form der Freimaurerei gegenüber internen Kritikern dienen, die den ausgedehnten Ursprungsmythos als beliebiges fiktives Gebilde in Frage stellen. Vor allem aber rüstet sich die Großloge mit der Publikation gegen die Kritik jener Brüder, die sich im gleichen Jahr als rivalisierende Großloge der *Antients* konstituieren und behaupten, eine ursprünglichere Form der Freimaurerei zu praktizieren als die erste Großloge, die sie fortan pejorativ die *Moderns* schimpft. Mit dieser Behauptung gelingt es ihr, auf Kosten der *Premier Grand Lodge* eine ausreichende Zahl an Mitgliedern zu rekrutieren. Als diskursives Ereignis, das über die Autorfunktion Lockes einen bestimmten Status innerhalb der freimaurerischen Debatte beansprucht, soll das Manuskript nebst Kommentaren und Begleitbrief Widersprüche auflösen, den freimaurerischen Diskurs konturieren und zugunsten der *Premier Grand Lodge* zuschneiden.[16]

---

14 »A P.M. of the Lodge of Antiquity in a letter to the Editor of The Freemason's Magazine«, Vol. III, July 1794, S. 6. Der Text wird in fast allen freimaurerischen Manualen des 18. Jahrhunderts als zentrale Quelle abgedruckt. So beispielsweise in Scotts *Pocket Companion* (1754), Charles Dermotts *Ahiman Rezon* (1756), Wellins Calcotts *Candid Disquisitions on the Practices and Principles of Masonry* (1769), seit 1775 in allen Auflagen von William Prestons *Illustrations of Masonry* und William Hutchinsons *The Spirit of Masonry in Moral and Elucidatory Lectures*. Letzterer fügt den Locke'schen Erläuterungen noch Anmerkungen von freimaurerischer Warte hinzu.

15 1794 erscheint ein erneuter Reprint des Textes im *Freemasons' Magazine* unter dem Titel »A Letter from the learned Mr. John Locke to the right honourable Thomas Lord of Pembroke, with an old manuscript on the subject of Freemasonry«. *Freemasons' Mag.*, Aug. 1794, S. 79-83.

16 Vgl. die von Michel Foucault skizzierte diskursanalytische Bestimmung von Existenzbedingungen, Funktionen und Stoßrichtungen eines Diskurses jenseits von Fragen der Authentizität und Originalität, die bislang seine Wirkmächtigkeit verschleiert haben. Michel Foucault: »Was ist ein Autor?« (1969), in: Texte zur The-

Zu diesem Zweck wird ein persönlicher Brief John Lockes an einen seiner berühmten Förderer und nun vermeintlichen Auftraggeber inszeniert, welches auf realistisch anmutende Weise auf die Erteilung und Erfüllung eines Auftrages, das historische Dokument in der *Bodleian Library* aufzuspüren, Bezug nimmt. Die Aneignung Lockes als Gewährsmann geschieht in zweifacher Hinsicht: Zum einen wird ein intertextueller Bezug zu seinen Schriften hergestellt, der ein einheitliches historisches Moment und ein einheitliches Wertniveau suggerieren soll. Zum anderen setzt der Brief John Locke als ›reales Individuum‹ und Fürsprecher des Zusammenschlusses in Szene, der sein Interesse und seine Vorliebe derart gewonnen habe, dass er plane, ihm selbst beizutreten. Dass dahinter eine Strategie steckt, die des Realitätsbezuges entbehrt, wurde Mitte des 18. Jahrhunderts von der Allgemeinheit nicht erkannt. Welche inhaltliche Reichweite diese taktische Bezugnahme auf John Locke und seine theoretischen Schriften aber hat, wird im Folgenden zu sehen sein.[17]

Die gesellschaftliche *force of morality* (Locke)

Aus welchen persönlichen Gründen Thomas Earl of Pembroke (1656-1733) die Recherche nach dem freimaurerischen Manuskript bei John Locke auch immer in Auftrag gegeben haben sollte, die darin, wenn auch in aller Kürze, thematisierte Sittenlehre und Kunst der Selbstvervollkommnung im Rahmen eines Mysterienbundes wäre bei John Locke mit Sicherheit auf reges Interesse gestoßen.

Schon die etymologische Doppeldeutigkeit des Begriffes *Mysterienbund* verweist auf zwei wichtige Aspekte des Zusammenschlusses. Zunächst einmal bezeichnet er, dem mittelenglischen Wort *mistere* entlehnt, welches wiederum vom altfranzösischen *mestier* abgeleitet ist, eine Handwerksgilde, gleichzeitig aber auch eine nur Eingeweihten zugängliche Geheimlehre.[18] Die Freimaurerei hat ihre Wurzeln in berufsgenos-

orie der Autorschaft, hg. und kommentiert von F. Jannidis, Gerhard Lauer, Matias Martinez und Simone Winko, Stuttgart 2000, S. 198-229, hier bes. S. 210.

17 Anders als Margaret C. Jacob sehe ich die Anschlüsse eher in seinen moralethischen Diskursen als in seinen zeitgenössisch interpretierten politischen Ideen, die er in seinen *Two Treatises of Government* (1690) formuliert und die ihn zum Gewährsmann für eine republikanische Verschwörung und die Rechtfertigung einer Revolution machen könnten. Margaret C. Jacob: Living the Enlightenment. Freemasonry and Politics in Eighteenth Century Europe, Oxford 1991, S. 63f.

18 Dass der Begriff – wie bei Knoop und Jones zu lesen ist – zwei unterschiedliche Entwicklungsstufen implizieren soll, in denen die Geheimlehre der Handwerksgil-

senschaftlichen Zusammenschlüssen und Körperschaften der Steinmetzenzunft, welche sich einigermaßen sicher bis ins 14. Jahrhundert zurückverfolgen lassen. Knoop und Jones verweisen auf direkte Zusammenhänge zwischen englischen Versammlungen, Handwerksgilden und Compagnien sowie schottischen Lodges und Corporations und der Freimaurerei. Obschon differierende Organisationstypen mit unterschiedlichen Einflusssphären, lassen sich ihre Zwecke grob zusammenfassen: Sie dienen der Sicherung des Gewerbemonopols und der Vereinheitlichung der Geschäftsbedingungen bei Bauvorhaben, indem sie den Ausbildungsstandard anhand von Eignungsprüfungen kontrollieren und die entsprechenden Werkzeichen und Urkunden vergeben. Die gewerblichen Körperschaften der Maurer bemühen sich um die Erläuterung der Gewohnheitsrechte des Handwerks sowie ihre konstitutionelle Fixierung und Durchsetzung anhand spezifischer Sanktionsmaßnahmen. Sie regeln die Lehr- und Arbeitsverhältnisse, schlichten Streitigkeiten innerhalb der Zunft und bieten ihren Mitgliedern eine Art Sozialversicherung auf der Basis erhobener Gebühren und Geldbußen, welche zugunsten notleidender Genossen reinvestiert werden. Nicht zuletzt sind die handwerklichen Zusammenschlüsse Orte der geselligen Zusammenkunft, die einen fairen und kameradschaftlichen Umgang sowie den Gottesdienst unter den Mitgliedern fördern und auf Kosten neuer Bewerber gemeinschaftliche Feste ausrichten.

Diese kurze Aufzählung macht bereits deutlich, dass die alten Konstitutionspapiere, welche die Gewohnheitsrechte innerhalb der Zunft fixieren und seit spätestens dem 14. Jahrhundert in schriftlicher Form vorliegen, einerseits einen Kodex des gewerblichen, andererseits aber auch des sittlichen Verhaltens beinhalten. Neben den *Besonderen Pflichten*, einer gewerblichen Handwerksordnung der Steinmetzenzunft (*mistery regulations*), regeln *Allgemeine Pflichten* der Bruderschaft (*fraternity regulations*) die sozialen und religiösen Tätigkeiten der Gilde. Und genau diesem fixierten Sittengesetz der Maurer, welches sich aus den pragmatischen Zweckmäßigkeiten und Gewohnheitsrechten der Werkmaurer entwickelt und auf das sich die Vereinigung geeinigt hat, gälte das Interesse John Lockes.

de chronologisch nachgeordnet sei, ist noch auf die Gould'sche historische Unterscheidung einer *operativen* und einer *spekulativen* Form der Freimaurerei geschuldet, die 1986 von John Hamill überzeugend widerlegt wurde. Douglas Knoop/ G.P. Jones: The Genesis of Freemasonry, Manchester 1948, S. 41; John Hamill: The Craft. A History of English Freemasonry, Crucible, Wellingborough 1986, S. 18ff.

Die freimaurerischen Konstitutionen

Die *Freestone Masons* besitzen seit dem späten 14. Jahrhundert einen überlieferten Satz von Verordnungen und eine traditionelle Herkunftslegende. Es ist Brauch, die Neuaufgenommenen mit der Ordnung bekannt zu machen und ihnen durch Eid und Unterschrift abzuverlangen, die Regeln der Gemeinschaft, die alten Pflichten (*Old Charges*), in ihrem Verhalten zu befolgen. Die ältesten erhaltenen Konstitutionsmanuskripte, in denen die Gewohnheitsrechte einer Körperschaft mittelalterlicher Maurer durch Schreiber fixiert worden sind, liegen uns im *Regius* und *Cooke* Manuskript (beide um 1425) vor. Die Manuskripte liefern eine herkunftsmythische Begründung des Versammlungsrechts der Handwerkszunft der Steinmetze und können als eine Reaktion auf eine parlamentarische Verfügung des gleichen Jahres gelesen werden, die Versammlungen zur Forderung von Lohnerhöhungen unterbinden soll.[19] Der Arbeitskräftemangel nach der Pestepidemie sorgt in der zweiten Hälfte des 14. Jahrhunderts in London für starke Lohnanstiege im Baugewerbe, die man von staatlicher Seite einzudämmen versuchte. Während das vermutlich unwesentlich ältere *Regius* Manuskript die Bruderschaft im Lichte religiöser Respektabilität präsentiert, stellt das *Cooke* Manuskript die Autorität ihrer Versammlungen selbst in den Vordergrund und ruft in taktischer Zuspitzung zur Teilnahme an diesen auf. Andrew Prescott beschreibt die Funktion der Mythenbildung als Mittel der Herstellung eines Legitimitätsnachweises zur Stärkung der Rechte der Steinmetze als taktische Selbstbehauptung im Kampf gegen eine staatliche Regulierung des Arbeitsmarktes. Neben der Forderung angemessener Bezahlung soll die Antiquität des Bundes unter Berufung auf die Charter König Athelstans das Selbstregulierungsrecht der Königlichen Kunst legitimieren. Nicht zuletzt beinhaltet sie eine protesthafte Ablehnung der schleichenden Hierarchisierung innerhalb der Handwerksgilde und fordert die Statusgleichheit aller Mitglieder des Gewerbezusammenschlusses.

Bei diesen mittelalterlichen Konstitutionspapieren handelt es sich noch nicht um Gildenverordnungen im engsten Sinne und damit um keine Verordnungen einer rechtsfähigen Körperschaft, sondern um frühe schriftliche Fixierungen des Gewohnheitsrechts einer Handwerkszunft, welche ihre Maßgaben für erwünschtes und unerwünschtes Verhalten aus dem konkreten Arbeitskontext ableiten. Diese enge Verknüpfung von

---

19 Siehe zur Manuskriptgeschichte Andrew Prescott: »Some Literary Contexts of the Cooke and Regius Manuscripts«, in: Freemasonry in Music and Literature, The Canonbury Papers 2, hg. von T. Steward, London 2005, S. 1-36; ders.: »The Old Charges Revisited«, in: Transactions of the Lodge of Research No. 2429, Leicester 2006, S. 25-38.

Zunftregeln und praktischen Bedürfnissen des Steinmetzenhandwerks und seiner gewerblichen Zusammenschlüsse machen den eigentlichen Wert der Papiere aus. Aus ihnen ließen sich, so die Herausgeber der Transkriptionen Knoop, Jones und Hamer, das Selbstverständnis der Gemeinschaft ableiten sowie der Anspruch auf Antiquität ihrer Handwerkskunst und der Status einer relativ autarken Selbstgesetzgebung ablesen. Schließlich gebühre zu Zeiten der Niederschrift der körperschaftlichen Vereinigung in ihrer politischen Wirkkraft gemeinhin größeres Interesse als jede staatsbürgerliche Zugehörigkeit.[20]

Diese alten Gildengesetze beinhalten neun zentrale ›Punkte‹, welche das sittliche Leben der Zunftmitglieder regeln:[21] An erster Stelle fordern sie Loyalität gegenüber Gott und der Heiligen Kirche, die Leistung ehrlicher, dem Lohn angemessener Arbeit und Verschwiegenheit hinsichtlich der empfangenen Lehre und allen internen Logenangelegenheiten. Sie schrieben Loyalität gegenüber der Zunft, den Vorgesetzten und Kollegen vor, verlangen ihren Mitgliedern Ehrlichkeit und Ergebenheit in ihrer Arbeit und beim Empfang ihres gerechten Lohnes ab, fordern Höflichkeit und Achtung gegenüber ihren Vorgesetzten und Brüdern und gegenseitige Hilfeleistung. Die Regeln verbieten die Austragung von Streitigkeiten während der Arbeitszeit, schreiben Keuschheit gegenüber den Frauen und Töchtern der Vorgesetzten und Brüder vor und verbieten die Haltung von Konkubinen. Die Aufgabe der Aufseher ist zudem die gerechte Vermittlung zwischen Meistern und Kollegen, die Aufgabe der Verwalter, die Gleichbehandlung aller und eine akkurate Kassenführung. Sowohl Diebstahl als auch der Schutz von Dieben wird streng untersagt. Alles in allem wird ein standesgemäßes Benehmen gefordert, welches verhindert, dass die Zunft und ihre Mitglieder in Verruf geraten.

In der *Charge to new admitted Brethren* aus den Jahren 1734/35 haben sich die Vorgaben bereits den Bedürfnissen der neuen *Gentleman Masons* angepasst.[22] Hier heißt es, der Freimaurer sei ein friedfertiger Bürger, dessen Aufgabe es ist, die Not seines Nachbarn, insbesondere aber die eines Bruders, ihm Rahmen seiner Möglichkeiten zu lindern. In der Loge handle er mit dem gebotenen Anstand, verstoße nicht gegen die Schönheit und Harmonie der Veranstaltung, enthalte sich jeglicher Form von Streitigkeit, verhalte sich vertrauensvoll und verantwortungsbewusst

---

20 The Two Earliest Masonic Mss. The Regius MS (B.M. Bibl. Reg. 17 A1). The Cooke MS (B.M. Add. MS. 23 198), transkr. und hg. von Douglas Knoop, G.P. Jones and Douglas Hamer, Manchester 1938, Introduction, S. 1f.

21 Ebd., S. 120-133.

22 »Charge to new admitted Brethren«, in: *EMC*, S. 23f. Die Bezeichnung »Gentleman-Mason« verwendet erstmals Samuel Prichard in seiner Enthüllungsschrift *Masonry Dissected* (1730). *EMC*, S. 164.

gegenüber seinen Brüdern und pflege eine Liebe zu den Künsten und Wissenschaften. Wodurch aber gewinnen diese Vorschriften jene Verbindlichkeit, die ihre praktische Durchsetzung innerhalb des Zusammenschlusses garantiert?

Traditionslegenden und die Zuschreibungen biblischer und königlicher Schirmherren sollen die Gesetze der Gemeinschaft legitimieren und ihnen Gewicht verleihen. Die Konstitutionspapiere berufen sich auf Euklid als antiken Stammvater der Geometrie und Stifter der Grundlagen der Steinmetzenkunst sowie historisch hergekommene Versionen der Zunftregeln. Das *Cooke* Manuskript verweist beispielsweise auf früheste Gesetzesentwürfe, welche Nimrod (um 2350 v. Chr.) für die Zunft bereits im Zuge der Errichtung der Stadt Niniveh und des Turmbaus zu Babel aufgestellt haben soll. Schon diese schreiben Treue gegenüber Gott und dem Arbeitsvorgesetzten vor, forderten Brüderlichkeit und die Entlohnung eines jeden Arbeiters gemäß der von ihm erbrachten Leistung und bestimmten, dass diejenigen, die im Besitz höheren technischen Wissens sind, die anderen anzuleiten und im Gegenzug ihre Ehrerbietung zu empfangen haben.[23] Während die Neuorganisation der Maurerei in Frankreich König Charles II. zugeschrieben wird, soll die zeitgenössische Version der englischen Pflichten auf König Athelstan (924-939 n. Chr.), einen Liebhaber der Geometrie und der Baukunst, und seinen jüngsten Sohn zurückgehen.[24]

Die alten Konstitutionspapiere beginnen jedoch allem voran mit einer Feststellung der Schuldigkeit des Menschen gegenüber Gott bzw. der Anrufung und Bitte um göttlichen Beistand für ihr Werk. In den Eröffnungszeilen des *Cooke* Manuskripts heißt es beispielsweise:

»Gedankt sei Gott, unserem glorreichen Vater und Stifter und Schöpfer von Himmel und Erde und allem, was sich darin befindet; dass er über die Schaffung so vieler Dinge, die den Menschen von mannigfaltigem Nutzen sind, seine glorreiche Gottheit erahnen lässt. Denn er schuf alles, auf dass es dem Menschen gehorsam und Untertan sei. Denn alles, was genießbar und bekömmlicher Natur ist, bestimmte er als für den Unterhalt vieler Menschen geeignet. Und ebenso hat er dem Menschen Verstand und Wissen um mannigfaltige Dinge und Handwerke gegeben, damit wir für unseren Lebensunterhalt um die Welt reisen können, um Dinge zu schaffen zu Gottes Freude wie auch zur eigenen Bequemlichkeit und zu eigenem Gewinn.«[25]

---

23 *Cooke* Manuskript 365-417, in: The Two Earliest Masonic Manuscripts., S. 89 u. 91.

24 *Cooke* Manuskript 576-640, in: ebd., S. 101 u. 103.

25 »Thonkyd be god our glorious Fadir and founder and former of heuen and of erthe. and of alle thyngis that in hym is that he wolde fochesaue of his glorious God-

Der Dank und die Ehrerbietung des Freimaurers gelten einem Schöpfergott, dem er die Grundlagen seines Lebens und Schaffens verdankt, wofür er ihm über seine Werke den gebührenden Dank zollt.

Von einem hohen Stellenwert des göttlichen Gebotes innerhalb der freimaurerischen Ethik zeugen auch die ersten, vom Entdecker des *Cooke* Manuskripts und zweiten Großmeister George Payne im Jahre 1720 auf der Basis verschiedener alter Konstitutionspapiere für die junge *Premier Grand Lodge* entworfenen Allgemeinen Verordnungen (*general regulations*) der Freimaurer.[26] Payne bestimmt in Artikel 5 des zweiten Teils: »Wer wider die heiligen Lehrsätze vom allgemeinen (*catholick*) Glauben der Mitbrüder geredet oder geschrieben hat, soll auf immer von dem Orden ausgeschloßen seyn, wofern er nicht in voller Versammlung seine Schmähreden abschwört, und seine eigenen unbedachtsamen Arbeiten widerrufet und widerlegt.« Und im folgenden, sechsten Artikel gibt er der Bestimmung dann eine äußerst liberale, deistisch anmutende Wendung, indem er vorschreibt, es oblige »einem wahren Freimaurer [...], den größten und heiligsten Baumeister der Welt mit reinem Eifer zu verehren und zu lieben, und die Ausübung seiner Schuldigkeiten gegen die Gottheit [...] [sei] ein Trieb, bey dem ein nichtiger Gewinnst eben so wenig wie die Ursache zur Änderung seiner Grundsätze und Lehren werden kann, als ein allgemeiner Aberglaube von Eigensinn unterstützt eine Ursache zur Standhaftigkeit in jedem Glaubensbekenntnisse, welches er von seiner frühesten Jugend an bekannte und ausgeübt hat.«[27] Welcher christlichen Konfession sich der Freimaurer von frühester Jugend verpflichtet fühlt, scheint hier von untergeordneter Bedeutung. Gefordert ist nur die Glaubensanbindung an ein höheres Wesen, an einen Schöpfer-

---

hed for to make so mony thyngis of diuers vertue for mankynd. For he made alle thyngis for to be abedient & soget to man For alle thyngis that ben comestible of hosome nature he ordeyned fit for manys sustynauns. And all-so he hath yif to man wittys and connynge of dyuers thingys and craftys by the whiche we may trauayle in this worlde to gete with our lyuyung to make diuers thingys to goddis pleasans and al-so for our ese and profyt.« Ebd., S. 69.

26 Die hier zitierten Artikel aus dem zweiten Teil der Payne'schen *General Regulations* befinden sich nicht in dem von Anderson veröffentlichten Teil von 39 Artikeln, welche er auf den Seiten 58 bis 70 in seinen Konstitutionen abgedruckt hat. Sie sind einer umfangreicheren Version entnommen, die im Jahre 1775 nach Schweden und in deutscher Übersetzung mit den Akten Nettelbladts in das Ordensarchiv der Großen Landesloge in Berlin gelangte. Herzog Carl von Södermanland hatte sich im Zuge der von ihm als Landesgroßmeister geplanten Neuorganisation der schwedischen Maurerei aus England kommen lassen. Zitiert aus: Klaus C.F. Feddersen: Statuten und Ordensregeln der Freimaurer in England, Frankreich, Deutschland und Skandinavien, hg. von der Forschungsloge Frederik, Flensburg o.J., S. 729.

27 Ebd., S. 733.

gott, dem der Freimaurer nacheifert und zu dessen Ruhm sein Lebenswandel und seine Werke gereichen sollen.

In den ersten offiziell verabschiedeten Konstitutionsbüchern, welche im Auftrage der Ersten Englischen Großloge von dem presbyterianischen Theologen James Anderson (1680-1739) herausgegeben werden, wird die Bindung an einen *allgemeinen* christlichen Glauben zunächst kaum bestimmter gefasst. In der ersten Ausgabe aus dem Jahre 1723 lautet der erste Artikel der ersten Pflicht: »Ein *Maurer* ist bei seinem Stande verpflichtet, dem moralischen Gesetz zu gehorchen; und wenn er die Kunst recht versteht, wird er weder ein dummer *Gottesleugner* noch ein irreligiöser *Freigeist* sein.«[28] Dieser Ausschluss von Atheisten vom freimaurerischen Toleranzgebot entspricht einem Moralprinzip, nach welchem die göttlichen Gesetze menschliches Verhalten nachhaltig beeinflussen. Im Zuge der zunehmend moralisch-ethischen Aufladung der Zunftordnung wird hier indirekt auf zeitgenössische philosophische Standpunkte rekurriert, ohne dass die Bezugnahmen explizit gemacht würden. Damit rücken die Schriften moderner Ethiker, vor allem Lockes *Toleranzbrief* (1689), unweigerlich ins Blickfeld. In diesem heißt es ausdrücklich: »Letztlich sind diejenigen ganz und gar nicht zu dulden, die die Existenz Gottes leugnen. Versprechen, Verträge und Eide, die das Band der menschlichen Gesellschaft sind, können keine Geltung für den Atheisten haben. Gott auch nur in Gedanken wegnehmen, heißt alles dieses aufzulösen.«[29] Zur Bedingung des staatsgesetzunabhängigen Menschenrechts wird hier die Unterwerfung des menschlichen Gewissens unter die Allmacht Gottes gemacht, welches gemeinschaftliche Statuten in ihren ethischen Vorgaben stützt und sie so gleichsam theologisch rückbindet. Einer strengen konfessionellen Festlegung entwindet sich die Freimaurerei, indem sie im Folgenden expliziert:

---

28 »A *Mason* is oblig'd by his Tenure, to obey the moral Law; and if he rightly understands the Art, he will never be a stupid ATHEIST, nor an irreligious LIBERTINE.« James Anderson: The Constitutions of the Freemasons. Containing the History, Charges, Regulations, &c. of that most Ancient and Right Worshipful Fraternity. For the use of the Lodges, London 1723 and The New Book of Constitutions of the Ancient and Honourable Fraternity of the Free and Accepted Masons. Containing Their History, Charges, Regulations, &c. Collected and Digested By order of the Grand Lodge from their old Records, faithful Traditions and Lodge-Books, For the Use of the Lodges, London 1738, Faksimile Ausgabe der Quatuor Coronati Lodge, London 1976, S. 50.

29 »Lastly, Those are not at all to be tolerated who deny the being of God. Promises, covenants, and oaths, which are the bonds of human society, can have no hold upon an atheist. The taking away of God, though but even in thought, dissolves all.« John Locke: Ein Brief über die Toleranz, engl.-dt., übersetzt, eingeleitet u. in Anmerkungen erläutert von Julius Ebbinghaus, Hamburg 1957, S. 94/95.

»Während in alten Zeiten die Maurer verpflichtet waren, in jedem Lande die jeweilige Religion des Landes oder der Nation anzunehmen, welche auch immer es sein mochte, wird es heute für angebrachter gehalten, sie nur derjenigen Religion zu verpflichten, in der alle Menschen übereinstimmen, und jedem seine besonderen Ansichten zu lassen; das heißt, gute und treue Männer zu sein, Männer von Ehre und Redlichkeit, mögen sie sich in ihren Konfessionen oder Überzeugungen auch unterscheiden; sodass die Maurerei das Zentrum ihrer Verbindung und das Mittel wird, wahre Freundschaft zu schließen zwischen Personen, die ohne sie in fortwährender Distanz zueinander geblieben wären.«[30]

Als Ziel der Freimaurerei wird formuliert, aufrichtige und ehrenhafte Männer ungeachtet ihrer Konfessionen und privaten Überzeugungen zusammenzuführen. Nicht ohne aber vorab deutlich zu machen, dass diese Tugenden auf der religiösen Bindung an ein höheres Wesen, dem der Mensch seine spezifischen Kompetenzen verdankt und dem es Rechenschaft schuldet, beruhen. Frei nach dem Motto »Wer nicht an Gott glaubt, für den kann es überhaupt keine Pflicht und folglich auch kein Recht geben«,[31] wird Religiosität als Rechtfertigungsinstanz und eine eigene Art des Gottesdienstes von den Mitgliedern der Gemeinschaft eingefordert.

Aus der Erfahrung der Englischen Glaubenskriege heraus und nach Vorbild der *Royal Society*, der man durch personelle Überschneidungen auf höchster Ebene besonders verbunden ist,[32] will man im Interesse des zivilisatorischen Fortschritts Glaubensdispute vermeiden und damit den

30 »But though in ancient Times Masons were charg'd in every Country to be of the Religion of that Country or Nation, whatever it was, yet ›tis now thought more expedient only to oblige them to that Religion in which all Men agree, leaving their particular Opinions to themselves; that is, to be good Men and true, or Men of Honour and Honesty, by whatever Denominations or Persuasions they may be distinguish'd; whereby Masonry becomes the Center of Union, and the Means of conciliating true Friendship among Persons that must have remain'd at perpetual Distance.« Charge I, in: *Constitutions* (1723), S. 50.

31 Julius Ebbinghaus in seiner Einleitung zu Lockes Toleranzbrief, S. lxii.

32 Prominenteste Beispiele solcher Doppelmitgliedschaften sind der Physiker John Theophilus Desaguliers (1683-1744) und John 2nd Earl of Montagu (1690-1749). Als Großmeister der jungen Großloge (1719) und leidenschaftlicher Sammler alter freimaurerischer Überlieferungen nimmt Desaguliers maßgeblichen Einfluss auf das von Anderson zusammengestellte Konstitutionsbuch (1723). Er macht die Freimaurerei durch die Aufnahme des Herzogs von Montagu, der die Großloge von 1721-1722 als erster adliger Großmeister führt, in England hoffähig und verschafft ihr so eine gesellschaftliche Geltung, die sich im Zuge der anglisierenden Mode über ganz Europa verbreitet. Lennhoff/ Posner: Internationales Freimaurer-Lexikon, unveränderter Nachdruck der Ausgabe Wien 1932, Wien, München 1980, S. 337.

harmonischen Umgang innerhalb der Gemeinschaft sichern. Unter Punkt VI,2 der Konstitutionen heißt es dementsprechend:

»Daher sollen kein privater Groll oder Streit in die Loge eingebracht werden, viel weniger noch religiöse, nationale oder staatspolitische Streitigkeiten. Als Freimaurer gehören wir sowohl der allgemeinen Religion als auch allen Nationen, Abstammungen und Sprachen an und schließen alle Politik und alles, was der Wohlfahrt der Loge abträglich ist und immer sein wird, aus. Diese Pflicht wurde seit jeher beachtet und einem jeden streng auferlegt; besonders aber seit der Reformation in Großbritannien, bzw. seinem Dissent und der Spaltung dieser Nationen aus der kirchlichen Glaubensgemeinschaft mit ROM.«[33]

Der kulturelle Hintergrund, vor welchem sich die Freimaurerei zum Vehikel einer modernen *Reformation of Manners* transformiert, ist zweifelsohne ein genuin christlicher. Im Zuge divergierender religiöser Entwürfe und Glaubenskonzepte wird dieser christliche Grund jedoch zunehmend problematisch. Die neuen Konstitutionen der *Gentleman Masons* aus der Feder James Andersons übernehmen als abstrakte theologische Größe den Buchstaben »G«, der bereits von der Steinmetzenzunft als Symbol christlicher Gottheit angerufen wurde, machen jedoch Zugeständnisse gegenüber den verschiedenen Erscheinungsformen christlichen Glaubens, die sie als Form der Meinungsfreiheit tolerieren. Indem das höhere Wesen eines *Great Architect* es erlaubt, von jedem einzelnen Mitglied entsprechend seiner konkreten konfessionellen Bindung, sei sie katholisch, protestantisch, anglikanisch oder deistisch, verehrt zu werden, wird sie zum notwendigen Konvergenzpunkt jenseits individueller Konfessionen und Überzeugungen, ohne dabei ihr christliches Fundament einzubüßen.[34]

»Die englische spekulative Freimaurerei behauptet dadurch einen religiösen Idealzustand, dass sie sich zum *center of union* macht, indem sie ihren Mitgliedern die Freiheit einräumt, ihre individuellen christlichen Ansichten zu behal-

33 »Therefore no private Piques or Quarrels must be brought within the Door of the Lodge, far less any Quarrels about religion, or Nations, or State Policy, we being only, as Masons, of the catholick Religion above-mention'd; we are also of all Nations, Tongues, Kindreds, and Languages, and are resolv'd against all Politicks, as what ever yet conduc'd to the Welfare of the Lodge, nor ever will. This Charge has been always strictly enjoin'd and observ'd; but especially ever since the Reformation in Britain, or the Dissent and Secession of these Nations from the Communion of ROME.« Charge VI,2, in: *Constitutions* (1723), S. 54.

34 Pauline V. Chakmakjian: »Theological Lying and Religious Radicalism in Anderson's Constitutions«, in: Aries. The Journal for the Study of Western Esotericism, 8:2 (2008), S. 167-190, hier: S. 180.

ten und dabei zu Toleranz gegenüber abweichenden Meinungen innerhalb derselben Religion ermutigt.«[35]

An erster Stelle steht in der Pflicht »Gott und die Religion betreffend« das Moralgesetz, welches sich zum Teil aus der christlichen Religion ableitet und zum Teil Produkt einer Selbstgesetzgebung ist, für die die Freimaurer göttlichen Beistand erbitten. Diese Rationalisierung und Reduktion der christlichen Lehre auf eine moralische Essenz und die Relativierung ontologischen Glaubens handelt den Freimaurern den Vorwurf der Dechristianisierung, des Deismus und sogar der Blasphemie ein.[36]

Einen gewagten, am Ende nicht durchsetzbaren Vorstoß macht Anderson in seiner nochmaligen Überarbeitung der Alten Pflichten für die Neuauflage des Konstitutionsbuches im Jahr 1738, den Pauline V. Chakmakjian als »theologische Lüge« entlarvt.[37] Während sie sich nach außen hin als besonders christlich ausweise, beinhalte sie eine drastische Verschiebung zugunsten eines aufgeklärten Deismus und stelle damit das christliche Fundament zur Disposition. Diese zweite Fassung mit Andersons eigenmächtigen Änderungen wird von der Kommission jedoch als verfehlt angesehen, nicht gebilligt und auf Beschluss der Großloge konsequent zurückgenommen. Mittlerweile hatte die opponierende Großloge der *Antients* die umgearbeitete Pflicht »Gott und die Religion betreffend« jedoch schon zum Anlass genommen, eine Re-christianisierung der Freimaurerei zu fordern und die traditionelle christliche Auslegung der ersten Pflicht zu restaurieren.

Die freimaurerische Genealogie tradiert sich das gesamte 18. Jahrhundert hindurch gemäß der mittelalterlichen Zunfttradition als eng mit dem adamitischen Ursprungsmythos der Heiligen Schrift verwoben, das Wesen des Göttlichen und der Vorgang der sittlichen Hebung des Menschen wird jedoch unter dem Einfluss der Renaissance von den *Gentlemen Masons* seit dem 17. Jahrhundert zunehmend hermetisch ausgedeutet. Die hermetischen Schriften werden als Zugang zu einem altägyptischen Urwissen und vergessenen rituellen Praktiken, vor allem aber als Vorläufer der christlichen Religion interpretiert, was die widerspruchsfreie synkretistische Verbindung beider Strömungen ermöglicht. Die *Hermetica*, eine Sammlung dem legendären ägyptischen Weisen Hermes Trismegistos zugeschriebener theologisch-philosophischer Schriften aus

35 Ebd., S. 178.

36 Siehe den Vorwurf der Irreligiosität und Blasphemie in *A Letter to a Friend concerning the Society of Freemasons* (1725) des unter dem Pseudonym *Verus Commodus* publizierenden Kritikers, in: Knoop, Douglas/ Jones,G.P., Hamer/ Douglas (Hg.): Early Masonic Pamphlets, London 1978, Reprint der Ausgabe London 1944, S. 137f.

37 Chakmakjian, »Theological Lying«, S. 179ff.

dem ersten vorchristlichen bis vierten nachchristlichen Jahrhundert, werden bei Suche nach einer impliziten freimaurerischen Körperkonzeption im zweiten Teil der vorliegenden Studie eine besondere Rolle spielen. Sie eröffnen der ethischen Hebung des Menschen eine neue Dimension, indem sie dem Menschen weitreichende Kompetenzen zuschreiben und zu großen kulturellen Leistungen fähig erklären. Die im Zuge der Reformation unterbundenen sinnlichen Ereignisse – man denke an die Involviertheit der Zünfte in die christlichen Feste des Mittelalters, die Ausstattung von Festumzügen und rituellen Spielen – wandern als emotionale Momente in den hermetisch aufgeladenen, rituellen Akt.

Der Freimaurerei geht es nicht, so viel sollte an dieser Stelle klar geworden sein, um die Positionierung innerhalb eines Feldes widerstreitender Glaubenssysteme, sondern um die Durchsetzung einer spezifisch freimaurerischen Ethik christlicher Färbung, die nur in Anbindung an einen bzw. über die Identifikation mit einem Schöpfergott zu denken ist.[38] Das freimaurerische Glaubensbekenntnis und die Vorschrift der Gestaltung des Lebens nach den christlichen Geboten stehen nicht für sich allein. Sie sind in umfangreichere, körperschaftliche Statuten eingebettet, welche das gemeinschaftliche Leben regulieren und ethische Vorgaben machen. Diese Berufung auf die Verbindlichkeit des Glaubens einerseits und gesellschaftliche Statuten andererseits entspricht jenen zwei Verpflichtungsquellen, die in der angelsächsischen Tradition von Thomas Hobbes (1588-1679) vertreten worden sind. Dieser unterscheidet zwischen »natürlicher Verpflichtung« (*natural obligation*) und »vertragsbasierter Verpflichtung« (*obligation which rises from contract*). Während die »natürliche Verpflichtung« der Angst, dem Gewissensdruck und dem Gefühl menschlicher Ohnmacht gegenüber einer göttlichen Allmacht entspringen und den Menschen verpflichten soll, dem göttlichen Gebot in seinem »natürlichen Königreich« zu gehorchen, beruht letztere auf jenen im zwischenmenschlichen Bereich willentlich eingegangenen Verbindlichkeiten und Kontrakten, an deren Einhaltung den Bürger ein straf-

38 In dem in den Pennell'schen Konstitutionen aus dem Jahre 1730 abgedruckten Eröffnungsgebet bei Aufnahme eines neuen Bruders heißt es wörtlich: »[...] we beseech thee, O Lord God, to bless this our present Undertaking, and grant that this, our new Brother, may dedicate his Life to thy Service, and be a true and faithful Brother among us, endue him with Divine Wisdom, that he may, with the Secrets of Masonry, be able to unfold the Mysteries of Godliness and Christianity.« *EMC*, S. 22.
Die Auseinandersetzungen darum, ob der Schöpfergott nun explizit christlich oder konfessionell ungebunden zu interpretieren ist, spiegeln sich noch heute in den verschiedenen freimaurerischen Systemen in Europa, die sich entweder als christlich oder humanitär ausweisen.

rechtliches Sanktionssystem erinnert.[39] Ebenso kann auch Locke in bester stoischer Tradition ein dem menschlichen Logos entsprechendes, naturgemäßes Leben nur in enger Verquickung mit seinem gemeinschaftlichen Rahmen sehen, in welchem sich der Mensch bewegt.[40] Es ist überhaupt nur in einem durch Recht und Sitte geprägten Gemeinschaftsleben möglich, in dem sich Handeln und Güterwahl an den geltenden Normen und Vorschriften orientieren.[41]

Bereits in der Steinmetzenzunft ahnden rechtliche Sanktionsformen begangene Regelverstöße. So können bei Bruch der vertraglichen Bindung an die Schweigepflicht Geldbußen drohen.[42] Liefert einer schlechte Arbeit, zeigt sich illoyal gegenüber seinem Meister, der Zunft oder seinem König oder bringt die Zunft durch unmaurerisches Verhalten in Verruf, hat er vor der Versammlung (*assembly*) zu erscheinen. Tut er dies nicht, muss er die Zunft verlassen (Reg. 373-94). Erweist sich einer als wortbrüchig und ist unwillig seine Fehler einzugestehen, um auf die rechte Bahn zurückzukehren, erfolgt der lebenslange Ausschluss aus der Verbindung. Bei Missachtung des verhängten Arbeitsverbots drohen ihm sogar Gefängnis und Enteignung.[43]

Die *Freestone Masons* besitzen in ihrer frühen Periode im 14. Jahrhundert neben dem gemeinsamen Gebet, der Verlesung von Zunftgeschichte und Pflichten mit anschließender Vereidigung vermutlich noch keine Aufnahmezeremonien, die sich grundsätzlich von jenen anderer Zünfte unterscheiden. Rituale und Initiationen, verbunden mit mythischen Erzählungen, die das Alter und die Wichtigkeit der verschiedenen Berufsstände betonen und mit religiösen und moralischen Konzepten verbunden sind, sowie die Forderung der Geheimhaltung bestimmter Ar-

---

39 Thomas Hobbes: Philosophical rudiments. Engl. Works, hg. von W. Molesworth, London 1841ff., S. 2, 110 u. 290.

40 Siehe dazu auch John Lockes *Letter to the Reverend Mr. Richard King*, Oates, 25. Aug. 1703; hier heißt es: »As to morality, […]; that is best found in the book that I have already commended to you (the holy scripture, especially the New Testament). […] If you have a mind to see how far human reason advanced in the discovery of morality, you will have a good specimen of it in »Tully's offices«; unless you have a mind to look farther back into the source from whence he drew his rules; and then you must consult Aristotle, and the other Greek philosophers.« Cicero legte seiner Schrift die Ethiken der Stoiker Panaitios und Poseidonius zugrunde. John Locke, The Works of John Locke in ten Volumes, Bd. 10, London 1812, S. 306.

41 Wolfgang Kersting zum Stichwort »Pflicht«, in: Historisches Wörterbuch der Philosophie, hg. von Joachim Ritter und Karlsfried Gründer, Bd. 7, P-Q, Darmstadt 1989, S. 406.

42 Knoop/ Jones/ Hamer, The Two Earliest Masonic Mss., Anmerkung zu Punkt 3, S. 179.

43 *Reg.* 447-70 und *Cke.* 931-51, in: ebd.

beitstechniken sind nahezu allen mittelalterlichen Zünften und Gilden gemein. Die *Masons* unterscheiden sich hierin kaum von anderen Zünften und deren Fabrikationsgeheimnissen. Und dennoch weckt gerade die Bruderschaft der Steinmetze das Interesse von Männern, die selbst nicht im Bauhandwerk tätig sind und vielleicht nicht einmal einen handwerklichen Beruf ausüben. Und gerade *sie* bietet die Plattform für die außergewöhnliche Entwicklung von einer gewohnheitsrechtlichen bzw. konstitutionellen, gewerblichen Sittenlehre zu einer symbolgeleiteten, systematischen Einübung spezifischer ethischer Ansprüche an sich selbst.[44]

Dafür gibt es einige Gründe: Wenn auch nicht einzigartig, so war doch bereits im Mittelalter die in den Alten Pflichten fixierte, mythische Herleitung der Steinmetzenkunst außergewöhnlich umfangreich und ihre moralische Aufladung ausgeprägter als die anderer Zünfte.[45] Ihre Konstitutionsmanuskripte werden von einer legendenartigen Erzählung eingeleitet, welche die Freimaurerei mit der Geometrie als eine der sieben freien Künste gleichsetzt und Euklid zum Protagonisten ihres Herkunftsmythos macht. Sie soll die Antiquität der Handwerksvereinigung bezeugen und ähnlich den Freibriefen oder Privilegienurkunden anderer Handwerkszünfte und Gilden den erforderlichen Legitimitätsnachweis erbringen. Es gibt zahlreiche Fassungen und Revisionen dieser Geschichte, aus denen sich später die elaborierten, symbolischen Zeremonien und Rituale der angenommenen Freimaurer speisen werden.

Die Freimaurerei im Kontext der *Reformation of Manners*

Bereits seit dem 13. Jahrhundert suchen einzelne nicht-operative Mitglieder Aufnahme in die operative Steinmetzenzunft, so genannte *Masons of Redemption*, die sich aus Interesse an den spekulativen Schichten der Freimaurerei in die Gemeinschaft einkaufen. Die ersten verlässlich belegten und bekanntesten *Acceptions* von *Gentleman Masons* sind im 17. Jahrhundert die von Robert Moray 1641 in Edinburgh und des Gelehrten Elias Ashmole 1646 in Warrington, Lancashire.[46] In den 1680er

44 Das Verlassen des operativen Arbeitskontextes führt nicht zu plötzlichen und einschneidenden Änderungen der performativen Praxis, die eine Unterscheidung von operativer und spekulativer Maurerei sinnvoll machte. Siehe dazu auch meine Kritik am Paradigma eines historischen Übergangs von operativer zu spekulativer Freimaurerei im zweiten Teil der vorliegenden Studie. Vgl. S. 212ff.

45 David Stevenson: The Origins of Freemasonry. Scotland's Century 1590-1710, Cambridge 1988, S. 5f.

46 Siehe für Robert Moray ebd., S. 167 und für Elias Ashmole: Hamill, The Craft, S. 30ff. oder die abgedruckten Tagebucheinträge in: *EMP*, S. 40 u. 42.

Jahren findet die *Society of Free-Masons* dann Erwähnung in verschiedenen Publikationen. Randle Holme the Third schreibt in seinem Buch *Academie of Armory* (1688), auf den Besuch eines Logentreffens in Chester Bezug nehmend: »Ich kann diese Bruderschaft aufgrund ihrer Antiquität nur wertschätzen; dies umso mehr, als ich selbst ein Mitglied dieser Gesellschaft bin, die sich die Freimaurer nennt.«[47] Robert Plot beschreibt in seiner *Natural History of Strafffordshire* (1686) die Aufnahme von »hervorragenden Männern« (*men of most eminent quality*) in die *Society of Free-Masons* als eine im ganzen Land verbreite Praxis und John Aubreys *Natural History of Wiltshire* (1691) bestätigt die Bekanntheit der angenommenen Freimaurerei mit einem ergänzenden Hinweis auf ihre internationale Verbreitung.[48] Für die 90er Jahre des 17. Jahrhunderts häufen sich schließlich die Nachweise nicht-operativer Logen. James Anderson nennt in seinen 1738er Konstitutionen für das Jahr 1693 bereits acht in London arbeitende Logen, die sich nicht mehr allein aus Handwerkern der Zunft zusammensetzen.[49]

Im Kontext der Ende des 17. Jahrhunderts einsetzenden modernen *Reformation of Manners* weckt die Freimaurerei zunehmend das Interesse nicht handwerklich tätiger Gentlemen. Diese *Reformation of Manners*, die einen wichtigen Bezugsrahmen für die Formierung der Freimaurerei darstellt, ist – wie Eleonore Kalisch aufgezeigt hat – ein »zentrales ethisches Projekt«, das »von Addison und Steele, Shaftesbury, Lord Kames, Samuel Johnson oder Adam Smith ebenso nachhaltig vorangetrieben wurde wie von Defoe, Swift, Richardson, Lillo, Hogarth, Sheridan u.a.«.[50] Ihre Publikationen sind Ausdruck eines kulturellen Stimmungs-

47 »I cannot but honour the Fellowship of the Masons because of its antiquity; and the more as being [myself] a member of that Society called Free-Masons.« Zitiert nach: Hamill, The Craft, S. 33f.

48 Ebd., S. 35f. Hamills Angaben sind insofern zu korrigieren, dass er John Aubreys Buch mit dem Titel *Natural History of Strafffordshire* angibt. Tatsächlich wurde das Manuskript 1691 zunächst unter dem Titel *Memoirs of Naturall Remarques in the County of Whiltshire* veröffentlicht. Unter dem von Hamill genannten Namen wurde es erst 1847 publiziert. Siehe *EMP*, S. 41f.

49 Ebd., S. 37.

50 Eleonore Kalisch: Von der Ökonomie der Leidenschaften zur Leidenschaft der Ökonomie. Adam Smith und die *Actor-Spectator*-Kultur im 19. Jahrhundert, Berlin 2006, S. 113. Für die genealogische Verortung der Freimaurerei ist es interessant, dass sich noch der unter dem Pseudonym *Masonicus* publizierende Freimaurer Thomas Bradshaw, der sich in seinen *Essays Concerning the Masonic Character* Ende des 18. Jahrhunderts um die Konturierung und theoretische Explikation der freimaurerischen Praxis bemüht, ganz explizit sowohl auf die Schriften Samuel Johnsons als auch Lord Kames' bezieht. Siehe dazu im dritten Teils dieses Buches das Kapitel »Der freimaurerische Charakter und die Mechanismen seiner Formierung«, S. 280.

wechsels als Folge der Glorreichen Revolution im Jahre 1688, die die sozialliberale Restaurationsperiode unter den Stuarts beschließt und ihr neue moralistische Bestrebungen entgegensetzt. Eine Reihe dieser Publikationen verweisen u.a. auch direkt oder indirekt auf die Schriften John Lockes.[51]

Addison und Steele portraitieren in ihren Zeitschriften »die moderne Stadt als ein Theater der Dissimulation, Heuchelei und Habgier, eine Brutstätte der Komplotte und Kabalen [...], als einen Sumpf des Luxus und der Korruption, in dem die Tugend allzeit in Gefahr war, auf Klugheit reduziert zu werden und Geschmack auf Mode.« Demgegenüber galt es aufzuzeigen »wie die Kultivierung der Sitten, verfeinert durch die Kultivierung des Geschmacks und der natürlichen Theologie – was als *politeness* [durch Höflichkeit allein nicht zu übersetzen, K.H.] bekannt wurde – die Mäßigung von Heuchelei herbeiführen und die der Cicero'schen Ethik inhärenten Spannungen zwischen Klugheit, Ehrlichkeit und Tugend mildern könnte.«[52] Sie stellen fest, dass »wirkliche Freundschaft, Freundschaft, die durch Tugend statt durch Interessensberechnung reguliert wurde, [...] allein [...] in der mußevollen privaten Welt der Taverne oder des Kaffeehauses, in Gemeinschaft wohl ausgewählter Gefährten, die aus verschiedenen Lebensformen (*ways of life*) hergelockt wurden« möglich sei.[53] Es galt also, neue Formen moralischer Erziehung zu erkunden, die, während sie die üblichen Geselligkeitsbedürfnisse bedienen, mit altehrwürdig erscheinenden, geheimen Vergemeinschaftungsritualen auch anziehend auf potentielle Neumitglieder wirken sollten.

Die differenzierte Organisation, die Institutionalisierung und Normierung von rituell eingeleiteten Schritten sittlicher Belehrung in der Freimaurerbruderschaft wecken das Interesse von Männern, die um eine Kultivierung der Sitten bemüht sind. Sie lassen sich als so genannte *Gentleman Masons* aufnehmen, um sich zu eigenen, nicht-operativen Logen zusammenzuschließen. Die Gemeinschaft der Freimaurer und ihr Zeichensystem erweist sich für die Interessen der Gentlemen als besonders kompatibel. Es lässt sich kontinuierlich nach ihren Vorstellungen zu

51 Udo Thiel: John Locke, Reinbek bei Hamburg 1990, S. 129.

52 Nicholas Philippson: »Politics and politeness in the reigns of Anne and the early Hannoverians«, in: The varieties of British political thought 1500-1800, hg. von J.G.A. Pocock, Cambridge 1993, S. 225.

53 Ebd., S. 225f. Die *Reformation of Manners* hat durchaus auch ihre Schattenseiten: Im Ringen um Respektabilität, Moralität und Ernsthaftigkeit überspannt die *Society of Reformation of Manners* im Kampf gegen Profanität und Immoralität den Bogen, indem sie ein Spitzelnetzwerk (*moral guardians*) ausbildet, mithilfe dessen amoralisches Verhalten öffentlich angeprangert, dem Magistrat gemeldet und eine Bestrafung mittels Bezahlung sichergestellt wird.

einem wirksamen Instrumentarium ethischer Erziehung ausbauen. Aus dem überlieferten Legenden- und Statutenreservoir der Zunfttradition der Freimaurer schöpfen zu können, erweist sich daher als besonders ergiebig. Der besondere Status der *King's Masterbuilder*, die traditionell hohes Ansehen bei Hofe genießen und dort mit dem König an einem Tisch sitzen dürfen, macht die Bruderschaft zu einer potentiell prestigeträchtigen Vereinigung.

Die *Gentleman Masons* versuchen, auch bei anderen das Bedürfnis nach spielerischer Erkundung immer neuer Geheimnisschichten zu wecken, in deren Verlauf Moralität schrittweise angeeignet und so eine Steigerung des sozialen Prestiges erlangt werden soll. Nicht unbedeutend für das Renommee der Vereinigung und die Steigerung der Mitgliedszahlen war es auch, John, den zweiten Duke of Montagu, als ersten adligen Großmeister zu gewinnen. In den zwanziger Jahren des 18. Jahrhunderts führen die angenommenen Maurer – darunter John Theophilus Desaguliers und Reverend James Anderson –, welche sich, einem Interesse an dem esoterischen Wissen der Vereinigung oder der Sittenlehre der Maurer folgend, in die Bruderschaft haben aufnehmen lassen, bedeutsame Änderungen in die Freimaurerei ein. Sie überarbeiten die Zunftgeschichte, gestalten die Rituale um und arbeiten einen weitreichenden Moralkodex aus, der nach herkömmlicher Art mithilfe von Symbolen gelehrt wird. Dies war ihnen nur als Mitglieder von nur gelegentlich zusammentretenden Logen möglich oder solcher, die sich nahezu ausschließlich aus *Gentleman Masons* zusammensetzen, da diese weitestgehend unabhängig von der Aufsicht der Werkmaurer agieren konnten. Die *Gentleman Masons* besaßen so den notwendigen Spielraum, die Zeremonien derart aus- und umzugestalten, dass man die Freimaurerei im frühen 19. Jahrhundert schließlich offiziell als »ein eigentümliches, ethisches, in Allegorien gehülltes und durch Symbole verdeutlichtes System« definieren kann.[54] Sie entwickeln einen neuen symbolisierenden Umgang mit der Steinmetzentradition, welcher in den Dienst einer Reformation des zwischenmenschlichen Umgangs gestellt wird. Das Augenmerk gilt dabei zunehmend der konkreten Um- und Übersetzung ethischer Vorstellungen in eingefleischte Verhaltensweisen und den dafür notwendigen normativen Interventionsformen.

54 Diese Definition der Freimaurerei findet sich erstmalig im Ritual der Englischen Großloge von 1816. Die Formulierung »a peculiar system of morality, veiled in allegory and illustrated by symbols« wird im Zuge des Verhörs eines zugelassenen Lehrlings, ehe er zum zweiten Grad durchgeführt werden kann, als Antwort auf die Frage »What is Freemasonry?« gegeben.

Axiologische Aspekte moralischer Verhaltensregulation in der Freimaurerei

Der Freimaurer weist sich gegenüber seinen Brüdern durch die Ausführung verabredeter Zeichen und freimaurerisches Verhalten aus. Während er in den frühen Katechismen die Frage, ob er Freimaurer sei, noch mit einem schlichten »Yes« und der Aufforderung, ihn anhand der verabredeten Zeichen zu prüfen, beantwortet,[55] wird die gleiche Frage seit dem *Wilkinson* Manuskript (1727) und Samuel Prichards *Masonry Dissected* (1730) mit der Aussage »I am so taken to be Among Brothers & Fellows« bzw. »I am so taken and Accepted to be amongst Brothers and Fellows« beantwortet. Diese Aussprüche geben erste Hinweise darauf, in welchem Maße der Freimaurer von der Prüfung und Einschätzung seiner Person durch seine Brüder abhängig ist, vor denen er sich als Freimaurer bewähren muss.

In der erstmals im *Pocket Companion* der Jahre 1734/35 abgedruckten *Charge to new admitted Brethren* wird dem Mitglied der Gemeinschaft ans Herz gelegt, sein Augenmerk auf drei Referenzbereiche sittlichen Handelns zu legen:

»Es sind drei Hauptpflichten, die sich Maurer ununterbrochen einschärfen müssen, nämlich gegenüber *Gott*, unseren *Nächsten* und *uns selbst*.
Gegenüber Gott, indem sie niemals seinen Namen ohne jene ehrerbietige Furcht gebrauchen, die die Kreatur ihrem Schöpfer entgegen zu bringen hat, um diesen als *sum[m]um* bonum zu betrachten, welches wir auf der Erde erfahren dürfen und, gemessen dieser Einsicht, all unser Streben auszurichten.
Gegenüber unseren Nächsten, indem wir nach dem Winkelmaß handeln oder anderen gegenüber derart agieren, wie wir uns selbst behandelt wissen wollen.
Gegenüber uns selbst, indem wir alle Unmäßigkeit und Exzesse meiden, welche uns unfähig machen könnten, unserer Arbeit nachzugehen oder zu einem Verhalten führen, welches unserer Profession unziemlich ist und ihr widerspricht, und indem wir uns selbst in Schranken weisen und frei von jeder Verunreinigung bleiben.«[56]

---

55 Siehe beispielsweise das *Edinburgh Register House* Manuskript (1696), in: *EMC*, S. 31.

56 »There are three general Heads of Duty which MASONS ought always to inculcate, viz. to *God*, our *Neighbours*, and *Ourselves*.
To God, in never mentioning his Name but with that Reverential Awe which becomes a Creature to bear to his Creator, and to look upon him always as the Sum[m]um Bonum which we came into the World to enjoy; and according to that View to regulate all our Pursuits.
To our Neighbours, in acting upon the Square, or doing as we would be done by.

Es fällt auf, dass die Charge nicht mit einer Aufzählung erwünschter Tugenden und zu unterbindender Untugenden beginnt, sondern statt dessen wiederum das Verhalten des Maurers in Relation zu religiösen Vorgaben, vor allem aber auch zu seinem persönlichen Umfeld setzt, nach dessen Anerkennung sich sein Handeln bemisst.

Das neue Mitglied soll ab sofort seine Ziele und Absichten zunächst nach göttlichem Willen ausrichten, welchem er in allen seinen Taten Respekt zu zollen hat. Als friedliebender und gesetzestreuer Bürger soll er sich auch seinen Nächsten gegenüber gerecht verhalten und diese so behandeln, wie er selbst behandelt zu werden wünscht. Und nicht zuletzt soll er sich selbst so viel Aufmerksamkeit schenken, dass er sich seiner Zunft entsprechend verhält. Indem er unangemessenes Verhalten oder Unschicklichkeiten gewissenhaft bei sich selbst unterbindet, werde er den Ansprüchen der brüderlichen Gemeinschaft gerecht. Seine Aufgabe bestehe darin, »sich selbst dem Geschäft der Maurerei zuzuwenden, um sowohl zu seinen eigenen Gunsten als auch zum Ansehen seiner Loge umso schneller ein Meister darin zu werden.«[57]

Es wird ein respektvolles und angemessenes Verhalten gefordert, welches mit göttlichem Beistand und gemeinschaftlicher Anerkennung entlohnt wird und gleichzeitig auch der Loge Geltung verspricht. Grundlegend ist dabei das elementare Interaktionsverhältnis der Reziprozität, d.h. die Gegenseitigkeit der Dienste und Vorteile. Hierdurch wird die wechselseitige Abhängigkeit positiv ausgeglichen und der Grundstock jeglichen Vertrauenskredits gebildet. In diesem Gesamtkontext wird von den Mitgliedern des Bundes verlangt, das eigene Betragen sowohl danach zu bestimmen, ob man sich selbst so behandelt wissen möchte, als auch an den Ge- und Missfallensbekundungen der Gemeinschaft zu bemessen und dem eigenen und allgemeinen Wunsch entsprechend zu korrigieren.

Voraussetzung hierfür ist eine Empfänglichkeit für Reaktionen auf den eigenen Auftritt. Martin Clare, Schuldirektor und prominenter Freimaurer der 1730er Jahre, führt in seiner berühmten und vielfach (anonym) nachgedruckten Ansprache aus dem Jahre 1735 eine Reihe menschlicher Eigenschaften auf, die eine harmonische Konversation ge-

To Ourselves, in avoiding all Intemperances and Excesses, whereby we may be rendered incapable of following our Work, or led into Behaviour unbecoming our laudable Profession, and, in always keeping within due Bounds, and free from all Pollution.« Siehe: »Charge to new admitted Brethren«, in: *EMC*, S. 23.

57 »[…] to apply himself closely to the Business of Masonry, that he may sooner become a Proficient therein, both for his own Credit, and for that of the Lodge.« Ebd., S. 23f.

fährden.[58] An erster Stelle nennt er eine »angeborene Grobschlächtigkeit« (*natural roughness*), »die einen Menschen anderen gegenüber unangenehm erscheinen lässt; so dass er weder Rücksicht nimmt, noch den Neigungen, Stimmungen oder Zuständen jener, mit denen er Umgang pflegt, Aufmerksamkeit zu schenken vermag.« Indem er weder berücksichtige, was gefällt, noch was Anstoß bei jenen erregt, mit denen er Umgang pflegt, weise er sich untrüglich als Tölpel aus.[59] Das geschickte Mitglied ist hingegen in der Lage zu gefallen, indem es sich für die Signale seines Gegenübers aufmerksam zeigt und sein Konversationsverhalten entsprechend zu variieren vermag. Die gegenseitige Einflussnahme mit dem Ziel der gesitteten Konversation und stetigen Verfeinerung der Umgangsformen ist ausdrücklich erwünscht, seien diese doch die »obersten Vergnügen der Gesellschaft […] [und] Hauptmotive für unseren Eintritt und dann Verbreitung unseres Handwerks«.[60]

Um aber nicht eigennützig, sondern zum Wohle der Gemeinschaft zu handeln und den Einzelnen vor willkürlichen und unangemessenen Formen der Kritikäußerung zu schützen, werden klare Regeln aufgestellt. Sie sollen für eine der brüderlichen Verbundenheit und Harmonie angemessene Form der Auseinandersetzung sorgen und öffentliche Bloßstellungen, Erniedrigungen und selbstherrliche Verspottung anderer Mitglieder unterbinden. Freimaurer verpflichten sich der konstitutionell verankerten Regel, »über einen Bruder gut zu sprechen, ob anwesend oder nicht; soweit Wahrheit und Recht es erlauben, seine Ehre und seinen Ruf zu verteidigen, wo immer sie angegriffen werden; und wo er schon nicht vernünftig gerechtfertigt werden kann, zumindest davon abzusehen, an seiner Verdammung teilzuhaben.«[61] Sie fordert die innere Bereitschaft zu einem respektvollen Miteinander.

---

58 Die Ansprache wurde zunächst in der Stewardsloge gehalten und erneut am 11. Dezember 1735 auf der *Quartely Communication* der ersten Großloge (siehe Protokolleintrag, abgedruckt in: *EMP*, S. 7). »Martin Clare's Address (1735) «, in: *EMP*, S. 327ff.

59 »[…] a natural roughness, which makes a man unpleasant to others; so that he retains no deference, nor has any regard to the inclinations, temper, or condition of those he converses with. It is the certain mark of a clown not to mind what either pleases or offends those he is engaged with.« »Martin Clare's Address (1735) «, in: *EMP*, S. 328.

60 »[…] chief pleasures of society […] (and) principal motive of our first entering into, and then of propagating our craft«. Ebd., S. 327.

61 »[…] to speak as well of a brother when absent as present; to defend his honour and reputation wherever attacked, as far as truth and justice will permit; and where they cannot reasonably vindicate him, at least to refrain from contributing to condemn him.« Konstitutionen zitiert nach: »An address after the expulsion of a member, who had been repeatedly, but in vain, admonished for back-biting and slandering his brethren (Appendix D)«, in: Hutchinson, Spirit of Masonry, S. 242.

»Grundsätzlich ist am äußeren Benehmen die innere Zivilisiertheit des Geistes zu erkennen; da Art und Umstände dieses Benehmens von der Mode und Gepflogenheit des Ortes, an dem wir leben, beherrscht und beeinflusst werden, müssen wir es sowohl nach den hier herrschenden Regeln und anhand der üblichen Praxis als auch durch Beobachtung des Benehmens jener Menschen erlernen, denen es vergönnt ist, sich höflich und wohlerzogen zu verhalten. Der wesentlichere Teil liegt aber unter dieser Oberfläche; er besteht in jener wohlwollenden Grundeinstellung, jener angemessenen Achtung und persönlichen Wertschätzung gegenüber jedermann, die uns zögern lassen, in unserem Betragen ihm gegenüber die geringste Form des Missachtung, der Respektlosigkeit oder der Ablehnung zu zeigen. Es ist eine Disposition, die uns befähigt, jederzeit einem anderen gegenüber in üblicher und angemessener Form, seinem Rang, seiner Würde und seinem Lebensstand gemäßen Respekt zu zollen und die entsprechende Ehrerbietung auszudrücken. Der Zustand des Geistes wird, in einem Wort, sichtbar im Verhalten, mit welchem ein Mann zu vermeiden versucht, dass sich jemand anders in seiner Gegenwart unwohl (*uneasy*) fühlt. [...] Denn wenn der Friede, das Behagen und die Zufriedenheit, welche Freude, Glück und die Seele der Unterhaltung ausmachen, gestört werden, wird die gesamte gesellschaftliche Konstruktion ausgehöhlt.«[62]

Das Wechselverhältnis von innerer Zivilisiertheit (*inward civility*) und äußerem Verhalten wird durch eine Reihe von Punkten charakterisiert: Erstens, der wesentliche Teil der Zivilisiertheit ist nicht auf die Außenseite des Verhaltens begrenzt, sondern liegt tiefer. Wohlwollende Grundeinstellung, angemessene Achtung, persönliche Wertschätzung sind Kernbestimmungen von Zivilisiertheit; diese Begriffe bezeichnen Grundelemente eines im Umgang mit anderen gebotenen und praktizierten Wertungsverhaltens. Dieses Verhältnis ist zweitens erst dann verlässlich, wenn es in einer subjektiven Disposition verankert ist, die uns befähigt, anderen gegenüber Respekt, Wertzuschreibungen und persönliche Wert-

62 »By the outward demeanor it is that the inward civility of the mind is generally expressed; the manner and circumstances of which, being much governed and influenced by the fashion and usage of the place where we live, must, in the rule and practice of it, be learned by observation, and the carriage of those who are allowed to be polite and well-bred. But the more essential part of civility lies deeper than the outside, and is that general good-will, that decent regard, and personal esteem, for every man, which makes us cautious of showing in our carriage towards him any contempt, disrespect or neglect. It is a disposition that makes us ready on all occasions to express, according to the usual way and fashion of address, a respect, a value, and esteem for him, suitable to his rank, quality, and condition in life. It is, in a word, a disposition of the mind visible in the carriage, whereby a man endeavours to shun making another uneasy in his company. [...] For as peace, ease, and satisfaction, are what constitute the pleasure, the happiness, and are the very soul of conversation, if these be interrupted the design of society is undermined.« Martin Clare's Address (1735), in: *EMP*, S. 328 u. 331.

schätzung auszudrücken, und zwar in Relation zu ihrem jeweiligen Rang bzw. Status, ihrer kulturellen Verhaltensqualität und ihren Lebenskonditionen. Drittens, diese innere Disposition muss im äußeren Verhalten sichtbar werden. Viertens, dies ist zugleich eine subjektive Voraussetzung der Gemeinschaftsbildung.

Ein Mindestmaß an Loyalität und Harmonie soll die Vertrauensbasis schaffen, um kritische Reaktionen aus dem Umfeld – gemeint ist damit ein Wertungsverhalten, das nicht grundsätzlich gegen die Regeln der Höflichkeit verstößt – aufzunehmen.[63] Da aber eine jede kritische Äußerung dem Verdacht der selbstherrlichen Krittelei ausgesetzt ist, so Hutchinson, und zumeist als Erniedrigung erfahren wird, sollten Beanstandungen nur »auf sanfteste Art und verhüllt in die sachtesten Ausdrücke, die zu finden sind« vorgetragen werden, »sodass das gesamte Verhalten keine Bereitschaft zum Widerspruch ausdrückt; alle möglichen Zeichen des Respekts und guten Willens sollten es begleiten […]«.[64]

Indem die Freimaurer den sozialkommunikativen Charakter des nicht nur sprachlich, sondern auch nichtsprachlich artikulierten Wertungsverhaltens betonen und die Funktion der Persönlichkeitswerte und der persönlichen Wertschätzung für die Gemeinschaft unterstreichen, rückt die Wertproblematik in den Mittelpunkt, ohne dass diese Problematik von Freimaurern gleichsam auf einer Metaebene theoretisch erörtert worden wäre. Von diesen immanenten Wertungsstrategien eines zivilisierten Verhaltens im Sinne der Freimaurer soll daher am Modellfall John Locke der Bogen zum Ansatz einer bewussten Thematisierung der Wertproblematik im Umgang miteinander geschlagen werden.

---

63 »The opposing of ill-grounded opinions, and the rectifying of the mistakes of others, is what truth and charity sometimes require of us; nor does civility forbid it, so it be done with proper caution and due care of circumstances.« Ebd., S. 330.

64 »All sort of opposition to what another man says is so apt to be suspected of censoriousness, and is so seldom received without some sort of humiliation, that it ought to be made in the gentlest manner, and couched in the softest expressions that can be found, and such as, with the whole deportment, may express no forwardness to contradict. All possible marks of respect and good-will ought to accompany it, that, whilst we gain the argument, we may not lose the good inclinations of any that hear and especially of those that happen to differ from us.« Ebd.

Affektenlehre oder Wertungstheorie - Lockes Zugang zur Ethik[65]

Konstruktiver Dreh- und Angelpunkt in Lockes moraltheoretischen Überlegungen ist die Unterscheidung von Ding- und Werteigenschaften: »[...] gut und schlecht denotieren als relative Begriffe keine Beschaffenheit, die einer Sache von Natur aus zukommt, sondern lediglich die zu einer anderen Sache bestehende Relation, die auf dem Vermögen und der Tendenz beruht, Freude oder Schmerz hervor zu rufen.«[66] Die Ausdrücke »gut« und »schlecht« sind Wertausdrücke. Sie bezeichnen keine Dingeigenschaften, sondern eine auf subjektive menschliche Zustände (Affektzustände) bezogene Eigenschaft, Freude (*pleasure*) oder Schmerz (*pain*) hervorzurufen. Diese Zustände werden als »gut« oder »schlecht« bzw. als ein Gut oder als ein Übel bewertet. Höchste Wertungsstufen sind Glück (als größte Freude, derer wir fähig sind) bzw. Unglück als größter Schmerz. Angesichts der hohen Relevanz des Lust-Unlust-Indikators könnte man auf den ersten Blick annehmen, es handele sich bei Lockes Moralkonzeption um eine neue Version der eudaimonistischen Ethik in antiker Tradition. Dem ist jedoch nicht so, denn der eigentliche Handlungsantrieb ist bei Locke nicht die positive Lusterwartung, sondern das Unbehagen (*uneasiness*) eines realen oder auch nur gefühlten (»eingebildeten«) Mangel- und Spannungszustandes. Dieser beschränkt sich bei Locke nicht auf elementare sinnlich-vitale Begebenheiten wie Hunger, Durst, Geschlechtstrieb. *Uneasiness* ist auch auf geistiger Ebene wirksam und kann sich immer weiter von physiologischen Bedarfsgrundlagen entfernen. *Uneasiness* gibt es auf verschiedenen Ebenen und in verschiedener Form:

»die tagtäglichen Bedürfnisse unseres Lebens füllen in ihrer regelmäßigen Wiederkehr einen großen Teil dieses Lebens mit dem Unbehagen von Hunger, Durst, Hitze, Kälte, Ermüdung durch Arbeit und Schläfrigkeit usw. [...]. Rechnen wir außer Unannehmlichkeiten, die durch Unglücksfälle entstehen, noch das eingebildete Unbehagen hinzu (zum Beispiel die Gier nach Ehre, Reichtum, Macht usw.), das die durch Mode, Beispiel und Erziehung angenommenen Gewohnheiten uns eingepflanzt haben, und tausend andere Gelüste, die uns infolge Gewöhnung als etwas Natürliches erscheinen, so werden wir finden, dass

65 In diesem Abschnitt folge ich wesentlich der Argumentation von Michael Franz und Eleonore Kalisch in ihrem für die ICHF Edinburgh 2009 vorbereiteten Beitrag »Die Wertsituation als spezifische Zeichensituation. Freimaurerische Ethik im historischen Kontext«.

66 »[...] good and bad, being relative terms, do not denote anything in the nature of the thing, but only the relation it bears to another, in its aptness and tendency to produce in it pleasure or pain.« John Locke, »Of Ethic in General« (vermutl. 1686-88), in: ders., Political Essays, S. 300f.

nur ein sehr kleiner Teil unseres Lebens von *diesen* unbehaglichen Empfindungen so frei ist, daß er uns für das Streben nach dem entfernteren abwesenden Gut Zeit läßt.«[67]

Freude und Schmerz sind bei Locke in einem weiten Spektrum gefasst und keineswegs nur auf Affekte des Körpers beschränkt: »Unter Freude und Schmerz, Vergnügen und Unbehagen verstehe ich durchweg [...] nicht nur Freude und Schmerz körperlicher Art, sondern jedes Vergnügen oder Unbehagen, dass wir empfinden, mag es aus einer angenehmen oder unangenehmen Sensation oder Reflexion entstehen.«[68] Locke verzichtet auf das Unterfangen, eine Abhandlung über die Leidenschaften zu schreiben – »Man möge mich hier nicht missverstehen: Was ich sagte, sollte keine Abhandlung über die Leidenschaften sein«, schreibt er.[69] Er will nicht mit den klassischen Affektlehren von Descartes und Spinoza konkurrieren, denen er wesentliche Anregungen verdankt. Locke geht vom affektiven Charakter vor allem der im Alltag praktizierten Wertungen aus, doch er entwickelt seine leider in keiner speziellen Schrift ausgeführten Moraltheorie nicht als Affektenlehre, sondern als Theorie der Wertung (was nicht mit der am Geltungsbegriff orientierten Werttheorie des 19. Jahrhunderts zu verwechseln ist).[70] Genauer gesagt, Wertungs- und Affekttheorie greifen ineinander. Denn Locke beschränkt sich nicht darauf, die Struktur von Werturteilen aufzuzeigen, ihn interessiert das bio-psychisch fundierte, körperlich ausagierte Wertungsverhalten in seiner ganzen Komplexität, das sich in Handlungen äußert.

---

67 *Essay*, zweites Buch, Kap. 21, § 45, S. 313. »The ordinary necessities of our lives, fill a great part of them with the *uneasiness* of *Hunger*, *Thirst*, *Heat*, *Cold*, *Weariness* with labour, and *Sleepiness* in their constant turns, *etc.* To which, if besides accidental harms, we add the fantastical *uneasiness*, (as itch after *Honour*, *Power*, or *Riches*, etc.) which acquir'd habits by Fashion, Example, and Education have settled in us, and a thousand other irregular desires, which custom has made natural to us, we shall find, that a very little part of our life is so vacant from these *uneasinesses*, as to leave us free to the attraction of remoter absent good.« Engl. Ausgabe, S. 261f.

68 *Essay*, zweites Buch, Kap. 20, § 15, S. 275. »By *Pleasure* and *Pain*, Delight and Uneasiness, I must all along be understood [...] to mean, not only bodily Pain and Pleasure, but whatsoever *Delight* or *Uneasyness* is felt by us, whether arising from any grateful, or unacceptable Sensation or Reflection.« Engl. Ausgabe, S. 232.

69 *Essay*, zweites Buch, Kap. 20, § 18, S. 276. »I would not be mistaken here, as if I meant this as a Discourse of the Passions.« Engl. Ausgabe, S. 232.

70 Lockes moraltheoretische Überlegungen befinden sich in der erwähnten Studie »Of Ethics in General« als auch in seinem *Essay Concerning Human Understanding* (2. erweiterte Auflage), insbesondere im zweiten Buch (20. Kapitel »Über die Modi von Freude und Schmerz«, 21. Kapitel »Von der Kraft«, 28. Kapitel »Über andere Relationen«).

Affekte haben wertenden Charakter, ohne dass dies dem Einzelnen bewusst sein muss. Affektives Verhalten ist sinnlich wertendes Verhalten, das sich in der Polarität positiver und negativer Vorzeichen entfaltet: Lust/Unlust, Freude/Trauer, Liebe/Hass etc. Dieser wertende Charakter der Affekte wird von Descartes und Spinoza dargestellt, ohne als Wertungsbeziehung expliziert zu werden. Dies unternimmt Locke. Er arbeitet den relationalen Charakter moralischer Handlungen heraus, der sich nicht im Bezug auf Freude und Schmerz erschöpft; daraus ergibt sich noch keine Spezifik moralischer Handlungen und ihrer Bewertungen. In ethischer Hinsicht »werden unsere Handlungen als gut, schlecht oder indifferent betrachtet; sie sind in dieser Hinsicht *relativ*, weil es ihre Übereinstimmung oder Nichtübereinstimmung mit einer Regel ist, die sie zu rechtmäßigen oder unrechtmäßigen, zu guten oder schlechten macht. Soweit sie daher mit einer Regel verglichen und danach benannt werden, gehören sie zu den Relationen.«[71] Locke knüpft an die bis in die Antike zurückreichende, durch die Stoa eingeführte axiologische Unterscheidung von *gut, schlecht* oder *indifferent* an; als eine solche Regel, an der Handlungsweisen gemessen werden, können die *telos*-Formeln der Antike gelten.[72] Auch im Text *Of Ethic in General* betont Locke, dass die gegebene Beschaffenheit einer Handlung allein noch nicht darüber entscheidet, ob sie gut oder schlecht, tugend- oder lasterhaft ist. Darüber entscheidet der Bezug auf eine Regel, mit der eine Handlung bzw. Handlungsweise übereinstimmt oder nicht. Locke erinnert an die griechische Bezeichnung *entrapelia* für eine bestimmte Sorte von Handlungen, die als tugend- oder lasterhaft bewertet werden. *Entrepelos* heißt im Griechi-

71 *Essay*, zweites Buch, Kap. 28, § 15, S. 450. »[...] Our Actions are considered, as Good, Bad, *or* Indifferent; and in this respect they are *Relative*, it being their Conformity to, or Disagreement with some Rule, that makes them to be regular or irregular, Good or Bad: and so, as far as they are compared with a Rule, and thereupon denominated, they come under Relation.« Engl. Ausgabe, S. 359.

72 »Die Telosformel ist die primäre Wertorientierung des in den Trieben verankerten menschlichen Strebens. Hierbei bleibt im stoischen Argumentationszusammenhang die Axiologie auf die Ontologie fundiert, sofern die Telosformel aus der Stellung des Menschen im Kosmos abgeleitet ist. Doch die Ontologie ist nur die Grundlage, auf der sich die Axiologie selbständig entfaltet. Das Zweck-Mittel-Schema utilitaristischer Wertung wird durch das Telos transzendiert. Das Telos als Endziel ist zwar noch in teleologischer Begrifflichkeit formuliert, doch entscheidend ist etwas anderes: der Regressus ad infinitum – jeder Zweck ist wieder Mittel für einen anderen Zweck – wird im Telos unterbrochen. Ohne einen irreduziblen Bezugswert (intrinsischen Wert) aller Mittelwerte (extrinsische Werte) als Selbstzweck, der jede Zweck-Mittel-Relation transzendiert, wären Werteigenschaften von natürlichen nicht zu unterscheiden.« Michael Franz: Von Gorgias bis Lukrez. Antike Ästhetik und Poetik als vergleichende Zeichentheorie, Berlin 1999, S. 345ff.

schen »beschämend« und leitet sich vom Verb *entrepo* (Grundbedeutung »umwenden, sich umwenden«) ab; dieses bedeutet im übertragenden Sinn »Hochachten, Respekt haben«, aber auch »beschämen, der Scham ausliefern« sowie »Scham fühlen, sich schämen«. *Entreptikos* bedeutet sowohl »geeignet, jemand der Scham auszuliefern« als auch »der Sinn für Scham«. Hier erweist sich ein klarer axiologischer Bezug, der auf die antike Schamkultur zurückverweist. Nicht zufällig ist für Locke der Begriff der Scham so wichtig: als »ein Unbehagen, das den Geist bei dem Gedanken erfüllt, etwas Unschickliches getan zu haben oder etwas, wodurch die Wertschätzung (*valued esteem*), die wir von Seiten anderer erfahren, herabgesetzt werden könnte«.[73] In bestimmter Hinsicht knüpft Locke mit dem Moralgesetz der Billigung oder Missbilligung im »forensischen Licht« der öffentlichen Meinung und der Reputation an Elemente der Schamkultur an, die er entschieden modernisiert. Sein Bestreben, das historische Auseinandertreten von Moralität und Sitte zu überwinden, erscheint zugleich als eine neue Verbindung von Scham- und Schuldkultur.

Locke konzipiert die Ethik weniger aus dem Charakter des Handelnden als vielmehr aus der Sicht der Zuschauer, die die Handlungsweisen des Handelnden (nach bestimmten gesellschaftlichen Standards) bewerten. Genau diese Bewertung durch andere motiviert den einzelnen, sich nach bestimmten Normen (Regeln, ›Gesetzen‹) zu verhalten, die von sich aus – als Prinzipien oder Gebote der Vernunft – keine solche Motivationskraft hätten. Die Normen funktionieren als Bewertungsmaßstäbe, die von relevanten Anderen tatsächlich praktiziert werden.

Locke setzt sich nicht so sehr inhaltlich mit der Vielfalt philosophischer Moraltheorien in Geschichte und Gegenwart auseinander als vielmehr mit der Erfahrung, dass sich aus den verschiedenen *Sollens*-Sätzen kaum verbindliche Folgerungen für das Verhalten ergeben haben. Solange sich die Philosophen, so Lockes Kritik an der traditionellen Moralphilosophie, damit begnügen, aufzuzeigen, welch komplexe Ideen hinter den Begriffen stecken, ohne aber auf ein Gesetz zu verweisen, das nicht nur einen Bewertungsmaßstab liefert, sondern auch mit Sanktionskraft ausgestattet ist, wird Moralität nichts als eine leere Hülle bleiben.[74]

---

73 *Essay*, zweites Buch, Kap. 20, § 17, S. 275f. »[…] *Shame*, […] is an uneasiness of the Mind, upon the thought of having done something, which is indecent, or will lessen the valued Estemm, which others have for us […]« Engl. Ausgabe, S. 232.

74 »But whilst they [the philosophers, K.H.] discourse never so acutely of temperance or justice, but show no law of a superior that prescribes temperance, to the observation or breach of which law there are rewards and punishments annexed, the force of morality is lost, and evaporates only into words and disputes and niceties.« John Locke, »Of Ethic in General«, in: ders., Political Essays, S. 302.

»Die Ethiken der verschiedenen philosophischen Schulen, die sich auf Aristoteles berufen, ihn jedoch durch schwierige Wörter und unbrauchbare Differenzierungen verwirren, benennen nach Belieben Tugend und Laster, lehren uns keine Moral, sondern lediglich verschiedene Begriffe und Benennungen von Handlungen […]; Sinn und Zweck der Moral ist, unser Leben zu lenken und uns vorzubereiten, das eine zu tun und das andere zu vermeiden, indem sie uns zeigen, welche Handlungen gut und welche schlecht sind. Jene, die vorgeben, Moral zu unterrichten, missverstehen ihre Aufgabe und werden zu Sprachkünstlern, wo sie anderes leisten sollten; indem sie uns nur beibringen, zu sprechen, zu streiten und Handlungen nach ihren Vorschriften zu benennen, indem sie nicht die praktischen Konsequenzen aufzeigen, die uns zur Tugend führen und vom Laster fernhalten.«[75]

Locke geht es um die *force of morality*, und die sieht er nur gesichert, wenn ein Weg gefunden wird, die Maßstäbe moralischer Bewertung mit den bio-psychischen Grundlagen menschlichen Verhaltens illusionslos zu verknüpfen. Hierfür eignet sich auch der Terminus, unter dem Locke Wertungsverhalten zusammenfasst: Präferenz (*preference, prefering*). Locke unterscheidet Wahrnehmen/Erkennen (*perceiving*) und Bevorzugen (*prefering*) als zwei *powers of mind*. Die Bevorzugung ist eine Ausdrucksform sowohl des Willens als auch des Begehrens, das oftmals dem Willen widerstreitet. Daraus resultieren Präferenzkonflikte. Der Wille ist nach Locke die Kraft, »verschiedene [Tätigkeiten] unseres Geistes und Bewegungen unseres Körpers zu beginnen oder zu unterlassen, fortzusetzen oder abzuschließen, und zwar lediglich durch [einen Gedanken] oder eine Bevorzugung vonseiten des Geistes [der die Ausführung oder Nichtausführung dieser oder jener Einzelhandlung anordnet oder gleichsam befiehlt]«.[76] Es reicht aber nicht aus, etwas zu präferieren, wenn man

75 »The ethics of the schools, built upon the authority of Aristotle, but perplexed a great deal more with hard words and useless distinctions, telling us what he or they are pleased to call virtues and vices, teach us nothing of morality, but only to understand their names, or call actions […]. The end and use of morality being to direct our lives, and by showing us what actions are good, and what bad, prepare us to do the one and avoid the other; those that pretend to teach morals mistake their business, and become only language masters where they do not do this; when they teach us only to talk and dispute, [and] call actions by the names they prescribe, when they do not show the inferments that may draw us to virtue and deter us from vice.« Ebd., S. 300.

76 *Essay*, zweites Buch, Kap. 21, § 5, S. 280. »This at least I think is evident, That we find in our selves a *Power* to begin or forbear, continue of end several actions of our minds, and motions of our Bodies, barely by a thought or preference of the mind ordering, or as it were commanding the doing or not doing such or such a particular action.« Engl. Ausgabe, S. 236.

nicht die Macht hat, die Präferenz auch praktisch durchzusetzen. In dieser Macht begreift Locke die (begrenzte) Freiheit des Menschen:

»[…] wenn ich durch einen […] Gedanken meines Geistes, der das eine dem anderen vorzieht, Worte erzeugen oder Stillschweigen bewirken kann, so habe ich die Freiheit zu reden oder zu schweigen. Soweit nun diese Kraft reicht zu handeln oder nicht zu handeln, je nachdem, ob die Entscheidung seines Denkens die eine oder andere Möglichkeit bevorzugt, so weit ist ein Mensch frei.«[77]

Aber auch das Begehren verschafft sich im Präferenzverhalten Geltung. Hierbei zeigt sich, dass Wille und Begehren völlig verschieden sind: »[…] das Letztere kann bei derselben Handlung eine Richtung haben, die derjenigen, in die uns unser Wille treibt, gerade entgegen gesetzt ist.«[78] Soweit Präferenzverhalten als Ausdrucksform des Willens und des Begehrens zur praktischen Realisierung und Durchsetzung tendiert, nimmt es den Charakter einer Handlung an. Bevorzugungen kulminieren nicht immer nur in sprachlichen und mimisch-gestischen Wertäußerungen, sondern vor allem in praktischen Vollzügen.

Die Eignung des Präferenzbegriffs für die Verbindung von Moral und Affekt ergibt sich aus dem Umstand, dass Präferenzverhalten auf den verschiedenen Ebenen und in verschiedenen Formen zu beobachten ist. Er reicht von sinnlich-vitalen Präferenzen, die dem Lust-Unlust-Indikator körperlicher Genüsse folgen, bis zu moralischen Präferenzen, die sich an gesellschaftlichen Standards für Güter und Übel orientieren und die Grundunterscheidung von Tugend und Laster respektieren. Präferenzverhalten ist nicht *per se* moralisch. Es beginnt unterhalb der Schwelle der moralischen Wertung und bewegt sich so lange im Spielraum des Indifferenten, wie die Normen für »gut« und »schlecht« nicht greifen; das zeigt der seit der Antike geführte Streit um die Daseinsgenüsse, die moralisch aufgewertet oder stigmatisiert werden. Der Begriff des Präferenzverhaltens verbindet den »Geschmack des Gaumens« mit dem »Geschmack des Geistes«. Hierbei kommen die individuellen Momente zur Geltung, die Präferenzverhalten charakterisieren.

Der amerikanische Werttheoretiker und Semiotiker Charles Morris hat den Präferenzbegriff zum Konzept der Wertsituation ausgebaut.

---

77 Ebd., § 21, S. 292. »[…] if I can, by a […] thought of my Mind, preferring one to the other, produce either words, or silence, I am at liberty to speak, or hold my peace: and *as far as this Power reaches, of acting, or not acting, by the determination of his own Thought preferring either, so far is a Man free.*« Engl. Ausgabe, S. 244.

78 Ebd., § 30, S. 299. »[…] the *Will* is perfectly distinguished from *Desire*, which in the very same Action may have a quite contrary tendency from that which our *Wills* sets us upon.« Engl. Ausgabe, S. 250.

»Unter einer ›Wertsituation‹ verstehen wir [...] irgendeine Situation, in der Präferenzverhalten vorkommt. Solches Verhalten kann auf irgendein Objekt oder irgendeinen Objektkomplex gerichtet sein oder auf irgendeine Eigenschaft eines Objektes oder Objektkomplexes – folglich auf Sorgen, Freuden, Personen, Handlungen, physische Objekte, Zeichen und komplexe Strukturen verschiedenster Art. Eine so verstandene Wertsituation ist ihrer Natur nach relational, indem sie eine Tätigkeit des (positiven oder negativen) Präferenzverhaltens irgendeines Handelnden zu diesem oder jenem involviert.«[79]

Morris knüpft an den in der Verhaltensbiologie gebräuchlich gewordenen Präferenzbegriff an. Im seinem Wörterbuch der Verhaltensbiologie definiert Rolf Gattermann wie folgt: »Bevorzugung bestimmter ökologischer (Temperatur, Feuchte, Helligkeit, Nahrung, Lebensraum u. a.) und sozialer Faktoren (Geschlechtspartner, Nachkommen, Verwandte u. a.) in einer Wahlsituation. Präferenzen sind angeboren oder auch erworben, art-, geschlechts- und individualspezifisch, vom Entwicklungs-, Gesundheits- oder allgemeinen Zustand abhängig und können mit dem Alter, der Jahres- und Tageszeit wechseln. [...] Oft sind es aber nicht nur einzelne Faktoren, sondern Faktorenkomplexe, die über Präferenz entscheiden.«[80]

Morris fällt insoweit hinter Locke zurück, als er die Wertsituation auf die Evozierung oder Verstärkung von Präferenzverhalten beschränkt; es fehlt der Bewertungsmaßstab, der bei Locke eine entscheidende Rolle spielt, gerade in Hinblick darauf, dass sich, von einigen biologischen Grundbedürfnissen abgesehen, Präferenzen von Individuum zu Individuum unterscheiden können; »[...] wir sehen und sagen, dass, was für den einen gut, für den anderen schlecht ist.«[81] Wertung wird bei Locke durch Hinweise auf die jeweilige Person, die sich wertend äußert und verhält, relativiert. »Der Geschmack des Geistes ist wie der des Gaumens

79 Charles W. Morris: »Bezeichnung und Bedeutung. Eine Untersuchung der Relationen von Zeichen und Werten« (1964), in: ders., Zeichen Wert Ästhetik, hg., übersetzt und eingeleitet von Joachim Eschbach, Frankfurt a.M. 1971, S. 212. Morris unterscheidet positives und negatives Präferenzverhalten wie folgt: »Man kann von einem Lebewesen sagen, daß es positives Präferenzverhalten gegenüber einem Objekt oder einer Situation zeigt, wenn es so handelt, als wollte es die Anwesenheit dieses Objekts oder dieser Situation beibehalten oder dieses Objekt oder diese Situation herbeiführen, wenn sie nicht vorhanden sind. Es zeigt negatives Präferenzverhalten, wenn es versucht, diesem Objekt oder dieser Situation zu entkommen, oder das Vorkommen dieses Objektes oder dieser Situation zu unterbinden oder zu verhindern.« Ebd., S. 219.

80 Rolf Gattermann (Hg.): Verhaltensbiologie (Wörterbücher der Biologie), Jena 1993, S. 217f.

81 »[...] we see and say, that which is good for one man is bad for another.« Locke, »Of Ethic in General«, S.301.

verschieden […].«[82] So ist zu berücksichtigen, dass »ein und dasselbe Ding nicht für jeden im gleichen Sinn ein Gut ist.«[83] Dementsprechend macht es einen Unterschied, ob isolierte Individuen als Bewertungssubjekte auftreten oder ob wertende Zeichen- und Verhaltensäußerungen aus einem kollektiven Selbstverständigungsprozess hervorgehen und von einer Gemeinschaft getragen werden. Lassen sich individuelle *Präferenzgesichtspunkte* sozial verallgemeinern, so werden sie zu *Bewertungsmaßstäben.* Lockes Ausgehen von wertenden Ausdrücken, die Präferenzgesichtspunkte und -richtungen des Verhaltens anzeigen, stellen semiotische Praktiken in den Mittelpunkt, die ihn zur Sprach- und Symbolanalyse herausgefordert haben.

Ausgehend von der Funktion von Wertausdrücken und wertenden Äußerungen, lässt sich die Wertsituation als spezifische Zeichensituation beschreiben, als deren Konstituentien *Bewertungssubjekte* und *-objekte, Zeichenformen* und *Äußerungstypen, Bewertungsgrundlagen* und *-maßstäbe* zu unterscheiden sind.[84] In der als Zeichensituation aufgefassten Wertsituation sind alle *Referenzobjekte* zugleich *Präferenzobjekte*; ihnen wird ein präferentieller Status zugeschrieben. Präferenzobjekte müssen keineswegs immer materielle Gegenstände sein.[85] Im Einklang mit sozial

82 Essay, zweites Buch, Kap. 21, § 55, S. 322. »The Mind has a different relish, as well as the Palate; […]«. Engl. Ausgabe, S. 269.

83 Ebd., § 54, S. 322. »[…] that the same thing is not good to every Man alike.« Engl. Ausgabe, S. 268.

84 Vgl. Michael Franz: »Die Wertsituation als spezifische Zeichensituation«, in: ders., Von Gorgias bis Lukrez. Antike Ästhetik und Poetik als vergleichende Zeichentheorie, Berlin 1999, S. 382-385; ders., »Das Feld der Operationalität. Zur fundamentalen Rolle der Semiotik bei John Locke«, in: Das Laokoon-Paradigma. Zeichenregime im 18. Jahrhundert, hg. von Inge Baxmann, Michael Franz und Wolfgang Schäffner, Berlin 2000, S. 118-137.

85 So hat Morris operationale Werte, vorgestellte Werte und Objektwerte unterschieden. Der Terminus »operativer Wert« bezeichnet die Zielrichtung des Präferenzverhaltens eines gegebenen Individuums in einer Vielzahl von Situationen. Operative Werte kommen vor allem dort zur Geltung, wo eine Präferenzrichtung an Entscheidungspunkten im Verhalten besteht oder gesucht wird. An zweiter Stelle kann sich positives oder negatives Präferenzverhalten, nach Morris, auf Objekte oder Situationen beziehen, die nicht präsent, ja nicht einmal existent sein müssen, sondern lediglich vorgestellt werden. Morris nennt Utopien oder Lebensauffassungen, nach denen man leben möchte, als Beispiele. »Ein vorgestellter Wert kann Ausgangspunkt eines operativen Wertes sein – man kann tatsächlich versuchen, die vorgestellte Utopie zu verwirklichen, oder sich bemühen, seine Lebensweise in Richtung der als wünschenswert bezeichneten Möglichkeit zu verändern.« Morris, »Bezeichnung und Bedeutung«, S. 223.
Von Objekt-Werten spricht Morris in Hinblick darauf, dass der Kontakt mit tatsächlich vorhandenen bzw. vorliegenden Gegenständen oder Situationen negatives oder positives Präferenzverhalten auslöst oder verstärkt. Morris bezieht die genannten Termini auf verschiedene Aspekte der Wertsituation, d.h. auf Situationen,

verallgemeinerten Präferenzgesichtspunkten können Präferenzobjekte als *Werte* generalisiert werden; dies müssen nicht nur Güter, es können auch Pflichten und Tugenden sein.

Dass Dinge in Relation zu Präferenzverhalten gesetzt werden, schafft letztlich noch keine Wertsituation als soziale Situation, in der Zeichen in evaluativer (wertender) und evozierender (auslösender, verhaltenswirksamer) Funktion verwendet werden. Franz und Kalisch führen hierzu aus:

»Erst wenn das präferierende auf das interpretierende Wertungssubjekt trifft, entsteht eine Wertsituation als soziale Situation. Wenn der präferierende Akteur mit Co-Akteuren und Zuschauern rechnen muss, wird er sein Verhalten darauf einstellen; er möchte nicht nur Missbilligung vermeiden, sondern auch andere dazu bringen, seine Präferenzgesichtspunkte mit ihm zu teilen. Umgekehrt werden andere Situationsbeteiligte als Zuschauer veranlasst, das Verhalten der am stärksten involvierten Akteure zu bewerten, und zwar nicht nur ihr Präferenzverhalten in einer speziellen Angelegenheit, sondern ihr individuelles Gesamtverhalten. Der wertende Erste (*ego*) muss nicht nur mit einem wertenden Zweiten (*alter*) rechnen (woraus sich Präferenzkonflikte ergeben können), sondern auch mit wertenden Dritten, die ihrerseits das Verhalten von *ego* und *alter* vergleichen und bewerten. Wer sich in einer Situation, an der Andere beteiligt sind, wertend äußert und verhält, muss es sich zugleich gefallen lassen, selber bewertet zu werden. In einer Wertsituation als sozialer Situation werden Wertausdrücke in unterschiedlicher Perspektive geäußert und aufgenommen.«[86]

In einer Wertsituation als sozialer Situation sind die Positionen des Bewertungsobjekts und des Bewertungssubjekts doppelt besetzt. Wir finden ein primäres Bewertungsobjekt (als Objekt des Präferenzverhaltens einer Person) und ein sekundäres Bewertungsobjekt: das Präferenzverhalten von *ego*, sofern es von *alter* bewertet wird. Dementsprechend konstatieren wir auch ein primäres Bewertungssubjekt, das ein bestimmtes Objekt präferiert, und ein sekundäres Bewertungssubjekt, das das praktizierte Wertungsverhalten eines anderen Subjekts bewertet. Darüber hinaus unterscheiden wir Arten der Wertung (instrumenal/noninstrumental), Zeichen, Äußerungen und Äußerungstypen, die einem Bewertungsobjekt ei-

die Präferenzverhalten involvieren. Er hat in diesem Zusammenhang ein axiologisches, d.h. ein diese Wertlehre betreffendes Forschungsprogramm vorgeschlagen, das der Erforschung solchen Verhaltens gewidmet ist. Dieser Vorschlag ist auch für die historische Forschung bedeutsam. Die Dialektik von operativen, vorgestellten und Objekt-Werten eröffnet eine Zugangsweise, mit deren Hilfe sich auch und gerade die kommunikative Wertungspraxis der Freimaurer besser analysieren lässt.

86 Franz/ Kalisch, »Die Wertsituation als spezifische Zeichensituation«, Typoskript, S. 7.

nen präferenziellen Status zuschreiben oder aberkennen und zugleich bei allen Beteiligten ein ähnliches Präferenzverhalten oder eine ablehnende Haltung auslösen. Entscheidend ist die Frage nach den Kriterien der Wertung im Spannungsverhältnis zwischen bio-psychischen Bewertungsgrundlagen und sozio-kulturellen Bewertungsmaßstäben.

Auch Locke hat die Wertsituation als soziale Situation aufgefasst. Er hat bekanntlich angeborene moralische Ideen nicht akzeptiert. Ebenso wenig hat er sich auf die Moralität der freien, für sich seienden Innerlichkeit verlassen. Darum hat er einen Weg eingeschlagen, dem historischen Auseinandertreten von Moralität und Sitte entgegen zu treten und ein neues Wechselverhältnis von innerer Verhaltensregulation und äußeren Verhaltensweisen zu stiften. Der Ort, an dem dieses neue Wechselverhältnis zwischen Moralität und Sittenlehre (als Lehre von den kulturellen Formen und Traditionen des Verhaltens) gestiftet werden konnte, war nicht das einzelne Individuum, sondern die Gemeinschaft, die der bedingten Autonomie des Individuums, seiner durch Zurechnungsfähigkeit gekennzeichneten persönlichen Identität Raum gab. Das war nicht mehr die vormoderne, auf naturwüchsigen Bindungen und persönlichen Abhängigkeitsverhältnissen beruhende Gemeinschaft; neue Gemeinschaftsformen entstanden im Inneren der modernen Gesellschaft der entfalteten Marktbeziehungen und sachlichen Abhängigkeitsverhältnisse.

Locke war sich der Tatsache bewusst, dass weder der Bezug auf Gottes Gesetz noch der Bezug auf staatlich-rechtliche Zwangsordnungen ausreichen, um die moralische Verhaltensregulation in ihrer Spezifik zu erfassen. Locke hat die Bewertungsmaßstäbe, oder besser die Wertungsinstanzen, in denen Bewertungsmaßstäbe aufgestellt werden, dreifach differenziert: erstens, das naturrechtlich aufgefasste göttliche Gesetz (bezogen vor allem auf den Dekalog), zweitens, das bürgerliche Gesetz (von der Gesetzgebung bis zur Rechtsprechung), drittens, das Gesetz der gesellschaftlichen Anerkennung (*law of opinion or reputation*), das neben der moraltheologischen und staatlich-rechtlichen Instanz als spezifische Instanz moralisch-freiwilliger Selbstregulation des Verhaltens eingeführt wird.

»Die Menschen vergleichen [...] in mannigfacher Weise ihre Handlungen mit diesen drei Gesetzen: erstens mit dem Gesetz Gottes, zweitens mit dem Gesetz der staatlichen Gemeinschaften, drittens mit dem Gesetz der Mode oder des Urteils von Privatpersonen. Die Übereinstimmung der Handlungen mit einem dieser Gesetze liefert ihnen die Maßstäbe, nach denen sie beurteilen, ob die Handlungen moralisch redlich sind, und nach denen sie sie auch als gute oder schlechte bezeichnen.«[87]

Das Gesetz der gesellschaftlichen Anerkennung befindet – und darin unterscheidet es sich von den beiden anderen – über Tugend und Laster, ohne auf äußere Zwangsandrohung zu rekurrieren.

»Somit ist der Maßstab dessen, was überall als Tugend und Laster angesehen und so bezeichnet wird, solche Billigung oder Mißbilligung, solches Lob oder solcher Tadel, die sich durch eine stillschweigende, unausgesprochene Vereinbarung in den verschiedenen Gemeinschaften, Sippschaften und Vereinigungen der Menschen in der Welt eingebürgert haben. Hiernach werden in Übereinstimmung mit dem Urteil, den Maximen oder dem Brauch der betreffenden Gegend bestimmte Handlungen bei ihnen gebilligt oder mißbilligt.«[88]

Mit der Einführung des Bewertungsmaßstabs als Regel und Gesetz waren allerdings weitere Probleme verbunden. Locke betont selbst die kulturelle und historische Relativität des Gesetzes von Anerkennung und Missbilligung und wirft die Frage auf, wie sich Bewertungsmaßstäbe gleichwohl objektivieren lassen. In dieser Hinsicht ist für Locke nicht nur die Bezugnahme auf das göttliche Gesetz unverzichtbar, er verankert das Gesetz von Anerkennung und Missbilligung auch in einem objektiven gesellschaftlichen Fundierungszusammenhang. Göttliches Gesetz, juridische Regelungen und »Kampf um Anerkennung« treffen sich in einem übergreifenden Kriterium: Erhaltung der Gesellschaft versus Auflösung aller Bande der Gemeinschaft. An dieses grundlegende Kriterium bleiben Anerkennung und Missbilligung als *praktizierter* Bewertungsmaßstab stets gebunden. Darum ist für Locke auch der Prozess der Aufstellung und Anwendung der Bewertungsmaßstäbe so wichtig. Er ist kein isolierter Akt der auf Innerlichkeit beschränkten Moralität, sondern ein Vorgang in Gemeinschaften und Vereinigungen, die sich Satzungen geben und insoweit über das stillschweigende Sich-Einspielen von Konventio-

87 *Essay*, zweites Buch, Kap. 28, § 13, S. 448. »These Three then, *First*, The Law of God. *Secondly*. The Law of politick Societies. *Thirdly*, The Law of Fashion, or private Censure, are those, to which Men variously compare their Actions: And t'is by their Conformity to one of these Laws, that they take their measures, when they would judge of their Moral Rectitude, and denominate their Actions good or bad.« Engl. Ausgabe, S. 357.

88 Ebd., zweites Buch, Kap. 28, § 10, S. 445. »Thus the measure of what is every where called and esteemed *Vertue* and *Vice* is this approbation or dislike, praise of blame, which by a secret and tacit consent establishes it self in the several Societies, Tribes, and Clubs of Men in the World: whereby several actions come to find Credit or Disgrace amongst them, according to the Judgment, Maxims, or Fashions of that place.« Engl. Ausgabe, S. 353.

nen hinausgehen. Erst im Gefüge von Bewertungsmaßstab, Gesetzgeber und Sanktionsmacht tritt Tugendhaftigkeit in einen gemeinschaftlichen Kontext und gewinnt dadurch verbindliche Kriterien.

»[...] wäre er Mitglied einer Gemeinschaft, könnte diese, je nach Position, die er dort innehat, von seinem Ruf und seinem Beispiel Maßnahmeregeln ableiten, so dass etwas, was in heimlicher Zurückgezogenheit keine verwerfliche Ausschweifung wäre, zu einer großen unter Menschen würde, die von einer solchen Ausschweifung übel denken, denn der Verlust von Ansehen vor ihnen mindert die Autorität des Menschen und macht es ihm unmöglich, jenes Gute zu vollbringen, zu dem er eigentlich in der Lage wäre. Ansehen und ein guter Ruf sind eine Form der moralischen Stärke, die den Mann mit vergrößerter Kraft ausstattet und jenes zu tun ermöglichet, was andere von gleicher natürlicher Konstitution und Kraft ohne diese nicht zu leisten vermögen. Derjenige, der durch Unmäßigkeit seine moralische Kraft schwächt, fügt sich selbst ebenso großen Schaden zu, als schwächte er durch Unmäßigkeit die natürliche Stärke seines Geistes oder Körpers, und es ist ebenso verwerflich, sich selbst Schaden zuzufügen. [...] vieles, was ohne sie [die Gesellschaft, K.H.] unschuldige Handlungen wären, verwandelt sich in der menschlichen Gesellschaft natürlicherweise in Untugenden. [...] eine Gemeinschaft [...] besitzt häufig andere Regeln und eigene Grenzen, die ihnen Sitte und Ansehen vorschreiben, als jene, die in Abgeschiedenheit ihren natürlichen Dispositionen folgen oder auf einem von der Meinung dieser oder jener Gemeinschaft abgeschnittenen Gut leben.«[89]

Doch auch die historische und kulturelle Relativität normativer Vorstellungen von Tugendhaftigkeit innerhalb nationaler Grenzen und religiöser Auffassungen wird von Locke nicht vernachlässigt. Jenseits der generellen, gemeinschaftssichernden Regeln bestünden gravierende Unterschiede in der Beurteilung von Tugendhaftigkeit, denn

89 »[...] if he be a member of a society, it may, according to the station he has in it, receive measures from reputation and example; so that what would be no vicious excess in a retired obscurity, may be a very great one amongst people who think ill of such excess, because, by lessening his esteem amongst them, it makes a man incapable of having the authority, and doing the good which otherwise he might. For esteem and reputation being a sort of moral strength, whereby a man is enabled to do, as it were, by an augmented force, that which others, of equal natural parts and natural power, cannot do without it; he that by an intemperance weakens his moral strength, does himself as much harm as if by intemperance he weakened the natural strength either of his mind or body, and so is equally vicious as by doing harm to himself. [...] many things naturally become vices amongst men in society, which without that would be innocent actions. [...] a society [...] has often other rules and bounds set by custom and reputation, than what it has by direct instances of the lay of nature in a solitude or an estate separate from the opinion of this or that society.« John Locke: »Virtue B« (1681), in: ders., Political Essays, S. 287f.

»[...] in manchen Ländern oder Gesellschaften sind sie [bestimmte Handlungen, K.H.] Tugenden, in anderen Unarten und in wieder anderen völlig unbedeutend; je nachdem, was die Autorität einiger angesehener, weiser Männer mancherorts oder die Neigungen oder Sitten der Menschen andernorts als Tugenden oder Untugenden festlegen [...].«[90]

Jede Gemeinschaft mache es sich selbst zur Aufgabe, die gewünschten Richtlinien zu setzen bzw. aus göttlichem Gesetz abzuleiten und ihre Einhaltung mit Anerkennungs- bzw. Nichteinhaltung mit Missbilligungsäußerungen gegenüber ihren Mitgliedern zu quittieren.

Da Locke angeborene Werte nicht akzeptiert hat, konnten Werte wie Wohlwollen, Generosität in seiner Sicht nur aus einem Prozess der Gemeinschaftsbildung und Reproduktion hervorgehen, der sich durch Gewährung und Entzug von Anerkennung, Wertschätzung und Achtung regulierte. Ethik als Theorie des Präferenzverhaltens und der in Gemeinschaften generierten und praktizierten Wertmaßstäbe, Anerkennung und Missbilligung als Indikatoren freiwilliger Verhaltensregulation, Toleranzprinzip und Arbeitstheorie des Eigentums als Grundlagen neuer Freiheitsrechte, persönliche Identität als Zurechnungsfähigkeit des Einzelnen, die einen biographischen Zusammenhang bilden – das sind Eckpunkte der von Locke umrissenen und bearbeiteten Problemkonstellationen, an denen kaum jemand vorbeikam, der sich in der entstehenden *Commercial Society* moralisch orientieren wollte.

Lockes Satzungsentwürfe für gesellschaftliche Clubs

Das Bedürfnis nach praktischer Umsetzung ethischer Entwürfe wird plastisch in Lockes eigenen Satzungsentwürfen für gesellschaftliche Zusammenschlüsse wie beispielsweise die *Pacific Christians* (1688) und den *Dry Club* (1692). In diesen entwirft er für innere Freiräume der Selbstgesetzgebung konkrete Gestaltungsnormen.

Der *Dry Club* ist ein Disputierclub, welcher sich wöchentlich mit dem Ziel »des Ausbaus nützlichen Wissens sowie der Förderung von Wahrheit und christlicher Nächstenliebe« trifft.[91] Die von Locke verfass-

90 »[...] in some countries or societies they [certain actions, K.H.] are virtues, in other vices, and in others indifferent, according as the authority of some esteemed wise men in some places, or as inclination or fashion of people in other places, have happened to establish them virtues or vices [...].« John Locke, »Of Ethic in General«, S. 300.

91 John Lockes *Rules of the Dry Club* (1692) unter dem Titel »Rules of a Society, which met once a week, for their improvement in useful knowledge, and for the

ten Konstitutionspunkte regeln den Zeitpunkt und die Dauer der Treffen sowie die Form der Aufnahme neuer Mitglieder nebst der von ihnen positiv zu beantwortenden Fragen. Darin müssen sie sich erstens zu dem konstitutionell festgelegten Standpunkt bekennen, dass alle Menschen, ungeachtet ihrer Religion oder Profession, zu lieben seien, und zweitens die Auffassung teilen, dass keine Person aufgrund spekulativer Meinungsäußerungen oder Formen des Gottesdienstes körperliche Gewalt, üble Nachrede oder finanzielle Nachteile erleiden dürfe. Der neu Aufzunehmende hat drittens zu erklären, dass er die Wahrheit unvoreingenommen und nur um der Wahrheitsliebe willen sucht und diese mit anderen teilt.

Die Regeln schreiben einen wechselnden Vorsitz vor; zum Aufgabenkreis gehört es, die Veranstaltung zu leiten, indem in die zu diskutierenden Sachverhalte eingeführt und gegebenenfalls in die Diskussion mäßigend eingegriffen wird. Die aufgeworfenen Themen sollten dabei weder die Religion, noch das bürgerlichen Gesetz oder die guten Manieren grundsätzlich in Frage stellen. Einige man sich dennoch auf ein derartiges Thema, so einzig und allein zum Zweck, es anschließend umso erfolgreicher verwerfen zu können. Für die Diskussions- und Umgangsformen der Mitglieder untereinander werden präzise Prämissen aufgestellt: keine Person oder Meinung dürfe ungebührlich, sondern solle stets mit der gebotenen Zurückhaltung, Überlegtheit und Diskretion beurteilt werden. Ein jeder habe sich in der Reihenfolge seines Eintritts zur Linken des Moderators zu platzieren. Erst wenn es an ihm ist, solle er in seiner Rede so präzise, klar und deutlich zum Vorsitzenden gewandt sprechen, wie es ihm möglich ist. Es ist strengstens untersagt, sich gegenseitig ins Wort zu fallen. Nur eine Zweidrittelmehrheit unter den Anwesenden kann entscheiden, ob eine Diskussion erschöpfend geführt wurde und zu einem neuen Thema übergegangen werden kann. Diese Ziele und Regeln des Clubs sind von sämtlichen Mitgliedern durch Unterzeichnung anzuerkennen.

Die *Pacific Christians* hingegen sind eine Vereinigung, die sich die Beschäftigung mit und ein Leben nach den Grundsätzen der heiligen Schrift zum obersten Ziel gemacht hat. Dabei wird Toleranz gegenüber den verschiedenen Erscheinungsformen und Gewohnheiten des Gottesdienstes, die den Menschen gleichermaßen zu Rechtschaffenheit und Gottesliebe führen sollen, zum obersten Gebot erhoben. Unter Punkt 4.4 der Satzung heißt es:

---

promoting of truth and christian charity« abgedruckt in: Locke, Works of John Locke in ten Volumes, Bd. 10, S. 312-14.

»Kein Mensch und kein gesellschaftlicher Zusammenschluss von Menschen haben das Recht, ihre Lesarten und Meinungen einem anderen, nicht einmal dem geringsten Christen, aufzudrängen, denn in religiösen Angelegenheiten liegen Wissen, Glaube und Rechenschaft in den Händen eines jeden selbst.«[92]

Es sei die unverrückbare Pflicht eines jeden Christen, Nachsicht, Nächstenliebe und Wohltätigkeit innerhalb dieses Feldes divergierender Meinungen walten zu lassen und Menschen friedlich zusammenzuführen. Es wird betont, dass das ausgewiesene Ziel des Zusammenschlusses die Durchsetzung und Einübung eines gelebten Christentums, die praktische Realisierung der göttlichen Verheißungen und die Imitation des Beispiels Jesu Christi ist.

»Da die christliche Religion, wie wir sie vertreten, keine Wissenschaft der Vorstellungen, die im Gehirn zu Spekulation und auf der Zunge zu Diskussionen anregt, ist, sondern eine Regel der Rechtschaffenheit, die unser Leben beeinflusst, indem Christus sich geopfert hat, um uns vom Bösen zu erlösen, und zu einem eifrig um gute Taten bemühtes Volk zu machen (Titus 2,14), erklären wir, dass der einzige Zweck unserer öffentlichen Versammlungen der ist, uns dazu zu ermahnen, alle Kontroversen und Spekulationen beiseite zu legen, uns gegenseitig zu lehren und anzuhalten, ein tugendhaftes Leben zu führen, was wir für die zentrale Aufgabe der wahren Religion halten; und Gott im Gebet um Unterstützung zu bitten, mit seinem Geist unseren Verstand zu erleuchten und unsre Verderbnis zu unterdrücken, damit wir ihm einen vernünftigen und annehmbaren Dienst erweisen können und unser Glaube seinen Ausdruck in unseren Taten findet.«[93]

Neben Christus soll es in der Gesellschaft keinen weiteren ausgewiesenen Führer geben, sondern es sollen vielmehr desjenigen Ermahnungen erhört werden, »der mit der Stimme der Liebe, des Friedens und der

92 »No man, or society of men, having any authority to impose their opinions of and interpretations on any other, [even] the meanest Christian; since, in matters of religion everyone must know and believe, and give an account for himself.« John Locke: »Pacific Christians« (1688), in: ders., Political Essays, hg. von Mark Goldie, Cambridge 1997, S. 304-306, hier: S. 305.

93 »Since the Christian religion we profess is not a notional science, to furnish speculation to the brain or discourse to the tongue, but a rule of righteousness to influence our lives, Christ having given himself to redeem us from all iniquity and purify unto himself a people zealous of good works (Titus 2:14), we profess the only business of our public assemblies to be to exhort, thereunto, and laying aside all controversy and speculative questions, instruct and encourage one another in the duty of a good life, which is acknowledged to be the great business of true religion, and to pray God for the assistance of his spirit for the enlightening of our understanding and subduing our corruptions, that so we may perform unto him a reasonable and acceptable service and show our faith by our works.« Ebd.

Sanftmut spricht und nicht der Opposition und Spaltung das Wort redet«. Wie die Bruderschaft der Freimaurer wollen auch die *Pacific Christians* Menschen zusammenführen, die sich sonst fremd bleiben würden.[94] Vier der ältesten, gelehrtesten und zurückhaltendsten Brüder werden damit beauftragt, Ort und Zeit des Zusammentreffens als einzige für die gemeinsame Erbauung notwendige Rahmenbedingungen festzulegen.

Verstößt jemand mit seinem Verhalten gegen einen der verabredeten Satzungspunkte, so wird er damit bestraft, dass seine Brüder sich von ihm abwenden. John Locke verdeutlicht so in seinem Satzungsentwurf für die *Pacific Christians*, dass es der Gemeinschaft auch, aber nicht *nur* um die Verbreitung und geistigen Durchdringung einer religiösen Doktrin gehen soll, sondern vielmehr um deren praktische Durchsetzung im zwischenmenschlichen Miteinander. Die soziale Anerkennung bzw. Missbilligung durch andere Mitglieder dient dabei als Bekräftigungsform, welche den Einzelnen zur Einhaltung des vorgeschriebenen Verhaltensideals anhalten soll.

Die Gemeinschaft und ihre Mechanismen der ethischen Verhaltensregulation

Von der Neugier um ein vermeintlich geheimes Wissen der Freimaurer angelockt, folgen die Aufnahmegesuche nicht im Bauhandwerk tätiger Männer auch einem Bedürfnis nach Gemeinschaft als Refugium innerhalb der *Commercial Society*, wo sich im Wettstreit des marktorientierten Tausches das Profitstreben auch in Gleichgültigkeit gegenüber dem Gemeinwohl ausdrückt. Zahlreiche Clubs in und um London bieten die Möglichkeit zur Geselligkeit, der Pflege gemeinsamer *hobby-horses* und fungieren als soziale Auffangnetze in einer Welt, in der man nicht weiß, wie lange einem das geschäftliche Glück hold bleibt.[95]

In der traditionsreichen Gemeinschaft der Freimaurer mit eigenen Formen der Selbstgesetzgebung und -regulation findet der an ethischer Erziehung Interessierte in der zweiten Hälfte des 18. Jahrhunderts eine Wertegemeinschaft, die ihre Zielsetzungen und Regelwerke klar formuliert und deren Mitglieder ihre Einhaltung gegenseitig voneinander einfordern, denn »nichts erschüttert treue Maurer mehr als die Ansicht eines Bruders, der sich profan macht oder die heiligen Gesetze der Bruder-

94 Vgl. dazu »Charge I«, in: *Constitutions* (1723), S. 50 zitiert auf S. 47 der vorliegenden Studie.

95 Siehe zur allgemeinen Szenographie britischer Clubs im 18. Jahrhundert Peter Clark: British Clubs and Societies 1580-1800. The Origins of an Associational World, Oxford 2000.

schaft bricht […]«.[96] Seit den 90er Jahren des 17. Jahrhunderts fügen sich vermehrt nicht dem Handwerk zugehörige Gentlemen in die Zunfttradition ein, nehmen die gegebenen Strukturen auf, modifizieren und erweitern die Vorlagen ihren Bedürfnissen entsprechend. Die Zugehörigkeit zum Bund der Freimaurer wirkt nicht nur prestigesteigernd nach innen, sondern trägt indirekt auch dazu bei, beständige soziale Kontakte und Geschäftsbeziehungen zu knüpfen, die dem Bruder helfen, auf dem öffentlichen Markt der *Commercial Society* zu bestehen. Damit wird eine Schlüsselfrage aufgeworfen: Wie ist Gemeinschaft überhaupt möglich innerhalb der modernen Gesellschaft mit ihren sachvermittelten, marktwirtschaftlichen Abhängigkeitsverhältnissen?

In seinem wissenschaftlichen Früh- und zugleich Hauptwerk *Gemeinschaft und Gesellschaft*, das 1887 in der ersten Auflage erschien, entwickelt der Soziologe Ferdinand Tönnies eine implizite »Theorie des sozialen Wandels« unter Verwendung der idealtypischen Begriffsmodelle von »Gemeinschaft« und »Gesellschaft«. Er beleuchtet ihre gegenseitige historische Ablösung und mögliche Stärken des Zusammenspiels beider Formen vor allem vor dem Hintergrund ihrer unterschiedlichen Kommunikationsformen. Während die Gesellschaft nämlich ein ideelles und mechanisches Artefakt darstellt, in dem Menschen, die wesentlich voneinander getrennt sind, untereinander marktvermittelte (Tausch-)Beziehungen eingehen, kommt in der Gemeinschaft noch ein reales, organisches Zusammenleben auf der Basis gewachsener Bindungen und persönlicher Abhängigkeiten zum Ausdruck.[97] »[…] in Analogie zu diesem auf Umtausch materieller Werte beruhenden Verkehr«, so Ferdinand Tönnies,

»kann alle konventionelle Geselligkeit verstanden werden, deren oberste Regel die Höflichkeit ist: ein Austausch von Worten und Gefälligkeiten, in welchem jeder für alle da zu sein, alle jeden als ihresgleichen zu schätzen scheinen, in Wahrheit aber jeder an sich selber denkt und im Gegensatz zu allen übrigen seine Bedeutung und seine Vorteile durchzusetzen bemüht ist. […] Da überhaupt alle gesellschaftlichen Verhältnisse in Vergleichung möglicher und angebotener Leistungen beruhen, so ist es deutlich, warum hier die Beziehungen auf sichtbare, materielle Gegenstände vorausgehen und bloße Tätigkeiten und Werte nur uneigentlicherweise die Basis derselben ausmachen können. Im Gegensatz dazu ist die Gemeinschaft, als Verbindung des »Blutes«, zunächst ein Ver-

96 »[…] nothing can prove more shocking to all faithful MASONS, than to see any of their Brethren profane or break through the sacred Rules of their Order […]«. »Charge to new admitted Brethren«, in: *EMC*, S. 24.

97 Ferdinand Tönnies: Gemeinschaft und Gesellschaft. Grundbegriffe der reinen Soziologie, Neudruck der 8. verbesserten und erweiterten Auflage von 1935, Darmstadt 1991, S. 3f.

hältnis der Leiber, daher in Taten und Worten sich ausdrückend, und sekundärer Natur ist hier die gemeinsame Beziehung auf Gegenstände, welche nicht sowohl getauscht, als gemeinsam besessen und genossen werden.«[98]

Obschon die Freimaurerbruderschaft eine traditionell aus gemeinsamen Interessen herausgewachsene Gemeinschaft ist, muss sie eine künstliche Ebene der Quasi-Verwandtschaft und Vertrautheit ständig aufrechterhalten, die in der gegenseitigen Bezeichnung als ›Bruder‹ zum Ausdruck kommt. Das gelingt ihr durch die Hervorhebung ihres zentralen Anerkennungsprinzips der brüderlichen Liebe und Fürsorge für den anderen, der damit als leiblich-bedürftiges Wesen wahrgenommen wird. Der Sicherung vertrauter Harmonie dienen des Weiteren die weitgehende Unterbindung von Streitigkeiten und die ständige Forderung der Brüderlichkeit, vor allem aber der gemeinsame Genuss. Neben der rituellen Erfahrung dienen Festessen, gesellige Beisammensein bei Pfeife, Bier und Punsch als Vergemeinschaftungsrituale, bei denen die Mitglieder eng zusammenrücken und brüderliche Bande knüpfen können.

Mit dem »Verhältnis der Leiber«, welches er als ein Spezifikum der Gemeinschaft hervorhebt, verweist Tönnies auch auf den besonderen Stellenwert körperlichen Ausdrucksverhaltens und eine durch gegenseitige Gewogenheit und intime Kenntnis erwirkte, erhöhte körperliche Responseebene der Gemeinschaftsmitglieder untereinander. Auf der Grundlage einer besonderen Offen- und Empfänglichkeit für die Signale des anderen entsteht eine neue Qualität des zwischenmenschlichen Austausches. Ge- und Missfallensäußerungen werden so besonders wirkungsvoll. Sie bedürfen keiner expliziten Absprache, sondern nur der gemeinsamen Ebene und Verbundenheit, die den Einzelnen für die Signale des anderen empfänglich macht.

Tönnies lässt den Eindruck entstehen, dass Gemeinschaft ein vormodernes Phänomen ist und mit der modernen, funktionell differenzierten Gesellschaft, die ohne Markt undenkbar ist, kaum zu vermitteln sein dürfte. Tatsächlich jedoch ist die Ablösung der persönlichen Bindungen durch sachliche Abhängigkeitsverhältnisse der Individuen (Marx) nicht durchgängig und vollständig; es handelt sich eher um ein Dominanzphänomen. Auch die persönlichen Abhängigkeitsverhältnisse, die sowohl in familiären und interpersonalen Beziehungen als auch im patriarchalisch organisierten mittelständischen Gewerbe fortbestehen, werden von sachlichen Abhängigkeitsverhältnissen überlagert. Zum anderen wecken gerade die versachlichten Beziehungen in der modernen Gesellschaft den Wunsch nach Gemeinschaft, der nicht einfach als eine an der Vormoderne orientierte Nostalgie abzutun ist. Alternative Gemeinschaftsvorstel-

98 Ebd., S. 46.

lungen können auch sozialutopischen Charakter tragen. Marx spricht von *illusorischen Formen der Gemeinschaft*, ohne zu ahnen, in welchem Maße auch die von ihm initiierte sozialistische Internationale ebenfalls eine illusorische, oder besser imaginäre, Gemeinschaft bleiben würde. Nimmt man das soziale Imaginäre im Sinne von Castoriadis aber nicht nur als Entfremdungsphänomen, sondern auch und vor allem als ein produktives Potential,[99] so ist zu fragen, ob es überhaupt jemals Gemeinschaftsbildung ohne konstitutiven Anteil des sozialen Imaginären gegeben hat. Dennoch sind die Unterschiede und Gegensätze zwischen Gemeinschaft und Gesellschaft, wie Tönnies sie betont, nicht von der Hand zu weisen, auch wenn Tönnies' Merkmalskatalog manche Präzisierung und Korrektur verlangt.

Der US-amerikanische Soziologe Talcott Parsons (1902-1979) hat in seinem klassischen systemtheoretischen Modell der Gesellschaft die Gemeinschaft als »integratives Subsystem« wieder eingeführt.[100] Für die verschiedenen Arten und Ebenen interner Integration hat Parsons den Begriff der »gesellschaftlichen Gemeinschaft« geprägt. Die Gemeinschaft wird als integrativer Kern gleichsam ins Innere der Gesellschaft verlagert. Parsons schreibt: »Die vielleicht allgemeinste Funktion einer gesellschaftlichen Gemeinschaft besteht darin, ein Normen*system* mit einheitlicher und kohärenter kollektiver Organisation hervorzubringen. [...] Die gesellschaftliche Ordnung erfordert klare und deutliche Integration, womit wir einerseits normative Kohärenz und andererseits gesellschaftliche Harmonie und ›Koordination‹ meinen.«[101] Die primäre Funktion des integrativen Subsystems erblickt Parsons darin, Loyalitätspflichten festzulegen.

»Im Allgemeinen sind Regierungsorgane die Instanzen, welche an die gesellschaftliche Loyalität appellieren und die damit verbundenen Normen realisieren. Allerdings gibt es auch viele Fälle, in denen sich Regierung und berechtigte Gemeinschaftsinstanz nicht völlig decken. [...] Eine gesellschaftliche Gemeinschaft ist ein komplexes Netz sich gegenseitig durchdringender Gesamtheiten und kollektiver Loyalitäten, ein System, das durch funktionale Differenzierung und Segmentierung gekennzeichnet wird. So sind etwa verwandtschaft-

99 Cornelius Castoriadis: Gesellschaft als imaginäre Institution. Entwurf einer politischen Philosophie, Frankfurt a.M. 1997 und ders.: »Die griechische *polis* und die Schaffung der Demokratie«, in: Autonome Gesellschaft und libertinäre Demokratie, hg. von Ulrich Rödel, Frankfurt a.M. 1990, S. 298-328.

100 Talcott Parsons: Das System moderner Gesellschaften, Weinheim u. München 1996.

101 Ebd., S. 21.

liche Haushaltseinheiten, Unternehmen, Kirchen, Regierungseinheiten, Bildungsgesamtheiten und ähnliches voneinander differenziert.«[102]

Es erscheint euphemistisch, für solche hierarchisch abgestufte gesamtgesellschaftliche Koordination von Loyalitätsverpflichtungen und Konflikten den Begriff der Gemeinschaft zu verwenden. Daher hat Parsons die Aspekte der gesellschaftlichen Gemeinschaft auch erweitert – zum einen um die kulturelle Legitimation, zum anderen um Wertesysteme. Letztere enthalten nach Parsons »eine Kategorie von Verpflichtungen zu ›positiv bewerteter Vereinigung‹ (*valued association*), zu Solidarität in legitimen, kollektiven Beziehungen und Unternehmungen«.[103] Die Verallgemeinerung von Wertesystemen in der Form, dass sie das soziale Handeln ohne Rückgriff auf gesonderte Verbote wirksam regeln können, hat Parsons als einen zentralen Faktor im Modernisierungsprozess bezeichnet. Wertesysteme stellen in Parsons Sicht ein dynamisches Gefüge verschiedenartiger Werte dar: moralischer, ästhetischer, kognitiver oder spezifisch religiöser Werte. Auch kulturelle Systeme werden jeweils durch einen spezifischen Werteinhalt charakterisiert. In der Abwägung sämtlicher Aspekte gelangte Parsons zu dem Gesamturteil:

»Neben den beiden Aspekten einer normativen gesellschaftlichen Ordnung, die sich auf Mitgliedschaft und Loyalität sowie kulturelle Legitimation konzentrieren, müssen wir einen dritten in Betracht ziehen. Einfluß und Wertverpflichtung funktionieren auf freiwilliger Basis mittels Überredung und Appell an Ehre und Gewissen. Doch kann kein großes und komplexes soziales System bestehen und überleben, wenn nicht die Erfüllung großer Teile seiner normativen Ordnung *obligatorisch* ist, d.h. bei Nichterfüllung negative Sanktionen je nach Situation zu erwarten sind.«[104]

Parsons Begriff der gesellschaftlichen Gemeinschaft erwies sich insgesamt als Hilfskonstruktion und Kompromissformel für widerstreitende Ansprüche und hat inzwischen an Geltung verloren.

Ausgewogener hat der amerikanische Rechts- und Moralphilosoph John Rawls das Problem der Gemeinschaft im Rahmen der modernen Gesellschaft behandelt. Im Neuentwurf der Konzeption der »Gerechtigkeit als Fairneß« arbeitet er den Unterschied zwischen einer politischen Gesellschaft und den vielen Verbänden heraus, die in ihrem Rahmen existieren und sie quer durchziehen. »Verbände [...] übergreifen politische Grenzen, wie es etwa für Kirchen und wissenschaftliche Organisati-

102 Ebd., S. 22f.
103 Ebd., S. 25.
104 Ebd., S. 26.

onen gilt. Manche dieser Verbände bilden Gemeinschaften; und auch hier kann man wieder Kirchen und wissenschaftliche Organisationen zur Veranschaulichung nennen. Aber Universitäten und sonstige kulturelle Institutionen bilden ebenfalls Gemeinschaften.«[105] Doch welche Kriterien setzt Rawls? Wann sind Verbände Gemeinschaften, wann nicht? Rawls trifft folgende Grundunterscheidung: »Die Angehörigen einer Gemeinschaft sind dadurch vereinigt, dass ihnen bestimmte (übers Ökonomische hinausgehende) Werte und Ziele gemeinsam sind, aufgrund deren sie den Verband unterstützen und zum Teil an ihn gebunden sind.«[106] Eine demokratisch verfasste politische Gesellschaft hat dagegen keine derartigen gemeinsamen Werte und Ziele, außer den folgenden: »Die Bürger einer wohlgeordneten Gesellschaft bejahen die Gesellschaft und deren politische Werte, soweit sie in den Institutionen dieser Gesellschaft verwirklicht sind, [...].«[107] Dieser Unterscheidung zwischen einer demokratischen Gesellschaft und den in ihrem Rahmen bestehenden Gemeinschaften misst Rawls große Bedeutung bei, die er unter speziellen Aspekten verdeutlicht hat: Erstens »wird man [...] in die Gesellschaft hineingeboren, und obgleich man auch in Gemeinschaften – etwa in eine Religion und deren spezifische Kultur – hineingeboren werden kann, übt nur die Gesellschaft mit ihrem Staatswesen und ihrem Rechtssystem Zwangsgewalt aus«, die nicht mit jenem sozialen Anerkennungsdruck zu verwechseln ist, den Familientraditionen und religiöse Zugehörigkeiten auszuüben vermögen. Denn zweitens »können wir Gemeinschaften aus freien Stücken verlassen (das wird durch die von der Verfassung eingeräumten Freiheiten garantiert – Abtrünnigkeit ist kein Verbrechen), während wir aus unserer politischen Gesellschaft [in deren Einflussbereich wir leben und uns aufhalten, K.H.] in gewissem Sinne nicht freiwillig ausscheiden können.« Drittens, »kann eine Gemeinschaft ihre Mitglieder je nach dem von ihnen geleisteten Beitrag zu den gemeinsamen Werten und Zielen belohnen oder bevorzugen, wogegen eine demokratische Gesellschaft keine solchen (unter ihren Begriff des Guten fallenden) gemeinsamen Werte und Zwecke kennt, denen entsprechend ihre Angehörigen ausgezeichnet werden können. Alle, die voll kooperierende Angehörige der politischen Gesellschaft sein können, gelten als Gleiche und können nur in dem Maße unterschiedlich behandelt werden, als es die öffentliche politische Gerechtigkeitskonzeption erlaubt.«[108]

---

105 John Rawls: Gerechtigkeit als Fairneß. Ein Neuentwurf, Frankfurt a.M. 2003, S. 46.

106 Ebd.

107 Ebd.

108 Ebd., S. 47.

Wer nicht zwischen dem Gedanken einer demokratischen politischen Gesellschaft und der Idee der Gemeinschaft unterscheidet, begeht nach Rawls einen gravierenden Irrtum. Natürlich könne eine demokratische Gesellschaft zahlreichen Gemeinschaften offen stehen und versuchen, eine soziale Welt zu sein, in der Gegensätze einen Ausgleich finden. »Aber sie selbst ist keine Gemeinschaft, und angesichts des Faktums des vernünftigen Pluralismus kann sie es nicht sein. Denn dazu wäre der repressive Gebrauch der Regierungsgewalt nötig, der mit den demokratischen Grundfreiheiten nicht zu vereinbaren ist.«[109] Ohne auf weitere Einzelheiten der sehr differenziert entwickelten Konzeption von Rawls im Rahmen dieser Arbeit eingehen zu können, können Rawls Überlegungen als Ausgangspunkt für eine Neubestimmung und Bewertung des Verhältnisses von Gesellschaft und Gemeinschaft unter Modernitätsbedingungen betrachtet werden. Das Ausgehen von gemeinsamen Werten und Zielen bzw. von Wertesystemen als einem spezifisch gemeinschaftsbildenden Faktor ist eine Zugangsweise, die sich auch in der Analyse des Gemeinschaftsmodells der Freimaurer in ihrem Verhältnis zur *Commercial Society* bewährt.

Die im erläuterten Sinne spannungsvolle Beziehung von Gesellschaft und Gemeinschaft bildet nun auch den Kontext, in dem sich Formen der Anerkennung differenzieren. Im Zuge der Demokratisierung der Grundrechte, welche in dem Postulat der »universellen Menschenwürde« ihren Ausdruck findet, »spaltet sich die Anerkennung als Rechtsperson, die jedem Subjekt der Idee nach in gleichem Maße gelten muß, von dem Grad der sozialen Wertschätzung soweit ab, daß zwei verschiedene Formen der Achtung entstehen, deren Funktionsweisen auch nur gesondert zu analysieren sind.«[110] Wie der Frankfurter Sozialphilosoph Axel Honneth unter Verwendung bestimmter Motive des frühen Hegel entwickelt, ist die wechselseitige Anerkennung Basis eines jeden sozialen Miteinanders.[111] Damit ist jedoch keine ahistorische Auffassung der Anerkennungsproblematik verbunden. Honneth versucht vielmehr, gerade das spezifisch Moderne am *Kampf um Anerkennung* in der Neuzeit herauszuarbeiten. Von einer subjektphilosophischen Rahmenvorstellung ausgehend, die als Prämisse für die Erörterung der Gesamtproblematik allerdings nicht ausreicht, entwirft er ein Stufenmodell, welches drei Dimensionen der Anerkennung beschreibt: Die erste Sphäre bilden darin primäre Beziehungen, wie sie in der Familie und privaten Freundschaften bestehen. In ihnen könne der Mensch ein »positives individuelles Selbst-

109 Ebd.

110 Axel Honneth: Kampf um Anerkennung. Zur moralischen Grammatik sozialer Konflikte, Frankfurt a.M. 1994, S. 179.

111 Ebd., S. 73 u. 77.

verhältnis« und Selbstverstrauen ausbilden.[112] Darauf lagere sich als zweite die juridische Anerkennung, mit der sich die Menschen wechselseitig als gleichberechtigt und mit gleichen Rechten ausgestattet wahrnehmen. Auf dritter Stufe befinde sich schließlich die gesellschaftliche Sittlichkeit, welche die Anerkennung nach gegenseitiger Wertschätzung bemisst. Honneth beschreibt damit eine sozialanthropologische Entwicklungslinie, in der das in intimer Gemeinschaft errungene Selbstvertrauen, sowohl für die juristische als auch sittliche Anerkennung des Bürgers, die Basis bildet.[113]

Diese Anerkennung als Rechtsperson und der Grad sozialer Wertschätzung unterliegen aber vor allem unterschiedlichen Wertmaßstäben; »[...] das Rechtsverhältnis kann schon deswegen nicht alle Dimensionen der sozialen Wertschätzung in sich aufnehmen«, so Axel Honneth, »weil diese ihrer ganzen Funktion nach ja nur solchen Eigenschaften und Fähigkeiten gelten kann, in denen die Gesellschaftsmitglieder sich voneinander unterscheiden: als ›wertvoll‹ vermag eine Person sich nur zu empfinden, wenn sie sich in Leistungen anerkannt weiß, die sie gerade nicht mit anderen unterschiedslos teilt.«[114] Gegenstand der sozialen Wertschät-

112 Nancy Fraser und Axel Honneth: Umverteilung oder Anerkennung? Eine politisch-philosophische Kontroverse, Frankfurt a.M. 2003, S. 169.

113 Kritik an diesem »normativem Monismus« der Anerkennung kommt von der amerikanischen Philosophin Nancy Fraser, die, bezogen auf die heutige soziopolitische Situation in den USA, befürchtet, dass über die Thematisierung eines Kampfes um Anerkennung weicher, kultureller Unterschiede von der weitaus brisanteren Frage bestehender harter, sozialer Ungerechtigkeit abgelenkt wird. Im Kontext der Verteilungsgerechtigkeit macht sie einen perspektivischen Dualismus auf, der die ökonomische Umverteilungsforderung in den Anerkennungsdiskurs integriert. Damit wird ein neues Feld des Kampfes um Anerkennung als modernes Phänomen eröffnet, das über den durch die Problemstellung der Arbeit abgesteckten Rahmen hinaus führt. Seine Behandlung würde eine Untersuchung erfordern, die auf das Verhältnis von Freimaurerei und politischer Ökonomie zu fokussieren wäre. So wichtig eine solche Fragestellung auch ist, im Rahmen der vorliegenden Studie kann sie nicht ausführlich bearbeitet werden. Hervorgehoben sei lediglich, dass der erlittene Mangel an Wertschätzung der Leistung der neuen bürgerlichen Schicht den motivationalen Hintergrund ihres Vergemeinschaftungsbedürfnisses bildet, mit dem konkrete individuelle Erwartungen und Ansprüche verbunden sind. Die Rückbesinnung auf gemeinschaftliche Werte ist Ausdruck einer fortschrittlichen, normativen Entwicklung des Verständnisses individueller Autonomie. Ebd.

114 Aus diesem Grunde unterscheide die Rechtswissenschaft heute innerhalb der subjektiven Rechte zwischen liberalen Freiheitsrechten, politischen Teilnahmerechten und sozialen Wohlfahrtsrechten; »mit der ersten Kategorie sind die negativen Rechte gemeint, die die Person in Hinblick auf ihre Freiheit, ihr Leben und ihr Eigentum vor unbefugten Eingriffen des Staates zu schützen, mit der zweiten Kategorie die positiven Rechte, die ihr in Hinblick auf die Teilnahme an Prozessen der öffentlichen Willensbildung zustehen, und mit der dritten Kato-

zung werden spezielle Fähigkeiten und individuelle Leistungen, die allerdings erst vor dem Hintergrund konkreter Zielvorgaben sicht- und einschätzbar werden.[115] Wie im öffentlichen Leben, so rechnet sich auch innerhalb der Gemeinschaft jeder die erzielte Anerkennung und Achtung, die er über die Einhaltung der Verpflichtungen erringt, individuell an.[116] Soziale Wertschätzung bemisst sich dabei an dem Anteil, den der Einzelne an der Verwirklichung des projektierten Gesellschaftsentwurfes hat.[117]

Die Zugehörigkeit zum Bund beinhaltet allerdings nur die Verpflichtung, seinem Handeln einen spezifischen Wertmaßstab anzulegen. Die Vereinigung gibt den Handlungsrahmen vor, in dem sich die Selbstentwürfe präsentieren, und Wertmaßstäbe, mithilfe derer sich die daraus resultierende, individuelle soziale Wertschätzung bemessen lässt. Ziel ist aber nicht eine Nivellierung oder gar individualitätsauslöschende Kollektividentität aller Mitglieder. Im Gegenteil, die Durchsetzung eines Gruppenprestiges scheitert gänzlich. Unter dem Vorwurf, eine elitäre Geheimgesellschaft zu bilden, muss die *Premier Grand Lodge* sowohl interne Kritik als auch den Spott Außenstehender fürchten.[118] Die Logenmitgliedschaft wirkt also zunächst nur für die Mitglieder untereinander prestigesteigernd. Als Modeerscheinung vermag sie das individuelle Ansehen im Sinne der Würdigung einer besonderen Integrität der Person im öffentlichen Leben allerdings sehr wohl zu steigern. Dafür muss es allerdings überzeugend gelingen, dem eigenen Handeln freimaurerische Maßstäbe anzulegen und den sozialen Werten der Gemeinschaft auch in der Öffentlichkeit zum Ausdruck zu verhelfen, ohne sich jedoch dem Uneingeweihten gegenüber in ungebührlicher Offenheit als Freimaurer preiszugeben. Soziale Wertschätzung bemisst sich in der Gesellschaft und innerhalb einer spezifischen Gemeinschaft eben unterschiedlich.

Die Freimaurerbruderschaft ist symptomatisch für jene neuen Formen der Vergemeinschaftung, die sich innerhalb der modernen Gesellschaft herausbilden und zwar strukturell an alte Traditionen anknüpfen, sich durch die Form ihrer gesellschaftlichen Integration aber von denen vormoderner Gesellschaften unterscheiden. Die Clubs etablieren Gruppennormen jenseits der ständischen Ordnung. Sie bedienen sehr unterschiedliche Interessen und formulieren eigene Zielvorgaben und Regeln, um

rie schließlich jene ebenfalls positiven Rechte, die sie in fairer Weise an der Distribution von Grundgütern teilhaben lassen.« Ebd., S. 186 u. 203.

115 Ebd., S. 203.

116 Ebd., S. 209.

117 Ebd., S. 198 u. 204.

118 Auf den Umgang mit interner und externer Kritik werde ich am Beispiel der *Mock Masonry* und der Spottprozessionen der *Scald Miserables* Mitte des 18. Jahrhunderts im dritten Teil dieses Buches näher eingehen.

diese zu erreichen. Die Freimaurerbruderschaft ist im 18. Jahrhundert damit eine Vereinigung unter vielen, die als symbolische, soziale Medien individuelle Differenzqualitäten intersubjektiv zum Ausdruck bringen können.[119] Die Bruderschaft der Freimaurer steht als Phänomen dieser Ausprägung nicht allein, sondern muss innerhalb der Szenographie Londoner Clubs verortet werden. Eine erste satirische Auflistung liefert Edward (Ned) Ward in seiner *History of the London Clubs, or, The Citizen's Pastime* (1709). Sein Bericht ist historisch durchaus nicht immer korrekt und Quelle mannigfaltiger Missverständnisse. Er ist jedoch »humorvoll, kurios und voll lebendiger Schilderungen, die es wert sind, bewahrt zu werden als Entwürfe zur Moral und Umgangsformen dieser Zeit« – so Campbell in seinen *Essays on English Poetry*. Ebenso zahlreiche wie zweifelhafte Berichte und ironische Fiktionen britischer Clubs finden sich in Addisons und Steeles Wochenzeitschrift *The Spectator*. Trotz mancherlei Erdichtungen und Unzutreffendheiten zeugen sie – besonders vor dem Hintergrund gesicherter historischer Belege, wie sie beispielsweise für die Bruderschaft der Freimaurer vorliegen – von ähnlichen Praktiken in mehr oder weniger exzentrischen Clubs, in denen sozial heterogene Gruppen von Männern oder Frauen in einem durch eigene Regelwerke selbst gesteckten Rahmen ihren gemeinsamen Steckenpferden frönen können. Auf die einzelnen Clubs einzugehen, würde zu weit führen, zumal nur für die Freimaurer ein derart umfangreiches und gesichertes Quellenmaterial vorliegt. Frappierend sind jedoch die Parallelen hinsichtlich differenzierter Aufnahmevoraussetzungen- und zeremonien ihres »making of new members«, der Formen der Buchführung, ihrer satzungsverankerten Benimmregeln, die einen »friendly and social intercourse« sichern, Verstöße ahnden und vorbildliches Verhalten auszeichnen, des eigenen Reservoirs an Trinksprüchen, Liedern und Ritualen und sozialer Sicherheitsnetze, die ihre Mitglieder im Falle persönlicher Schicksalsschläge auffangen.[120]

Die sozial heterogene Gemeinschaft der Freimaurer, in welcher sowohl verschiedene Berufsstände als auch die soziale Ober- und Mittelschichten miteinander Umgang pflegen, formuliert ihr eigenes kulturelles Selbstverständnis sowie die notwendigen Normen und Sanktionen, welche ihm zu praktischer Wirksamkeit verhelfen. Innerhalb des Zusammen-

119 Honneth weist auf die Notwendigkeit eines solchen Mediums hin. Honneth, Kampf um Anerkennung, S. 197.

120 Siehe hierzu auch John Timbs: Clubs and Club Life in London. With Anecdotes of its famous coffee-houses, hostelries, and taverns, from the Seventeenth century to the present time, London 1872 und Eleonore Kalisch: Von der Ökonomie der Leidenschaften zur Leidenschaft der Ökonomie. Adam Smith und die Actor-Spectator-Kultur im 18. Jahrhundert, Berlin 2006.

schlusses können solidarische Beziehungen wachsen, weil sich die ungleichen Mitglieder vor dem Hintergrund eines intersubjektiven Wertehorizonts auf symmetrische Weise wertschätzen.[121] Der Club konstituiert Wertmaßstäbe, an denen sich das Halt suchende, moderne Individuum orientieren kann und in denen die utopische Projektierung einer Vervollkommnung des Menschen als sittliches Subjekt Anhaltspunkte der Realisierung findet.

Die Freimaurerei ist zunächst kein groß angelegter gesellschaftspolitischer Entwurf, sondern bedient ein Bedürfnis jener Bürger, die sich rüsten wollen oder müssen, um den Chancen und Risiken sozialer Selbstbehauptung in der modernen Gesellschaft gewachsen zu sein. Nicht zuletzt lassen sich innerhalb des Bundes neue interessante Geschäftskontakte knüpfen. Die Freimaurer suchen durch die Entwicklung eines neuen Geschäftshabitus' und einer bürgerlichen Verhaltensökonomie gestaltenden Einfluss auf die *Commercial Society* zu nehmen. Es rücken dabei Tugenden ins Mittel, die der »Konsolidierung dauerhafter, transparenter und kalkulierbarer Verkehrsformen« dienen, »die man benötigt, wenn man miteinander Geschäfte machen will.«[122] Zuverlässigkeit, Ehrlichkeit, Beständigkeit, Sparsamkeit und Höflichkeit sind jene Tugenden und Ausdrücke eines Arbeitsethos, mit denen sich solide und beständige Alltagskontakte schaffen lassen, auf deren Basis das Individuum als ›Warenbesitzer‹ erfolgreich in den Tauschmarkt eintreten kann.

Die Ähnlichkeit zwischen den von Locke aufgestellten Gesetzen und den drei *Heads of Duty* des Freimaurers in der bereits zitierten *Charge to new admitted Brethren* ist augenfällig.[123] Zu Zeiten der Schöpfung neuen Rechts geben sie eine gemeinsame Stoßrichtung vor, indem sie dem interpersonalen Wertungsverhalten innerhalb einer Gemeinschaft eine große Bedeutung zuerkennen. Clubs und Vereinigungen gewinnen eine so identitätsstiftende Funktion, dass die moderne Gesellschaft ohne das Komplement der Gemeinschaft und ihre Formen personaler Anerkennung für das vereinzelte Individuum gar nicht lebbar scheint. Als religionsübergreifende Sittenschule gleicht die Körperschaft ein Defizit der *Commercial Society* aus, in welcher jeder im Wettstreit des marktorientierten Tausches, ungeachtet des Gemeinwohls und begünstigt von der Anonymität der Großstadt, nach eigenem Profit strebt und Religionen Verbindlichkeiten wie Nächstenliebe aus der Erfahrung der Glaubenskriege heraus nicht mehr zufrieden stellend durchzusetzen wissen.

121 Honneth, Kampf um Anerkennung, S. 208.

122 Ebd., S. 236.

123 Siehe dazu den vorhergehenden Abschnitt 2.3 »Axiologische Aspekte moralischer Verhaltensregulation in der Freimaurerei«.

Zwischen Gewerbefleiß und Konsumlust - eine Verhaltenslehre für die *Commercial Society*

Die Wandlung der Zunftgemeinschaft der Steinmetzen seit den achtziger Jahren des 17. Jahrhunderts in einen Zusammenschluss von Gentlemen, die als Geschäftsleute eigene distinktiv bürgerliche Werte und Haltungen äußern und gesellschaftlich durchzusetzen beabsichtigen, ist eng mit den einschneidenden sozio-ökonomischen Umbrüchen in England und dem Wandel von einer postfeudalen, agrarisch geprägten Nation in eine pre-industrielle, von frühkapitalistischen Marktverhältnissen bestimmte Gesellschaft verbunden.[124] Besitzindividualismus und spezifische Freiheitsrechte, wie die freie Interessensbestimmung und Bindungsaufnahme, sind die neuen sozialen Prämissen einer sich ausbildenden liberal-demokratischen Gesellschaft und konsumorientierten *Commercial Society*. Als Eigentümer der eigenen Person und Fähigkeiten kann der Bürger selbstbestimmt sowohl seine Fähigkeit zu arbeiten als auch seine Arbeitserträge veräußern und damit in die vielfältigen Marktbeziehungen, die die frühmoderne Gesellschaft durchziehen, eintreten. Dem Staat oder der politischen Gesellschaft obliegt der »Schutz des Eigentums des Individuums an seiner Person und seinen Gütern und (folglich) zur Aufrechterhaltung geordneter Tauschbeziehungen zwischen Individuen als Eigentümer ihrer selbst«.[125]

Die Eigendynamik finanzieller Ereignisse entwickelt in Teilen des Bürgertums jedoch eine Triebkraft, die die Maxime protestantischer Ethik und des regulierten Gewerbefleißes in ihr Gegenteil pervertieren und gewissenlose Habgier sich ausbreiten lässt.[126] Eine 1728 in der Zeitschrift *The Craftsman* publizierte Warnung vor Eigennutz und gewissenloser Habgier im Zuge ungebremster kapitalistischer Expansion scheint diese Tendenzen zu belegen. Dort heißt es:

»Obwohl die Methoden, mit denen der Staat seine Freiheiten verliert, zahlreich scheinen, finden wir bei näherer Betrachtung, dass alle nationalen Unglücke einem mächtigen Ursprung zuzuschreiben sind und das ist, wenn jedes Indivi-

124 Siehe Margaret C. Jacob: »Money, equality, fraternity: freemasonry and the social order in eighteenth-century Europe«, in: The culture of the market. Historical essays, hg. von Thomas L. Haskell and Richard F. Teichgraeber, Cambridge 1993, S. 102-135.

125 C.B. Macpherson: Die politische Theorie des Besitzindividualismus. Von Hobbes bis Locke, Stuttgart 1990, S. 296.

126 So beschreibt Wolfgang Seth den Entstehungskontext von George Lillos Drama The London Merchant, or The History of George Barnwell (1731). Wolfgang Seth: George Lillos Dramen. Der Versuch der »Verbürgerlichung« des englischen Dramas im 18. Jahrhundert, Essen 1991, S. 138f.

duum beginnt, sich selbst als verschieden und getrennt von der Gemeinschaft, deren Mitglied es ist, zu betrachten und fortwährend all seine Teile und Talente darauf verwendet, für sich selbst Reichtum, Macht, Beförderungen und Titel zu erwerben, anstelle die Wohlfahrt und das Glück seines Landes zu befördern. Wenn sein Geist solch beschränkten und selbstsüchtigen Absichten verpflichtet ist, dass es keine große Vorstellung von der Tugend oder großmütige Empfindungen für das öffentliche Wohl hat, sondern alles auf sich beschränkt und meint, dass es der Sinn seiner Schöpfung sei, wenn er seinen eigenen Wohlstand vermehrt und die Interessen seiner Familie und Bekannten vertritt. Der beste Weg, eine Konstitution aufrecht zu erhalten, ist daher, sich zu bemühen solche Vorstellungen einzuschärfen, die jeden Menschen überzeugen, dass er nichts als ein Mitglied der Gesellschaft ist, ohne die er nicht mehr bestehen kann als ein Körperglied, wenn es vom Rest des Körpers abgetrennt wurde; dass unser Wohl untrennbar mit dem anderer verbunden und verknüpft ist.«[127]

In gleichem Maße, wie privilegierte Monopolgesellschaften das freie Spiel der wirtschaftlichen Kräfte bremsen sollen, machen sich private Vereinigungen zur Aufgabe, in der Gesellschaft ein Bewusstsein der Mitverantwortung für das Gemeinwohl herzustellen und moralisch-ethisch ausgleichend gegenüber den negativen Kräften des Marktes zu wirken.

Die *Society of Freemasons* versteht sich als eine solche ausgleichende Instanz und behauptet sich als geschlossene Wertegemeinschaft, die sich zugleich als notwendiges Komplement zur sich herausbildenden modernen Gesellschaft begreift. Sie akzeptiert zwar die Anforderungen, die die *Commercial Society* an den Bürger stellt, reflektiert aber gleichzeitig ihre Schattenseiten. Dabei fungiert die Gemeinschaft nicht nur als soziales Sicherungsnetz angesichts spekulativer Geschäfte und tiefgehender Bankrottängste. Indem sie die Akzente verlagert und einen drohenden asozialen und destruktiven Egoismus, den Innovation und Produktivität in einer von Marktverhältnissen dominierten Welt mit sich zu bringen

127 »Though the Methods by which a State may lose ist Liberties, appear to be various: yet upon a close Examination, we shall find all national Misfortunes generally owing to one, great original Source; and That is, when every Individual comes to consider Himself distinctly and apart from the Community, of which he is a Member; and is continually employing all his Parts and Talents on obtaining to Himself Wealth, Power, Preferment or Titles, instead of advancing the Welfare and Happiness of his Country; when his Mind is contracted to such narrow, selfish Views, that he hath no large Notions of Virtue or generous Sentiments of the publick Good; but confines every Thing to Himself and thinks that answered the End of his Creation, if he improves his own fortune, and advances the Interest of his Familiy and Relations. The best way therefore to preserve a Constitution is to endeavour and to inculcate such notions, as tend to persuade every Man that He is but a member of Society that he can no more subsist alone than a Limb, when it is torn from the rest of the Body; that our Good is inseperably connected and complicated with that of others.« Zitiert nach ebd., S. 139.

vermögen, durch allgemeine Wohlfahrtseffekte ausgleicht, korrigiert sie jene negativen Neigungen, die das individuelle und nationale Wohl gefährden. In diesem Sinne versteht sich die Bruderschaft der Freimaurer als ein durchaus *notwendiges* Komplement, da ihr eine Gesellschaft auf der Grundlage eines vitalen Egoismus auf lange Sicht nicht überlebensfähig erscheint.

Egoismus und Habgier sind nur die offensichtlichsten Ausläufer eines grundsätzlichen Spannungsfeldes, nämlich des Widerspiels von innerweltlicher Askese, die die Marktgesellschaft und ihre zum System gesteigerte Werkheiligkeit dem Individuum auferlegt,[128] und dessen Triebwünschen, die als Gefährdung und destabilisierende Faktoren innerhalb der *Commercial Society* wahrgenommen werden. Konsumfreude und der genussfreundliche hedonistische Umgang mit Weltgütern avancieren im 18. Jahrhundert zu unhintergehbaren Wirtschaftsfaktoren und Indikatoren von Gewerbefleiß.[129] Insbesondere in England, so stellt Eleonore Kalisch fest, etabliert sich »als breite soziale Trägerschicht der gleiche bürgerliche Mittelstand der Konsumtion [...], der in seinem Berufsleben durch die protestantische innerweltliche Askese geprägt war«.[130] Diese Tatsache mache die Weber'sche Erläuterung eines spezifisch kapitalistischen Habitus' als protestantische innerweltliche Askese in ihrem Unvermögen, die Ausdehnung der Konsumtion ausreichend zu erklären, kritikwürdig. Auf bestimmten Gebieten nämlich beginnen Geschäftsleute als Geschmacksbildner der Gesellschaft zu fungieren, verleihen eigenen Werten und Haltungen, auch jenseits sozialer Nacheiferung und Moden, Ausdruck.[131] Sie bringen einen modernen Hedonismus hervor,[132] »der durch Verschiebung oder Begrenzung der Lustbefriedigung in der Lage ist, eine Disposition zu bilden, die der Akkumulation und Investition von Kapital förderlich war«.[133] Diese komplexe Anlage, die den genussvollen Umgang mit Konsumgütern zulässt, ihn aber gleichsam wirksamen Kontrollmechanismen unterwirft, stellt sich nicht zwanglos ein, sondern erfordert Einsicht in ihre Notwendigkeit und habituelle Erarbeitung.

---

128 Siehe Max Weber: Die protestantische Ethik I, hg. von Johannes Winckelmann, Gütersloh 2000.

129 Vgl. dazu Neil McKendrick: Birth of a Consumer Society. The commercialization of 18th-century England, London 1982.

130 Eleonore Kalisch: Theaterkrieg und histrionischer Körper. Der Pietismus und die Ansätze zu einer performativ orientierten Habitus-Ethik im späten 17. und frühen 18. Jahrhundert, Habilitationsschrift, Humboldt-Universität Berlin 1999, S. 190.

131 Ebd., S. 192f.

132 Colin Campbell: Romantic Ethic and the Spirit of Modern Consumerism, Oxford 1993.

133 Kalisch, Theaterkrieg und histrionischer Körper, S. 191.

In seinem bürgerlichen Drama um den gefallenen Kaufmannslehrling George Barnwell wirft George Lillo (1691-1739), ein in London lebender mittelständischer Geschäftsmann flämischer Abstammung, ein Schlaglicht auf eine soziale Gruppe, die eben diesem Spannungsfeld von innerweltlicher Askese und Triebwünschen, die als Gefahr und destabilisierende Faktoren innerhalb der *Commercial Society* wahrgenommen werden, in besonderem Maße ausgesetzt ist und einen besonderen Bedarf moralischer Anleitung und Begleitung der bürgerlichen Sozialisation anzuzeigen scheint. Die *Indenture*, der »Vertrag, mit dem sich eine Person, Meister genannt, bindet, eine andere Person, Lehrling genannt, zu unterweisen, die sich wiederum verpflichtet, ein Gewerbe oder einen Beruf zu erlernen, indem er seinem Meister über eine gewisse Zeitspanne dient«,[134] ist im 17. und 18. Jahrhundert Englands die gängigste Form, seinem Kind einen Einstieg ins Erwerbsleben zu verschaffen.[135] Als integraler Bestandteil der Handwerksgilden und *Corporations* dient der Ausbildungsvertrag als Qualifikationsmaßnahme seit dem europäischen Mittelalter, sowohl der Schaffung und Sicherung fester Ausbildungsstandards als auch der Qualitätskontrolle und des Schutzes exklusiver Privilegien des Berufsstandes. Er basiert auf der Annahme, »dass weder die Künste noch Wissenschaften gedeihen würden, wenn es nicht nur jenen erlaubt sei, sie zu praktizieren, die die notwendigen Fertigkeiten ausreichend unter Beweis gestellt haben, und sich eine Körperschaft formiert hat, die mit gewissen Selbstbestimmungsrechten und einem exklusiven Monopol auf ihre jeweilige Kunst innerhalb einer bestimmten Örtlichkeit ausgestattet ist.«[136] Das Lehrverhältnis der städtischen Auszubildenden im Handelsgewerbe, für das eine hohe Ausbildungsprämie erhoben wird, wird auf sieben Jahre eingegangen. In diesem Zeitraum soll der Auszubildende umfangreiches theoretisches Wissen und praktische Fertigkeiten erlagen, kurz: in jene ›Geheimnisse‹ des Berufstandes eingeführt werden, die ihn im Anschluss an seine Ausbildungszeit befähigen sollen, ein gleiches Geschäft selbstständig zu führen. Als Mitglied der *houshold-family* seines Meisters werden ihm Unterkunft, Verpflegung und medizinische Versorgung im Krankheitsfall zugesichert. Geschäftlich wird ihm die Möglichkeit gegeben, wertvolle Erfahrungen zu sammeln, notwendige Kontakte aufzubauen und nach erfolgreich abgeschlossener Lehrzeit in

134 The Encyclopaedia Britannica. A Dictionary of Arts, Sciences, Literature and general information, Bd. II, 11. Ausgabe, Cambridge 1910, S. 228.

135 Die einschlägigste Beschreibung der Lebens- und Arbeitssituation Londoner Lehrlinge liefert noch immer M. Dorothy Georges Buch London Life in the Eighteenth Century, London 1976 (Erstauflage 1925), darin vor allem die Kapitel 5 u. 6.

136 Ebd.

eine Gilde aufgenommen zu werden. Zuvor jedoch ist der Lehrling gebunden, seine Arbeitskraft dem Lehrmeister bis zum Ablauf der kompletten Vertragslaufzeit zur Verfügung zu stellen und sich seiner Autorität und Kontrolle zu übereignen, die – wie zu sehen sein wird – recht umfassend ist.

Der Weg zur geschäftlichen und persönlichen Eigenständigkeit ist lang und entbehrungsreich, und je höher die Auflagen und Restriktionen, desto größer scheint das Bedürfnis der jungen Auszubildenden, sich der Kontrolle zu entwinden und sich in ihrer Freizeit dem Vergnügen hinzugeben. William Maitland schildert in seiner *History of London* (1739), auf die 30er Jahre zurückblickend, den müßigen Lehrling, dem es nach den Vorzügen der Erwerbstätigkeit und Angeboten der Erwachsenenwelt begehrt, und wünscht eine gesetzliche Regelung herbei, die die Allüren dieser »Möchtegern-*Merchant-Gentlemen*« und ihre destruktiven Verhaltensweisen, »wie den Unterhalt von Huren und Pferden, das Frequentieren von Tavernenclubs und Theaterhäusern und ihre Exzesse im Gebrauch von Kleidung, Wäsche, Perücken, Gold- und Silberuhren, etc.«, unterbindet.[137] Es wird von ungebärdigen Mobs männlicher Lehrlinge berichtet, die durch die Straßen der Stadt ziehen und die Bevölkerung in Angst versetzen. Lehrlinge stellen die weitaus größte jugendliche Bevölkerungsgruppe im Land dar und ihre subversive Kraft wird als ernsthaftes gesellschaftliches Problem wahrgenommen,[138] welches sich nicht nur in belletristischen Publikationen exemplarischer krimineller Biographien spiegelt, die Faszination und Schauder hervorrufen,[139] sondern auch zur Veröffentlichung einer Reihe von *Pocket Companions* und *Vade Meci* zur instruktiven Anleitung von Lehrlingen und ihren Meistern Anlass gibt.[140]

137 Zitiert ebd., S. ix.

138 Lawrence Stone: The Famlily, Sex, and Marriage in England, 1500-1800, London 1977, S. 376; George, London Life in the Eighteenth Century, S. 262.

139 Siehe Philip Rawlings: Drunks, whores and idle apprentices. Criminal biographies of the eighteenth century, London, New York 1992.

140 Siehe Alan D. Mc Killops Vorwort zum Reprint of Samuel Richardsons *The Apprentice's Vade Mecum* der Augustan Reprint Society, Los Angeles 1975, S. iii-vi.

George Lillos Lehrstück *The London Merchant, or The History of George Barnwell* (1731)

Im Kontext dieser hier angedeuteten Kontroverse um Gewerbefleiß, Müßiggang und Triebwünsche ist George Lillos Drama *The London Merchant, or The History of George Barnwell* (1731) angesiedelt. Es ist ein als historisches Drama inszeniertes Zeitstück, das zur Zeit der Regentschaft der jungen Königin Elisabeth I spielt. Es ist die Zeit des Aufstiegs der London Merchants und des von ihnen finanzierten Kampfes gegen die Spanier um die Hoheit über die Meere und den Fernhandel. Das Stück schildert die Geschichte des jungen kaufmännischen Auszubildenden George Barnwell, der gemeinsam mit seinem Freund Trueman als Lehrling im Kontor eines angesehenen Kaufmanns angestellt ist, der – die merkantile Ideologie und Ethik in Reinkultur repräsentierend – den schönen allegorischen Namen *Thorowgood* trägt. Barnwell wird von beiden aufgrund seiner Gewissenhaftigkeit, seiner regelstrengen Lebensführung und seines einfachen, ungezierten und einnehmenden Wesens als zuverlässiger Partner geschätzt.

»Trueman: [...] Niemals hatte die Jugend einen höheren Sinn für die Tugend. Rechtschaffen war sein Denken und wie er dachte, handelte er, kein Leben ordentlicher als seines. Ein Verstand, wie er in diesem Alter kaum zu finden ist, eine offene, großzügige Mannhaftigkeit des Wesens, ungezwungen, ungekünstelt und einnehmend seine Umgangsformen.«[141]

Und doch geschieht, was angesichts der aufrichtigen Frömmigkeit des jungen Barnwell, der vom puritanischen Geist der innerweltlichen Askese zutiefst durchdrungen ist, unmöglich schien. Er lässt sich verführen und gerät in die Abhängigkeit der geschäftstüchtigen Lady Millwood, einer von Eroberung zu Eroberung schreitenden Courtisane, die, seit ihr die Männer nicht mehr so leicht ins Garn gehen, in ihrem *House of Entertainment* über ihre Verhältnisse lebt. An einem Punkt ihrer Laufbahn angelangt, an dem sie ihren Vorteil beim jungen, unerfahrenen Teil des männlichen Geschlechts suchen muss, spielt Lady Millwood, um ihren luxuriösen Lebensstil aufrecht halten zu können, ihre Reize gegenüber dem jungen Angestellten aus. Sie hat Barnwell mehrfach hohe Geldsummen zur Bank bringen sehen und herausgefunden, dass er Lehrling des reichen und angesehenen Londoner Kaufmanns ist. Auf einem seiner

141 »Never had youth a higher sense of virtue. Justly he thought, and as he thought he practised; never was life more regular than his. An understanding uncommon at his years; an open, generous manliness of temper; his manners easy, unaffected and engaging.« *LM*, III,3, S. 240.

Dienstgänge spricht sie ihn an und überrascht mit einer Einladung in ihr Haus, die der perplexe junge Mann nicht anders als annehmen kann.

Lady Millwood beeindruckt ihn mit dem Luxus ihres Hauses. Mit einiger Übung in Physiognomik taxiert sie sein zartes Gemüt, das nicht leichtfertig verschreckt werden darf, aber auch eine latente Sinnlichkeit, die nur durch ein wenig Unterstützung ermutigt werden muss. Es ist wenig vonnöten, um die arglose Natur zu verführen. Barnwells Angst, die Freude eines Augenblicks mit einem Leben in Pein bezahlen zu müssen, wischt sie mit dem Hinweis fort, die Freuden der Liebe könnten ebenso anhaltend sein wie groß. Sein Argument, das Gesetz des Himmels wolle nicht umgestoßen werden, und dieses fordere, unsere Leidenschaften zu regieren, lässt sie nicht gelten.

»Millwood: Uns Schönheitssinn und Triebwünsche zu geben und uns zu verbieten, unserem Geschmack zu folgen und glücklich zu sein, wäre eine Grausamkeit der Natur. Haben wir nur Passionen, damit diese uns foltern?«[142]

Die Advokatin des Hedonismus gebraucht, um Barnwell zu hindern, aus Angst vor der eigenen Courage das greifbar nahe Sinnenglück zu fliehen, ein Kernargument des höfischen Libertinismus, dass ohne die Vergnügungen »das Leben zu einer sehr schweren Bürde für den wird, der es besitzt, und dass dies gegen die Absichten der Natur ist, die mit ihren geheimen Regungen bewirkt, dass alle belebten Dinge Lust haben an ihrem Sein und darum das suchen, was sie ergötzt.«[143]

Dem hat der junge Barnwell nichts mehr entgegenzusetzen und wie er sich selbst beobachtend stockend beschreibt, schlägt sein Puls hoch, seine Sinne geraten in Aufruhr und unbändiges Begehren schlägt seinen Weg. Barnwell wird zum Spielball der Millwood'schen Interessen. Das Geld, das er überbringen sollte, lässt er bei ihr zurück. Kaum hat er sie verlassen, tragen ihm das Unvermögen, seine Leidenschaft zu kontrollieren, der Betrug gegenüber dem Meister und die Untreue gegenüber jenen, die im Kontor seine Rückkehr erwarten, schlimmste Gewissensqualen ein.

»Barnwell: Wie fremd alle Dinge um mich herum sind! Wie ein Dieb, der verbotenen Grund betritt, trete ich ängstlich in jedes Zimmer dieses wohl bekannten Hauses. Der schuldigen Liebe, als wäre diese nicht genug, habe ich bereits den Vertrauensbruch hinzugefügt. Ein Dieb! Kann ich, wissend, ein so elendes

142 »To give us sense of beauty and desires, and yet forbid us to taste and be happy, is a cruelty to nature. Have we passions only to torment us?« *LM*, I,8, S. 228.

143 Gerhard Schneider: Der Libertin. Zur Geistes- und Sozialgeschichte des Bürgertums im 16. und 17. Jahrhundert, Stuttgart 2000, S. 56.

Ding zu sein, meinem aufrichtigen Freund und geschädigten Meister ins Gesicht sehen? Möge auch Heuchelei eine Weile meine Schuld verdecken, zuletzt wird sie bekannt werden und öffentliche Schande und Ruin müssen folgen. Was wäre mein Leben in der Zwischenzeit? Stets eine Sprache zu sprechen, die meinem Herzen fremd ist; der Anzahl meiner Verbrechen stündlich neue hinzuzufügen, um diese zu verdecken.«[144]

Thorowgood, dem das nächtliche Ausbleiben Barnwells nicht unbemerkt geblieben ist und dessen Schuldbewusstsein spürt, warnt.

»Thorowgood: Wenn wir die zarte Verfassung des Menschseins bedenken, ruft es unser Mitleid, aber kaum Erstaunen hervor, dass die Jugend auf Abwege gerät; wenn der Verstand bestenfalls schwach der Lust begegnet, kaum ausgebildet und gänzlich ununterstützt von Erfahrung schwach ringt oder sich bereitwillig den Sinnen versklavt. Der Zustand der Jugend ist bedauernswert; um so mehr als sie ihn nicht sieht; und ist der Gefahr am stärksten ausgesetzt, wenn sie am wenigsten für ihre Verteidigung vorbereitet sind.
[…]
nehmt euch in Acht in dieser heiteren, gedankenlosen Phase eures Lebens; jetzt, da der Sinn rasch nach Vergnügen steht und die Leidenschaft groß ist, das üppige Verlangen tobend und wild die strengste Kandare erfordert, hüte dich vor einem Rückfall: wenn das Laster zur Gewohnheit wird (*becomes habitual*), ist jede Kraft, es wieder abzulegen, verloren.«[145]

Angesichts der großzügigen Nachsicht und Besorgnis seines Meisters befällt Barnwell Reue und er klagt sich im Selbstgespräch an.

---

144 »How strange are all things around me! Like some thief, who threads forbidden ground, fearful I enter each apartment of this well-known house. To guilty love, as if it was too little, already have I added breach of trust. A thief! Can I know myself that wretched thing, and look my honest friend and injured master in the face? Though hypocrisy may awhile conceal my guilt, atlength it will be known, and public shame and ruin must ensue. In the meantime, what must be my life? Ever to speak a language foreign to my heart; hourly to add to the number of my crimes, in order to conceal 'em.« *LM*, II,1, S. 229.

145 »When we consider the frail condition of humanity, it may rise our pity, no tour wonder, that youth should go astray; when reason, weak at the best when opposed to inclination, scarce formed, and wholly unassisted by experience, faintly contents, or willingly becomes the slave of sense. The state of youth is much to be deplored; and the more so, because they see it not; they being then to danger most exposed when they are least prepared for their defence. [...] be upon your guard in this gay, thoughtless season of your life; now when the sense of pleasure's quick, and passions high, the voluptuous appetites raging and fierce demand the stronged curb, take heed of a relapse: when vice becomes habitual, the very power of leaving it is lost.« *LM*, II,4, S. 232.

»Barnwell: Schurke! Schurke! Schurke! Niederträchtig, einem so vortrefflichen Mann unrecht zu tun. Sollte ich erneut eine Torheit begehen?— Verabscheuungswürdiger Gedanke!— Aber was wird mit Millwood?— Aber nein, ich sage mich von ihr los; ich gebe sie auf. Der Kampf ist ausgestanden und die Tugend hat obsiegt. Die Vernunft mag überzeugen, aber Dankbarkeit verpflichtet. Diese unverhoffte Großzügigkeit hat mich vor der Zerstörung bewahrt.«[146]

Lady Millwood, die Barnwells Zerknirschung voraussieht, sucht ihn noch am gleichen Tag im Kontor auf, um seinen Schuldgefühlen eine andere Richtung zu geben und ihn damit tiefer in die »sexuelle Hörigkeit« (Brecht) zu treiben. Lucy, Millwoods Zofe, ist instruiert, im Beisein ihrer Herrin deren Geschichte zu erzählen. Es ist die Geschichte einer früh verwaisten, reichen Erbin und ihres Vermögensverwalters, eines begüterten Aristokraten, der sein Mündel nach dem Tod seiner Frau umwarb, aber abgewiesen wurde. Daraufhin stellte er ihr seine Dienste in Rechnung und machte sie zu seiner Schuldnerin, um sie zu erpressen: Heirat oder Bankrott, der schrecklichste und tragödienträchtigste aller menschlichen Umstände. Nun habe, wie die Zofe Lucie in ihrer Erzählung fortführt, der ungetreue Vermögensverwalter in Erfahrung gebracht, dass Barnwell im Haus der Millwood zu Gast war und die Nacht bei ihr verbracht hat. Vom Heiraten sei nun nicht mehr die Rede, Millwood habe die Wahl zwischen moralischem und realem Untergang: will sie sich nicht an den Mann verkaufen, muss sie, wie Barnwell es schaudernd ausmalt, »unbehaust in Elend und Mangel freudlos durch die ungastliche Welt wandern, begleitet von Furcht und Gefahr, verfolgt von Bosheit und Rache.« Diesen Gedanken erträgt Barnwell nicht, Schuld- und Verantwortungsgefühl gegenüber der vermeintlich durch ihn gefallenen Frau lassen ihn eine zweite größere Unterschlagung begehen, damit Millwood ihre Schulden bezahlen und unangefochten in ihrem Haus verbleiben kann.

»Barnwell: Du bist mein Schicksal, mein Himmel oder meine Hölle, nur verlass mich jetzt; später verfüge über mich, wie es dir gefällt.«[147]

Die Warnungen seines Lehrmeisters in den Wind schlagend, bleibt Barnwell, als er im Kontor aufgefordert wird, seine Bücher vorzulegen, kein

146 »Villain! Villain! Villain! basely to wrong so excellent a man. Should I again return to folly?— Detested thought!— But what of Millwood then?— Why, I renounce her; I give her up. The struggle's over, and virtue has prevailed. Reason may convince but gratitude compels. This unlooked for generosity has saved me from destruction.« Ebd., II,5, S. 233.

147 »You are my fate, my heaven or my hell; only leave me now, dispose of me hereafter as you please.« Ebd., II,13, S. 237.

anderer Ausweg als die Flucht, denn »nur wenige Männer können eine verloren gegangene Reputation zurückgewinnen: ein Kaufmann niemals.«[148] Barnwell ist als Kaufmann ruiniert – finanziell und moralisch. Der Kasse ein letztes Mal eine größere Summe zu entnehmen, fällt ihm angesichts seiner auswegslosen Situation nicht mehr schwer. Er flüchtet zur Geliebten und bittet verzweifelt um Aufnahme in ihr Haus. Millwood wirft ihn hinaus, besinnt sich beim Anblick des Geldes aber eines Besseren und umgarnt ihn erneut mit Lügen, Schwüren, Heuchelei. Auf der Höhe ihrer leidenschaftlichen Versöhnung ringt sie Barnwell ein weiteres unheilvolles Versprechen ab; sie bittet ihn, einen Anschlag auf das Leben seines nächsten Verwandten und größten Wohltäters zu unternehmen. Natürlich klagt er die Geliebte als grausames Monster und Teufel an, geschaffen dafür, ihn zu vernichten. Millwood reagiert mit tiefem Gram, schimpft auf ihr Schicksal, verflucht die unberechenbaren Sterne und beklagt, dass sie, vom Mangel gezwungen, ihm Taten abverlangen müsse, die sie ebenso verabscheue wie er. Letztendlich kenne Notwendigkeit kein Gesetz, so macht sie ihm klar, und Liebe keine Grenzen. Daher habe sie Grund, an seiner Liebe zu zweifeln, und wolle ihn niemals wieder sehen, wenn er den Onkel nicht ausraube und vorsorglich töte, um zu verhindern, dass er, Barnwell, als Dieb und Mörder entdeckt würde.

Für Lucy, die Zofe, und Blunt, den Diener, hat Millwood hiermit die Grenze überschritten, bis zu der man ihrem Treiben dienstbar hätte zusehen können. Um nicht mitschuldig zu werden, zeigen die beiden ihre Herrin an, können aber die unter Gewissensqualen ausgeführte Mordtat nicht mehr verhindern. Als Barnwell mit blutigen, aber leeren Händen zu Millwood zurückkehrt – er hätte es als Sakrileg empfunden, dem Ermordeten den Schlüssel zum Safe abzunehmen –, lässt die Abenteurerin ihn fallen und ruft selbst die Polizei. Dies bewahrt sie jedoch nicht davor, aufgrund der Anzeige ihrer Bediensteten, der Anstiftung zum Mord überführt und wie Barnwell zum Tod am Strick verurteilt zu werden. Bevor die Polizei sie in Gewahrsam nimmt, wird Millwood vom *London Merchant* Thorowgood zur Rede gestellt. Sie verteidigt sich leidenschaftlich, indem sie die in Macht, Reichtum und puritanischer Selbstgefälligkeit verankerte Männerherrschaft anprangert und die Beweggründe ihres Handelns offen legt.

Millwood sieht sich im Geschlechterkampf und ihre Waffe ist die Überbietungsgeste. Das ist ihr Geschäft.

»Millwood: Ein Verderber kam nach dem anderen. Und mein ganzer Gewinn war Armut und Schande. Meine Seele verachtete und verachtet immer noch

148 »[...] But few men recover reputation lost, a merchant never. [...]« Ebd., III,3, S. 240.

Abhängigkeit und Geringschätzung. Ich sah, wie Reichtümer, durch welche Mittel auch immer erlangt, die schlechtesten Menschen vor beidem schützten. Darum erkannte ich es als notwendig, reich zu sein, und zu diesem Ende habe ich alle meine Künste aufgeboten […].«[149]

Es geht nicht darum, das Vergnügen der Männer zu teilen, sondern diese zu Sklaven ihrer Lust zu machen und sie so in ihrer Heuchelei, Bigotterie und Doppelmoral abzustrafen. Solange jedoch nur die *Hypocrisy* attackiert wird, wird nicht der Puritanismus an sich in Frage gestellt. Das hat auch Peter Szondi in der Analyse des *London Merchant* in seinem Buch zum Bürgerlichen Trauerspiel herausgesellt. Indem sie in ihrer flammenden Anklagerede die Feinde der asketischen Ethik des Bürgertums unter dem Klerus und den Staatsbeamten aufspürt und ebenso die schwarzen Schafe in Gestalt der männlichen Libertins bloßstellt, wird aus Millwood, »der Gegenspielerin Thorowgoods, mit dem sie gleichsam um die Seele George Barnwells um den Preis von dessen und ihrem eigenen Untergang kämpft, dennoch eine Stütze der guten Sache, für die das Stück wirbt.«[150] Thorowgood bekämpft in ihr nicht einfach die dunkle, nicht domestizierte Triebwelt, die den kaufmännischen Nachwuchs zu Fall bringt, sondern die Stadtmätresse, die aus der *Ars amoris* ein Geschäft gemacht hat und damit dem kaufmännischen Gewinnprinzip die Tugenddimension der innerweltlichen Askese genommen hat. Verschärfend kommt hinzu, dass Millwood, um den drohenden Bankrott abzuwenden, nicht nur das *Fair Play* des Marktes, sondern auch das Eigentum und das Leben anderer missachtet. Ihre Aktivitäten ufern ins Verbrecherische aus.

Bereits Szondi hat den latenten Konflikt, aus dem sich die Handlung im London Merchant entwickelt, in der Gegenbewegung erblickt, die die ›innerweltliche Askese‹ des Puritanismus in der einen oder anderen Form hervorrufen musste: »als Gegenschlag gegen jene permanente Unterdrückung, welche die Rationalität der bürgerlich-puritanischen Lebensführung erst ermöglicht: die Unterdrückung der Triebe.«[151] Der Lehrlingsvertrag birgt für beide Partner des Ausbildungsverhältnisses eine funda-

149 »Another and another spoiler came, and all my gain was poverty and reproach. My soul disdained, and yet disdains, dependence and contempt. Riches, no matter by what means obtained, I saw secured the worst of men from both.I found it, therefore, necessary to be rich, and to that end I summoned all my arts.« *LM*, IV,18, S. 254.

150 Peter Szondi: Theorie des bürgerlichen Trauerspiels im 18. Jahrhundert, Frankfurt a.M. 1973, S. 82.

151 Ebd., S. 71.

mentale Schräglage.[152] Bedeutet die Einweisung des Auszubildenden in den ersten Jahren noch einen Mehraufwand an Arbeit für den Meister, so muss der Auszubildende zum Ende seiner Lehrzeit es trotz gewonnener Fähigkeit zum eigenständigen Verdienst hinnehmen, bis zum Ende der Frist von sieben Jahren seinen Verpflichtungen und Gehorsamsdiensten nachzukommen, und zwar unter strenger Beobachtung des Meisters, der sicher gehen wird, dass sich die Investitionen der letzten Jahre, die die Aufnahmeprämie nicht ausnahmslos deckt, im Nachhinein bezahlt machen.[153] Die *Indenture* ist ein *Rite de Passage*,[154] es führt den jungen Auszubildenden mit neuen Verpflichtungen in die Erwachsenenwelt ein. Bevor er mit der Ehe jedoch seinen eigenen separaten Haushalt, eine »eigene Einheit der Erzeugung, Konsumtion und Produktion«, gründen kann, der er als männliche Autoritätsperson vorsteht und deren Geschicke er lenkt,[155] untersteht er als Mitglied der *Household-Family* der Kontrolle seines Ausbilders. Im Gegensatz zur bürgerlichen Kernfamilie bestimmt sich diese nicht über Heirat und Verwandtschaft, sondern stellt sich über den gemeinsamen Wohnsitz und die Unterstellung unter die Autorität eines Hausherrn her.[156] In ihr definiert sich das Verhältnis zwischen Lehrling und Meister primär über Autorität und Besitzansprüche.[157]

Während die *Indenture* mit der Lösung aus der eigenen Kernfamilie einerseits zur frühen Selbstständigkeit ermuntert, bleibt sie andererseits einem patriarchalen Ideal der Unterwerfung und Ehrerbietung gegenüber der Haushaltsführung verhaftet, die die Kontrolle des Verhaltens und aller sozialer Aktivitäten des Lehrlings einschließt. Besonders zum Ende wird die Ausbildungszeit zu einer langen und prekären Übergangsphase, in welcher der Lehrling im Geschäft bereits verantwortungsvolle Aufgaben übernimmt, die einiges kaufmännische Geschick und Können erfordern, ihm jede Form der Eigenständigkeit und des Selbstbestimmungs-

152 Vgl. George, London Life in the Eighteenth Century, S. 225; Jones DeRitter: »›The storm that lust began must end in blood‹: The Physical Economy of *The London Merchant*«, in: ders., The Embodiment of Characters. The Representation of Physical Experience on Stage and in Print, 1728-1749, Philadelphia 1994, S. 52.

153 Ilana K. Ben-Amos: Adolescence and Youth in Early Modern England, New Haven, London 1994, S. 110.

154 Samuel Richardson spricht im Kontext der *Indenture* von einer ›initiation‹. Samuel Richardson: The Apprentice's Vade Mecum (1734) and A Seasonable Examination of Playhouses (1735), Reprint Richardsoniana I, New York, London 1974, S. xiii.

155 Ben-Amos, Adolescence and Youth, S. 237.

156 Siehe Naomi Tadmor: »The Concept of the Household-Family in Eighteenth-Century England«, in: Past and Present 151 (1996), S. 118.

157 Ebd., S. 120.

rechtes jedoch verwehrt bleiben.[158] Sein Einkommen bleibt gering und jedes Verlassen des Hauses, der Besuch von Tavernen oder Theaterhäusern bedürfen der meisterlichen Zustimmung, Glücksspiel und der Konsum von Alkohol sind untersagt. Es ist dem Lehrling nicht erlaubt, private Geschäfte abzuwickeln, sexuellen Verkehr zu haben, geschweige denn durch Heirat einen eigenen Hausstand zu gründen.[159]

Diese umfangreichen Einschränkungen des persönlichen Bewegungs- und Entscheidungsfreiraumes und der Triebwünsche degradieren den Lehrling zu einem unselbstständigen Individuum mit unbefriedigten Bedürfnissen und setzen ihn einem nahezu unlösbaren Konflikt zwischen gesellschaftlich implizierten Notwendigkeiten und Ansprüchen an den Einzelnen und seinen individuellen Leidenschaften aus. Das erfolgreiche Haushaltsmanagement muss daher, wie Jones DeRitter richtig folgert, die Wunschregulation und Kontrolle der Bedürfnisse von Angestellten, Bediensteten und Lehrlingen mit einschließen.[160]

Freimaurerische Parteinahme im Theaterstreit

Im Zuge der Kommerzialisierung der Freizeitvergnügen steht den jungen Berufsanwärtern ein großes Angebot unterhaltsamen Zeitvertreibs zur Verfügung und sie bevorzugen ganz offensichtlich die unflätigen Restaurationsfarcen, in denen sich – wie in dem in *Covent Garden* regelmäßig gegebenen Stück *The London Cuckholds* (1681) von Edward Ravenscroft – alles um schnelle Liebschaften und Abrechnung mit den ›alten Herrschaften‹ dreht. Die Darstellung von drei jungen Burschen bescheidener Herkunft, die den jungen Ehefrauen dreier reicher alter Gentlemen nachstellen, feiert die physische Energie und geistige Findigkeit der Jugend und unterhält mit derben Späßen.[161] Aus verschiedenen Gründen hält man diese libertinistischen Komödien für keine angemessene Unterhaltung.

Samuel Richardson (1689-1761) fasst in seinem *Apprentice's Vade Mecum* (1734), welches exemplarisch für die Reihe an Handbüchern für die Gruppe von Lehrlingen ist, und in der Schrift *A Seasonable Examination of Playhouses* (1735) die finanziellen und moralischen Vorbehalte gegenüber dem Theater zusammen: Das Theater biete keine angemessene Unterhaltung für junge Bürger und sei konzipiert für die müßigen obe-

158 Ben-Amos, Adolescence and Youth, S. 238f.

159 Siehe die Aufzählung von Verpflichtungen vonseiten des Lehrlings im Rahmen einer *Intenture* bei Richardson, Apprentice's Vade Mecum, S. 2ff.

160 DeRitter, »The storm that lust began«, S. 51.

161 Ebd., S. 53f.

ren Stände. Für junge Lehrlinge sei der Besuch von Theaterhäusern reine Zeit- und Geldverschwendung und betröge die Meister um ihre Arbeitskraft. Unter dem Einfluss von Musik und in unterhaltsamer Atmosphäre würde die Anwesenheit liederlicher Frauen und Prostituierter in den jungen Menschen unzüchtige Begierden wecken. Nicht zuletzt seien in den derzeitigen Dramen Kaufleute beliebte Opfer von Scherzen und Intrigen und würden ob ihres Fleißes verlacht. Die Bühne zelebriere also den schlechten Charakter und lenke von den eigentlichen Aufgaben des Lehrlings ab. In den Theaterbesuchen lauere die

»Gefahr, dass der Verstand durch diese Darbietungen zu sehr von der Arbeit abgelenkt wird. Wenn eine Person Geschmack an ihnen findet, wie zu beobachten ist, wird die Musik immer in seinen Ohren klingen, werden die Tänzer fortwährend vor seinen Augen schweben: Diese oder jene Rolle eines applaudierten Schauspielers wird immer wieder seine Aufmerksamkeit einnehmen und er wird begierig sein, ihn in anderen Rollen zu sehen, und wird dem einen oder anderen Spieler durch jede Szene und jede Spielzeit nachjagen und auf diese Weise seinen Verstand allmählich von seinen Geschäften ablösen, ihm sein Gewerbe unersprießlich erscheinen lassen und seinen *ersten* Pflichten allenfalls einen *zweiten* Rang einräumen.«[162]

Das Theater vernebele die Sinne und vergifte den Verstand mit wiederkehrenden Bildern und Eindrücken und sei mangels einer erkennbaren Moral ohne gesellschaftlichen Nutzen.[163] Es propagiere auf »unverschämte Weise mit überhöhten Handlungen und szenischem Beispiel gegenüber ungeschulten und unbedachten jungen Menschen außerehelichen Geschlechtsverkehr und Ehebruch, Raub und Mord, propagiert und lehrt sie nicht zuletzt ihre eigene Lebenssituation zu verachten, die ihnen unausweichlich bestimmt ist; dies muss fatale Auswirkungen auf die Moral und Sitten von derart situierten Männern wie Frauen haben«. Der Besuch von Theateraufführungen habe darum schlimme Folgen für den fleißigen Mittelstand, gefährde die Moral und sei eine Verschwendung von Ar-

162 »Because of the Danger of the Mind's being too much diverted from Business by those Representation. If a Person has a Taste for 'em, as is justly observed, the Musick will always play upon his Ears, the Dancers will constantly swim before his Eyes: This or that Part of an applauded Actor will perpetually take up his Attention; and he will be desirous of seeing him in others, and so will want to race one Player or other thro' every Scene, and every Season; and so by Degrees unhinge his Mind from Business, make his Trade undelightful to him, and allow, at most, but a *second* Place to his *first* Duties.« Richardson, A Seasonable Examination of Playhouses (1735), S. 18.

163 Siehe Samuel Richardsons *The Apprentice's Vade Mecum* (1734), S. 10ff. und *A Seasonable Examination of Playhouses* (1735), 17ff. in der beide Publikationen umfassenden Reprint-Ausgabe Richardsoniana I, New York, London 1974.

beitszeit, was die Bühne nicht zuletzt auch zu einem ›nationalökonomischen Desaster‹ mache, welches mit allen Mitteln der Gesetzgebung einzudämmen und zu regulieren sei.[164]

Eine generelle Ausweitung und Verschärfung der Kontrolle dieser populären Freizeitvergnügen muss, wie Dorothy M. George feststellt, jedoch scheitern, denn »[d]ie strenge Disziplin [und] die Verantwortungslosigkeit des jungen Mannes unter Vormundschaft seines Meisters, von dem er in allen Bedürfnissen des Lebens abhängig ist, oftmals außerstande auf legitime Weise auf eigene Rechnung Geld zu verdienen, werden wahrscheinlich das Verlangen hervorbringen, seinen Meister zu überlisten, um Vergnügen und Befriedigung um jeden Preis zu erlangen.«[165] Vor dem Hintergrund einer ausgesprochenen Theater*lust* nach 1660, die auch ein Resultat jahrelanger puritanischer Theaterfeindschaft und der Schließung der Theaterhäuser in den Jahren 1642 bis 1658 durch eine von der puritanischen Partei initiierte Parlamentsverfügung ist und sich nun im Libertinismus der Restaurationskomödie äußert, ist selbst für Jeremy Collier, dem klerikalen Protagonisten des Theaterstreits, an ein erneutes Theaterverbot nicht zu denken.[166] Vielmehr fordert er in seiner Streitschrift *A Short Review of the Immorality and Profaneness of the English Stage* (1698), mit der er gegen die Restaurationskomödie ins Feld zieht, ein *anderes* Theater, dessen gesellschaftliche Funktion neu zu bestimmen wäre:

»Die Aufgabe der Schauspiele ist, die Tugend zu empfehlen und das Laster zu missbilligen, die Unsicherheit menschlicher Größe, die plötzlichen Wendungen des Schicksals und den unglücklichen Ausgang von Gewalt und Unrecht aufzuzeigen: Es soll die Sonderbarkeit von Stolz und Schrullen entlarven, Torheit und Falschheit verachtenswert machen und alles Üble unter Schande und Ablehnung stellen. Diese Absicht wurde von der englischen Bühne bisher auf sonderbare Weise verfolgt.«[167]

164 Richardson, Apprentice's Vade Mecum, S. 17f.

165 George, London Life in the Eighteenth Century, S. 275.

166 Siehe zur Collier-Kontroverse ausführlich Kalisch, Theaterkrieg und histrionischer Körper, S. 93-116.

167 »The business of Plays is to recommend Virtue, and discoutenance Vice; To shew the Uncertainty of Human Greatness, the suddain Turns of Fate, and the Unhappy Conclusions of Violence and Injustice: 'Tis to expose the Singularities of Pride and Fancy, to make Folly and Falsehood contemptible, and to bring every Thing that is Ill unter Infamy, and Neglect. This Design has been oddly pursued by the English Stage.« Jeremy Collier, A Short Review of the Immorality and Profaneness of the English Stage (1698), Teil I, Nachdruck der 3. Auflage von 1698 mit einem bibliographischen Nachwort von Ulrich Broich, München 1967, S. 285.

Um das Theater zu einer »Schule des Verhaltens« (*school of behaviour*) umzufunktionieren, gelte es, die Wirkmacht des Theaters einem neuen gesellschaftlichen Nutzen zuzuführen.

»*Vorführungen*, *Musik*, *dramatische Handlung*en und *Rhetorik* sind ergreifende Unterhaltungen; und richtig eingesetzt, können sie sehr einflussreich sein. Aber Kraft und Bewegung sind indifferente Dinge und ihr Nutzen liegt vornehmlich in der Anwendung. Diese Vorteile liegen derzeit in Feindeshand und sind einer sehr gefährlichen Führung unterstellt.«[168]

George Lillos Drama ist das einzige, welches Samuel Richardson in seinem *Apprentice's Vade Mecum* (1734) von seiner generellen Abneigung gegenüber dem Theater ausschließt. Er schreibt:

»Ich kenne nur einen besonderen Fall, und das ist ein sehr junger, in dem sich die Bühne herabgelassen hat, sich für die Jugend der Stadt nützlich zu machen, mit einem schrecklichen Beispiel der Listen einer liederlichen Frau und der Verführung eines unbedachtsamen jungen Mannes; [...]. Ich meine das Drama um George Barnwell, welches mit dem Erfolg aufgenommen wurde, den es, wie ich denke, wohl verdient, und ich wäre einverstanden, mit den Einwohnern der Stadt die Übereinkunft zu treffen, dass sie dieses Stück einmal im Jahr besuchen könnten unter der Voraussetzung, dass sie nicht häufiger zu gehen begehren, bis ein anderes Stück von ähnlich guter Moral und Machart auf der Bühne geboten werde.«[169]

Auch Theophilus Cibber und Robert Shiels erwähnen, dass das Drama von ihren Zeitgenossen als »geeignete Unterhaltung für Lehrlinge etc. erachtet [wird] [...], denn es war belehrender, moralischer und abschreckender als viele bis dahin üblicherweise an solchen Tagen [den Weih-

168 »*Show*, *Musick*, *Action*, and *Rhetorick*, are moving Entertainments; and rightly employ'd, would be very significant. But Force and Motion are Things indifferent, and the Use lies chiefly in the Application. These Advantages are now in the Enemies Hand, and under a very dangerous Management.« Ebd., S. 1f.

169 »I know but of one Instance, and that a very late one, where the Stage has condescended to make itself useful to the City-Youth, by a dreadful Example of the Artifices of a lewd Woman, and the Seduction of an unwary young Man; [...]. I mean, the Play of George Barnwell, which has met with the Success that I think it well deserves, and I could be content to compound with the young City Gentry, that they should go to this Play once a Year, if they would condition, not to desire to go oftener, till another Play of an equally good Moral and Design were acted on Stage.« Richardson, Apprentice's Vade Mecum, S. 16.

nachts- und Osterfeiertagen, K.H.] angesetzte Stücke, die sich fast nur durch farcenhafte und unflätige Züge empfehlen.«[170]

Das Drama um den gefallenen Kaufmannslehrling George Barnwell ist eine Bearbeitung einer circa zweihundert Jahre alten, in England allgemein bekannten Ballade,[171] die George Lillo in seiner Bühnenadaption inhaltlich und wirkungsästhetisch gezielt auf das zeitgenössische bürgerliche Publikum Londons zuschneidet. Er erweitert die Figurenkonstellation und gestaltet vor allem die Figur George Barnwells um. In der Ballade entwickelt der gefallene Kaufmannslehrling, nachdem ihn Lady Millwood einmal vom Wege gelockt hat, eine beträchtliche kriminelle Eigenenergie, die er ohne jeden moralischen Skrupel auslebt. In der Vorlage noch selbst Wege suchend, das kostspielige Leben mit der Mätresse zu finanzieren, erstellt Barnwell selbst eine Liste potentieller Raubopfer, aus der Lady Millwood den Onkel nur als profitabelstes auswählt. Damit steht Barnwell in der Ballade Lady Millwood in ihrer Lasterhaftigkeit um nichts nach. Um sich selbst zu schützen, gibt er seine Mätresse am Ende der Obrigkeit preis, flüchtet selbst und wird erst später im Ausland wegen neuerlicher Verbrechen hingerichtet.

Lillo konturiert die Figur Barnwells neu, stellt ihn als einen unerfahrenen jungen Menschen dar, der den Verführungen einer frivolen und berechnenden Mätresse erliegt. Im bürgerlichen Ambiente von Lillos Drama wird Barnwell, dessen Person und Lebenswelt der Erfahrungswelt der englischen Mittelklasse entsprechen, zur Identifikationsfigur und zum bemitleidenswerten Sympathieträger. Seinen tragischen Fall kann das Publikum über Barnwells Gewissensqualen und die permanente Reflexion seines Handelns und seiner immer tiefer gehenden Verstrickungen auf besondere Weise antizipieren. Das *Weekly Register* berichtet, dass sogar sehr kritische Besucher der Aufführung, die gedruckte Ausgaben der Ballade mitbrachten, um sie mit der dramatischen Bearbeitung zu vergleichen und ihre Bemerkungen zu machen, von dem Drama so angerührt wurden, dass sie ihre Bücher beiseite legten, um nach den Taschentüchern zu greifen.[172] Zeitgenössischen Berichten zufolge vermag das

170 Theophilus Cibber und Robert Shiels: The Lives of Poets of Great Britain and Ireland, Bd. V, London 1753, S. 340.

171 Die Ballade ist u.a. in den von Francis J. Child herausgegebenen *English and Scottish Ballads*, Boston 1868, VIII, S. 213-227 nachzulesen.

172 »The old ballad of George Barnwell [...] was on this occasion reprinted and many thousands sold in one day. Many gaily-disposed spirits brought the ballad with them to make their pleasant remarks (as some afterwarts owned) and ludicrous comparisons between the ancient ditty and the modern drama. [...] But the play was very carefully got up, and universally allowed to be well performed and in general, spoke so much to the heart, that the gay persons before mentioned confessed, they were drawn in to drop their ballads and pull out their

Drama also eine durch die Distanz der Fiktion abgemilderte schmerzvolle Bewegtheit im Zuschauer hervorzurufen, die auf eine neue und andere Weise Lust verspricht als die Unterhaltung gängiger Freizeitvergnügen. Bereits John Dennis verteidigte in seiner Schrift *The Usefulness of Stage to the Happiness of Mankind* (1698), mit der er auf die Vorwürfe Jeremy Colliers reagiert, die hedonistische Funktion des Theaters und betont, dass die angestrebte Reformation der Sitten überhaupt nur über die emotionale Bewegung des Zuschauers möglich sei.[173] Lillo versucht nun, mit seinem Drama ein unschuldiges und lehrreiches Vergnügen am tragischen Gegenstand zu vermitteln, das als »moralische Erzählung privaten Leids« bleibenden Eindruck hinterlässt. Im Vorwort zu seinem Drama schreibt er, er mache es sich zur Aufgabe, die dramatische Gattung der Tragödie neu zu beleben,

> »das Gebiet der ernsten und tragischen Dichtung zu erweitern […]. Stücke, die auf moralischen Erzählungen des privaten Lebens basieren, können von vortrefflichem Nutzen sein, indem sie ihre Überzeugung dem Geist mit solch unwiderstehlicher Kraft übertragen, dass alle Fähigkeiten und Kräfte der Seele zugunsten der Tugend in Anspruch genommen werden, indem sie das Laster im Keim ersticken.«[174]

Die Statuierung eines lebensnahen Exempels und die warnenden Ermahnungen stehen im Dienst einer bisher nicht da gewesenen Direktheit praktischer Belehrung.[175] Seien doch jene Stücke, die direkt das Gewis-

handkerchiefs.« *Weekly Register* 71 (21.8.1731), zitiert nach: Seth, George Lillos Dramen, S. 145.

173 John Dennis: »The Usefulness of the Stage« (1698), in: Restauration and Eighteenth-Century Comedy. Authoritative Texts of the Plays. Context Criticism, 2. Aufl., hg. von Scott McMillin, New York, London 1997, S. 408-415.

174 »I have attempted, indeed, to enlarge the province of the graver kind of poetry […]. Plays founded on moral tales in private life may be of admirable use, by carrying conviction to the mind with such irresistible force as to engage all faculties and powers of the soul in the cause of virtue, by stiffling vice in its first principles.« *LM*, Widmung, S. 215f.

175 Über das Lillo'sche Drama wird die Bühne zum Transfermedium zwischen England und Deutschland, prägt nicht nur die deutsche Dramenproduktion von Lessing bis zum Sturm und Drang, sondern beeinflusst auch die Neukonzeptualisierung der Freimaurerei auf dem Kontinent nach 1782. In der deutschen Dramenproduktion orientiert man sich an englischen und französischen Vorbildern. Der *Kaufmann von London* initiiert in Deutschland die neue Gattung des Bürgerlichen Trauerspiels, avanciert in verschiedenen Adaptionen bis 1780 zum meist gespielten Stück auf deutschen Bühnen und inspiriert den literarischen Nachwuchs. Siehe meine Überlegungen zu Friedrich Henslers Drama *Handeln macht den Mann, oder der Freymäurer* (1784/5). Kristiane Hasselmann: »Die Frei-

sen des Zuschauers treffen, so George Lillo, »die beste Antwort gegenüber jenen, die der Bühne ihre Rechtmäßigkeit absprechen«.[176]

Im Zuge der dramatischen Betonung der Sympathie und des emphatischen Miterlebens erfährt die durch eine fiktionale Erzählung angeregte Imagination gegenüber den unmittelbaren äußeren Sinnesreizen eine Aufwertung. Die Möglichkeit der Substitution sinnlicher Reize durch emotionale Erfahrung, die aufgrund des hohen Erregungsgrades das Potential hat, als machtvolle Quellen des Vergnügens zu dienen,[177] räumt dem Theater innerhalb der Freizeitvergnügen eine Sonderposition ein. Die Kontrollierbarkeit der Emotionen, die den Schlüssel zum modernen Hedonismus Campbell'scher Bestimmung ausmacht, eröffnet dem Theater eine neue wirkungsästhetische Dimension. Die didaktisch aufbereitete – und dadurch lehrreiche – Befriedigung emotionaler Bedürfnisse im Imaginären löst den scheinbar unlösbaren Widerspruch zwischen modernem Hedonismus und Nützlichkeitsdenken auf, da sie »die puritanische Verdächtigung des Vergnügens als Widersacher der Tugend unterläuft – insbesondere in Hinblick auf das Laster des Müßiggangs, das nach Maßgabe des protestantischen Arbeitsethos' und Zeitregimes besonders verderblich war.«[178] Lillo geht es darum, sein Publikum zu gewinnen, indem er seiner bürgerlichen Tragödie in Abwandlung des aristotelischen Katharsisbegriffs,[179] der noch ohne moralischen Impetus auskommt, die Fähigkeit zur Korrektur übertriebener Leidenschaft zuschreibt und so ihren gesellschaftlichen Nutzen hervorhebt.

Dieses neue Wirkungspotential, das es dem Theater zukünftig verspricht, macht den Erfolg des Lillo'schen Stückes aus. Es vermag sogar die in puritanisch-theaterfeindlichen Traditionen verhafteten Kaufmannsstand in das Theater zu locken und es gegenüber herkömmlichen Vergnügen zu verteidigen.[180] Führende Kaufleuten der Stadt London bestellen und finanzieren Aufführungen des Lillo'schen Dramas und erheben es in den Rang eines didaktischen Lehrstückes für alle Lehrlinge der

maurerei im Spiegel der Dramatik«, in: Quellenkundliche Arbeit der Forschungsvereinigung Frederik Nr. 16, Flensburg 2003, S. 207-224.

176 Ebd.

177 Kalisch, Ökonomie der Leidenschaften, S. 245.

178 Ebd., S. 243.

179 Siehe dazu ausführlich Szondi, Theorie des bürgerlichen Trauerspiels, S. 49ff.

180 Gegen diese »*eminent Merchant-Petitioners*« argumentiert Richardson in seiner *Seasonable Examination of the Playhouses* (1735), die das Theater mittlerweile den herkömmlichen Vergnügungen wie das Billiardspiel, Kegeln und Bowlen – welche nach der Eröffnung des Giffard'schen Theaters in *Goodman's Fields* zu ihrer Freude an Bedeutung verloren haben – vorziehen und sich bereit zeigen, zu Gunsten eines Theaterbesuchs den Verlust an Arbeitszeit in Kauf zu nehmen. Richardson, Seasonable Examination, S. 17.

Stadt. Die Karriere des Dramas liegt weniger in seiner ästhetischen Qualität begründet als vielmehr in seiner moralisch-didaktischen Funktion. Sein Erfolg beruht auf der als nützlich empfundenen praktischen Belehrung, die die Bürger der Stadt veranlasst, die häufige Darbietung des Dramas zu unterstützen. Dies »zumeist nicht«, – so Ernst Bernbaum – »weil es ihnen selbst so sehr gefiel, sondern weil sie meinten, dass es den jungen Leuten gefallen *sollte*«,[181] und zwar im Sinne eines Unterrichtes für die Zeit der Lehre als »gefährlichste Phase im Leben eines Mannes«,[182] in der er als noch unerfahrener und im wahrsten Sinne des Wortes leicht*sinniger* Mensch den Verlockungen und Gefahren der Erwachsenenwelt ausgesetzt ist.

Die Art und Weise, mit der Lillo sein warnendes Exempel statuiert, findet auch Zuspruch und Unterstützung vonseiten verschiedener Freimaurerlogen. Vorstellungen des Lillo'schen Lehrlingsdramas werden häufig von Logengemeinschaften bestellt und besucht. Zwar ist eine Genese des Dramas in einem konkreten freimaurerischen Kontext, wie Harry William Pedicord ihn entwirft, fraglich und erschöpft sich letztendlich in Spekulationen über eine nicht belegte Mitgliedschaft George Lillos zum Bund.[183] Dass Freimaurer jedoch ein besonderes Interesse an der Aufführung dieses Dramas gehabt haben, ist unstrittig. Das Drama kommt am 22. Juni 1731 am *Drury Lane Theatre* in London zur Uraufführung. Zu diesem Zeitpunkt leitet mit Theophilus Cibber ein Freimaurer das Haus. Pedicord vermutet, dass nicht nur die Direktion und mit William Mills auch die Rolle des Trueman freimaurerisch besetzt sind, sondern dass nahezu alle Rollen des Dramas von Freimaurern oder Angehörigen von Freimaurern gespielt werden. Kurze Zeit später, am 27. September 1731, eröffnet Henry Giffard seine Direktion des *Goodman's Fields Theatre*, ebenfalls mit dem *London Merchant*. Wie Cibber ist Giffard Mitglied der *Bear and Harrow Loge* in der *Butcher Row*, der laut einer Mitgliederliste aus dem Jahre 1730 unter anderem auch William Hogarth und Reverend Theophilus Desaguliers angehören.[184] Bis zum Ende

---

181 »The frequent performance of George Barnwell was encouraged by influential citizens, not because they themselves enjoyed it, but because they thought the young people should.« Ernst Bernbaum zitiert nach; Seth, George Lillos Dramen, S. 147.

182 Richardson, Apprentice's Vade Mecum, S. xvi.

183 Pedicord unterstellt Lillo eine enge Vertrautheit mit der freimaurerischen Weltanschauung und attestiert dem London Merchant »unverfälschte freimaurerische Sprache« in »oberflächlicher Verkleidung«, belegen kann er seine Zugehörigkeit zum Orden jedoch nicht. Harry W. Pedicord: »The London Merchant. Ein sensationeller Erfolg mit freimaurerischem Hintergrund«, in: Kleine Schriften der Gesellschaft für Theatergeschichte 26 (1973), S. 27f.

184 Ebd.

des Jahrhunderts werden allein am *Drury Lane* 230 Vorstellungen gegeben, 38 davon »auf den besonderen Wunsch mehrerer Personen von Stande und Distinktion sowie hervorragender Kaufleute der Stadt London«. Die prononcierte soziale Heterogenität dieser Gruppe lasse – so Pedicord – Rückschlüsse auf den Besuch und die Förderung einer Loge zu.[185]

Worin besteht das konkrete Interesse von Freimaurern an diesem Drama? Und inwiefern vermögen sie im Rahmen seiner Aufführung das Theater indirekt auch zum Forum der Verteidigung freimaurerischer Werte und des Nutzens der Freimaurerei als ethische Wertegemeinschaft innerhalb der modernen *Commercial Society* zu machen?

Lillo benennt und versinnbildlicht über die Figur George Barnwells die Verführungen und Gefahren, denen junge Erwachsene bei Eintritt in das Geschäftsleben ausgesetzt sind. Er veranschaulicht in seinem Drama die Notwendigkeit der Führung und des Schutzes junger Menschen im modernen Hedonismus. In seiner lustbetonten Lebenshaltung findet der Kapitalismus seine dispositionelle Grundlage, für den gesellschaftlichen Fortbestand ist man jedoch auch auf funktionstüchtige Regulative angewiesen.

Bei der Lehrlingsausbildung gehe es nicht nur darum, so betont später Samuel Richardson in seinem *Apprentice's Vade Mecum*, »ein guter *Geschäftsmann*, sondern ein guter *Mensch*« zu werden.[186] Mit ihren Vorstellungsbestellungen (*bespeaking*) machen sich die Logen zu Fürsprechern dieser moralischen Besserung und hoffen, bei einigen Vorstellungsbesuchern vielleicht sogar die Suche nach gesellschaftlicher Anbindung und dem Außenhalt einer funktionierenden Gemeinschaft anzuregen, die den Rahmen für die Ausbildung eines moralischen Handlungsantriebes böte. Das Drama propagiert ein verantwortungsvolles Mentorenverhältnis zwischen Lehrling und Meister, wie es im Lehrsystem der Freimaurer fortlebt. Lehrling und Novize werden zu exemplarischen Figuren der kapitalistischen Arbeitsethik und Freimaurerlogen unterstützen den impliziten Aufruf sowohl an die ausbildenden Gentlemen, ihren Fürsorge- und Unterweisungspflichten nachzukommen, als auch an die Lehrlinge, ihren Anleitungen mit Betriebsamkeit, Lernbereitschaft und Treue zu folgen.

Die Affinität der Freimaurer zu Lillos Drama, welches die Lehrlingsproblematik schildert und didaktisch aufbereitet, liegt tief in der Genese der *Society of Freemasons* als Club bürgerlicher Gentlemen begründet, die eng mit der Ausbildung der *Commercial Society* verbunden ist und

185 Ebd., S. 20.

186 Richardson, Apprentice's Vade Mecum, S. 29.

mit der sie ihr Schicksal aufs engste verbunden sieht.[187] Der Impuls der Gentlemen, sich innerhalb einer Gildenorganisation zu vergesellschaften, entspringt dem Bedürfnis, Orientierungsrahmen und Bezugsgrößen für die Bewertung eigenen und fremden Handelns zu schaffen, wie sie weder die Religion noch staatliche Gesetze in ausreichender Form herzustellen scheinen. Dieses Bedürfnis neuer Bezugspunkte und Kontrollmechanismen des eigenen Handelns und die damit verbundene Umgestaltung einer alten Zunftgemeinschaft zu einer *Society of Gentlemen* sind nur in diesem konkreten sozio-historischen Kontext zu verstehen.

Die Wissenschaftshistorikerin Margaret C. Jacob ist der Verbindung zwischen neuen säkularen Formen der Vergemeinschaftung und der sich herausbildenden Kultur des Marktes in Großbritannien nachgegangen und hat die Wandlung der Zunftgemeinschaft der Steinmetze in einen Zusammenschluss von Gentlemen am konkreten Beispiel einer Loge im schottischen Dundee ausführlich untersucht.[188] Veränderte Markbedingungen führen hier wie vielerorts auf den britischen Inseln zum Ende des 17. Jahrhunderts zu einem markanten Bedeutungsverlust der Gilden, welche nun in Reaktion auf ihren Mitgliederschwund versuchen, ökonomische Einbußen durch die Aufnahme nicht-zunftangehöriger Gentlemen auszugleichen. Die sich ausbildende post-feudale *Commercial Society* basiert auf der Legitimität von auf persönlichen Fähigkeiten basierenden individuellen bürgerlichen Besitzaneignung, die in der von John Locke hergestellten Verbindung zwischen der Selbstzuschreibung von Handlungen und ihrer Konsequenzen und dem Eigentum des Menschen an der eigenen Person ihre Explikation finden. »Indem Locke eines jeden Menschen ›*Property* in his own *Person*‹ auf ›the *Labour* of his Body, and the *Work* of his Hands‹ ausdehnt, begründet er nicht nur die Arbeitstheorie des Eigentums, die die traditionelle Okkupationstheorie ablöst, sondern gibt der Personalität zugleich eine ökonomische und eigentumsrechtliche Dimension.«[189] Damit liefert Locke nicht zuletzt die moralische Begrün-

187 Siehe Margaret C. Jacob: »Money, equality, fraternity: freemasonry and the social order in eighteenth-century Europe«, in: The culture of the market. Historical essays, ed. by Thomas L. Haskell and Richard F. Teichgraeber, Cambridge 1993.

188 Ebd. Das hier angeführte Beispiel hat die Autorin dem ersten Kapitel ihres Buches *Living the Enlightenment. Freemasonry and Politics in Eighteeth Century Europe* (Oxford 1991) entlehnt.

189 Michael Franz: »Personalfigur oder Selbst ohne Eigenschaften? Zur Rezeption antiker Personalitätsmodelle in der Gegenwart«, in: ders., Daidalische Diskurse. Antike-Rezeption im Zeitalter der High Techne, Berlin 2005, S. 163 mit Zitaten aus John Lockes *Second Treatise of Government*, in: John Locke, Two Treatises of Government, ed. with an introduction and notes by Peter Laslett, Cambridge 1996, S. 287.

dung für die Appropriation des Bürgertums, der er den Konstitutionalismus als ein Modus der Verteidigung der Rechte dieses sich ausdehnenden Eigentums zur Seite stellt.[190]

Handwerksgilden üben seit dem frühen Mittelalter mit der protektionistischen Durchsetzung der kollektiven Interessen ihrer Zunftmitglieder eine marktkontrollierende Funktion aus und gestalten damit maßgeblich das kommerzielle Leben der Stadt. Die Konkurrenzen und Auseinandersetzungen mit ortsansässigen freien Kaufleuten werden teils in offener Gegnerschaft ausgetragen, teils kollaborativ gelöst.[191] Gilden können als Modelle einer in den Staat integrierten, selbst verwalteten Instanz gelten, die die Durchsetzung spezifischer Ansprüche und Arbeitsrechte eines Handwerkstandes garantieren soll. Mit dem Eintritt nicht handwerklich tätiger Gentlemen in die alte Zunftvereinigung der Steinmetze überblenden sich alte und neue Schutz- und Freiheitsrechte, nämlich die Gewerberechte (*freedoms*) eines Steinmetzen, als freier Mann seine Arbeit zu veräußern und zu schützen, und jene auf Selbsteignerschaft (*selfownership*) und Besitzindividualismus basierenden neuen spezifischen Freiheitsrechte (*liberties*) des Bürgers und Gentleman. Weltgewandte und gebildete Gentlemen und Kaufleute, die als Händler von Waren und Leistungen das Marktgeschehen von nun an mitbestimmen,[192] verleihen ihrem staatsbürgerlichen Selbstverständnis und ihrer Identifikation mit der konstitutionellen Regierungsform Ausdruck, indem sie in einen ursprünglicherweise gewerblichen Berufszusammenschluss eintreten, der von Handwerkern als *Verkäufer von Arbeitskraft* hervorgebracht wurde.[193] Auf die Strukturen einer nahezu ausgedienten, ehemals einflussreichen Gewerbeorganisation rekurrierend, aus der sie ihre Eigenständigkeit und Funktion als gesellschaftliche Korrekturinstanz ableitet, bietet die *Society of Freemasons*, wie andere private Gesellschaften, eine Folie und ein Fundament des neuen Marktes, dessen Regeln und Werte sie gleichsam in ihrem Denken und ihrer gemeinschaftlichen Praxis reproduzieren. Aufnahmegebühren und Mitgliedsbeiträge beschränken den Zugang in die Gemeinschaft, Ordnungsgelder und Strafgebühren regulieren das Verhalten der Mitglieder und karitative Geldgaben oder -darlehen fungieren als Instrumente des sozialen Ausgleichs zwischen den Angehörigen der Gemeinschaft.[194]

---

190 Macpherson, Politische Theorie des Besitzindividualismus, S. 249 u. 289.

191 Jacob, »Money, equality, fraternity«, S. 127.

192 Vgl. Jürgen Habermas: Strukturwandel der Öffentlichkeit. Untersuchungen zu einer Kategorie der bürgerlichen Gesellschaft, Frankfurt a.M. 1990, S. 97f.

193 Vgl. Jacob, »Money, equality, fraternity«, S. 131.

194 Vgl. ebd, bes. S. 107, 109, 113 u. 115f.

Finanziell wohl situierte und gebildete Bürger lassen sich in die Vereinigung aufnehmen und verleihen ihr ein neues Gesicht. Unter dem Deckmantel einer alten Rhetorik werden zahlreiche Neuerungen eingebracht, Selbstregulierungsmodalitäten ausgestaltet und ausdifferenziert, indem man auf bekannte parlamentarische Prozeduren zurückgreift, Zeremonien und Installationsriten werden neu eingeführt und bestehende erweitert. Jacob betont, dass die Voraussetzungen und Bindeglieder der neuen säkularen Formen der Vergemeinschaftung und der sich herausbildenden Kultur des Marktes – das hatte schon Jürgen Habermas in seiner Untersuchung zum Strukturwandel der Öffentlichkeit im 18. Jahrhundert angedeutet – die vorhergehende Instituierung einer parlamentarischen Regierungsform und die Ausbildung einer konstitutionellen Monarchie in England nach 1689 sind, nach deren Vorbild private Gemeinschaften eigene gesetzgebende Verfahren ausbilden und mehr oder weniger spielerisch auch ihre kollektiven Freizeitaktivitäten strukturieren.[195]

Performative Selbstkonstitution im Wechselspiel von Transparenz und Intransparenz

Die freimaurerische Wertegemeinschaft konstituiert sich als geschlossene Gemeinschaft komplementär zum öffentlich-staatlichen Raum, ihr funktionaler Bezugspunkt bleibt dabei die gesellschaftliche Gegenwart des englischen 18. Jahrhunderts. Rückzug und öffentliche Präsenz bilden zwei untrennbar miteinander verbundene Elemente im Prozess der performativen Selbstkonstitution von Individuum und Gemeinschaft. Dieses Wechselspiel zeigt sich nicht nur in Formen der Präsentation der Gemeinschaft auf den Bühnen der Öffentlichkeit, wie dem Theater, und in theatralen Prozessionen durch die Stadt, sie äußert sich auch in den spezifischen symbolischen Raumordnungen freimaurerischer Versammlungsstätten.

Innerhalb des Zusammenschlusses findet der Bürger eine vor staatlichem Zugriff geschützte, weil privatisierte, Sphäre öffentlichen Lebens. Gleichsam nimmt er den Staat für die Sicherung seines persönlichen Eigentums in Anspruch. Der Rückzug in die geschlossene Gemeinschaft kann – wie zu sehen sein wird und so paradox dies zunächst klingen mag – der neuen bürgerlichen Schicht den Weg zu mehr öffentlichem und politischem Einfluss bereiten.

195 Ebd., S. 130.

Räumliche Konstitutionsformen der freimaurerischen Organisation

Die Zusammenkünfte der Freimaurer dienen nicht einem idiosynkratischen Rückzug in die Selbsterfahrung, sondern dem geselligen Austausch und der gegenseitigen Inaugenscheinnahme. Die *Gentlemen Masons* ziehen sich nicht an Orte fernab der Zivilisation zurück, sondern wählen für ihre Treffen öffentlich zugängliche Räume der Stadt wie Tavernen und Gasthäuser, welche sie für begrenzte Zeit als ihren Raum besetzen und zu *ihrem* Forum machen, indem sie Nichtmitglieder hinaus weisen und Wachhabende das Eindringen neugieriger Fremder verhindern.

Während die Treffen der einzelnen Logen weiterhin in Tavernen stattfinden, wächst nach der Wiederbelebung der vierteljährlichen Versammlungen, der *Quarterly Communications*, der ersten englischen Großloge im Jahre 1717 mit steigenden Mitgliederzahlen auch der Wunsch nach einer neuen repräsentativen spezifisch freimaurerischen Versammlungshalle, in der die Großloge ihre vierteljährlichen Zusammenkünfte abhalten und Jahrestage feiern kann. Sobald die finanziellen Mittel dafür vorhanden sind, werden die entsprechenden Gebäude und Grundstücke erworben und darin Säle angelegt, die gegen Miete auch anderen, nicht freimaurerischen Gesellschaften und ihren Feiern zur Verfügung gestellt werden.

Die Betrachtung der zentralen Versammlungsstätten der *Premier Grand Lodge* macht deutlich, dass die räumliche Rahmung ihrer Zusammenkünfte für die Konstitution freimaurerischer Identität eine spezifische Rolle spielt.

Thomas Sandbys *Freemasons' Hall* in *Lincoln's Inn Fields*, London (1776)

Am 24. Juni 1717 treffen sich im Alehouse *The Goose and Gridiron* im St. Paul's Church Yard vier Londoner Logen, um einen neuen Großmeister zu wählen.[196] Die übergreifende Institution soll nicht etwa eine pros-

196 Diesen Vorgang beschreibt James Anderson in der Neuauflage seines Konstitutionsbuches aus dem Jahre 1738. Hier heißt es »after the Rebellion was over A.D. 1716 [nach der Thronbesteigung Georgs I im September 1714] the few *Lodges* at *London* […] thought fit to cement under a *Grand Master* as the Center of Union and Harmony […]. They and some old Brothers met […] and having put into the Chair the *oldest Master Mason* […] they constituted themselves a GRAND LODGE pro Tempore in *Due Form* [d.h. in Abwesenheit des Großmeisters, sonst hieße es in »ample form«, K.H.], and forthwith revived the Quarterly *Communication* of the *Officers* of Lodges (call'd GRAND LODGE) resolv'd to

perierende Einrichtung ins rechte Licht setzen, sondern einer Vereinigung, deren Mitgliederzahlen stetig sinken, zu neuem Leben verhelfen. Schuld am Bedeutungsverlust der *Masons' Company* sind in der zweiten Hälfte des 17. Jahrhunderts zum einen neue Möglichkeiten, Arbeits- und Ehrenbürgerrechte anders als durch die Mitgliedschaft in einer Handwerksgilde zu erlangen. Zum anderen wird nach dem Feuer von 1666 dem Wiederaufbau Londons von den Autoritäten der Stadt höchste Priorität eingeräumt. Aufgrund der Lockerung der Arbeitsauflagen und -gesetze für Arbeiter aus dem Ausland gelingt es der *Masons' Company* nicht, die ausländischen Arbeiter zum Beitritt und zu Beitragszahlungen zu verpflichten.[197] Die Logen erkennen die Möglichkeit, die sinkenden Mitgliederzahlen und die damit einhergehende finanzielle Schwächung der Handwerksvereinigung durch die Aufnahme von Gentlemen abzufedern. Attraktivität will sie vor allem gewinnen, indem sie an die Spitze ihrer Großloge anerkannte Persönlichkeiten und mit dem zweiten Herzog von Montagu, der die Großloge von 1721 bis 1722 als erster adliger Großmeister führt, später auch Vertreter des Adels setzt. Durch den neuen adligen Vorsitz und einen moderaten Umbau des eigenen Systems gewinnt die Freimaurerei in England schließlich das Interesse der neuen Zielgruppe und damit an gesellschaftlicher Bedeutung.

Bald wird die 1668 nach dem Großen Feuer neu erbaute Versammlungshalle der *Masons' Company* zu klein,[198] sodass in den folgenden sechzig Jahren die Großloge ihre Versammlungen in verschiedenen städtischen Zunfthallen abhält. Mit der Zeit steigt jedoch das Bedürfnis nach neuen eigenen Gesellschaftsräumen und so wird um 1768 für den Bau einer eigenen Versammlungshalle ein entsprechendes Fundraisingsystem entwickelt. Tatsächlich auf den Weg gebracht wird das Projekt im Jahre

hold the *Annual* ASSEMBLY and *Feast*, and then to chuse a GRAND MASTER from among themselves, till they should have the Honour of a *Noble Brother* at their head.« *Constitutions* (1738), S. 109f. (alle Hervorhebungen im Original). Neueste Forschungen bestätigen, dass Anderson die Vorgänge korrekt beschreibt. Ob die Wahl eines noblen Großmeisters jedoch tatsächlich bereits 1716 geplant war und nicht vielmehr eine rückwirkende Projektion Andersons aus dem Jahre 1738 ist, bleibt anzuzweifeln.

197 Siehe Bernard E. Jones: Freemasons' Guide and Compendium, Nashville 2006, S. 76ff.

198 Eine erste Versammlungshalle der Londoner *Masons' Company* ist seit 1463 innerhalb der *City of London* in der *Hazelwood Alley* verzeichnet. Nach ihrer Vernichtung im Großen Brand von London wird 1668 auf gleichem Grund eine neue Halle errichtet. Als klein, aber angenehm, aus Stein und wohl gebaut wird sie in Maitland's *History and Survey of London* (1756) beschrieben. Ebd., S. 78. Elias Ashmole berichtet in seinem Tagebuch von einer Teilnahme an einer Jahresversammlung in dieser *Freemason's Hall* am 10. März 1682. Siehe *EMP*, S. 40f.

1772 unter der Obhut des Großmeisters Robert Edward, neunter Earl of Petre, welcher zur Realisierung des Vorhabens ein Komitee zusammenstellt und zum Preis von dreitausend Guineen das Haus und Grundstück mit der Nummer einundsechzig in der Great Queen Street erwirbt.[199] Während die unteren Räume des Vorderhauses verpachtet und von einem Mann namens Luke Reilly als *Freemasons' Tavern* und *Coffeehouse* betrieben werden, (Abb. 1) dienen die Räume der oberen Stockwerke des Vorder- und Hinterhauses dem Komitee als Büro- und Arbeitsräume. Man beauftragt den Architekten und zum *Grand Architect of the Order* ernannten Freimaurer Thomas Sandby (1721-1798) mit dem Entwurf einer neuen Versammlungshalle, welche auf dem an das Hinterhaus angrenzenden, noch unbebauten Gartenstück errichtet werden soll. Der Anbau, für den Sandby dreitausend Pfund zur Verfügung gestellt werden, wird im Jahre 1776 nach etwas mehr als zwölf Monaten fertig gestellt.

Abb. 1: Free Masons Tavern *(1784) in der Great Queen Street, London*

199 Technische Details zur Finanzierung und Konstruktion der neuen *Freemasons' Halls* sind James Stubbs und T.O. Haunch: Freemasons' Hall. The Home and Heritage of the Craft, London 1983, S. 8ff. entnommen.

Die schlichte Front der *Freemasons' Tavern* lässt kaum die dahinter befindliche opulente Versammlungshalle vermuten,[200] die der von Giovanni Batista Cipriani und Paul Sandby, dem Bruder des Architekten Thomas Sandy, entworfene und als Frontispiz der 1784er Ausgabe des Konstitutionsbuches abgedruckte Stich zeigt. (Abb. 2) Allein die Dimensionen der über zwei Stockwerke des Hauses reichenden Halle sind beeindruckend. Bei einem Grundriss von 92 x 43 Fuß (entsprechen ca. 28 x 13 Metern) und einer Höhe von 60 Fuß (ca. 18 Meter) bietet sie eintausendfünfhundert Personen regulär, zu besonderen Anlässen bis zu zweitausend Personen Platz. Die Säulenvorsprünge erinnern an einen römischen Tempel. Decke und Wände der Halle sind reich verziert. Die holzgetäfelten Flächen zwischen den Pilastern an den langen Seitenwänden werden in den Folgejahren mit Ganzkörperportraits berühmter ehemaliger Großmeister versehen; darunter der Prince of Wales (später George IV.), Henry Frederick, Duke of Cumberland, Robert Edward, Lord Petre und George, Duke of Manchester, der Marquis of Hastings, die Dukes of Kent und Sussex und nach der Vereinigung beider Großlogen nicht zu letzt auch Sir William Beechley, Duke of Athol, der wohl berühmteste Großmeister der *Antients*.

Nach oben hin schließen die Wände mit einem Wandfries ab, der durchgehend mit vergoldeten masonischen Emblemen auf blauem Grund geschmückt ist. Auf der kurzen Seite des Raumes befindet sich, um zwei Stufen erhöht, vor einer halbrunden, gewölbten Nische, flankiert von einem Paar ionischer Säulen und ägyptischen Durchgängen, der Platz des Meisters. Auf der gegenüberliegenden Seite ist an gleicher Stelle eine große Wandorgel untergebracht, über der sich eine weitläufige Galerie streckt, welche vornehmlich Musikern vorbehalten ist, zu großen Veranstaltungen aber ebenso zusätzliche Sitzplätze bietet. Zwischen oberem Wandfries und Hallendecke sind halbrunde Fenster angeordnet, durch die Tageslicht in den Raum dringt. Ihre Höhe soll verhindern, dass masonische Zeremonien von den umliegenden Häusern eingesehen werden können.[201] In der Mitte der reich verzierten Decke prunkt eine flache vergoldete Sonne, um die kreisförmig die Zeichen des Tierkreises angeordnet sind.

---

200 »Although this edifice is apparently attached to the Tavern, which occupies the front of the premises in Queen Street, it is in every respect a distinct building, and the Tavern itself is rented from the Society, the tennant having the priviledge of using the Hall when not required for masonic purposes.« Augustus C. Pugin u. John Britton: Illustrations of Public Buildings of London, London 1838, Bd. 2, S. 246.

201 Ebd., S. 247.

Abb. 2: Thomas Sandbys Freemasons' Hall *in einem Stich von Giovanni Batista Cipriani und Paul Sandby (1784)*

Das Gebäude wird in der zeitgenössischen Kritik als »erstes mit den eigenen Symbolen der Maurerei versehene Haus des Landes« beschrieben »mit den passenden Räumlichkeiten für die Abhaltung von Logen, die Initiation, Beförderung, Erhebung und rituelle Erhöhung (*exalting*) von Brüdern«[202], der Versammlungssaal als »ein eleganter und wohl propor-

202 »[…] first house in the country with the appropriate symbols of Masonry, and with the suitable apartments for the holding of lodges, the initiating, passing, raising, and exalting of brethren.« John Timbs: Curiosities of London, London 1867, S. 359.

tionierter Raum, [...] sowohl hinsichtlich seines architektonischen Charakters als auch seiner Dekoration [...] streng jenen Zwecken angemessen, für die er erbaut wurde«.[203] Trotz ihrer eindeutigen Ausrichtung auf den Zweck freimaurerischer Zusammenkünfte und expliziten Symbolik dient diese neue Versammlungshalle zunächst nicht ausschließlich freimaurerischen Zusammenkünften, sondern wird auch für verschiedene nicht-maurerische Veranstaltungen, wie Konzerte, Lesungen und Festbankette, vermietet.[204] Zweiundfünfzig Jahre später wird das Logenhaus um eine zweite Versammlungshalle nach einem Entwurf des Londoner Architekten John Soane (1753-1837) ergänzt. Ihre architektonische Gestaltung verrät noch weit mehr über die Notwendigkeit des privaten Forums, seine Funktion und Bedeutung für die Konstitution freimaurerischer Identitäten, weshalb ein kurzer ausblickender Exkurs ins 19. Jahrhundert erlaubt sei.

John Soanes *Council Chamber* in Freemason's Hall (1828-30)

Die besondere Ausstattung und Ausstrahlung dieses in jeder Hinsicht speziellen Raumes hat Joseph Gandy in einer von ihm gezeichneten Nachtansicht (1831) dramatisch in Szene gesetzt. (Abb. 3) Geprägt wird die neue, von John Soane entworfene Versammlungshalle von einer ungewöhnlichen Deckenkonstruktion mit einer kreisrunden kuppelbedeckten Öffnung in der Mitte und einem Pendentifgewölbe, das trapezartig über dem Raum zu schweben scheint. Von den vier frei schwebenden Enden dieses scheinbar ungestützten Gewölbes hängen schwere Bronzeleuchter in den Raum hinab. An der kurzen oberen Seite des Raumes befindet sich, eingerahmt von zwei Säulen, unter einem Baldachin und um zwei Stufen erhöht der Platz des Großmeisters. Drei sich links und rechts des Throns erstreckende blau gepolsterte Stuhlreihen bieten den ranghöchsten Teilnehmern der Zeremonien Platz. In einer Nische in der Mitte der linken langen Seite befindet sich eine Orgel; an gleicher Stelle auf der anderen Seite des Raumes eine weitere, um einen kleinen Tisch arrangierte Sitzgruppe für ausführende Logenbeamte. Im Vordergrund des Bildes ist noch einmal eine ähnliche Stuhlgruppe dargestellt mit zahlreichen anschließenden Sitzbankreihen für die an den Zeremonien teilnehmenden Brüder. Die genaue Planung des Arrangements der Möbel lässt

203 »[...] an elegant and finely proportioned room, [...] both in architectural charakter and decoration [...] strictly appropriate to the purposes for which it was designed«. Pugin/ Britton, Illustrations of Public Buildings of London, S. 246.

204 Erst nach gravierenden Um- und Neubauten in den sechziger Jahren des 19. Jahrhunderts wird die Nutzung des Versammlungssaales – nun *Temple* genannt – auf freimaurerische Veranstaltungen beschränkt und die Möglichkeit zur Rückverwandlung in einen Profanraum hinfällig.

keinen Zweifel daran aufkommen, dass Soane seine Versammlungshalle ganz und gar auf die zeremoniellen Bedürfnisse der Bruderschaft zugeschnitten hat.[205]

Abb. 3: John Soanes Masonic Hall *in der Great Queen Street, Nachtansicht (1831) von Joseph M. Gandy*

Die Pilaster der Türrahmen sind sienesischen Marmor imitierend gestrichen. Die gold-braun gefärbten Wände und Deckensegmente des Saales sind gemasert und mit zahlreichen kleinen Symbolen verziert; die meisten Details sind vergoldet oder bronziert. Soane hat sowohl sämtliche Fenster als auch den Lichttunnel im zentralen Deckenlicht mit farbigem Glas versehen, darin Streifen mit rautenförmigem Muster auf orangefarbenem Untergrund, gitterförmige Ränder, Rosetten und Tierkreiszeichen. Die Rechnungsbücher beinhalten Hinweise auf gelbes, mit den *Five Orders of Antiquity* verziertes Glas.[206] Die Wahl eines hellen Brauntones für die Wände und der Einsatz farbigen Glases tauchen den Raum in ein geheimnisvoll schimmerndes Licht.

Die langen Seitenwände des Raumes hat Soane mit jeweils zwei Kaminen versehen, über denen – an Orten, wo sich üblicherweise hinter

205 »Motives of Ceremony Determined the Heighth, in order to have the decoration complete as to character. It must be observed the great room is very much enriched«, notiert Soane auf einer Planzeichnung vom 10 August 1828. Siehe auch Soanes Darstellungen zum Arrangement der Möbel SM 52/5/35 und SM 52/5/36, abgedruckt bei David Watkin: »Freemasonry and Sir John Soane«, in: Journal of the Society of Architectural Historians (JSAH), 54:4 (1995), S. 413ff.

206 Dorothy Stroud: Sir John Soane. Architect, London 1996, S. 234f.

schwerem Putz Rauchabzüge befinden – in einer widerspruchsvollen Konstruktion Fenster angebracht wurden. Soane löst hier nicht nur in einem architektonischen Kunstgriff ein Zu- und Abluftproblem, sondern erweckt den irritierenden Eindruck, der Druck der schweren Deckengewölbe würde lediglich auf zerbrechlichem Glas ruhen. Er erzeugt so ein spannungsvolles Verhältnis von materieller Wucht und transzendenter Leichtigkeit.[207] Der Raum scheint getragen von weihevoller Gemeinschaft und vollkommener Harmonie mit jenem transzendenten Wesen, größer als das eigene Selbst, welches die Freimaurer in ihren Ritualen aufrufen und mit dem sie sich in geistigem Austausch wähnen.

Soane perfektioniert das Konzept einer ›sprechenden Architektur‹ seines freimaurerischen Amtsvorgängers Thomas Sandby, dessen Architekturvorlesungen er als 18-jähriger Studienanfänger und Sohn eines Maurers (*brick-layers*) aus Goring-on-Thames im Wintersemester der Jahre 1771 und '72 besucht. Bereits vier Jahre später wird Soane für seinen Entwurf einer Triumphbrücke (*Triumphal Bridge*), die er nach Vorbild von Sandbys Prachtbrücke (*Bridge of Magnificence*) angefertigt hat, mit der Goldmedaille der *Royal Academy of the Arts* ausgezeichnet.[208] Mit seinem 32 Jahre älteren Lehrer, dessen späterer freimaurerischer Amtsnachfolger er sein wird, verbindet Soane zunächst die gemeinsame Mitgliedschaft im *Architects' Club*, welcher sich 1791 aus der *Royal Academy*, einem Bedürfnis nach einem eigenen berufsständischen Zusammenschluss folgend, herausgebildet hat. Hier können, unabhängig von der *Royal Academy*, der man durch Doppelmitgliedschaft verbunden bleibt, professionelle *Conduite* und Gebührenordnungen eigenständig diskutiert und eigene Richtlinien formuliert werden. Für den Beitrag von fünf Guineen nehmen die Mitglieder an den jeweils am ersten Dienstag des Monats um fünf Uhr abends stattfindenden Arbeitsessen teil, in deren Verlauf die Architekten ihre Anliegen verhandeln. Während die Treffen in den ersten Jahren noch in der *Thatched House Tavern* in der St. James Street stattfanden, verlegte man diese nach ein bis zwei Jahren in andere gastronomische Einrichtungen, wie den *Globe* in der Fleet Street oder eben die *Freemasons' Tavern* in der Great Queen Street.[209] Vielleicht wurde Soane hier erstmals aufmerksam auf die Vereinigung.

Nach seiner Aufnahme in den Bund der *Free and Accepted Masons* im Jahre 1813 wird John Soane sofort mit dem Entwurf eines zentralen

207 Siehe dazu auch Watkin, »Freemasonry and Sir John Soane«, S. 411f. oder ders., Sir John Soane. Enlightenment Thought and the Royal Academy Lectures, S. 423.

208 Stroud, Sir John Soane, S. 22.

209 Ebd., S. 70.; siehe zum *Architects' Club* A.T. Bolton: The Portrait of Sir John Soane, London 1927.

Ritualgegenstandes für die zeremonielle Vereinigung der beiden Großlogen der *Moderns* und der *Antients* betraut. Im Verlauf des 18. Jahrhunderts haben sich in England neben der ersten englischen Großloge insgesamt drei weitere Großlogen herausgebildet. Von besonderer Bedeutung ist in diesem Kontext jene bereits erwähnte streitbare Großloge der *Antient Masons*. Sich selbst als die Großloge der *Antients*, erstere hingegen abwertend als die der *Moderns* titulierend, fordert sie die Einhaltung der ›unverfälschten‹ alten Bräuche und betrachtet sich als Bewahrerin der ursprünglichen Freimaurerei. Im Jahr 1799 fordert ein neuer parlamentarischer Gesetzentwurf, der mit dem Verbot all jener Vereinigungen droht, die bei ihren Mitgliedern einen staatlich nicht genehmigten Eid geltend machen, sowohl die *Moderns* als auch *Antients*, die ihre Existenz gleichermaßen bedroht sehen, zu gemeinsamen Maßnahmen heraus. Der sehr langwierige Prozess der gegenseitigen Annäherung, der bereits vor 1799 zögerlich eingesetzt hat, mündet im Jahre 1813 schließlich in einer Zusammenführung beider Großlogen zu einer in der Hauptstadt London ansässigen *United Grand Lodge of England.*[210] Für die feierliche Vereinigungszeremonie der *Moderns* und *Antients* soll Soane einen *Ark of the Masonic Covenant* entwerfen, welcher den Vereinigungsakt symbolisieren und als Aufbewahrungsstätte des Bündnisvertrages fungieren soll.[211] Nach erfolgreicher Ausführung dieses Auftrags wird ihm der inoffizielle Titel des *Grand Superintendent of Works* verliehen und neben Instandhaltungsarbeiten und kleineren architektonischen Eingriffen an der *Freemasons' Tavern* und der angrenzenden Halle beginnt er die Planung für den Bau einer neuen Versammlungshalle in dem mittlerweile um das Nachbargebäude erweiterten Komplex.[212]

Der Entwurf, dessen Entwicklungsphasen David Watkin anhand erhaltener Planzeichnungen aus den Jahren 1826 bis 1828 nachzeichnet,

---

210 Siehe Jones, Freemasons' Guide and Compendium, Buch 3, Kap. 14, S. 217ff. und Hamill, The Craft, Kapitel 3 »The Grand Lodge System«, S. 41ff.

211 Douglas Burford: »The Ark of the Masonic Covenant«, in: *AQC* 105 (1992), S. 203-216; Margaret Richardson u. Mary Anne Stevens (Hg.): John Soane. Architect, Master of Space and Light, London 1999, S. 266.
Soane wird erst spät, im Alter von 60 Jahren, Freimaurer, dafür aber ein besonders aktives und treues Mitglied. Er lässt sich sogar in dem von ihm entworfenen *Council Chamber* in freimaurerischem Ornat portraitieren. Das Bild befindet sich in der Bildergalerie des Sir John Soane Museum in London. Belege seiner Aufnahme finden sich in den Akten der *Grand Lodge at Freemasons' Hall*, London. Zu weiteren Eckdaten seines freimaurerischen Werdegangs siehe John E. Taylor: »Sir John Soane: Architect and Freemason«, in: *AQC* 95 (1982), S. 194-202, hier: 196f. Dorothy Stroud sieht in Soanes Logenbeitritt, seiner regelmäßigen Teilnahme an den Treffen und dem karitativen Engagement innerhalb der Vereinigung auch eine Flucht vor familiären Konflikten. Ebd., S. 96f.

212 Watkin, »Freemasonry and Sir John Soane«, S. 411.

beschäftigt Soane viele Jahre, um am Ende zu einer Version zu reifen, die man wohl als gelungene freimaurerische Allegorie bezeichnen kann. Zu diesem Urteil kommt man nicht nur hinsichtlich der reichen Verzierung mit freimaurerischen Symbolen, sondern Watkin geht einer von Soane in seinen Entwürfen gelegten Spur nach und setzt die Versammlungshalle sowohl zu dem Gebäude der *Freemasons' Tavern* in Beziehung, über die der Zugang zur Halle erfolgt, als auch zu der unter der Halle befindlichen, ebenso neu gestalteten, als Speisesaal genutzten Küche.[213] (Abb. 4) Soane erweise sich, so Watkin, als ein Meister des Verbergens; er verberge nicht nur seine Baukunst vor einer breiten, nichts ahnenden Öffentlichkeit hinter der unauffälligen Fassade einer städtischen Taverne,[214] sondern bringe auch die Kunst des Architekten vor dem Erbauer des Gebäudes selbst zum Verschwinden. Mit besonderer

Abb. 4: John Soanes Masonic Hall, *perspektivische Darstellung der Küche*

213 In mehreren Skizzen des *Council Chamber* tauchen in zentraler Position erkennbare, großformatige Zeichnungen des darunter liegenden Küchenraumes auf. So zum Beispiel im Vordergrund der ebenso von Joseph Gandy angefertigten Tagesansicht (SM P216), abgedruckt in: Stroud, Sir John Soane, S. 234; siehe auch Präsentation des Küchenentwurfes in Perspektivansicht der Soane'schen Halle in korinthischem Stil (Victoria und Albert Museum Soane Drawings 2821), in: Watkin, »Freemasonry and Sir John Soane«, S. 410.

214 Das gilt ebenso für den im Jahre 1786 unter der Leitung des Freimaurers William Tyler errichteten Neubau der *Freemasons' Tavern*.

Finesse realisiere er das scheinbar Unmögliche, als setze er bautechnische Grundregeln außer Kraft, um mit geschickten Kunstgriffen eine poetische Oberfläche zu kreieren, die den Betrachter auf einer emotionalen Ebene anspräche.[215] In dem kombinierten Entwurf von Halle und darunter liegender gleich großer Küche (Abb. 5), in dem Aufstieg von den groben Holzbalken der Küche zur schwebenden Kuppel der Halle sieht Watkin die gelungene Repräsentation des rituellen Aufstiegs von purem praktischen Können zu spiritueller Erleuchtung. Der Längsschnitt durch *Council Chamber* und Küche macht deutlich, dass bei der Gestaltung der Küche, die eigentlich ein rechteckiger funktionaler Raum ist, durch hohe Bögen in den Fenster- und Türausschnitten das im 18. Jahrhundert beliebte Gewölbemotiv aufgerufen wird. In Anlehnung an den Topos einer unterirdischen Elementenprobe verwandelt Soane den Funktionsraum in einen mystisch aufgeladenen Ort, der sich bruchlos in das architektonische Gesamtkonzept einfügt.[216] Der spezifische Charakter des jeweiligen Raumes soll seinen eigenen Zweck offen legen, den Bruder psychologisch führen und bei dem unvoreingenommenen Betrachter durch architektonisch erzielte poetische Effekte ein intuitives Verständnis der Freimaurerei wecken.[217]

Die Versammlungshalle wirkt in der dargestellten Abendstimmung wie ein warmer Kokon, eine Wärmestube für junge Ideen, die auf dem rechten Nährboden zu wirkungsvollen Veränderungen führen können. Soane öffnet einen sinnlichen Erfahrungsraum, der dem Bruder die Be-

---

215 Watkin, Sir John Soane. Enlightenment Thought and the Royal Academy Lectures, S. 421.

216 Inspiriert ist dieser hier aufgerufene Topos der unterirdischen Elementenprobe, der uns aus Mozarts Zauberflöte hinlänglich bekannt ist, vermutlich durch den beliebten Sethos-Roman Jean Terrassons, der sich seit seinem Erscheinen im Jahre 1731 äußerster Beliebtheit erfreute und nicht Soanes Aufmerksamkeit entgangen sein wird. Abbé Jean Terrasson: Sethos, histoire ou vie tirée des monuments anecdotes de l'ancienne Egypte, traduite d'un manuscrit grec, Paris 1731.

217 Die architektonische Angemessenheit (*architectural propriety*), mit der der spezifische Charakter eines Gebäudes oder Raumes seinen Zweck zum Ausdruck bringt, ist ein zentrales Thema bei Soane, welches er gegenüber allen ökonomischen und zeitgeistigen Beschränkungen zu verteidigen versucht. Sein französisches Vorbild Le Camus de Mézières paraphrasierend, notiert Soane 1813 für seine zweite Vortragsreihe: »Character and locality. To move the soal, and to speak to the mind we must not be satisfied with heaping stone upon stone, we must attend to charakter and proportion. It is the manner of introducing things which forms the merit of the work. Manner gives novelty. Manner gives the character proposed: the palace of a nobleman, the residence of the Bishop, the Hôtel of the Magistrate, the house of the naval or military officer, or of the different classes of individuals, all must be as different in their character as the royal palace or the prison.« Ebd., S. 184 u. 211.

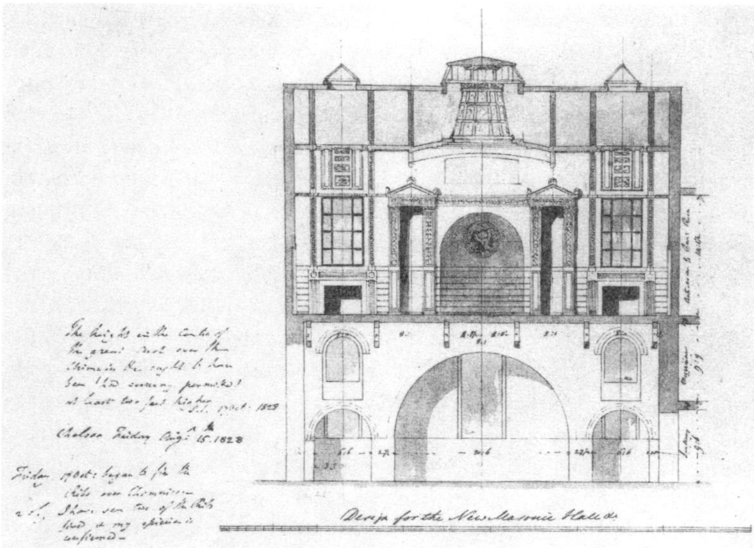

Abb. 5: John Soanes Masonic Hall, *Längsschnitt durch* Council Chamber *und Küche*

sonderheit der Gemeinschaft vor Augen führen und Transzendenzerfahrungen als Auslöser eines aktiven Selbstformungsprozesses herbeiführen soll. Eine augenfällige thematische Anleihe dieses in den Jahren von 1828 bis 1831 fertig gestellten Altersprojekts – er ist zu diesem Zeitpunkt bereits 73 Jahre alt – macht Soane bei seinem wohl prominentesten Entwurf: den von ihm 1792 neu gestalteten *Stock Office Chambers* der *Bank of England.*[218] (Abb. 6) In seiner *Freemasons' Hall* greift er spielerisch das Motiv des Pendentifgewölbes mit zentralem *oculus* wieder auf, welches er mithilfe seines Mentors George Dance als Lösung des Beleuchtungsproblems für die Bankhallen entwickelt hat und das im Folgenden

218 Von 1820 bis zu seinem Ruhestand im Jahre 1833, d.h. zum Zeitpunkt des Entwurfes, ist Soane vorwiegend mit öffentlichen Bauaufträgen betraut, darunter *Hampton Court*, *Queen's Palace* sowie die öffentlichen Bauten in Westminster und Whitehall und mehrere Kirchen. So auch mit Verbesserungen und Instandhaltungsarbeiten an der *Bank of England.* Stroud, Sir John Soane, S. 278.
Eine thematische Verbindung zwischen den *Stock Office Chambers* und der *Freemasons' Hall* stellt auch John Summerson in seinem Beitrag »Soane: the Man and the Style« her, in welchem er die verschiedenen Arbeiten Soanes motivgeschichtlich zueinander ins Verhältnis setzt. John Soane: Architectural Monographs 8, London 1983, S. 8-17.

so charakteristisch für seinen Stil werden sollte. An der Decke des mittleren Quadrats der rechteckigen Grundfläche der Freimaurerhalle – auch im Grundriss folgt Soane also seinem Entwurf für die Bankhallen – befindet sich eine spielerische Variation des für die Bankhallen so charakteristischen schwebenden Gewölbes mit Lichtkuppel, dessen tragende Pfeiler hier jedoch fehlen und welches dadurch baldachinartig über dem Raum schwebt.[219] Von den Eckzipfeln des quadratischen Deckensegments, welche, einen gotischen Effekt erzielend, in den Raum hineinragen, lässt er bronzene Deckenleuchten herabhängen. Soane reproduziert auch die Seitennischen der Bankhallen mit den darüber liegenden halbrunden Fenstern, deren Enden abgestumpft wurden. Die doppelten Deckentrapeze werden gerahmt von ausgeprägten kassettengemusterten und verzierten Deckenbögen, die hier jedoch nicht in Säulen, sondern in großen Fenstern mit Kaminsimsen darunter enden.

Abb. 6: Ansicht der 1792 nach Plänen John Soanes fertig gestellten Stock Office *der* Bank of England*, Aquarellzeichnung (1798) von Joseph M. Gandy*

219 Mit einer Miniaturversion des Deckenlichtes hat Soane das an sein Arbeitszimmer anschließende Ankleidezimmer seiner als architektonisches *Showcase* konzipierten Wohnung, dem heutigen *Sir John Soane Museum* in *Lincoln Inn Fields*, versehen. In dem farbig eingelassenen Glas wechseln sich Tierkreiszeichen und Rosetten ab. In der Verwendung dieser keineswegs spezifisch freimaurerischen Symbole zitiert er die Ausstattung der ersten Freimaurerhalle seines Lehrers Thomas Sandby, deren Decke mittig mit einer großen Sonne, umgeben von dem Tierzeichenkreis, verziert war.

Während der Entwurf der Freimaurerhalle in seinen architektonischen Grundzügen und räumlichen Ausmaßen dem Entwurf der *Stock Office Chambers* der *Bank of England* folgt, ist bezüglich seiner gotischen Effekte, in seinem Dekorreichtum und seiner Kleinteiligkeit wiederum eine enge Verwandtschaft zu den Innenentwürfen privater Räume, wie beispielsweise *Pitzhanger Manor* (1800-02) in Soanes Landhaus in Ealing (Abb. 7) oder dem Esszimmer seiner Wohnung in *Lincoln's Inn Fields*, nicht zu verkennen. Es scheine, beschreibt John Summerson, als habe Soane die Kuppel des Frühstücksraumes seines Hauses in *Lincoln's Inn Fields* herausgelöst, um sie baldachinartig über der Halle schweben zu lassen.[220] Soane lässt den Raum so zwischen Privatem und Öffentlichem changieren, wobei er – davon zeugen auch die beiden Zeichnungen Gandys, die die Halle einmal bei Tageslicht und einmal als eingerichteten Tempel bei künstlicher Beleuchtung zeigen – insbesondere durch seine geschickte Lichtinszenierung mit der für die Freimaurerei paradigmatischen Dialektik von Transparenz und Intransparenz zu spielen weiß.

Abb. 7: Pitzhanger Manor *in Soanes Landhaus in Ealing, vorderer Salon (1800-1802)*

220 John Summerson: John Soane (Architectural Monographs, 8), London 1983, S. 16.

Darstellungsräume und Raumsymbolik

Die ästhetischen Raumformen des Logenhauses rufen in ihren imaginären Besetzungen eine Gestaltordnung auf, in deren symbolischen Verweisungen sich die Konfigurationsmechanismen des modernen (freimaurerischen) Selbst offenbaren. Dieses konstituiert sich in einem Wechselspiel der Blicke, zwischen Selbstprüfung und gegenseitiger Inaugenscheinnahme. Die Vorhänge, durch die Gandy den Blick in die Versammlungshalle wie durch einen Theatervorhang hindurch freigibt, markieren den hermetischen Innenraum als eine eigene abgeschlossene mystische Sphäre der Gemeinschafts- und Selbsterfahrung. Auf dieser Bühne, die keinen Einblick von außen zulässt, vollziehen die Mitglieder der Vereinigung ihre kunsthaften Rituale. Der Vorhang, der im Theater die Trennlinie zwischen Zuschauenden und Darstellern zieht, markiert die Exklusivität des Zugangs zu dem architektonischen Kleinod, welches ausschließlich freimaurerischen Versammlungen vorbehalten ist. Er verdeutlicht aber auch, dass die Trennung von Akteuren und Zuschauern innerhalb des Raumes und dem rituellen Gemeinschaftserlebnis weitestgehend aufgehoben ist.

Das Symbol des allsehenden Auges ist als gestalterisches Ornament allgegenwärtig. In Sandbys Halle schmückt es beispielsweise als vergoldetes Motiv den Wandfries, in Soanes Halle taucht es als Applikation auf zahlreichen Möbelstücken auf. William Stukeley erläutert in einer Symbolstudie aus dem Jahre 1761:

»Das Sinnbild, welches wir nun vor uns sehen, ist recht bedacht von unendlicher Bedeutung, sowohl für unser gegenwärtiges wie zukünftiges Wohlergehen. Es ermutigt und erzwingt einen habituellen Gehorsam gegenüber jenen moralischen Konzepten, die die Schönheit und Vortrefflichkeit unseres Systems ausmachen und den Verstand prägen mit einem ehrfurchtsgebietenden Sinn für die fortwährende Prüfung und Erforschung, die jeder Gedanke, jedes Wort und jede Handlung unvermeidlich durch ein unendlich gutes und perfektes Wesen erleiden muss. Er ist gleichermaßen im Logenraum wie im Kabinett; in den Weiten des Himmels und in den geheimen Tiefen der Höhlen, Gewölbe und Verließe. Er beobachtet jede Verrichtung, hört jede Ansprache, sei sie ein heiliges Gebet oder eine pietätlose Blasphemie.«[221]

221 »The emblem now before us, if rightly considered, is of infinite importance both to our present and future welfare. It encourages and enforces an habitual obedience to those moral precepts, which form the beauty and excellence of our system, and impresses the mind with an awful sense of the perpetual inspection and scrutiny, which every thought, word and action, must inevitably sustain from an infinitely good and perfect Being. He is equally in the Lodge room and in the closet; in the broad expanse of heaven, and in the secret recesses of caverns,

In diesem Sinne suggeriert die Deckenlaterne der Soane'schen Freimaurerhalle – ähnlich dem Deckenlicht von Gerichts- und Plenarsälen – den Vollzug symbolisch aufgeladener Handlungen unter freiem Himmel und damit die Bereitschaft, sie dem prüfenden Blick einer höheren, göttlichen Instanz auszusetzen und so zu legitimieren. Das allsehende Auge Gottes, welches als christliches Symbol zunächst auf dem Kontinent eingesetzt wird, um den im Tempel fest installierten flammenden Stern, der erst im Gesellengrad sichtbar sein soll, mit einem möglichst neutralen Symbol zu überdecken, wird in der zweiten Hälfte des 18. Jahrhunderts fester Bestandteil der freimaurerischen Symbolik. Vom Platzhalter wandelt es sich zu *dem* freimaurerischen Zeichen schlechthin und wird neben verschiedenen anderen räumlichen Gestaltungshinweisen zu einem Indiz des »forensischen Lichts« in der Freimaurerei. Denn nicht nur auf die Allmacht Gottes verweist das Auge, sondern auch ganz allgemein auf den prüfenden Blick eines signifikanten Anderen oder einer anerkannten Autorität.

Der Mysterienbund der Freimaurer ist *ein* spezifisches Modell kultureller Performativität mit weltanschaulich-religiösem Hintergrund, das programmatisch eine *Reformation of Manners* verfolgt, um aus deren Tradition jedoch gleichzeitig herauszutreten. Der bereits erwähnte Stich von Thomas Sandbys *Freemasons' Hall* in *Lincoln's Inn Fields* von Giovanni Batista Cipriani und Paul Sandby verweist allegorisch auf eine neue Forderung an den vom »forensischen Licht« freimaurerischer Sphäre erfassten Darsteller (vgl. Abbildung 2). Unter der Decke von Sandbys Halle, auf Wolken arrangiert, sind die allegorischen Figuren der Wahrheit (*truth*) und, zu ihren Seiten sitzend, Glaube (*faith*), Hoffnung (*hope*) und Nächstenliebe (*charity*) zu sehen. Die in der Mitte mit weit ausgebreiteten Armen stehende *Wahrheit* hält in ihrer rechten Hand einen Spiegel, mit welchem sie Lichtstrahlen in den Raum sendet und ihn so erhellt. Auf einem dieser Strahlen gleitet der Genius der Freimaurerei in den Saal hinab. Um den Hals trägt er das *Masterjewel*, bestehend aus Zirkel und Sektor, in seiner rechten Hand eine brennende Fackel und über seinem linken Arm hängen zwei vermutlich mit den Insignien des Großmeisters versehene Medaillons. Nicht ohne Grund wird gerade der allegorischen Figur der *Wahrheit* in ihrer Licht bringenden Funktion die zentrale Position in der Darstellung eingeräumt, auch wenn meines Erachtens hier die Forderung nach *Wahrhaftigkeit* aufgerufen wird. Hinter der Forderung nach Aufrichtigkeit verbirgt sich die Bemühung um eine Übereinstimmung inneren und äußeren Handelns und vor genau diesem

vaults and dungeons. He observes every action; he hears every address, whether of sacred prayer, or of impious blasphemy.« William Stukeley: The Jews seek a sign, the Greeks wisdom – Proserpine, London 1761 (FMH 1130 STU fol.).

Hintergrund entfaltet sich die freimaurerische Bestimmung dessen, was den genuinen Gentleman, den Mann von Lebensart, auszeichnen soll.

In einem im *Freemasons' Magazine* erschienenen *Essay on the Character of a Gentleman* aus dem Jahre 1795 heißt es:

»Um ein Gentleman zu sein, muss der Mann höfliche Manieren und artiges Benehmen haben; er muss freizügig mit seinen Empfindungen und rechtschaffen in allen seinen Handlungen sein: er muss aufrichtig, großzügig und mildherzig sein.«[222]

Der Autor leitet den Begriff vom lateinischen *generosus* ab und erhebt mit der Großzügigkeit einen inneren Wert zum zentralen Charakteristikum des Gentlemans, der seine Wirkung nur im Handeln gegenüber anderen entfaltet.

»Zugänglichkeit und elegante Manieren, leutseliges Verhalten und das Bemühen zu gefallen, sind, obwohl zugegebenermaßen vornehme und angenehme Talente, nur die äußeren Merkmale eines Gentleman; der wahre Gentleman ist jemand, der, neben all diesen Talenten, gefällt, angemessen handelt und zu allen passenden Gelegenheiten jene Großzügigkeit zeigt, welche seinem Vermögen entspricht. Er ist nicht nur sporadisch großzügig noch ist seine Güte partiell und beschränkt, sondern er ist ein genereller Freund von Armut und Verdienst und ist niemals glücklicher, als wenn er durch Akte der Großzügigkeit das Glück anderer befördern kann. [...] Den Gentleman zeichnet Großzügigkeit als solchen aus.«[223]

Es wird betont, dass es nicht um den einmaligen Akt der Generosität geht, sondern dass erst anhaltender Großmut gegenüber anderen den Gentleman als solchen auszeichnet.

---

222 »To be a Gentleman, a man must be courteous in his address, and polite in his behaviour; he must be liberal in his sentiments and just in all his actions; he must be sincere, generous, and benevolent.« »Essay on the Character of a Gentleman«, in: *Freemasons' Mag.*, Bd. V, Nov. 1795, S. 327-329, hier S. 327.

223 »Easiness of access and elegance of manners, affability of behaviour and attention to please, though confessedly very genteel and agreeable accomplishments, are but the exterior parts of a Gentleman; the complete Gentleman is one who besides being possessed of all these accomplishments, delights and good offices, and discovers on all proper occasions a spirit of Generosity adequate to his fortune. He is not generous by fits and starts only, nor is his goodness partial and confined, but he is a general friend to indigence and merit, and is never happier than when he can by acts of Generosity promote the happiness of others. [...] Generosity makes the Gentleman.« Ebd., S. 328f.

Der genuine Gentleman ist ein »rare character«, er ist »self-created« und »self-ennobled«,[224] d.h. seine Umgangsformen hat er sich eigenständig erarbeitet und seinen Charakter selbst geformt. Der Gentleman – so erfährt der Freimaurer, welcher zum gleichen Zweck innerhalb der Logenvereinigung ein spezifisches Erziehungsmodell durchläuft – ist ein *moral artist* im Shaftesbury'schen Sinne, der einem Natürlichkeitsideal verpflichtet ist, welches jedoch historisch zu verorten ist. In der September-Ausgabe des Jahres 1793 heißt es im *Freemasons' Magazine* in einem Artikel über die *Verstellung*:

»Nichts macht einen Menschen umgänglicher als ungezwungenes und taktvolles Verhalten. Damit unser Verhalten taktvoll ist, muss es natürlich sein, denn erzwungene Handlungsweisen wirken steif und unbeholfen und daher abstoßend. Es ist nicht Zweck der Erziehung, die Natur umzugestalten, sondern sie zu verfeinern und gelegentliche schlechte Gewohnheiten auszurotten. Gesten und Tonfall, welche der einen Person angemessen sind, können bei einer anderen unangenehm auffallen; denn da sie unterschiedlich gestaltet sind, müssen Personen, wenn sie ihrer Natur folgen, unterschiedlich sprechen und handeln. Affektiertheit ist der Versuch, etwas anderes zu sein oder vorzugeben, etwas anderes zu sein, als die Natur vorgibt, und sich in unserem Verhalten und unserer Konversation eine Anmut anzumaßen, die wir nicht wirklich besitzen. […] Sie nimmt gewöhnlich ihren Ursprung in der Vorliebe, eine Person, die man aufgrund ihrer überlegenen Leistungen bewundert, nachzuahmen. Sie ist gewöhnlich blind, verblendet und macht, dass man sich mit den Vorzügen und der Anmut auch die Schwächen und Eigentümlichkeiten der bewunderten Person aneignet.«[225]

Gutes Benehmen unterliegt einem Natürlichkeitsgebot, welches die zu offensichtliche Bemühung um Eleganz und Anmut als Anmaßung wesensfremder Vorzüge aburteilt. Am Beispiel der Großzügigkeit, welche

224 Ebd., S. 328.

225 »Nothing conduces more to render a person agreeable, than easy and graceful manners. That our manners may be graceful, they must be natural; for actions, that are forced, are stiff and aukward, and therefore disgustful. The use of education is not to transform but to polish nature, and to eradicate accidental ill habits. The same gestures in behaviour, and the same tone of voice in speaking, that might be agreeable enough in one person, would offend in another: because being differently formed, they must, while they follow nature, speak and act differently. Affectation is an attempt to be, or appear to be, something different from ourselves, and to assume graces in our behaviour and conversation of which we are not capable. […] It usually takes its rise from a fondness to imitate some person that is admired for superior accomplishments. It is commonly blind and undiscerning, and adopts the infirmities and peculiarities of the person admired, as readily as his beauties and graces.« »On Affectation«, in: *Freemasons' Mag.*, September 1793, S. 327-329, Zitat: S. 327f.

zum etymologischen Ursprung des Wortes *Gentleman* stilisiert wird, exemplifiziert der Artikel des *Freemasons' Magazine*, in welchem Maße das Wesen des Mannes von dieser Tugend durchdrungen sein muss, um als Gentleman wahrgenommen zu werden. Ahmt er die erwünschte Verhaltensweise nur halbherzig nach, so wird er für sein Gegenüber unglaubwürdig. *Natürlich* sind Handlungen, die sich jeder Affektiertheit enthalten und konsistent sind, weil sich der Darsteller ihre Erzeugungsschemata vollkommen angeeignet hat, sie Bestandteil seines Habitus geworden sind. So ist es ihm möglich, Verhaltensweisen jederzeit zu reproduzieren und damit glaubwürdig zu sein.

Erst in der Gesamtheit der hier erörterten Bezüge verweist das Symbol des allsehenden Auges, welches die Freimaurerei für sich in Anspruch nimmt, auf die Dimension des Forensischen in ihrem *theatrum mysticum*. Ziel ist die Verlagerung der göttlichen Prüfung in die moralische Selbstregulation. Das rituelle Erlebnis soll das Bewusstsein für diese individuelle Kompetenz wecken und die Unterstützung der Gemeinschaft bei ihrer Ausübung signalisieren. Indem sich der Maurer verschiedenen Blickverhältnissen aussetzt, kann er Maßstäbe für eigene autonome Selbstprüfung verinnerlichen und ein Selbstverhältnis über seine Wahrnehmung durch die Gemeinschaft ausbilden. Auch die Lichtmetapher steht nicht allein für eine mystische, geistige Reinheit. Sie ist auch nicht darauf zu reduzieren, Vorbote des neuen Zeitalters der Aufklärung zu sein, sondern verweist auf ein »forensisches Licht«, in welchem sich die Identitäten sozialer Akteure konstituieren. Das Selbst und seine rechtliche Anerkennung konstituieren sich erst in der sozialen Interaktion über den Austausch von Verbindlichkeiten, die dem Akteur in dem »umkämpften Feld sozialer Wertschätzung« zuteil werden.[226] Das Licht der Öffentlichkeit verhilft dem Selbst mit all seinen Eigenschaften erst zur Evidenz; das Selbst gewinnt Bedeutung, indem es von anderen wahrgenommen und beurteilt wird.

Die Öffentlichkeit, in der die Freimaurer neue Verhaltensmuster erproben, ist allerdings zunächst eine ganz spezielle, denn sie ist eingebettet in einen durch eine Schweigeverpflichtung abgegrenzten, geschlossenen Raum. Unter dem Schutzmantel der Intimität und Geheimhaltung pflegen zum Publikum versammelte Privatleute miteinander Umgang, um einen eigenen, bürgerlichen Umgangsstil zu etablieren und ihren Moralvorstellungen jene Selbstverständlichkeit zu verleihen, derer es bedarf, um der vorherrschenden, von Selbstnutz und Heuchelei geprägten Moral den Platz streitig zu machen. Dem »unbeständigen Vexierbild eines ganz

226 Axel Honneth: Kampf um Anerkennung. Zur moralischen Grammatik sozialer Konflikte, Frankfurt a.M. 1994, S. 85f. u. 202.

auf sich ausgerichteten Darstellers und Beobachters seiner selbst«, welches Claude-Nicolas Ledoux in seinem Alberti entlehnten allsehenden Auge für das Theater in Besançon entwirft und damit die neuzeitliche Erkenntnisdisposition des Vernunftmenschen kommentiert,[227] setzt Soane die Geborgenheit der Gemeinschaft entgegen. Er zeichnet in seiner Innenraumgestaltung das Bild eines Zusammenschlusses, der sich der transzendentalen Letztbegründung nicht entzieht, sondern sich des Beistands einer höheren Autorität rückversichert. Die Soane'sche Versammlungshalle versinnbildlicht die Gemeinschaft als ein Refugium des von alten Herrschafts- und Repräsentationsverhältnissen befreiten bürgerlichen Subjekts, das Haltepunkte in einer zunehmend mobileren und unübersichtlicheren modernen Welt sucht. Sie ist aber auch ein repräsentativer Ort für jene Erkenntnisse und Fähigkeiten, die der Freimaurer im geschlossenen Kreis erworben hat und in die Gesellschaft tragen möchte.

Bestellte Vorstellungen von Lillos *London Merchant*, die mit freimaurerischen Entreaktes, Pro- und Epilogen versehen werden, verdeutlichen, dass die von Freimaurern allegorisch interpretierte theatrale Darstellung der Nützlichkeit der Kaufmannsschicht sich nicht in idiosynkratischer Selbstvergewisserung erschöpfen soll. Für die moralisierenden Bestrebungen der Gemeinschaft ist auch eine öffentliche Wirksamkeit vorgesehen. Die Protegierung geeigneter Theaterstücke ist *eine* Weise von vielen, mit der die Logen auf die öffentliche Meinung Einfluss zu nehmen versuchen.

Freimaurerei und öffentliche Meinung

Die Affinität zwischen Theaterkünstlern und Freimaurerei ist im England des 18. Jahrhunderts groß. In den Freimaurerlogen befinden sich zahlreiche Mitglieder der Londoner Theater, was dazu führt, dass Feste zu Ehren des Großmeisters und seiner Beamten in *Playhouses* veranstaltet werden.[228] Freimaurerische Theaterdirektoren und Schauspieler wecken

227 Claude-Nicolas Ledoux' (1735-1806) allsehendes Auge, in: L'architecture considérée sous le rapport de l'art des mœurs et de la législation (Reproduktion der Ausgabe Paris 1804-1847), Nördlingen 1981-84, 225; Caroline Pross, »Coup d'œil. Nachbemerkungen zu einem Bild von Claude-Nicolas Ledoux«, in: Szenographien. Theatralität als Kategorie der Literaturwissenschaft, hg. von Gerhard Neumann, Caroline Pross und Gerald Wildgruber, Freiburg i.Br. 2000, S. 458f.

228 Pedicord zählt in seinem Artikel eine Reihe von Logen in London auf, die er aufgrund ihrer Mitgliedschaften von Theaterleuten »theatrical lodges« nennt und verweist darauf, dass auch in zahlreichen anderen Logen Schauspieler, die eine

das Interesse am Theater bei den restlichen Mitgliedern und inspirieren gemeinschaftliche Theaterbesuche. Einen frühen Hinweis auf einen solchen kollektiven Theaterbesuch gibt das Protokollbuch der Londoner Großloge bereits für den 27. Dezember 1728. In dem Eintrag heißt es:

»Der Großmeister [Lord Kingston] schlug vor, am nächsten Montagabend [30 Dezember] das Old Play House zu besuchen, und wünschte, dass so viele Brüder (wie möglich) ihn begleiten. Er habe das Theaterstück bestellt und einen neuen Prolog und Epilog in Auftrag gegeben, welche an diesem Abend zu Ehren der Maurerei vorgetragen werden sollen.«[229]

Das Londoner *Daily Journal* kündet den Besuch der Loge im *Royal Theatre* in der Drury Lane öffentlich an:

»[...] der Großmeister und die meisten der anwesenden Gentlemen nahmen Tickets, um in weißen Handschuhen zu erscheinen. [...] Der zweite Teil soll zu ihrer Unterhaltung gegeben werden, und es wird gesagt, dass ein dem Anlass entsprechender Prolog und Epilog zu Ehren dieser Gesellschaft gesprochen würde.«[230]

Wie *Cole's Constitutions* (1728-29), in denen die zu diesem Anlass angefertigten Pro- und Epiloge abgedruckt wurden, zu entnehmen ist, wird an diesem Abend auf Bestellung der Loge der zweite Teil des Stückes *King Henry IV* gegeben. Eine Szene darin wurde eigens abgeändert, um den *'Prentice's Song* der Bruderschaft einzufügen, in dessen Refrain sämtliche Freimaurer im Zuschauerraum »zur Freude des gesamten Publikums einfielen.«[231] Anstelle dieses Liedes, mit dessen Refrain und Anfangsstrophen ich den dritten Teil meiner Arbeit einleiten werde, sei an dieser Stelle ein anderes Freimaurerlied, welches im Rahmen einer Benefizveranstaltung für den Schauspieler Shepard am 4. Mai 1736 an der Drury Lane angestimmt wurde, vorgestellt:

---

sozial und beruflich heterogenere Zusammensetzung bevorzugen, zur Gemeinschaft gehören. Pedicord, »White Gloves at Five«, S. 280f.

229 »The Grand Master [Lord Kingston] proposed going to the Old Play House on next munday Night [30 December] and desired as many of the Brethren, (as could conveniently go) to accompany him; That he had bespoke a Play and had ordered a new Prologue and Epilogue to be made, which was to be spoken that Night on the Stage in Honour of Masonry.« Zitiert nach: *EMP*, S. 19. Diesen wurden auch die eckigen erläuternden Klammern übernommen.

230 »[...] the Grand Master and most of the Gentlemen present took Tickets to appear in White Gloves. [...] Part II is to be acted for their Entertainment; and it is said that a Prologue and Epilogue will be spoken suitable to the Occasion, and in honour of that Society.« Pedicord, »White Gloves at Five«, S. 270.

231 Zitiert nach: *EMP*, S. 208.

»The Grand-Warden's Song

Let Masonry be now my Theme,
Throughout the Globe to spread it's Fame,
And eternize each worthy Brother's Name.
Your praise shall to the Skies resound,
In lasting Happiness abound,
||: And with sweet Union All your noble Deeds be crown'd. :||

Chorus: Sing then, my Muse, to Mason's Glory,
Your Names are so rever'd in Story,
That all th' admiring World do now adore ye!

Let Harmony divine inspire
Your Souls with Love and gen'rous Fire,
To copy well wise Solomon your Sire.
Knowledge sublime shall fill each Heart,
The Rules of G'ometry t'impart,
While Wisdom, Strength, and Beauty, crown the glorious Art.

Chorus: Sing then my muse, &c.

Let Great Caernarvon's Health go round,
In swelling Cups all cares be drown'd,
And hearts united 'mongst the Craft be found.
May everlasting Scenes of joy
His peaceful Hours of Bliss employ,
Which Time's all-conquering Hand shall ne'er, shall ne'er destroy.

Chorus: Sing then my muse, &c.

My Brethren, thus all Cares resign,
Your Hearts let glow with Thoughts divine,
And Veneration shew to Solomon's Shrine.
Our annual Tribute thus we'll pay,
That late Posterity shall say,
We've crown'd with Joy this glorious, Happy, Happy Day.

Chorus: Sing then, my Muse, to Masons Glory,
Your Names are so rever'd in Story,
That all th' admiring World do now adore ye.«[232]

So ertönt der freimaurerische Gesang auf der Bühne, im Parkett und auf den Rängen auch in den Ohren jener nicht der Bruderschaft angehörigen Aufführungsbesucher.

232 Vgl. Pedicord, »White Gloves at Five«, S. 284. Zitiert nach: *Constitutions* (1738), S. 207f.

Die in der folgenden Zeit zu ähnlichen Anlässen im *Lincoln's Inn Fields Playhouse* oder dem *New Theatre in Goodman's Fields* u.a. Theatern vorgetragenen Pro- und Epiloge, von denen Knoop, Jones und Hamer eine Reihe in ihrer Textsammlung, den *Early Masonic Pamphlets*, abgedruckt haben, folgen einem wiederkehrenden Schema. Zumeist von männlichen Freimaurer-Schauspielern gesprochen, stellen die Prologe die Bruderschaft vor, rühmen ihre Herkunft und Nützlichkeit. Ihr Lobpreis – auch in Auseinandersetzung mit Vorwürfen von Kritikern – dient sowohl der Selbstvergewisserung als auch der Arbeit am *public image* der Vereinigung. Folgender Prolog und Epilog wurden von Mr. und Mrs. Giffard am 29. November 1732 anlässlich einer im *New Theatre in Goodman's Fields* von Freimaurern bestellten Vorstellung vorgetragen und später im *Grub Street Journal* No. 154 vom 7. Dezember 1732 abgedruckt:

»Prolog

If to delight, to humanize the mind,
The savage world in social ties to bind;
To make the moral virtues all appear,
Improv'd to useful, soften'd from severe;
If these demand the tribute of our praise,
The teacher's honour, or the poet's lays:
How do we view 'em all compriz'd in thee,
Thrice honour'd and mysterious Masonry!

By thee erected, spacious domes arise,
And spires ascending glitter in the skies;
The wond'rous whole by heav'nly art is crown'd,
And order in diversity is found.

Through such a lenth of ages, still how fair,
How bright, how blooming do thy looks appear!
And still shall bloom – Time, as it glides away,
Fears for it's own, before thy late decay.

The use of accents from thy aid is thrown;
Thou form'st a silent language of thy own;
Disdain'st, that records shou'd contain thy art,
And only liv'st within the faithful heart.
Behold, where kings, and long shining train
Of garter'd heroes wait upon their reign:
Ally'd to thee, they are ally'd to fame,
And boast no honour but a Mason's name.

Still in the dark let the unknowing stray;
No matter what they judge, or what they may say:
Still may thy mystic secrets be unclear'd;
And still be hid, to be the more sever'd.«[233]

Der Prolog markiert die Exklusivität der Gemeinschaft und schürt die Neugier an ihren geheimen Zeichen und Symbolen. Der dazugehörige Epilog, mit Mrs. Giffard von einer Schauspielerin und Angehörigen eines Freimaurers gesprochen, soll die Aufrichtigkeit des Bundes aus einer anderen, nämlich der humorvollen Außenperspektive einer Freimaurer*gattin* beteuern und so Ängste und Vorurteile abbauen.

»Epilog

Well,– here I'm come to let you know my thoughts;
Nay,- ben't allarm'd – I'll not attack your fau'ts –
Alike be safe the cuckold, and the wit,
The cuckold-dubber, and the solemn crit –
I'm in good humour, and am come to prattle –
Han't I a head well Turn'd, d'ye think, to rattle?
But to clear up the point, and to be free –
What think you is my subject? – Masonry –
Tho' I'm afraid, as lawyers cases clear,
My learn'd debate will leave you as you were.
But I'm a woman – and when I say that,
You know we'll talk – tho' tis – we know not what.
What think you, ladies, an't it dev'lish hard,
That we shou'd from this secret be debarr'd?
How comes it that the softest hours of love
To wheedle out this secret fruitless prove?
For we can wheedle, when we hope to move.
What can I mean? Why all this mighty pother?
Their mystic signs, and solemn calling Brother?
That we are qualify'd in signs is known;
We can keep secrets too – but they are our own.
When my good man first went to be a Mason,
Tho' I resolv'd to put the smoothest face on;
Yet to speak truely, I began to fear
He must some dreadful operation bear.
But he return'd to satisfy each doubt,
And brought home every thing he carry'd out:
Nay, come improv'd, for his face appear'd
A pleasing smile, that ev'ry scruple clear'd;

233 Zitiert nach: *EMP*, S. 290.

Such added complaisance – so much good nature;
Somuch, so strangley alter'd for the better,-
That increase our mutual delight,
Would he were made Mason every night.«[234]

Mit anzüglichem Scherz aus weiblichem Mund werden der Ausschluss von Frauen mit der positiven Wirkung, die die Freimaurerei auf den Mann zeige und von der die Frau an seiner Seite profitiere, gerechtfertigt und alle Befürchtungen, die Angehörige und Außenstehende haben könnten, beiseite gewischt.

Die Geschichte öffentlicher Darstellungen der Bruderschaft beginnt aber schon früher: Aus praktischer Notwendigkeit heraus öffnet sich der Vereinigung im Sommer 1721 eine erste vielversprechende neue Gelegenheit der öffentlichen Präsentation: Während das offizielle Organ der *Premier Grand Lodge*, die Hauptversammlungen, noch ruht, findet im Jahre 1717 eine erste – illegitime, weil in Abwesenheit eines gewählten Großmeisters anberaumte – Großlogenversammlung in einer Taverne statt. Kurz darauf schließen sich unter dem *Grand Mastership* des Reverend John Theophilus Desaguliers weitere Logen der wieder funktionierenden Großloge an. Die Aufnahme zahlreicher neuer *Gentleman Masons* lässt die Mitgliederzahlen in einem Maße ansteigen, dass 1721 erstmalig die Anmietung einer der Londoner Stadthallen, der *Stationers' Hall*, für das jährliche Johannisfest erforderlich wird.[235] Diesen Ortswechsel nimmt die Bruderschaft zum Anlass für eine feierliche Prozession ihrer höchsten Repräsentanten. Sie treffen sich am Morgen an der *King's Arms Tavern* am St. Paul's Churchyard, um in freimaurerischer Kleidung und geordneter Form zu Fuß zur *Stationers' Hall* zu schreiten, wo sie von weiteren hundertundfünfzig Mitgliedern freudig begrüßt werden. Die Prozession wird auch in den darauf folgenden Jahren beibehalten und zunehmend feierlich ausgestaltet. Zwei Jahre nach Neugründung des Umzuges wird der Weg zur Festhalle bereits nicht mehr zu Fuß, sondern in einer Pferdewagenparade abgefahren. Diese Tradition setzt sich mit kurzen Unterbrechungen über nahezu zwanzig Jahre fort.

In ihren feierlichen Prozessionen verleihen die Freimaurer dem Mitgliederreichtum und damit der Größe und Bedeutung ihrer Vereinigung öffentlichen Ausdruck. Ihre Umzüge wecken die Aufmerksamkeit der Öffentlichkeit, indem sie auf verheißungsvolle Weise ihre Symbole und

234 Zitiert nach: *EMP*, S. 291.

235 W.J. Chetwode Crawley: »Mock Masonry in the Eighteenth century«, in: *AQC* 18 (1905), S. 129-146, hier: S. 129.

Würdenträger präsentieren.[236] In den öffentlichen Prozessionen wird die Bruderschaft der Freimaurer als Freiraum der heterodoxen Meinungsbildung und Beförderin des gesellschaftlichen Wertepluralismus sichtbar. Losgelöst von kirchlichen Dogmen entwickelt sie ein eigenes Wertesystem, welches sie über ein demonstratives Handeln nach diesen Werten in der Gesellschaft durchzusetzen bemüht ist. Dabei helfen weitreichende Autonomien, wie die Selbstgesetzgebung, eine eigene Strafgewalt und Möglichkeiten der selbstständigen Beschlussfassung. Die Zugehörigkeit zum Club wird zum forensischen Ausdrucksmittel, so dass Ferdinand Tönnies die Bruderschaft der Freimaurer zu Recht zu den Trägern der öffentlichen Meinung rechnen kann.[237]

Schon indem die Vereinigung ethische Urteile über Menschen auf sittlicher Grundlage fällt, d.h. aufgrund beobachteter Handlungsweisen und nicht einer inneren Gesinnung, teilt sie ganz grundsätzlich ein zentrales Merkmal der öffentlichen Meinung. Tönnies trifft die Feststellung, dass »überhaupt innerhalb der gesamten Sittlichkeit für die Religion die Gesinnung, für die öffentliche Meinung die Tat im Vordergrunde steht, daher für jene die Moralität, für diese die Legalität der Handlung dasjenige ist, worauf am meisten Gewicht gelegt wird.«[238] Über das Wertungsverhalten zieht Tönnies damit eine Trennlinie zwischen bürgerlicher Vereinigung und Religion, die für die Freimaurerei besonders virulent ist, da diese stets beteuert, selbst keine Religion zu sein. Während die Religion nämlich den Anspruch erhebt, die innerste Gesinnung zu prüfen, hält sich die Freimaurerei, wie die öffentliche Meinung, an die

236 Die Dazugehörigkeitsdemonstrationen bergen die Gefahr der Persiflage. Wofür die Gemeinschaft steht, ist zwar schlagwortartig bekannt, ihre auf Außenstehende kryptisch wirkenden Zeremonien und Symbole schüren jedoch den Argwohn der Öffentlichkeit. Anstatt die erwünschte Bewunderung hervorzurufen und das Interesse an der Gemeinschaft zu wecken, drohen sie zum Anlass bissiger Travestien zu werden. Die Bruderschaft ist gefordert, Auswege zu finden, um zu verhindern, dass sich die öffentliche Meinung bedrohlich gegen sie wendet. Auf diese Spottumzüge und taktischen Maßnahmen der Freimaurerei werde ich im letzten Teil der Arbeit unter der Kapitelüberschrift »Von *Mock Masons* und *Scald Miserables*« ausführlicher zu sprechen kommen.

237 In seinen Ausführungen zu Begriff und Theorie der öffentlichen Meinung verdeutlicht Tönnies, dass sogar geheime Gesellschaften und Verschwörungen Ausdruck eines öffentlichen Meinens sein können, »sofern sie einer gemeinsamen Gesinnung oder Bestrebung Ausdruck geben wollen und sollen. Offen oder geheim können Vereine für die Ausbreitung einer Denkungsart wirken und wühlen. In Vereinen wird geredet, beraten, beschlossen, sie können eine Strafgewalt über ihre Mitglieder in Anspruch nehmen und ausüben. Disziplin erhöht ihre Stoßkraft, stärkt ihren Zusammenhang.« Ferdinand Tönnies: Kritik der öffentlichen Meinung, Berlin 1922, S. 196.

238 Ebd., S. 236 u. 238.

äußere Erscheinung des Menschen, »an das Offenbare und Offenkundige, [...]. Sie [die öffentliche Meinung, K.H.] will auch im Sittlichen das Vorgeschriebene, das Regelmäßige, das Korrekte.«[239] Die Freimaurerei etabliert eine eigene Form der ethischen Erziehung, die nicht mit gegebenen Formen der Religionsausübung in Wettstreit treten will. Indem sie unterschiedliche Konfessionen und Meinungen duldet, lässt sie individuelle Freiheiten und Entwicklungsspielräume zu. Diese Freiräume gilt es, wie zu sehen sein wird, immer wieder gegen Angriffe von außen zu verteidigen und ihre gesellschaftliche Funktion und Nützlichkeit gegen Vorwürfe der Geheimniskrämerei und Immoralität zu legitimieren.

Zentraler Maßstab, an dem Handeln gemessen wird, wird im 18. Jahrhundert in der Freimaurerei das Gemeinwohl. Lillos Figur des Kaufmanns Thorowgood im *London Merchant* ist ein solcher Träger des öffentlichen Wohls. Wie Wolfgang Seth treffend analysiert, »enthebt [Lillo] jenen seiner bloßen Natur als Privatmann und macht ihn zur Figur, der öffentliches Interesse zukommt und dem damit im selben Moment die Würde einer tragischen Figur eignet; ebenso, wie im selben Moment der bis dahin private Raum des bürgerlich-merkantilen Lebens, ob im Kontor oder im Heim, geradezu folgerichtig ins öffentliche Blickfeld gehoben ist; ehedem privates also nun mit einem Mal öffentlichen Charakter annimmt«.[240] Die Berücksichtigung und Förderung von Humanität und nationaler Wohlfahrt verleihen dem Kaufmannsstand und Thorowgood als Privatmann besonderes öffentliches Interesse. Die ostentative Darstellung und Propagierung bürgerlicher Werte auf der Bühne in der spezifischen Wirkungsästhetik des bürgerlichen Trauerspiels verleihen der an Thorowgoods Person exemplifizierten bürgerlichen Ethik eine öffentlichkeitsbestimmende Funktion.[241]

Humanitäres Handeln, so Tönnies, ist eine beständige Forderung der öffentlichen Meinung. Im Gegensatz zur allein aus dem Christentum abgeleiteten Forderung der Nächstenliebe, die selbst die Feindesliebe einschließt, und der Barmherzigkeit (*caritas*) ist die Duldung anderer Konfessionen und Formen der Religionsausübung Inbegriff einer *modernen* Humanität. Tönnies weist zu Recht darauf hin, dass sich das Humanitätsgebot der Freimaurer darin nicht erschöpft.[242] Die freimaurerische Bestimmung humanitären Handelns ist eine Synthese aus Altem und Neu-

239 Ebd., S. 239.

240 Seth, George Lillos Dramen, S. 129.

241 Ebd.

242 Tönnies, Kritik der öffentlichen Meinung, S. 237. Einschränkend ist anzumerken, dass die Duldung anderer Konfessionen in der Freimaurerei – abgesehen von Aufnahmen einiger Juden in den 1730er Jahren in London – zunächst auf christliche Religionen begrenzt ist.

em, beinhaltet unter dem Schlüsselwort der brüderlichen Nächstenliebe sowohl die gleichwertige Anerkennung des anderen in seiner sozialen und kulturellen Unterschiedlichkeit, die auch die konfessionelle Bindung einschließt, als auch Mitgefühl und karitatives Engagement gegenüber Bedürftigen. Die Ausübung von Großzügigkeit hat mit Diskretion zu erfolgen, damit Mitgefühl und humanitäres Handeln nicht in eine öffentliche Selbstinszenierung eines überlegenen Gebers umschlagen.[243]

Dieses möglichst unprätentiöse Handeln zum öffentlichen Wohl soll sich aus einer festen inneren Haltung heraus generieren, die sich die Freimaurer innerhalb einer geschlossenen Gemeinschaft aneignen, deren Praxen und Rituale der Öffentlichkeit nicht einsichtig sind. Das Verhältnis von offenem Wertungsverhalten der Mitglieder der Gemeinschaft untereinander, von öffentlichem Handeln nach verdeckten freimaurerischen Standards innerhalb der Gesellschaft und Ambitionen, neue Wertmaßstäbe moralischen Handelns auf eben diese Gesellschaft zu übertragen, bestimmt die spezifische Positionierung und Funktion der Gemeinschaft der Freimaurer innerhalb der modernen Gesellschaft.

Dieselbe Diskretion des Handelns, die dem Freimaurer öffentliche Aufmerksamkeit verwehrt, birgt auch die Möglichkeit, unerkannt in das gesellschaftspolitische Geschehen einzugreifen – und das nicht über eine offensive personelle Durchsetzung des Staatsapparates. Die Aufklärung ist ein Prozess der permanenten Grenzverschiebung, bei der die neuen bürgerlichen Werte aus dem privaten Innenraum in die politische Öffentlichkeit drängen. »Öffentlichkeit lässt sich vorerst« – so Jürgen Habermas – »als die Sphäre der zum Publikum versammelten Privatleute begreifen; diese beanspruchen die obrigkeitlich reglementierte Öffentlichkeit alsbald gegen die öffentliche Gewalt selbst, um sich mit dieser über die allgemeinen Regeln des Verkehrs in der grundsätzlich privatisierten, aber öffentlich relevanten Sphäre des Warenverkehrs und der gesellschaftlichen Arbeit auseinanderzusetzen.«[244] Der Freimaurerbund entwickelt in England aller satzungsgebundenen Verbannung politischer Diskussionen und dem Rückzug auf das Moralische zum Trotz eine gesellschaftspolitische Kraft, die anders in seinen Zuspitzungen in Frankreich oder den sehr konkreten Realisierungsplänen der politischen Utopie der Illuminaten und von Vertretern der Strikten Observanz zum Ausdruck

243 »[...] To this purpose [charity, K.H.] we should be divested of every idea of superiority, and estimate ourselves as being of equality, the same rank and race of men, [...].« Hutchinson, Spirit of Masonry, S. 180 u.183.

244 Habermas, Strukturwandel der Öffentlichkeit, S. 86.

kommt.[245] Die scheinbar unpolitische Kritik des Bundes wendet sich bereits in dem Moment ins Politische – so der Historiker Reinhart Koselleck –, in dem sie eine außerstaatliche Position einnimmt und sich so zum moralischen Richter über staatliche Belange macht.[246] Die Grenzüberschreitung zum Politischen, das stellt auch Gotthold Ephraim Lessing in seinen Freimaurergesprächen fest – ist bereits in der moralischen Planung angelegt. Dieses »politische Geheimnis der Aufklärung sollte nicht nur nach außen verhüllt werden, sondern verbarg sich – infolge ihres scheinbar unpolitischen Ansatzes – den meisten Aufklärern selbst.«[247] Die Verlegung aufs Moralische kommt also einer indirekten Gewaltnahme gleich, bei der das Geheimnis eine wichtige Funktion einnimmt.

Auseinandertreten von Recht und Moral und die Rolle des Geheimnisses

Die Freimaurer definieren sich in England nicht in ausgewiesener Opposition zum Staat; im Gegenteil, die Loyalität zu allen staatlichen Instanzen und ihren Obrigkeiten, denen gegenüber sich die Vereinigung der Freimaurer explizit als integratives Subsystem ausweist, steht in ihrer Verpflichtungserklärung an erster Stelle. Die zweite Pflicht des Anderson'schen Gesetzbuches (1723) legt unter der Überschrift »Von der obersten und den nachgeordneten staatlichen Behörden« die mit der Mitgliedschaft verknüpften Loyalitätspflichten des Freimaurers fest:

»Der Maurer ist ein friedliebender Bürger des Staates, wo er auch wohne oder arbeite. Er darf sich nie an einem Aufstand oder einer Verschwörung gegen den Frieden oder das Wohl seiner Nation beteiligen und sich auch nicht pflichtwidrig gegenüber nachgeordneten Behörden verhalten. Denn da die Maurerei durch Kriege, Blutvergießen und Aufruhr schon immer Schaden erlitten hat, so hatten in alten Zeiten Könige und Fürsten die Bruderschaft stets wegen ihrer Friedensliebe und ihrer Treue zum Staat gefördert. Damit begegneten sie den Verleumdungen der Gegner und verteidigten die Ehre der Bruderschaft, die sich gerade

245 Siehe dazu den von Monika Neugebauer-Wölk und Richard Saage herausgegebenen Band *Die Politisierung des Utopischen im 18. Jahrhundert*, Tübingen 1996.

246 Im Rahmen seiner Studie zum Verhältnis von politischer Krise und damit korrespondierender geschichtsphilosophischer Entwürfe, »in deren Namen man [...] Entscheidung[en] vorwegzunehmen, sie zu beeinflussen, zu steuern oder [...] zu verhindern sucht«, liefert Reinhart Koselleck 1959 die bisher aufschlussreichste Untersuchung zur gesellschaftspolitischen Funktion der Freimaurerei im 18. Jahrhundert. Koselleck, Kritik und Krise, S. 65 u. 67.

247 Ebd., S. 68.

in Zeiten des Friedens besonders entfalten konnte. Sollte nun ein Bruder zum Rebellen gegen die Staatsgewalt werden, so darf man ihn in seiner aufrührerischen Haltung nicht bestärken, wie sehr man ihn auch als einen unglücklichen Mann bemitleiden mag. Obwohl die Bruderschaft in Treue zum Gesetz seine Empörung ablehnen soll und muss und der bestehenden Regierung keinen Anlass und Grund zu politischer Verdächtigung geben darf, kann sie ihn, wenn er keines anderen Verbrechens überführt ist, nicht aus der Loge ausschließen; seine Bindung an sie bleibt unauflöslich.«[248]

Das Wohlergehen der Gemeinschaft wird als abhängig von geordneten und friedlichen staatlichen Verhältnissen dargestellt. Darum wird der Integritätsbruch eines Einzelnen zwar nicht mit einem Ausschluss aus der Gemeinschaft geahndet, aber mit allgemeiner tiefer Ablehnung begegnet und nach Kräften unterbunden. Auf diese Weise soll der vordergründigen Politisierung der Gemeinschaft vorgebeugt werden und die Grenze zwischen tages- und parteipolitischen Privatmeinungen und gemeinschaftlichen Werten gewahrt bleiben. Das von Locke ausformulierte und in der Freimaurerei wirksame Gesetz der Mode (*law of fashion*), welches über den Konsens von Privatpersonen etabliert wird,[249] steht auch nicht im Widerspruch zum göttlichen Gesetz, es kann aber unter Umständen durchaus als Ausgleich und Korrektiv unvollkommener Gesetzgebung und Rechtsprechung fungieren.[250]

»Niemand […] entgeht der Strafe ihres Tadels und Mißfallens, der gegen die Mode und die Ansicht derjenigen Gemeinschaft verstößt, der er angehört und

---

248 »II. Of the Civil Magistrate supreme and subordinate: A Mason is a peacable Subject to the Civil Powers, wherever he resides or works, and is never to be concern'd in Plots and Conspiracies against the Peace and Welfare of the Nation, nor to behave himself undutifully to inferior Magistrates; for as Masonry hath been always injured by War, Bloodshed, and Confusion, so ancient Kings and Princes have been much dispos'd to encourage the Craftsmen, because of their Peaceableness and Loyalty, whereby they practically answer'd the Cavils of their Adversaries, and promoted the honour of the Fraternity, who ever flourish'd in Times of Peace. So that if a Brother should be a Rebel against the State, he is not to be countenanc'd in his Rebellion, however he may be pitied as an unhappy Man; and, if convicted of no other Crime, though the loyal Brotherhood must and ought to disown his Rebellion, and give no Umbrage or Ground of political Jealousy to the Government for the time being; they cannot expel him from the Lodge, and his Relation to it remains indeseasible.« »Charge II, in: *Constitutions* (1723), S. 50.

249 Gemeint ist hier nicht ein modisches Diktat, wie es der heutige Sprachgebrauch suggeriert, nicht die dem Zeitgeschmack geschuldete Art und Weise sich zu kleiden oder zu frisieren, sondern die zu einem bestimmten historischen Zeitpunkt üblichen Sitten und Gebräuche einer Gemeinschaft.

250 *Essay*, zweites Buch, Kap. 28, § 11, S. 446.

sich empfehlen möchte. Unter zehntausend ist nicht einer so unbeugsam und so unempfindlich, als daß er die fortgesetzte Mißbilligung und Geringschätzung von seiten seiner eigenen Gesellschaft ertragen könnte. [...] Jemand müßte aus unvereinbaren Widersprüchen zusammengesetzt sein, wenn er an der Geselligkeit Freude haben und doch gegen die Verachtung und Geringschätzung seiner Gefährten unempfindlich sein könnte.«[251]

Mit seinem Beitritt zu einer Gemeinschaft, so Talcott Parsons, erkenne das Mitglied die »Pflicht« an, »durch konkrete Handlungen an ihrer Verwirklichung [der gemeinsamen Werte, K.H.] teilzunehmen« und innerhalb »legitimer kollektiver Beziehungen und Unternehmungen« gegenüber allen anderen Mitgliedern der Gemeinschaft Solidarität zu üben.[252] In der Pflicht, wie sie dem neu aufgenommenen Bruder vorgetragen wird, heißt es:

»Er sei ein Mann der Güte und Nächstenliebe, der sich nicht wohlgefällig zurücklehnt, während es seinen Mitmenschen, viel mehr noch aber seinen *Brüdern*, mangelt, und es in seiner Macht stünde, ihre Not zu lindern (ohne dabei sich selbst oder seine Familie zu benachteiligen).
In der Loge verhalte er sich mit allem gebotenen Stil, damit nicht ihre Schönheit und Harmonie gestört oder gebrochen werde.
Er sei folgsam gegenüber dem Meister und den leitenden Beamten und wende sich ausschließlich den Aufgaben der Freimaurerei zu [...].«

Die Charge setzt der Loyalitätspflicht der Mitglieder gegeneinander zugleich aber klare, der Vernunft folgende Grenzen, indem sie bestimmt:

»Er muss nicht seine notwendigen Beschäftigungen für die Freimaurerei vernachlässigen noch sich selbst in Streitereien mit jenen begeben, die in ihrer Ignoranz darüber schlecht reden oder sich darüber lustig machen.

251 Ebd., zweites Buch, Kap. 28, § 12, S. 448. »But no Man scapes the Punishment of their Censure and Dislike, who offends against the Fashion and Opinion of the Company he keeps, and would recommend himself to. Nor is there one of ten thousand, who is stiff and insensible enough, to bear up under the constant Dislike, and Condemnation of his own Club. [...] And he must be made up of irreconcilable Contradictions, who can take Pleasure in Company, and yet be insensible of Contempt and Disgrace from his Companions.« Engl. Ausgabe, S. 357.

252 Talcott Parsons: Das System moderner Gesellschaften, Weinheim und München 1996, S. 25.

Er sei ein Liebhaber der Künste und Wissenschaften und nutze jede Gelegenheit, seine Kenntnisse zu verbessern. […]«[253]

Das Mitglied soll sein Augenmerk auf seine Selbstverbesserung lenken und sich nicht in unnötige Dispute mit Gegnern der Gemeinschaft verstricken.

Die Vereinigung ist eine Gemeinschaft gleichberechtigter Bürger, die sich einem gemeinsamen Interesse verschreiben, und damit strukturelle Erbin antiker und frühchristlicher Vorbilder. Gleichsam ist sie ein notwendiges Komplement der sich herausbildenden modernen Gesellschaft und Indiz jener Freiheitsrechte des Bürgers, unter deren Ägide sich der Markt liberalisiert. Um ethische Regulationsmechanismen durchzusetzen, die freiwillig, d.h. ohne die Androhung äußeren Zwanges befolgt werden, müssen sich innerhalb des Marktsystems der wechselseitigen, sachlichen Abhängigkeiten zugleich unterschiedliche Formen der Gemeinschaft und des Gemeinschaftlichen herausbilden, um der sozialen Atomisierung der Gesellschaft in vereinzelte Individuen entgegen zu wirken.

England nimmt hinsichtlich gesellschaftlicher Modernisierungsprozesse in Europa eine Vorreiterrolle ein. Die Liberalisierung ist hier besonders früh besonders weit fortgeschritten, da das Königreich – schon aufgrund der geographischen Isolation des Inselstaates – eine ausgeprägte nationale Solidarität entwickeln kann, die auf der weitgehenden Übereinstimmung von ethischer Struktur und territorialer Organisation beruht. Und nur »wo gesellschaftliche Solidarität sich von den ursprünglichen religiösen, ethnischen und territorialen Grundlagen befreit hat,« so Talcott Parsons in seiner Systemanalyse zur modernen Gesellschaft, »tendiert sie dazu, andere Arten interner Differenzierung und Pluralisierung zu fördern.«[254] Diese nationale Solidarität sei es, die die Ausbildung ei-

253 »He is to be a man of Benevolence and Charity, not sitting down contented while his Fellow Creatures, but much more his *Brethren*, are in Want, when it is in his Power (without prejudicing himself or Family) to relieve them.
In the Lodge, he is to behave with all due Decorum, lest the Beauty and Harmony thereof should be disturbed or broke.
He is to be obedient to the Master and presiding Officers, and to apply himself closely to the Business of Masonry […].
He is not to neglect his own necessary Avocations for the sake of Masonry, nor to involve himself in Quarrels with those who through Ignorance may speak evil of, or ridicule it.
He is to be a Lover of the Arts and Sciences, and to take all Opportunities of improving himself therein. […]« »Charge to new admitted Brethren«, in: *EMC*, S. 23f.

254 In seiner Darstellung der Entwicklung des Abendlandes vom Frühchristentum bis zur Gegenwart in Hinblick auf die Herausbildung wesentlicher Merkmale

nes Bürgertums begünstigt und der gesellschaftlichen Gemeinschaft die Möglichkeit eröffnet, ihre Binnenstruktur zu definieren. Marktwirtschaftliche Prinzipien und neue Produktionsmethoden, die Herausbildung einer anglikanischen Staatskirche, die verschiedene religiöse Strömungen zulässt, und der Abbau religiöser Spannungen durch das Gebot gegenseitiger Toleranz befördern die Ausweitung des Wahlrechts sowie die Ausdifferenzierung von Regierungsinstitutionen unter Einbeziehung bürgerlicher Gruppen. Das englische Recht gewinnt neue Bedeutung; seine Gesetze stellen fortan nicht mehr nur ein Regierungsinstrument dar, sondern werden zur Vermittlungsinstanz zwischen Regierung und Staatsbürgern, indem sie nicht nur Normen festschreiben und Strafen bei Nichteinhaltung festsetzen, sondern in ihnen auch Bürgerrechte verankert und verteidigt werden.

Mit diesen internen Differenzierungs- und Pluralisierungsprozessen des 17. Jahrhunderts geht auch eine Neubestimmung des Verhältnisses von Recht und Ethik einher, bei der Vereinigungen und Clubgemeinschaften als Orte eines möglichen Normenwandels eine besondere Bedeutung zukommt. »Ein Maurer ist als solcher verpflichtet, dem moralischen Gesetz zu gehorchen«, heißt es im ersten Satz der ersten Pflicht.[255] Damit emanzipiert sich die Vereinigung von den hegemonialen gesetzgebenden Instanzen, von Staat und Kirche, und verweist auf ihre eigenen, moralischen Gesetze in jenen, von staatlicher Kontrolle ausgesparten Bereichen des Lebens.

Die Privatisierung der Moral wird bereits in Thomes Hobbes' staatstheoretischer Abfassung *Leviathan* (1651) vorbereitet. Unter dem Eindruck der Glaubenskriege sieht Hobbes die Chance auf Sicherung eines dauerhaften Friedens in der Entpolitisierung jenes Gewissens ohne Außenhalt, das als ideologische Größe politischen Anspruch erhebt. Indem er das Gewissen durch den religiös nicht besetzten Begriff der Meinung (*opinion*) ersetzt, reduziert er es auf eine subjektive Gesinnung, eine private Absicht, und kann so die Religion in den privaten Innenraum verbannen. Es wird Bestandteil jenes von staatlichen Regelungen freigestellten Bereiches, in dem der Bürger nach eigener Vernunft entscheiden kann, was er für das Vorteilhafteste hält. Neben »der Freiheit des Kaufs und Verkaufs oder anderer gegenseitiger Verträge, der Wahl der eigenen

des modernen, westlichen Gesellschaftssystems ortet Parsons seine Wurzeln in Weber'scher Nachfolge im europäischen Christentum und sagt ihm die Fortsetzung seines weltumspannenden »Siegeszuges« voraus. Parsons entfaltet in seiner Systemanalyse den rationalen Kern dessen, was Ferdinand Tönnies in seiner deskriptiven Unterscheidung von Gesellschaft und Gemeinschaft aufdeckt. Parsons, System moderner Gesellschaften, S. 35.

255 »A Mason is oblig'd by his Tenure, to obey the moral Law […]« *Constitutions* (1723), S. 50.

Wohnung, der eigenen Ernährung, des eigenen Berufs, der Kindererziehung« ist nun also auch die Gesinnung »im Privaten frei«.[256] Das von staatlichem Recht entkoppelte religiöse Gewissen wird zur privaten Moral, und solange der Staatsbürger nicht gegen geltendes Recht verstößt, gibt sich der Souverän an seinem Privatleben uninteressiert.

In seinem *Brief über Toleranz* (1689) treibt Locke die Trennung von staatlichem Recht und den Rechten gottesdienstlicher Körperschaften voran und läutet so eine Zeit der Rechtsschöpfung ein, die eine anfängliche Teilung von Recht und Ethik markiert, ohne jedoch ihre enge Verquickung aufzuheben.

»Ein guter Lebenswandel, in dem der nicht geringste Teil der Religion und wahren Frömmigkeit besteht, geht auch die Obrigkeit an. Und in ihm liegt das Heil sowohl der Menschenseele wie auch des gemeinen Wesens. Moralische Handlungen gehören daher zur Rechtsprechung sowohl des äußeren wie des inneren Gerichtshofes, sowohl des bürgerlichen wie des privaten Lenkers – ich meine, sowohl der Obrigkeit wie des Gewissens. Hier besteht daher große Gefahr, daß die eine dieser Rechtsprechungen in die andere einbricht, und Zwiespalt zwischen dem Hüter des öffentlichen Friedens und dem Wächter der Seelen ausbricht.«[257]

In einem von staatlicher Macht abgetrennten zivilgesellschaftlichen Raum sieht John Locke Möglichkeiten der Ausübung subjektiver Freiheitsrechte an indifferenten, d.h. an jenen durch die Heilige Schrift weder als gut noch schlecht klassifizierten Dingen.[258] Darunter fielen auch Versammlungsform, Ausstattung und Art des Gottesdienstes einer jeden auf »Freiwilligkeit beruhenden Gesellschaft von Menschen [...], die sich nach eigner Vereinbarung zusammentun, um Gott in der Weise zu verehren, die sie als annehmbar für ihn und als wirksam für ihr Seelenheil betrachten«.[259] Es gilt das Prinzip der freiwilligen Mitgliedschaft, welches als einzige Alternative zur Normerfüllung den Austritt aus der Vereini-

256 Hobbes, Leviathan, II, Kap. 21, S. 165 u. II, Kap. 31, S. 276.

257 Locke, Toleranzbrief, S. 80ff.

258 »[...] daraus folgt nicht, daß die Obrigkeit über jedes gleichgültige Ding anordnen kann, was immer ihr gefällt. Das öffentliche Wohl ist Regel und Maß für alle Gesetzgebung. Wenn ein Ding ohne Nutzen für das gemeine Wesen ist, so mag es immer so gleichgültig sein, wie es will, es braucht doch nicht sogleich gesetzlich verordnet zu werden. [...] Dinge mögen ihrer eignen Natur nach noch so gleichgültig sein, so sind sie doch insofern als sie in die Kirche und die Verehrung Gottes eingeführt sind, dem Bereich der staatlichen Rechtsgewalt entzogen, weil sie in diesem Gebrauch keinerlei Verbindung mit bürgerlichen Angelegenheiten haben.« Ebd., S. 58f.

259 Lockes Definition von »Kirche«, Ebd., S. 19.

gung vorsieht.[260] Locke macht aber deutlich, dass innerhalb der Gemeinschaft Satzungen, Verfahrensregeln und feste Normen die notwendigen Voraussetzungen bilden, um erstens den Fortbestand einer solchen Gemeinschaft zu sichern und zweitens in ihrem Rahmen eine spezifische Ethik durchzusetzen. Er konstatiert, dass

»[...] keine Gesellschaft, wie frei sie auch immer sei, oder aus was für einem geringfügigen Anlaß immer sie gegründet sein mag, ob von Philosophen für gelehrte Studien, von Kaufleuten für Handelsbeziehungen, oder von Muße habenden Menschen für wechselseitige Unterhaltungen und Erörterungen, so kann auch, meine ich, keine Kirche (*church or company*) auch nur im geringsten bestehen oder zusammenhalten, sondern wird sich sogleich auflösen und in Stücke brechen, wenn sie nicht durch eine Anzahl von Gesetzen regiert wird, und alle Glieder einig sind, eine gewisse Ordnung zu bewahren. [...] da die Vereinigung der verschiedenen Mitglieder zu dieser kirchlichen Gesellschaft [...] durchaus frei und ungezwungen ist, so folgt, daß die Gesetzgebung in ihr niemandem zustehen kann als der Gesellschaft selbst, oder wenigstens (was dasselbe ist) denjenigen, die die Gesellschaft durch gemeinsamen Beschluß dazu autorisiert hat.«[261]

Private Gesellschaften funktionieren als freiwillige Zusammenschlüsse demnach überhaupt nur, wenn sie ihre Umgangsregeln selbst formulieren und deren Einhaltung durch eigene, interne Sanktionsmaßnahmen sichern können. Angesichts dieser auf Freiwilligkeit und Selbstbestimmtheit basierenden Form der Vergesellschaftung verbieten sich Nötigungselemente und die Androhung äußerer Zwangsmaßnahmen von selbst. Mit der Einführung des Gesetzes der gesellschaftlichen Anerkennung (*law of opinion or reputation*), welches Locke dem göttlichen und bürgerlichen Recht als dritten Normentypus zur Seite stellt und der anders als sie aber gerade nicht auf äußerem Zwang beruht, differenziert er Moral und Recht, ohne aber die Verquickung beider Bereiche gänzlich aufzulösen. Einerseits hebt er, um die Ethik nicht in positivem Recht aufgehen zu lassen, die Bedeutung des eigenen hedonistischen, d.h. dem Lustprinzip folgenden Präferenzverhaltens für die moralische Wertung hervor, andererseits rekurriert er auf zivile Sanktionen, um dem moralischen Gesetz normative Kraft zu verleihen.[262]

---

260 Parsons, Das System moderner Gesellschaften, S. 38.

261 Locke, Toleranzbrief, S. 21f.

262 Michael Franz: »Die Einheit von Pragmatik und Semantik in der Semiotik von John Locke«, Typoskript, S. 11 u. 15; vgl. auch ders., »Das Feld der Operationalität. Zur fundamentalen Rolle der Semiotik bei John Locke«, in: Das Laokoon-Paradigma. Zeichenregime im 18. Jahrhundert, hg. von Inge Baxmann, Michael Franz und Wolfgang Schäffner, Berlin 2000, S. 118-137.

Zur Sicherung der Autonomie des Schutzraumes kollektiver moralischer Selbstbestimmung, in dem diese Gesetze und Strafmaßnahmen gegen unerwünschten Fremdeinfluss und staatliche Kontrollen wirksam werden sollen, inszeniert die Gemeinschaft mit ihrem Geheimnis eine scheinbar unüberwindbare Hürde. Der Besitz besonderer Kenntnisse der Natur, mathematischen und mechanischen Wissens, das traditionell und zum Schutze der Allgemeinheit unter Verschluss gehalten wird – so umschreibt das eingangs dargestellte *Leland-Locke* Manuskript den Inhalt des Geheimnisses – soll einen Bannkreis um die Gemeinschaft ziehen. Die propagierte Exklusivität der Vereinigung dient nicht nur dem inneren Zusammenhalt und verhindert, dass Unbefugte Leistungen ihrer Sozialkassen in Anspruch nehmen, sondern soll auch vor staatlichem Zugriff schützen und die Autonomie der Gemeinschaft sichern. Das freimaurerische Geheimnis bildet die Grenzscheide zwischen Politik und Moral, gleichzeitig aber bereitet es die Rückkehr, oder besser, den Vorstoß des Neuen in die exoterische Sphäre öffentlichen Rechts vor, welches sich, sobald es einen gewissen Reifegrad erreicht hat, aus der Gemeinschaft heraus trägt.

Die Kraft, die Locke dem Gesetz der gesellschaftlichen Anerkennung und Missbilligung zuschreibt, überschreitet die Einflusssphäre bürgerlichen Rechts. Denn habe auch der Mensch im Zuge des Zusammenschlusses innerhalb einer staatlichen Gemeinschaft einen Großteil seines Einflusses abgegeben, so bliebe ihm doch jederzeit die Möglichkeit, günstig oder ungünstig von jemandem zu denken, fremdes Verhalten zu billigen oder zu missbilligen und so einen Maßstab moralischen Handelns zu etablieren

Die Freimaurer stellen ihre eigenen, geschlossenen Foren her, in denen sie geschützt und im Kreise Gleichgesinnter Selbstentwürfe erproben und ihrer gegenseitigen sozialen Wertschätzung Ausdruck verleihen, wo Identitäten vor und durch den prüfenden Blick signifikanter Anderer konstituiert werden. Ihr Zusammenschluss zu einer geschlossenen Gemeinschaft bedeutet nicht den gesellschaftlichen Rückzug. Vielmehr dienen die geschlossenen Zirkel der vorweggenommenen Erprobung von Selbstentwürfen, die in exoterischer Sphäre, d.h. im sozialen Alltag außerhalb des Logenhauses, Bestand haben sollen. Das gemeinschaftliche Geheimnis und die gesellschaftlichen Statuten sichern einen staatlicher Kontrolle entzogenen Freiraum, in dem neue Handlungsmuster erprobt werden können, um diese später öffentlich wirksam werden zu lassen.

Diese Wirksamkeit nach außen ist es aber gleichzeitig, die der ›Geheimgesellschaft‹ einiges Kopfzerbrechen bereitet. Es scheint Unsicherheit zu herrschen, inwieweit sie auf die Wirkung ihrer bloßen Handlungen vertrauen kann, um der Verbreitung ihres Anliegens der moralischen Verfeinerung der Gesellschaft gerecht zu werden. Die Vereinigung hat die Wahl zwischen einem Rückzug, der dazu dienen könnte, Kritikern so wenig Angriffsfläche wie möglich zu bieten, oder einer Liberalisierung der Kommunikation durch Publikationen in moralischen Wochen- und Monatsschriften. Beides sind kompromissbehaftete Wege und die interne Auseinandersetzung darüber, wie viel die Gemeinschaft von sich und ihren rituellen Tätigkeiten preisgeben sollte, dauert bis heute an. Geheimnis und forensisches Licht, Transparenz und Intransparenz – das sind die extremen Pole, zwischen denen sich die freimaurerische Ethik entfaltet.

Das Konzept des performativen Selbstentwurfes ist, wie das Locke'sche Personalitätsmodell der hier vorgestellten Lesart zeigt, mit Identitätskonzepten des 18. Jahrhunderts und dem darin enthaltenen Selbstregulierungsanspruch durchaus vereinbar, ist die tendenzielle Entsubstantialisierung des Identitätskonzepts doch nicht erst eine Errungenschaft der postmodernen Kultursituation.[263] Zu den historischen Vorleistungen, die in den geschichtlichen Kontext der Freimaurerbewegung im 18. Jahrhundert gehören und vielfältig wirksam geworden sind, gehört jene Locke'sche Neukonzeptionierung der Vorstellung persönlicher Identität, die in die grundlegende Infragestellung des metaphysischen Substanzbegriffs eingebettet ist.

Eine wichtige ethische Wertungsinstanz bleibt – neben der subjektiven Wendung im Sinne der Selbstzuschreibung von Handlungsabläufen – nach außen verlegt und fungiert als Maßstab für individuelle Selbstformungsprozesse. Von einem »punktförmigen Selbst«, wie es Charles Taylor etabliert und in seiner vermeintlich »radikal subjektivistischen Wendung« als ausdehnungslos im Bewusstsein verortet, kann hier kaum die Rede sein.[264] Die Konstitution des Selbst vollzieht sich nicht allein über Reflexionsprozesse, die als selbst evidentes, intuitives Wissen im Bewusstsein abgelegt werden, sondern das Handeln in einem sozialen Gefüge, in welchem die Person Anerkennung und Missbilligung erfährt, wird zur permanenten Revisionsgrundlage der persönlichen Charakter-

263 Eine Protagonistin dieser aktuellen Debatte ist zweifelsohne die Philosophin Judith Butler, die in der Genderforschung den von diskursiven Praktiken markierten und geformten Körper gegenüber der herkömmlich ahistorischen, materialistischen Kategorisierung von Geschlechterdifferenz stark gemacht hat. Identität ist ihres Erachtens keine biologistische Tatsache, sondern das Subjekt tritt erst in den wiederholenden und zitierenden Praktiken, in denen sich kulturelle Normen reproduzieren, in Erscheinung. Identität ist damit in hohem Maße performativ. Judith Butler: Körper von Gewicht. Die diskursiven Grenzen des Geschlechts, Frankfurt a.M. 1995.

264 Charles Taylor: Quellen des Selbst. Die Entstehung der neuzeitlichen Identität, Frankfurt a.M. 1999, S. 309f.

bewährung. Das Selbst ist abhängig von seiner Außenwahrnehmung durch die Öffentlichkeit und modifiziert seine Handlungsvollzüge auf der Grundlage öffentlichen Feedbacks, welches es erhält. Das forensische Licht erfasst den Körper und körperliche Kommunikationsabläufe. Die performativ ausgerichtete Ethik der Freimaurer basiert auf einem engen Zusammenspiel von innerem und äußerem Handeln, von Selbstreflexion und öffentlicher Erprobung von Handlungsweisen, von Moralität und Sitte.

Im Widerstreit von Verkörperung und Entkörperlichung. Zur kulturellen Codierung ritueller Darstellungen der Freimaurer

Zu den Bestrebungen der Freimaurerbruderschaft zählt bereits in der ersten Hälfte des 18. Jahrhunderts die geistige und moralisch-sittliche Vervollkommnung der Brüder und eine Modifikation ihrer Verhaltensschemata, d.h. die Ausbildung eines performativen Habitus, der sich über die Übungssituation der Logenarbeit hinaus verfestigt und im Alltag lebenspraktische Wirksamkeit erlangen soll. Dieser Habitus konstituiert sich

> »im und am Körper: er formt und äußert sich in Körperhaltung und Bewegungsstil, in einzelnen Handlungsvollzügen wie im gesamten Auftreten, in der Partizipation am sozialen Verkehr und in der Art und Weise, *wie* Beziehungen in einer *communication through action* ausagiert werden.«[1]

Die Freimaurerei verfolgt die Ausbildung einer festen charakterlichen Grundhaltung, die in der körperlichen Aktion erworben wird und darin gleichsam ihren ersten Ausdruck findet.[2]

Wie sehr diese *Kulturleistung-an-sich-selbst* auf ihre Inszenierung und symbolische Vermittlung angewiesen ist, wird deutlich am freimaurerischen Ritual. Will man die Formierung eines bürgerlichen Habitus als einen sympraktischen Zeichenprozess verstehen, so muss man auch jene kryptischen und symbolischen Handlungszusammenhänge befragen, welche den Prozess einleiten und begleiten. Im Folgenden soll es um eben dieses rituelle Erlebnis und seine Funktion im Kontext der freimaurerischen Habitusformung als Zeichenprozess gehen.

---

1 Michael Franz und Eleonore Kalisch: »*Cultural Performance* and *Semiotic Anthropology*. Zur Performativität der interkulturellen Übersetzung«, in: Kontaktzone Amerika. Literarische Verkehrsformen kultureller Übersetzung, hg. von Utz Riese, Heidelberg 2000, S. 305.

2 Eine ausführliche Auseinandersetzung mit dem Habituskonzept erfolgt im letzten Teil der vorliegenden Untersuchung unter der Kapitelüberschrift »Der freimaurerische Charakter und die Mechanismen seiner Formierung«.

Die Initiation - eine rituelle Ereignisproduktion

Die Bruderschaft der Freimaurer ist eine Initiationsgemeinschaft, in der ein neues Mitglied bei seiner Aufnahme in die Gemeinschaft ein ihm bis dahin unbekanntes Aufnahmeritual durchläuft. Die freimaurerische ›Lehre‹ ist in der Tradition der alten Zunftrituale in drei Stufen geteilt: den Lehrlings-, Gesellen- und Meistergrad. Diese Johannisgrade beinhalten im Wesentlichen alles, was die Freimaurerei ausmacht. Hochgrade vertiefen und schmücken ihre Inhalte durch zusätzliche Bezüge aus. In jedem der drei Johannisgrade – nur auf diesen wird im Folgenden das Augenmerk liegen – hält sich das Mitglied über eine festgelegte Zeitspanne auf, bis der Logenmeister ihn für reif befindet, in den nächsten Grad aufgenommen zu werden.[3] Beförderungsrituale gestalten die Übergänge in den jeweils nächst höheren freimaurerischen Grad und strukturieren die stufenweise Wissensaneignung. Diese drei Initiationen – das Aufnahmeritual und die zwei Beförderungen – durchschreitet ein jedes Mitglied in seinem Leben jeweils nur ein einziges Mal. Sie finden in der Regel jeweils an einem Logenabend statt, an dessen Ende der Kandidat die Veranstaltung als Angehöriger eines neuen Grades verlässt. Die Initiationsrituale der Freimaurer gelten als nicht wiederholbar und irreversibel in ihrer Wirkung auf den Kandidaten.

Die rituelle Einsetzung ist ein Verfahren, welches die Ernennung zum Mitglied als performative Äußerung in feste operationale Zusammenhänge stellt, die durch Verfahrensregeln, spezielle Kompetenzen und verbindliche praktische Konsequenzen gekennzeichnet sind.[4] Freimaurerische Aufnahme- und Beförderungshandlungen bedürfen eines speziell für den Anlass gestalteten Rahmens, fester Regeln des rituellen Handlungsvollzugs und einer Absicherung ihrer Befolgung, entweder durch die Androhung von Sanktionen oder eines Ausschlusses bei Zuwiderhandlung. Vor allem aber bedarf es eingeweihter und somit sachkundiger Brüder, die die Handlung am Initianden vollziehen. Indem das zum ›Bruder‹ ernannte neue Mitglied sich per Eid verpflichtet, seinem Handeln freimaurerische Maßstäbe anzulegen, erzeugt das Ritual, was es benennt. Die Machtdimension der Statuserhebung erweist sich also in konkreten Verhaltensanforderungen, die im sozialen Umgang fortan einzulö-

3 *L'Ordre des Francs-Maçons Trahi* (1745) nennt für den Lehrlingsgrad eine Zeitspanne von drei oder vier Monaten. Sechs Monate sollten verstreichen, bevor ein Kandidat vom Gesellen- in den Meistergrad überführt wird. Gleichzeitig wird eingeräumt, dass diese Zeitspannen nicht immer eingehalten würden. *EFE*, S. 71.

4 John Austin: Zur Theorie der Sprechakte (How to do things with words), Stuttgart 1989, S. 48f.

sen sind. Als sinnliches Erlebnis leistet das Ritual, wie im Folgenden zu sehen sein wird, in seiner Wirkung auf den Aufzunehmenden jedoch noch weitaus mehr.

Ein wesentlicher Bestandteil des Erlebnisses ist die vorherige Unkenntnis des Rituals, welches zu durchschreiten sich der Suchende dennoch bereit erklärt. Die freimaurerische Vereinigung inszeniert sich als Hüterin eines besonderen Wissens, welches sie nur nach eingehender Prüfung an ausgesuchte Personen zu überliefern bereit ist.[5] Erst wenn der Neuaufzunehmende im Mitbesitz dieses traditionellen Wissens ist, gilt er als vollwertiges Mitglied der Gemeinschaft.

Die Freimaurerei wird gemeinhin unter der Etikette der *geheimen Gesellschaft* geführt.[6] Geheim war jedoch, das beweisen öffentliche Auftritte wie Prozessionen und Umzüge und später repräsentative Bauten, nie ihre grundsätzliche Existenz. Die Brüderschaft bemüht sich lediglich um die Geheimhaltung des Ablaufs ihrer rituellen Arbeiten, ihrer Erkennungswörter und -griffe, und fordert deren Schutz von jedem Adepten während der Aufnahmezeremonie durch elaborierte und für Außenstehende martialisch anmutende Schwüre ein, die jede Form der spitzfindigen Umgehung dieses Verbotes ausschließen:

»Ich gelobe und schwöre hiermit in Gegenwart des allmächtigen Gottes und dieser ehrwürdigsten Versammlung, daß ich die Heimlichkeiten, oder das Geheimniß der Maurer oder Maurerei, so man mir offenbaren wird, hehlen und verbergen, und niemals entdecken will, es sey denn einem treuen und rechtmäßigen Bruder, nach gehöriger Erforschung, oder in einer rechten und ehrwürdigen Loge von Brüdern und Gesellen. Ich verspreche und gelobe ferner, daß ich selbige nicht schreiben, nicht drucken, nicht zeichnen, nicht stechen oder eingraben, noch selbige schreiben, drucken, zeichnen, stechen oder eingraben lassen will, es sey in Holz oder Stein, dergestalt, dass die sichtbaren Zeichen oder der Eindruck eines Buchstaben erscheinen, wodurch solches auch immermehr auf unrechtmäßige Art erlanget werde. Alles dies unter keiner geringeren Stra-

5 Ferdinand Tönnies macht die Kommunikationsstrukturen in seinen soziologischen Betrachtungen zum zentralen Unterscheidungsmerkmal von *Gesellschaft* und *Gemeinschaft*. Als Kommunikationsform der Gemeinschaft bestimmt er die traditionelle Überlieferung, bei der als wertvoll erachtete Erkenntnisse über das persönliche Meister-Lehrlings- oder Vater-Sohn-Verhältnis tradiert werden. Die traditionelle Überlieferung (oftmals mythologischen) Wissens, vermag die prüfende Vernunft und Kritik hinter jene Hierarchie und jene Autoritäten zurücktreten zu lassen, die die stufenweise Preisgabe gehüteten Wissens produziert. Tönnies, Kritik der Öffentlichen Meinung, S. 92f.

6 Siehe als eine der jüngeren Publikation, die diese Etikette öffentlichkeitswirksam im Titel trägt, den Katalog zur gleichnamigen Ausstellung: Geheime Gesellschaft. Weimar und die deutsche Freimaurerei, hg. von Joachim Berger und Klaus-Jürgen Grün, München, Wien 2002.

fe, als daß meine Gurgel abgeschnitten, meine Zunge aus dem Gaumen meines Mundes genommen, mein Herz unter meiner linken Brust heraus gerissen, so dann in dem Sande des Meeres, die Länge eines Cabeltaues weit von dem Ufer, wo die Ebbe und Flut in vier und zwanzig Stunden zweymal abwechselt, begraben, mein Körper zu Asche verbrannt, und meine Asche auf der Oberfläche des Erdbodens zerstreuet werde, damit also nicht das geringste Andenken von mir unter den Maurern übrig bliebe.

So wahr mir Gott helfe!«[7]

Das als Erkennungszeichen im Lehrlingsgrad ausgeführte Kehlzeichen, bei dem die rechte flache Hand mit abgewinkeltem Daumen am Hals entlang fährt und die Trennung von Kopf und Rumpf andeutet, bezieht sich auf eben diese symbolische Todesandrohung bei Verletzung des Verschwiegenheitseides. Wer sich des Verstoßes gegen den Schwur schuldig macht, dem verheißt der Verfluchungsteil den ›zweiten Tod‹ und damit die denkbar härteste symbolische Strafe. Die metaphorisch zu verstehende Androhung einer Zerteilung und Zerstreuung der Körperteile machten dem Täter eine ›Wiederauferstehung‹ unmöglich und die Bestrafung somit unumkehrbar. Der Vertrauensbruch hat den unwiderruflichen Ausschluss aus der Gemeinschaft zur Folge. In den Augen der Brüder ist der Eidbrüchige gestorben, sie werden ihn nicht mehr als einen der ihrigen wahrnehmen, geschweige denn sich seiner annehmen, wenn er sich in Not befindet, sondern ihn gemeinschaftlich aus ihren Gedächtnissen streichen.

Wer den rituellen Schwur ablegt, verpflichtet sich einer Geheimhaltung, die der operativen Zunft noch der Sicherung ganz pragmatischer wirtschaftlicher und arbeitsrechtlicher Interessen diente; erst dem Schutz bautechnischen Wissens und der statusgemäßen Entlohnung der Arbeiter, später den *Gentleman Masons* als Bindemittel innerhalb ihres Vergesellschaftungsrituals. Das geheime Einsetzungsritual setzt damit eine »dauerhafte Unterscheidung zwischen denen, die von diesem Ritus betroffen, und denen, die nicht von ihm betroffen sind«,[8] es trennt den Bruder vom ›Profanen‹. Mit dem Verschwiegenheitsgelübde geht jedoch auch eine Gleichsetzung von Geheimnis und rituellem Erlebnis einher. Als *Selbsterlebtes* wird ihm eine bleibende, dauerhafte Bedeutung für den gesam-

7 Prichard, Masonry Dissected, in: *EMC*, S. 161. Deutsche Übertragung zitiert nach: Samuel Prichard: Die zergliederte Freymaurerey worin eine allgemeine und richtige Beschreibung aller ihrer Aeste vom Anfang bis auf gegenwärtige Zeit enthalten wie solche in den aufgerichteten regulmäßigen Logen sowohl in der Stadt als auf dem Lande nach den verschiedenen Stufen der Aufnehmung verordnet worden, Frankfurt, Leipzig 1788, S. 10f.

8 Pierre Bourdieu: Was heißt Sprechen? Die Ökonomie des sprachlichen Tausches, Wien 1990, S. 84.

ten restlichen Lebenszusammenhang zugesprochen. Im Erlebnis schließt sich das Erlebte zu einem Sinnganzen zusammen und sichert sich so seine bleibende Bedeutung.

Wenn in der vorliegenden Studie der *Erlebnis*begriff aufgegriffen wird, dann wird hierbei eine spezielle, im Erfahrungshorizont der Freimaurer zu verortende Bedeutung zugrunde gelegt. Erlebnis soll im Folgenden als *Evidenzerfahrung* und *engrammatischer Effekt* des rituellen Vorgangs verstanden werden und ist von der Intensität des *Vollzugs* abhängig. Mit dem Begriff ›rituelles Erlebnis‹ werde ich – in Abgrenzung zum weitaus komplexeren und subjektzentrierten Erlebnisbegriff der Moderne – diese Gegenwärtigkeit des rituellen Ereignisses betonen, welches sich am Körper des Initianden vollzieht und in seiner prägenden Wirkung auf das körperliche Empfinden auch zur Grundlage zukünftiger ethischer Entscheidungen werden kann. Erlebnis in diesem Sinne steht nicht im Gegensatz zum Performativen;[9] vielmehr eröffnet erst das Performative den *gefühlsunmittelbaren Zugang* zur Zeichenwelt der Freimaurer, der über einen bloßen Dekodierungsvorgang hinausgeht und den Kern des hier gebrauchten Erlebnisbegriffs bildet.

Rituelle Körpererfahrung ist historiographisch nur über schriftliche Dokumente erfassbar. Die Mediävistin Caroline Walker Bynum hat vor dem Hintergrund ihres Faches eine umfassendere Theorie gefordert, die »den Körper nicht in Sprache/Diskurs auflöst«, sondern ihn als bedürfnisvollen, triebhaften und begierigen ins Zentrum stellt.[10] Philipp Sarasin reagierte auf ihre Frage nach einer unmittelbaren Körperlichkeit jenseits der Diskurse und kam zu der gegenteiligen Feststellung, dass der Körper immer ein Produkt historischer Umstände ist, ein Konstrukt kultureller Diskurse, die sich in den Körper einschreiben. Die performative Realisierung des Ichs folge kulturellen Leitbildern, einem kollektiven Imaginären, dessen symbolische Realisierungen und Codierungen es zu rekonstruieren und in ihrer Bedeutung zu bewerten gilt. Ein Riss entstehe lediglich dort, wo Symbole auf den widerständigen Körper treffen und sich dieser Vorgang nicht in Sprache auflösen lässt.[11]

9 Der Begriff des »Erlebten« wird bei Goethe beispielsweise erst durch die bewusste Trennung von Innen und Außen, die Statuierung ihres Gegensatzes durch den Rückfall auf die eigene Individualität und innere Erlebniswelt, möglich. Siehe Karol Sauerland: Diltheys Erlebnisbegriff. Entstehung, Glanzzeit und Verkümmerung eines literaturhistorischen Begriffs, Berlin, New York 1972, S. 11. Davon ist der von mir gebrauchte Begriff abzugrenzen.

10 Caroline Walker Bynum: »Warum das ganze Theater mit dem Körper?«, in: Historische Anthropologie. Kultur, Gesellschaft, Alltag, hg. von A. Lüdtke u. Hans Medick, 1 (1996), S. 1-33.

11 Philip Sarasin: »Mapping the body. Körpergeschichte zwischen Konstruktivismus, Politik und ›Erfahrung‹«, in: Historische Anthropologie. Kultur, Gesellschaft, All-

Die Freimaurerei macht eben diese unübersetzbaren, individuellen Empfindungen zu Auslösern eines Selbstformungsprozesses. Rekonstruktionen ritueller Vollzüge können immer nur Annäherungen sein, die der Durchführung und dem Ausgang eines Rituals jenes Maß an Offenheit zugestehen, das den jeweiligen historischen Gegebenheiten und Situationen geschuldet ist. Schließlich ist das Ritual als *Cultural Performance* nicht gleichzusetzen mit jenen Regeln oder liturgischen Anweisungen, die ihren Rahmen stecken.[12]

Freimaurerische Enthüllungsschriften

Durch den privilegierten Erlebniszugang inszeniert sich die Freimaurerei für Außenstehende als eine ›Geheimkunst‹, die anders als über das Erleben nicht lehr- und mitteilbar ist. Es ist das oberste Gebot der Gemeinschaft, sowohl die Rituale selbst als auch ihre Wirkung auf diejenigen, die sie durchlaufen, als Geheimnis der Gemeinschaft streng zu hüten. Im Laufe des 18. Jahrhunderts erscheint dennoch – dem freimaurerischen Verschwiegenheitsgebot zum Trotz – eine ganze Reihe von Publikationen, die der Öffentlichkeit eine wahrheitsgetreue Wiedergabe der geheimen Rituale der Freimaurer in Aussicht stellen. Eine der einflussreichsten von ihnen ist die am 20. Oktober 1730 in der Londoner Tageszeitung *Daily Journal* inserierte freimaurerische Enthüllungsschrift eines gewissen Samuel Prichard mit dem Titel *Masonry Dissected*, welche dem interessierten Leser in einer kurzen Anzeige zum Kauf angeboten wird. Die Enthüllungsschrift publiziert erstmalig das neue, auf drei Initiationsstufen erweiterte Ritual der *Premier Grand Lodge*, welches sich in den zwanziger Jahren des 18. Jahrhunderts herausgebildet hat und für den

tag, hg. von Valentin Groebner, Rebekka Habermas und Hans Medick, 3 (1999), S. 437-451.

12 Siehe dazu Victor W. Turner: The Ritual Process. Structure and Anti-Structure, New York 1969 und ders.: From Ritual to Theatre. The Human Seriousness of P*lay*, New York 1982.
Über konkrete Inszenierungsqualitäten bzw. das Ge- oder Misslingen eines Rituals auf der Grundlage seiner schriftlichen Überlieferung zu urteilen, ist nahezu unmöglich und ein wissenschaftliches Dilemma, mit dem sich jede Forscherin und jeder Forscher konfrontiert sieht, die/der sich mit historischen Ritualen beschäftigt. Man ist auf jene freimaurerischen Erfahrungsberichte angewiesen, die es leider nur allzu spärlich gibt und die sich – das zeigen die wenigen, *die* es gibt – nicht notwendigerweise mit heutigen Erfahrungen decken. Von eingeweihten Mitgliedern vielfach zur Voraussetzung freimaurerischer Ritualforschung erhoben, bergen persönliche Erfahrungen vielleicht ihm Gegenteil sogar die Gefahr, den Blick auf den historischen Gegenstand in einer ahistorischen Projektion einzufärben.

Club of Gentlemen fortan charakteristisch sein wird. Nach seiner Erstveröffentlichung im Oktober 1730 bleibt der Prichard'sche Katechismus für über dreißig Jahre in England nahezu konkurrenzlos und gilt zu einer Zeit, in der es kein autorisiertes schriftliches Ritual gibt, als inoffizielles Standardritual,[13] das auch die Logenaktivitäten auf dem Kontinent bestimmen sollte.

Samuel Prichards *Masonry Dissected* (1730)

Der umfangreiche Untertitel Prichards verspricht: *A Universal and Genuine Description Of all its Branches from the Original to this Present Time. As it is deliver'd in the Constituted Regular Lodges Both in City and Country, According to the Several Degrees of Admission. Giving an Impartial Account of their Regular Proceeding in Initiating their New Members in the whole Three Degrees of Masonry* [...]. Und tatsächlich zeigt ein Abgleich mit älteren freimaurerischen Konstitutionspapieren, dass der Autor – im Unterschied zum Großteil der Verfasser anderer Enthüllungsschriften – die Wurzeln der Vereinigung eingehend studiert hat und mit ihren Ritualen bis ins Detail vertraut ist.[14] *Masonry Dissected* ist nicht das Werk eines Eindringlings, der, nachdem er sich einmalig unbefugt in die Gemeinschaft hat einschleichen können, geheimes Wissen in bare Münze verwandelt. Dafür ist sein Wissen zu präzise und zu umfangreich, seine Enthüllungstaktik zu widersprüchlich. Samuel Prichard ist ein reguläres Mitglied der *Free and Accepted Masons*. Dies belegt ein Eintrag in dem Protokollbuch der Londoner Loge *Swan and Rummer' Tavern* in der Finch Lane, deren Gast er am 25. September 1728 ist. Dort weist er sich als Mitglied der Loge *Harry ye VIII Head* in der St. Andrew's Street aus, welche die Großloge in ihrer Liste regulär konstituierter Logen vom 25. November 1725 führt.

Der Besuch in der *Swan and Rummer' Tavern* ist – neben dem Nachweis von Prichards Logenzugehörigkeit – noch aus einem anderen Grund von Interesse, zum einen, weil die Protokollbücher dieser Loge eine ganze Reihe angesehener Besucher verzeichnen, zum anderen, weil

---

13 Vgl. Einführung zu *EMC*, S. 2. Verschiedene Theorien bestimmen die Entstehung des Drei-Grad-Systems der *Gentleman Masons* und bemessen den schottischen und englischen Anteil innerhalb seiner Genese unterschiedlich. Siehe dazu beispielsweise Lionel Vibert: »The Development of the trigradal system«, in: The Collected Prestonian Lectures 1925-1960, hg. von Harry Carr, London 1967, S. 31-45 oder Jan A.M. Snoek: »The earliest development of masonic degrees and rituals: Hamill versus Stevenson«, in: The Social Impact of Freemasonry on the Modern Western World (The Canonbury Papers 1), hg. von Matthew D.J. Scanlan, London 2002, S. 1-19.

14 Harry Carr: »An Introduction to Prichard's Masonry Dissected«, in: *AQC* 94 (1981), S. 107-118, hier: S. 109ff.

sie zu den ersten Logen gehört, die einen dritten Grad bearbeiten.[15] Zwischen beiden Beobachtungen besteht zweifelsohne ein Zusammenhang, denn die rituelle Neuerung sorgt für reges Interesse in Freimaurerreihen. Es wird mehrfach um Erlaubnis gebeten, an den Zusammenkünften der Loge in der *Swan and Rummer' Tavern* teilnehmen zu dürfen, um die neuen Rituale, welche die bisherigen an Einfallsreichtum und Dramatik übertreffen sollen, kennen zu lernen.

Die Haltung des Autors zur Vereinigung und der Grund seines Bruchs mit dem freimaurerischen Verschwiegenheitseid sind auf den ersten Blick undurchsichtig. Dem Vorwurf des Eidbruchs entledigt sich Prichard nonchalant mit dem Verweis auf vorhergehende Publikationen, die jedoch – so merkt Harry Carr zu Recht an – dem Prichard'schen Text in seiner Genauigkeit weit nachstehen. Prichard widmet seine Schrift eingangs der *Rt. Worshipful and Honourable Fraternity of Free and Accepted Masons*, in deren Dienst er sich als »gehorsamster und demütiger Diener« (*most obedient humble servant*) zu stellen vorgibt. Sein Anliegen, mit der unparteiischen Beschreibung das Ansehen der Vereinigung zu stärken, bekommt jedoch hinsichtlich der nachfolgenden kritischen Bemerkungen, die in der Warnung vor der »verderblichen« Vereinigung und ihren lächerlichen Geheimnissen kulminieren, einen ironischen Unterton. Sieht man sich die ins Feld geführten Kritikpunkte genauer an, so wird deutlich, dass sich Prichards Unmut nicht gegen die Freimaurerei in ihrer Gänze richtet. Der Autor wendet sich vielmehr gegen Modernisierungen des »old fabrick« der Freimaurerei, das Verlassen ihrer traditionellen Wurzeln und die Schaffung scheinbar willkürlicher Regeln und Bürokratismen, die der Geldschneiderei dienten. In der *Author's Vindication* berichtet er von einigen angenommenen Mitgliedern der ältesten Londoner Loge, denen bei einem Besuch einer anerkannten Loge Londons der Eintritt verwehrt wurde. Begründet wurde dies mit dem Hinweis, dass ihre alte Loge das Haus gewechselt habe und alte Mitglieder nur vorbehaltlich einer regulären Neukonstituierung mit eleganten Zeremonien und der Abgabe von zwei Guineen bei ihnen als Gäste aufgenommen werden könnten. Prichard meldet angesichts dieser ungerechtfertigten Kostenverursachung zudem Zweifel an, ob die erhobenen Gebühren tatsächlich immer karitativen Zwecken zugeführt werden. Er vermutet, dass sie lediglich der Durchsetzung weiterer, unliebsamer Modernisierungsmaßnahmen dienen würden.

Als weiteres Beispiel für den willkürlichen Verlust des Besuchsprivilegs führt Prichard die Beschwerde eines Bruders ins Feld, welchem, weil er die monatlichen Beiträge nicht mehr zahlen konnte, die Mitgliedschaft abgesprochen wurde. Daraufhin durfte er nicht einmal mehr als

15 Ebd., S. 108.

Besucher an den Treffen der Vereinigung teilnehmen und es wurde ihm unrechtmäßig der Zugang zu jenen Geheimnissen verwehrt, für die er im Rahmen seiner Aufnahmegebühr bereits gezahlt hatte. Die Vehemenz, mit der Prichard vor »solch einer verderblichen Gesellschaft« (*such a pernicious society*) warnt, die den Brüdern das Geld aus der Tasche zieht, könnte die Vermutung nahe legen, dass er selbst mit eben diesen Gesetzen in Konflikt geraten ist und die persönliche Kränkung den Anlass gibt, den neuen, geschäftstüchtigen Bürokraten in der Vereinigung das Handwerk zu legen. Gleichzeitig ist er ein überzeugtes Mitglied, das versucht, dem von ihm favorisierten Ritual zum Durchbruch zu verhelfen.

Verstößen gegen das strikte Aufzeichnungsverbot dieser Art verdankt die Forschung erst die Existenz historischer Ritualtexte. Zwar war die schriftliche Fixierung von Ritualen in England ausdrücklich untersagt, man benötigte aber dennoch zum einen aufgrund formaler Änderungen und Ergänzungen, wie zum Beispiel die Einfügung des Hirammythos in das Ritual des Meistergrades, zum anderen aufgrund des schnellen Mitgliederwachstums und der Ausbildung neuer Logen sowohl auf den britischen Inseln als auch auf dem Kontinent gedruckte Rituale als Skripte und *aides mémoires*. Um das Schweigegelübde nicht zu brechen, tarnte man diese Ritualpublikationen in einem typisch britischen Doppelspiel als vermeintlich unrechtmäßige Enthüllungsschriften. Es ist davon auszugehen, dass aus diesem Grund neben einer geringen Zahl echter Verräterschriften enttäuschter ausgetretener Maurer, die sich eines großen Absatzmarktes bei Neugierigen erfreuten und ihnen und ihren Verlegern Profit versprachen, vor allem von freimaurerischer Seite eine erstaunliche Anzahl von Ritualtexten als Verräterschriften getarnt und publiziert wurden. Diese den Logen als Textbücher dienenden Drucke sollten die rituellen Arbeiten der unter einer Großloge zusammengeschlossenen Logen homogenisieren und die rituellen Vollzugsformen, welche mittlerweile aufgrund der stetig wachsenden Mitgliederzahlen und der Unterhaltung von Tochterlogen auf dem Kontinent nicht mehr allein mündlich weitergegeben werden können, übermitteln.[16]

Samuel Prichards *Masonry Dissected* ist als eine solche *Pseudo-Exposure* einzustufen, die als inoffizielles Textbuch zum einen eine akkurate Verbreitung des Rituals ermöglichen und zum anderen beliebigen, modernisierenden Wucherungen vorbeugen sollte. Die junge Großloge muss sich von der Publikation – obwohl diese eventuell inoffiziell von ihr in Auftrag gegeben wurde – notgedrungen, um dem Eidbruch nicht Tür und Tor zu öffnen und sich selbst über den Verstoß unglaubhaft zu machen, distanzieren. In ihrer *Quarterly Communication* vom 15. De-

16 Vgl. Jan A. M. Snoek, »Die historische Entwicklung der Auffassungen über Geheimhaltung in der Freimaurerei«, in: *AQC* 40 (2003), S. 51-59.

zember 1730 verurteilt sie Prichard als Hochstapler, verbindet ihre Rüge aber mit einer relativ unaufgeregt wirkenden Warnung vor unliebsamen Eindringlingen und mahnt die Einführung einer Patenschaft für besuchende Brüder an.[17]

Prichards Text ist für die Geschichte ritueller Arbeiten der Freimaurer im 18. Jahrhundert von besonderer Bedeutung. Sie publiziert erstmalig das elaborierte Drei-Grad-System der Londoner *Gentleman Masons*, welches den Kern der rituellen Zusammenkünfte bis zum heutigen Tag ausmacht, und ist aufgrund der eingehenden Kenntnisse des Autors besonders aufschlussreich für die zeitgenössische Ritualpraxis. Die Schrift tritt einen eindrucksvollen Siegeszug durch England sowie das von der anglisierenden Mode betroffene Festland an und bleibt viele Jahre konkurrenzlos. Davon zeugen mehr als dreißig Auflagen und zahlreiche Übersetzungen.

Prichards Text enthält keine beschreibenden Texte, sondern ist durchgängig in Fragen und Antworten eines bereits initiierten Bruders gefasst, die lediglich Rückschlüsse auf den tatsächlichen Verlauf des Rituals zulassen. Vergleichsstudien legen nahe, dass der Text unvollständig ist und eine Schilderung des tatsächlichen rituellen Ablaufes um 1730 nur unter Einbezug ergänzender Texte möglich ist.[18] Und selbst dann bleibt sie spekulativ. Will man die Rituale der *Premier Grand Lodge* für die Mitte des 18. Jahrhunderts annähernd rekonstruieren, so ist neben Samuel Prichards *Masonry Dissected* (1730) eine in Amsterdam erschienene französischsprachige Publikation aus dem Jahre 1745 mit dem Titel *L'Ordre des Francs-Maçons Trahi* von besonderem Interesse, von der man annimmt, dass diese die rituelle Praxis jener Logen, die der *Premier Grand Lodge* unterstehen, wiederzugeben vermag.

---

17 In dem Statement der Großloge zum Vorfall heißt es: »The Deputy [Grand] Master [Desaguliers] took notice of a Pamphlet lately published by one Pritchard [sic!] who pretends to have been made a regular Mason: In Violation of the Obligation of a Mason wch he swears he has broke in order to do hurt to Masonry and expressing himself with the utmost Indignation against both him (stiling him as an Impostor) and of his Book as a foolish thing not to be regarded. But in order to prevent the Lodges being imposted upon by false Brethren or Impostors: Proposed … that no person whatsoever should be admitted into Lodges unless some Member of the Lodge then present would vouch for such visiting Brothers being a regular Mason, and the Member's Name to be entred against the Visitor's name in the Lodge Book, which Proposal was unanimously agreed to.« *Quarterly Communication* der *Grand Lodge*, 15. Dezember 1730, zitiert nach: Carr, »Introduction to Prichard's Masonry Dissected«, S. 107f.

18 Vgl. dazu die Anmerkungen zu Prichards Katechismus in Knoop, Jones and Hamers Einleitung zu den *EMC*, S. 20ff.

L'Ordre des Francs-Maçons Trahi (1745)

Die Freimaurerei wird in den dreißiger Jahren des 18. Jahrhunderts in Frankreich populär. Grundlage der Gestaltung ritueller Arbeiten sind auf dem Kontinent zunächst französischsprachige Übersetzungen von Prichards *Masonry Dissected.* Wie bereits erwähnt, liefert die Schrift jedoch kaum eine hinreichende Grundlage für die Ausübung und verlässliche Übermittlung freimaurerischer Rituale, wie man sie auf dem Kontinent einzuführen gedenkt. Neue Ritualbücher, die die rituellen Praktiken und Zeremonien der Vereinigung, die Initiation entlang einer speziellen Fußbodenzeichnung, den Erwerb und die Überprüfung ihrer Erkennungszeichen, ihre Symbole und Katechismen sehr viel ausführlicher darlegen, sollen Abhilfe schaffen.

L'Ordre des Francs-Maçons Trahi (1745) ist eine umfangreiche Kompilation jener Informationen und Erläuterungen, die vonnöten sind, um freimaurerische Rituale nach englischem Vorbild zu praktizieren. Die Ausführlichkeit und Explizitheit der Beschreibungen soll neu konstituierten Logen, allen alten und neuen Mitgliedern des Bundes, in Frankreich den Zugang zum Ritual erleichtern und die Praxis vereinheitlichen. Die Schrift ist zugleich – das macht sie in unserem Kontext besonders interessant – eine wichtige Informationsquelle für die Rekonstruktion der Rituale jener in England unter der Konstitution der *Premier Grand Lodge* arbeitenden Logen,[19] die ihre rituelle Praxis selbst nicht weiter offen legt.

Der Autor, der in der französischen Originalausgabe nicht namentlich in Erscheinung tritt, präsentiert sich als ein von kritischer Neugier getriebener Eindringling in die Gemeinschaft, der die Arglosigkeit einiger Brüder ausgenutzt hat, um an jene geheimen Informationen zu gelangen, die ihm die Einführung in eine Loge eingebracht haben. Er versteht es, sich als Experte mit zehnjähriger freimaurerischer Erfahrung darzustellen, der jedoch dem freimaurerischen Eid nicht verpflichtet ist und dementsprechend im Zuge seiner Enthüllungen nicht gegen ihn verstößt. Mittlerweile fühle er sich jedoch den Mitgliedern des Bundes, deren Tugend und persönliche Eigenschaften er auf besondere Weise schätzen gelernt habe, freundschaftlich verbunden und sehe sich verpflichtet, alles zu tun, um die Gemeinschaft vor »nichtswürdigen Taugenichtsen« zu schützen, die sie »verunehren«.[20] Derart als ›Verräterschrift‹ getarnt, publiziert

19 Dass das hier abgedruckte Ritual tatsächlich dem englischen Ritual entsprach, bestätigt auch die Schrift *Solomon in all his Glory* (1766), eine englische Übersetzung von Thomas Wolsons *Le Macon Démasqué* (1751). Würden die hier abgedruckten Rituale stark von den englischen abweichen, wäre eine englischsprachige Übersetzung für den Gebrauch auf den britischen Inseln wenig sinnvoll gewesen.

20 Anonymus [Gabriel Louis Calabre Pérau]: Der verrathene Orden der Freymaurer, und das offenbarte Geheimnis der Mopsgesellschaft, Reprografischer Nachdruck

er »die Geheimnisse des sehr geheimen, sehr alten und sehr ehrwürdigen Ordens der Freymaurer« in geradezu glorifizierenden Weise. Dabei ist er bemüht, sich selbst nicht als eidbrecherisch und unehrenhaft zu diskreditieren und gleichsam keinen Zweifel an seiner freimaurerischen Kompetenz aufkommen zu lassen.

Die unter dem Titel *L'Ordre des Francs-Maçons Trahi* publizierte Sammlung besteht zu großen Teilen aus zwei, wenige Jahre zuvor publizierten, Schriften: *Le Secret des Francs-Maçons* (1742) des Abbé Gabriel Louis Calabre Perau und *Le Catechisme des Francs-Maçons* (1744) von Louis Travenol (publiziert unter dem Pseudonym Leonard Gabanon). Diese wurden von dem Kompilator an einigen Stellen lediglich korrigiert und um einige relevante Erläuterungen zu den Zeichen und geselligen Bräuchen der Gemeinschaft ergänzt.[21] Wer hinter dieser Neuzusammenstellung steht und als Autor für die hinzugefügten Texte verantwortlich zeichnet, bleibt ungeklärt.[22] Wichtig aber ist, dass hier der Versuch unternommen wurde, durch eine kompakte Zusammenstellung der gelungensten Beschreibungen zeitgenössischer freimaurerischer Praxis ein Handbuch für den praktischen Gebrauch zusammenzustellen. Die hohe Akzeptanz der Schrift bei nachfolgenden Autoren belege, so Harry Carr, die Akkuratheit und Verbindlichkeit ihrer Beschreibungen für diesen Zeitraum.[23]

Die Inszenierung symbolischer Erlebnisräume

Die Loge bildet einen heterotopischen, d.h. einen utopisch aufgeladenen, aber wirklichen und vor allem wirk*samen* Ort innerhalb der Gesellschaft, ein sozio-symbolisches Widerlager des Alltäglichen mit eigenen Ein-

der Ausgabe Frankfurt und Leipzig 1745, mit einem Nachwort herausgegeben von Anselm Maler, Habichtswald 2000, Vorrede.

21 »Das offenbarte Geheimnis der Mopsgesellschaft«, welches Bestandteil der Schrift ist und die Rituale einer pseudo-freimaurerischen Vereinung für beide Geschlechter beschreibt, wird hier bewusst außer acht gelassen, weil sie für die Rekonstruktion freimaurerischer Praxis in diesem Kontext nicht relevant ist.

22 Einige Übersetzungen geben Abbé Perau als Autor der gesamten Schrift an. Das Vorwort der unter dem Abbé Larudan publizierten Enthüllungsschrift *Les Francs-Maçons Ecrasés* (1747) gibt an, eine Nachfolgepublikation von *Le Trahi* und des gleichen Autors zu sein. Beide Annahmen werden von Harry Carr in seiner Vergleichsstudie überzeugend widerlegt. *EFE*, S. 231f.

23 Ebd. Da für den britischen Raum so gut wie keine Bilddarstellungen ritueller Arbeiten überliefert sind, diese aber für die Untersuchung der rituellen Körperinszenierungen besonders instruktiv sind, erlaube ich mir, später einige französische Abbildungen in meine Überlegungen einzubeziehen, auch wenn sie in einigen wenigen Punkten von den britischen *proceedings* abweichen.

und Austrittsmodi.[24] Der Aufnahme eines neuen Mitglieds gehen einige vorbereitende Schritte voraus. In *L'Ordre des Francs-Maçons Trahi* (1747) heißt es dazu:

»Wenn man dazu gelangen will, als ein Freimaurer aufgenommen zu werden, so muß man anfänglich einem oder dem andern von diesem Orden bekannt sein, welchem das leben und die Sitten des Aufzunehmenden gnüglich beiwohnen, damit er damit stehen kann. Derjenige, welcher disen Dienst über sich nimmt, giebet anfänglich den Brüdern von seiner Loge von den guten Eigenschaften der Person Nachricht, welche in die Bruderschaft aufgenommen zu werden verlanget: nach der Antwort der Brüder, wird der Aufzunehmende sich vorzustellen zugelassen.«[25]

Der Neuaufzunehmende soll die Loge mindestens einmal aus freien Stücken aufgesucht haben und anschließend von einem der Brüder in geöffneter Loge vorgeschlagen worden sein. Die Loge behält sich den Zeitraum von einem Monat für die Prüfung »Suchender« vor,[26] bei welcher festgestellt werden soll, ob sie die in den Statuten an neue Mitglieder erhobenen Voraussetzungen erfüllt, ob sie »gute und treue Männer sind, frei geboren und von reifem und besonnenem Alter, keine Leibeigenen, keine Frauen, keine unmoralischen oder anstößige Menschen, sondern von gutem Rufe« sind.[27]

Während des darauf folgenden Logentreffens stimmen die Brüder dann über seine Aufnahme in einem *Ballotting*-Verfahren ab, bei dem weiße und schwarze Kugeln zum Ausdruck der Zustimmung oder Ablehnung in einen Behälter gegeben werden. Sind sämtliche Kugeln weiß, gilt die Aufnahme des Kandidaten als beschlossen. Bereits *eine* abgegebene schwarze Kugel aber wird als Indiz einer nicht einmütigen Stim-

24 Michel Foucault: »Andere Räume«, in: politics/poetres, das buch zur documenta X (Ausstellungskatalog), Kassel 1997, S. 265f. u. 270; siehe auch ders.: Die Heterotopien/Der utopische Körper. Zwei Radiovorträge. Zweisprachige Ausgabe, übersetzt von Michael Bischoff, mit einem Nachwort von Daniel Defert, Frankfurt a.M. 2005.

25 Le Secret des Francs-Maçons (1744), in: *EFE*, S. 66. Deutsche Übersetzung nach: Anonymus [Gabriel Louis Calabre Pérau]: Der verrathene Orden, S. 35.

26 Nr. V von George Paynes *General Regulations* (1720), in: *Constitutions (1723)*, S. 59.

27 »[...] good and true Men, free-born, and of mature and discreet Age, no Bondmen, no Women, no immoral or scandalous Men, but of good Report.« Charge III. »Of Lodges«, in: *Constitutions (1723)*, S. 51. Paynes *General Regulations* (1720) schreiben ein Mindestalter von 25 Jahren für eine Aufnahme vor. Ebd., S. 59.

mungslage gewertet.[28] Lassen sich die Bedenken jenes Mitglieds, das die schwarze Kugel abgegeben hat, nicht ausräumen und keine einvernehmliche Entscheidung aller Logenmitglieder herstellen, lehnt die Loge das Aufnahmegesuch ab,

»[…] weil die Mitglieder eine bestimmten Loge, darüber am Besten urteilen können; und würde ihnen ein spalterisches Mitglied aufgebürdet, könnte dies ihre Harmonie zerstören, sie in ihrer Freiheit beeinträchtigen oder sogar die Loge zerbrechen und zu ihrer Auflösung führen, was alle guten und treuen Brüder verhindern sollten«.[29]

Von jedem neuaufgenommenen Bruder wird erwartet, dass er die Loge »neu einkleidet« *(to decently cloath the Lodge)*, was bei den *Stonemasons* bedeutete, alle anwesenden Brüder mit neuen Arbeitshandschuhen und -schurzen zu versehen. Unter *Gentleman Masons* jedoch heißt dies, seine Aufnahmegebühr von einundhalb Guinea und den ersten Vierteljahresbeitrag an den Schatzmeister zu zahlen, nach der Aufnahme für die Brüder ein Essen auszurichten und nicht zuletzt einen Obolus von fünf Schillingen an die Sozial- und Armenkasse zu entrichten.[30] Der Kandidat unterzeichnet die Konstitutionen der Bruderschaft und verpflichtet sich damit, den darin formulierten Pflichten von nun an nachzukommen und ihren Regeln Folge zu leisten, »und allen anderen guten Bräuchen, mit denen sie zu gegebener Zeit vertraut gemacht werden«.[31]

Mit der Zugangsbeschränkung zur Gemeinschaft und Abgeschiedenheit ihrer rituellen Handlungen unter dem Schutz des Geheimnisses schafft die Freimaurerei einen Ort »außerhalb aller Orte, wiewohl er tatsächlich geortet werden kann«.[32] Eine spezifische rituelle Zeitansage rahmt die Handlung und kennzeichnet sie als eine Gegenplatzierung zum ›Profanen‹. In den Katechismen findet sich ein Hinweis auf diese rituelle Zeit am Ende des Lehrlingsrituals, welches mit der Frage »What's a

28 Diese Regel kann von Loge zu Loge differieren, da eine jede befugt ist ihre eigenen *bye-laws* aufzustellen. So kann es sein, dass in einer anderen erst zwei oder gar drei zur Ablehnung führen. Calcott, Candid disquisitions, S. 204f.

29 »[...] because the Members of a particular Lodge are the best Judges of it; and if a fractious Member should be impos'd on them, it might spoil their Harmony, or hinder their Freedom; or even break and disperse the Lodge; which ought to be avoided by all good and true Brethren« Nr. VI von George Paynes *General Regulations* (1720), in: *Constitutions (1723)*, S. 59.

30 Calcott, Candid Disquistions, S. 204f.

31 »[...] and to such other good Usages as shall be intimated to […] [him] in time and Place convenient.« Nr. VII von George Paynes *General Regulations* (1720), in: *Constitutions (1723)*, S. 60.

32 Eine Formulierung Michel Foucaults zur Definition der *Heterotopie*. Michel Foucault, »Andere Räume«, S. 265.

clock?« endet und mit der Auskunft »High Twelve« beantwortet wird. Eröffnet würde die Loge dementsprechend um »Twelve«. Mit dem Verweis auf die nächtliche Stunde grenzt die Bruderschaft ihre Zusammenkünfte bewusst vom ›Tagesgeschäft‹ ab und etabliert eine eigene Sphäre des Sakralen.[33] Sie öffnet mit der Einführung einer rituellen Zeit einen eigenen, temporären Erfahrungsraum in realen öffentlichen Räumen, die entweder wie Gaststätten und Tavernen primär anders genutzt werden, oder in eigens für sie entworfenen und errichteten Versammlungsstätten, die auch anderen Veranstaltern zur Verfügung gestellt werden.[34] So entstehen »doppelt besetzte Räume«, in denen erst die Präsenz und das ordnungsgemäße Arrangement der vorgeschriebenen Requisiten sowie die feierliche Anwesenheit der Brüder den notwendigen Rahmen für eine Aufnahme- oder Beförderungsarbeit bilden.

Voraussetzung für das rituelle Erlebnis ist also die Inszenierung geeigneter Umgebungen, in denen rituelle Erfahrungen gemacht werden können. Dies ist keine leichte Aufgabe, denn die rituelle Sphäre ist der ›profanen‹ Realität ein schwacher Rivale, der besonderen Schutzes bedarf. In freimaurerischen Erlebnisberichten stoßen wir auf Schilderungen verschiedener Bedrohungen dieser akribisch inszenierten, symbolisch angelegten Realitätskonstruktion durch Einbrüche des ›Profanen‹ als Ausdruck einer *brute-force* Realität.[35] Der Autor der *Ansichten eines tiefeingeweihten Freimaurers* aus dem Jahre 1817 schildert einen störenden Zwischenfall während seiner Aufnahme:

»Der Tag der Aufnahme kam. Ich wurde gegen fünf Uhr des Abends in das Logenhaus beschieden. Unten an der Thüre erwartete mich ein dienender Bruder, der bei mir verweilte, weil ich ein wenig zu früh gekommen war. Da stand ich neben ihm stumm und in mich gekehrt; und da auch er nicht sprach, so kam ich mir vor, wie ein Soldat, der, von einem Unteroffizier begleitet, zur Execution geführt wurde, und so lange warten mußte, bis ein anderer abgeprügelt war.

33 Spätere Ritualsysteme werden das System der rituellen Zeit weiter ausbauen und verfeinern. Siehe dazu meine Magisterarbeit: Identität – Verwandlung – Darstellung. Das Freimaurer-Ritual als *Cultural Performance*, Innsbruck 2002, S. 54f. u.56f.

34 Sandbys und Soanes Entwürfe spezieller Freimaurerhallen, in denen sich die utopischen Entwürfe realisieren können und somit eine feste Heimat bekommen, sind die besten Beispiele dafür. Siehe die Darstellung der Soane'schen Halle in einer Nachtvariante, bei der der Raum für den Logenabend eingerichtet ist, und einer Tagversion, in welcher der Raum allen freimaurerischen Einrichtungsgegenständen entkleidet wurde (SM P216). In: Dorothy Stroud: Sir John Soane. Architect, London 1996, S. 234.

35 Charles S. Peirce: »On Phenomenology«, in: The Essential Peirce. Selected Philosophical Writings, Bd. 2 (1893-1913), hg. von dem Peirce Edition Project, Bloomington 1998, S. 150ff.

Nun erschien mein Freund, der mich vorgeschlagen hatte, und führte mich in ein finsteres, schwarz ausgeschlagenes Zimmer. Auf einem kleinen Tische stand eine brennende Lampe, ein Totenkopf, und in einer Bibel lag das erste Capitel des Evangelisten Johannes aufgeschlagen. Neben dem Tisch stand ein hölzerner Stuhl, auf welchem man mich zu setzen anwies. Hier sollte ich, von der Welt und fern von allem Geräusch, mir selbst und meinen Betrachtungen überlassen seyn, sollte mein Herz abziehen von allem, was weltlich zu nennen, und mich nur mit erhabenen Dingen beschäftigen.
Aber wie ward ich auf einmal aus meinen Betrachtungen herausgerissen, als ich nicht weit von meinem Behältnisse, Flaschengeklirre, Gläser fallen, und eine Stimme hörte: aber sage mir nur, wie kannst Du so rindviehmäßig dumm seyn, und sechs Flaschen auf einmal nehmen? O, erwiederte eine andere Stimme, ich habe neulich achte genommen! Nun kannst Du sie bezahlen, brummte die erste wieder, der Loge kann ich sie nicht anrechnen. – Wie fiel ich da auf einmal aus meinem Himmel auf die Erde, und es hätte leicht um meine hohen Erwartungen geschehen sein können.«[36]

Der anonyme Autor beschreibt ein Trennungsritual,[37] welches der Einkehr und Abkehr vom Alltäglichen dienen soll und mancherorts mit dem Verfassen eines symbolischen Testaments einhergeht. Durch das Eindringen eines Disputs zweier Servanten um die fahrlässige Handhabung und Erstattung zerbrochener Flaschen und Gläser in die dunkle Kammer, in der sich der Neuaufzunehmende auf das Kommende besinnen soll, verliert der Vorgang für ihn einen Teil seiner ›Magie‹ und er wird beinahe um das Erlebnis des Eintritts in eine ›besondere‹ Gemeinschaft gebracht.

Der Erlebnisbericht verdeutlicht, wie fragil die rituelle Sphäre ist. Sie stirbt, sobald jene erste ›profane‹ Realität in sie hineinspielt. Die Abgeschlossenheit des rituellen Rahmens und der intime Kontext werden durch die Beschränkungen des Zugangs auf Eingeweihte, die sich anhand geheimer Erkennungsriten ausweisen können und gemeinsamen diszipli-

36 Unparteiische Ansichten eines tiefeingeweihten Freimaurers, enthaltend: was derselbe früher von der Freimaurerei dachte, was er während seiner Aufnahme empfand – was er gefunden als er Maurer geworden – was er jetzt darüber denkt und wie sie der Laie zu betrachten hat, Bamberg 5817 (1817), S. 28.

37 Der Ethnologe Arnold van Gennep hat anhand der von ihm beobachteten Rituale ein Klassifikationsschema entwickelt, in welchem Übergangsrituale eine eigene Kategorie bilden. In ihnen hat er ein wiederkehrendes Ablaufschema erkannt, welches er in Trennungsriten (*rites de séparation*), Schwellen- bzw. Umwandlungsriten (*rites de marge*) und Angliederungsriten (*rites d'agrégation*) untergliedert. Arnold van Gennep: Les rites de passage: étude systématique des rites de la porte et du seuil, de l'hospitalité, de l'adoption, de la grossesse et de l'accouchement, de la naissance, de l'enfance, de la puberté, de l'initiation, de l'ordination, du couronnement, des fiançailles et du mariage, des funérailles, des saisons, etc., Paris 1909.

narischen Regeln unterstehen, gesichert. Insbesondere fremde Brüder müssen sich durch Wörter, Griffe und Zeichen ihres Grades, die ihnen während ihrer Aufnahme in den Bund mitgeteilt wurden, vor Betreten der Loge legitimieren. Die Konstitution als Geheimbund und die Inszenierung von Ereignissen, die von konkurrierenden Realitätsmodellen zeugen, produzieren eine Vervielfachung von Realitätseffekten. Während Einbrüche der ›profanen‹ Welt sie beständig bedrohen, will die zweite, quasi-sakrale Realitätssphäre selbst die Rechte der ersten nicht usurpieren, sondern im Gegenteil dem lebenspraktischen Alltag zuarbeiten, welcher stets das existentielle Bezugsfeld bleibt, auf dem sich der Freimaurer mittels eines tugendhaften Lebenswandels bewähren soll.

Die Rituale öffnen Immersionsräume, in denen außergewöhnliche Erfahrungen gemacht werden können. Das Eintauchen in diesen heterotopischen Raum ist sowohl von der ihnen eigenen Suggestivkraft und mystischen Legitimation als auch von der subjektiven Akzeptanz und emotionalen Involviertheit seiner Teilnehmer abhängig. Immersive Zustände bedürfen der ›Ritualfähigkeit‹ von Akteuren und Aufzunehmenden.[38] Ihre psychische Einnahme wird gefördert durch die Fokussierung des rituellen Geschehens auf die Neuaufzunehmenden, an denen das Ritual vollzogen wird und um dessen Gelingen sich alle anderen bemühen. Sie stehen im absoluten Mittelpunkt des Geschehens und der Erlebnisgrad ist damit für sie besonders hoch. Zwar ist der Neophyt den Geschehnissen des ihm unbekannten Rituals und damit den Handlungen der Mitglieder des Bundes ganz und gar ausgesetzt, gleichzeitig sind jedoch seine Reaktionen und sein Verhalten für den Fortgang, d.h. die Frage, ob das Ritual fortgesetzt oder abgebrochen wird, ausschlaggebend. Das Ritual und seine Symbole eröffnen Assoziations- und Imaginationsräume, die der Adept selbstständig füllt. Seine Bitte um Aufnahme sollte deshalb in einem persönlichen Bedürfnis nach Erkenntnis gründen, welches ihn vorantreibt. Ihm werden beständig Entscheidungen, Handlungen und Lernprozesse abverlangt, von deren Bewältigung der rituelle Fortgang

38 Es handelt sich um (abstrakte) Immersionsräume und nicht um Illusionsräume, obwohl besonders auf dem Kontinent im Laufe des 18. Jahrhunderts die Rituale lustvoll ausgeschmückt und dadurch die Ebene der sinnlichen Suggestion kontinuierlich ausgebaut wurde. Symbolisch heißt generell nicht, dass die Handlungen und Warnungen nicht real waren und nicht als wirkliche Bedrohungen wahrgenommen wurden. Die Empfänglichkeit gegenüber dem rituellen Erlebnis, in welchem sich das kollektive Imaginäre der Gemeinschaft realisiert, beschreibt C.F. Endres mit dem Begriff der »Erlebnisfähigkeit«. Sie entspricht in etwa dem, was Castoriadis als »radikales Imaginäres« fasst. Franz C. Endres: Die Symbole des Freimaurers, Hamburg 1977, S. 12; Cornelius Castoriadis: Gesellschaft als imaginäre Institution. Entwurf einer politischen Philosophie, Frankfurt a.M. 1997, S. 218.

abhängig gemacht wird. Immer neue Handlungsanforderungen binden ihn aktiv ein. Er wird prägenden Erlebnissen unterzogen, die die emotionale Involviertheit fördern und den Erlebnissen eine Tiefe verleihen sollen, die über die Situation hinaus trägt. Die Abgeschlossenheit dieses Erlebnisraumes gegenüber der Sphäre des ›Profanen‹ ist eine notwendige Voraussetzung für die Glaubwürdigkeit der rituellen Sphäre und die emotionale Involvierung der Mitglieder, die in das rituelle Geschehen eintauchen sollen.

Das Lehrlingsaufnahme-Ritual (*Enter'd Prentice's Degree*)

Am Logenabend nehmen alle Brüder ihre Plätze an einer großen Tafel ein, der Meister im Osten am Kopfende des Tisches, seine beiden Aufseher ihm gegenüber im Westen.[39] Alle anderen Mitglieder gruppieren sich ihrem Grad und Alter gemäß entlang der Tischseiten. Sie tragen weiße Maurerschurze. Zum Anlass der feierlichen Aufnahme haben die Beamten ihre Bijoux angelegt. Die Beamten tragen an einem blauen Zierband einen Zirkel um den Hals, der Meister ein vergoldetes Winkelmaß mit Zirkel. Zur festlichen Bewirtung der Brüder befindet sich eine Auswahl an Getränken auf dem Tisch, darunter verschiedene Weine und Punsch.

Nach Eröffnung der Loge beginnt man den Katechismus zu arbeiten:

»F. Seid ihr ein Maurer?
A. Ich bin als ein solcher unter den Brüdern und Gesellen zugelassen und angenommen worden.
F. Wie soll ich erkennen, dass ihr ein Maurer seid?
A. Durch Zeichen und Merkmale und vollkommene Punkte meines Eintritts.
F. Was sind Zeichen?
A. Alle Quadrate, Winkel- und Perpendicular-Linien.«[40]

Die anwesenden Brüder beantworten reihum die Fragen des Meisters zur Konstitution einer Loge und zur freimaurerischen Symbolik, zum Ablauf und der Bedeutung ihrer Rituale. Dieses Frage-Antwort-Gespräch im geselligen Rahmen ist ein festes Ritual der Gemeinschaft. Findet keine Aufnahme eines neuen Mitglieds statt, bildet es neben der Regelung der üblichen Vereinsgeschäfte den Hauptgegenstand des Logenabends. Wurde jedoch während des vorhergehenden Logentreffens ein neues Mitglied

39 Siehe *Le Secret des Francs-Maçons* (1744), in: *EFE*, S. 61.
40 Prichard, Zergliederte Maurerei, S. 7.

zur Aufnahme vorgeschlagen, unterbricht der Meister die Tafelloge und fragt, ob sich dieser Gentleman für seine Initiation eingefunden hat. Er schickt die Aufseher, den Kandidaten für die Aufnahmehandlung vorzubereiten.

Der erste und zweite Aufseher begeben sich hinaus, um den in einem Nachbarraum wartenden Aufzunehmenden aufzusuchen und ihn in eine dunkle Kammer zu führen, wo man ihn einer ersten Befragung unterzieht. Ob er sich seiner Berufung sicher sei, wie sein Name laute und welche Profession er ausübe. Entsprechen die Antworten des Prüflings den Erwartungen der Gemeinschaft, wird er aufgefordert, sich bis auf Hemd und Hose zu entkleiden und alle metallenen Gegenstände, die er am Leibe trägt, abzulegen. Ein Hosenbein hochgekrempelt, das Knie und die linke Brusthälfte entblößt, wird er angehalten, den Fersenschaft eines Schuhs herunterzutreten, sodass er wenig später wehrlos und ohne festen Tritt in einem desolaten Zustand vor der Gemeinschaft erscheint. Man verbindet seine Augen mit einem Taschentuch und lässt ihn, derart zugerichtet und von den Aufsehern bewacht, etwa eine Stunde in der dunklen Kammer verweilen, damit er Zeit habe, in sich zu gehen. Währenddessen befindet sich jener Bruder, der den Adepten zur Aufnahme vorgeschlagen hat und ihm nun als Pate Beistand leistet, schweigend an seiner Seite.

Inzwischen wird von den übrigen Mitgliedern der Versammlungsraum für die Aufnahmehandlung vorbereitet. In dem Raum, in dem die Aufnahme vollzogen werden soll, wird eine große rechteckige Zeichnung auf den Fußboden aufgebracht. Auf dieser führen Stufen zwischen zwei Säulen hindurch in einen imaginären Raum, in dem verschiedene Symbole angeordnet sind. An den Seiten dieser Zeichnung sind die Himmelsrichtungen verzeichnet, auf die sich jeweils die in den Enthüllungsschriften beschriebenen Positionen der Ritualteilnehmer beziehen. Die anwesenden Brüder versammeln sich um den Bodenplan, an dessen oberem Ende hinter einem kleinen altarähnlichen Tisch der Meister seinen Platz einnimmt.[41] Drei Kerzen brennen auf hohen, im Dreieck angeordneten Ständern.

41 Die hier zur Grundlage genommenen französischen Ritualschriften, mit denen es möglich ist, das Ritual der *Premier Grand Lodge* einigermaßen verlässlich zu rekonstruieren, weisen in der räumlichen Gestaltung der Rituale eine markante Verschiebung auf, von der nicht ganz klar ist, wann genau sie historisch stattfindet. Wie die berühmte Abbildung *The Ceremony of Making a Free-Mason* aus der Enthüllungsschrift *Hiram* (1764) zeigt, stellt das Aufnahmeritual bei den *Antient Masons* bis in die zweite Hälfte des 18. Jahrhunderts in England keine größere Unterbrechung des Tischgesprächs dar. Man versammelte sich für die Eidabnahme im Rahmen der Aufnahme eines neuen Mitglieds nur kurz an der ›westlichen‹ Seite des Tisches, wo auf dem Fußboden drei Kreidestriche als symbolische, in

Der Pate führt den Kandidaten aus der dunklen Kammer heraus, bittet durch dreimaliges Klopfen an der Tür des Versammlungsraumes für ihn um Einlass, beantwortet die an den Neophyt gerichteten Fragen und stellt ihn der Gemeinschaft namentlich vor. Auf die Erlaubnis des Großmeisters hin wird er in den Raum hineingeführt. (Abb.8) Mit verbundenen Augen und unsicheren Schrittes wird ihm der Weg um die Zeichnung auf dem Boden gewiesen, die er insgesamt dreimal umrundet.

Abb. 8: Darstellung einer Lehrlingsaufnahme nach Johann Martin Bernigeroth, Eintritt des Initianden (1745)

Diese Zeichnung auf dem Fußboden, bzw. der Tapis, an dessen Kopf der Meister seinen Platz hat, ist der zentrale Referenzpunkt der rituellen Arbeit. Wo immer sich sieben Brüder um ihn versammeln, findet eine Loge statt. In Form eines langen Rechtecks erstrecke sich diese von Ost nach

den Tempel Salomos hineinführende Stufen, aufgebracht wurden. Die *Moderns* verlagern das gesamte Initiationsritual in den freien Raum und trennen es damit von der Tafelloge ab. Die Mitglieder versammeln sich nun um eine umfangreiche Zeichnung, an welcher die rituellen Handlungen entwickelt werden. Den Tisch, an welchem der Logenmeister nach wie vor sitzt, reduzieren sie auf ein altarähnliches kleines Pedestral, auf welchem die Bibel abgelegt ist.
Die karikaturhafte Abbildung in *Hiram* mutet wie eine kämpferische Gegenposition gegenüber jenen neuen Spielarten an, die in den 1740er Jahren in zahlreichen Enthüllungsschriften publiziert werden und Aufnahmerituale im freien Raum zelebrierten.

West, von Nord nach Süd, reiche vom Erdmittelpunkt »[u]nzählige Daumen, Fuß und Stäbe, so hoch als der Himmel«.[42] Sie befinde sich »[a]uf dem heiligen Grund, oder auf dem höchsten Hügel, oder in dem niedrigsten Tal, oder in dem Tal Josaphat, oder an einigem andern geheimen Ort«, heißt es in Prichards *Masonry Dissected*.[43] Als universalisierende Heterotopie eröffnet die Arbeitstafel eine alternative Entität, die sich zwar in realen Räumen niederlässt, als mobile und flüchtige Einrichtung diesen aber niemals die gleiche symbolische Vollkommenheit zuerkennt.[44] Der Logenplan steht für eine geheime, eigene – dem Initianden noch unbekannte – Welt, die es zu erfahren und ergründen gilt. Im Zuge seiner rituellen Aufnahmezeremonie darf er sie erstmals zunächst um- und dann durchschreiten.

Während dieser drei symbolischen Reisen (*perambulations*), bei denen der Kandidat mit verbundenen Augen um die Loge geführt wird, verursachen die übrigen Brüder – so beschreibt es *Le Trahi* – einen seltsamen Lärm, indem sie ihre Ordensabzeichen, die sie um ihre Hälse tragen, anschlagen oder andere einschüchternde Effekte inszenieren.[45] Im Anschluss an die symbolischen Reisen wird der Kandidat gefragt, ob er nach eigenem freien Willen noch immer entschlossen sei, Freimaurer zu werden. Auf die Bejahung dieser Frage wird ihm die Augenbinde abgenommen. (Abb. 9)

»›Lasset ihn den Tag sehen‹, saget der Großmeister augenblicklich, er hat desselben lange genug entbehren müssen. Man bindet ihm die Augen auf, und mittlerweile man ihm die Binde wegnimmt, so stellen sich die Brüder mit blossen Degen in der Hand, dessen Spitze sie gegen ihn halten, in einem Kreise um ihn herum. Die Lichter, die blinkenden Degen, die sonderbaren Zierarthen, damit die Oberbeamten, [...], ausgeschmückt sind, der Anblick aller der Brüder in weissen Schurzfellen, machen ein ziemlich blendendes Schauspiel für jemand, welcher bei nahe zwo Stunden des Liechts beraubet gewesen, und überdiß ungemein abgemattete Augen durch die Binde hat. Diese Dunkelheit, in welcher

42 Masonry Dissected, in: *EMC*, S. 162.

43 Prichard, Zergliederte Maurerei, S. 11f.

44 Siehe Michel Foucaults Ausführungen zu Teppichen, als akkumulierende Heterotopien. Teppiche »waren ursprünglich Reproduktionen von Gärten: der Garten ist ein Teppich, auf dem die ganze Welt ihre symbolische Vollkommenheit erreicht, und der Teppich ist so etwas wie ein im Raum mobiler Garten. Der Garten ist die kleinste Parzelle der Welt und darauf ist er die Totalität der Welt.« Michel Foucault, »Andere Räume«, S. 269.

45 Bereits die frühen schottischen Enthüllungsschriften nehmen auf eine solche Praxis Bezug, während die *Premier Grand Lodge* sie offiziell ablehnt. (*EME*, S. 34) Eine verbindliche Aussage über die tatsächliche Verbreitung dieser Praxis in England ist nicht zu treffen.

Abb. 9: Lehrlingsaufnahme mit verbundenen Augen nach Le Trahi (1745)

er, lange Zeit über gewesen ist, und die Ungewissheit, worinn er in Ansehung desjenigen ist, was er um aufgenommen zu werden, zu thun hat, setzten das Gemüth (*mind*) unfehlbar in eine Bestürzung (*perplexity*), welche ein sehr empfindliches Erstaunen in dem Augenblicke veranlasset, da man das Liecht wieder zu sehen bekommt.«[46]

Der Initiand wird nun angewiesen, zum Stuhl des Logenmeisters vorzutreten, sein rechtes entblößtes Knie auf den kleinen Hocker vor dem Altartischchen zu setzen und, während er mit der linken eine Zirkelspitze an seine Brust presst, die rechte Hand zum Schwur auf die geöffnete Bibel zu legen. (Abb. 10) Er wird aufgefordert, den Verschwiegenheitseid nachzusprechen,[47] den der Meister ihm vorgibt, und seinen Schwur mit einem Kuss auf das Evangelium der heiligen Schrift zu besiegeln.

46 Le Secret, in: *EMF*, S. 68. Deutsche Übersetzung aus: Der verrathene Orden, S. 39.

47 Siehe Kapitel »Die Initiation – eine rituelle Ereignisproduktion«, S. 151f.

Abb. 10: Darstellung einer Lehrlingsaufnahme nach Johann Martin Bernigeroth (1745), Eid des Initianden

Nachdem das neue Mitglied seinen Eid abgelegt hat, umarmt ihn der Logenmeister und verkündet seine Aufnahme in die Gemeinschaft mit den Worten: »Bis hieher habe ich als Meister mit euch geredet, itzo will ich euch als einem Bruder begegnen« und lässt ihn an seine Seite treten.[48] Ihm werden ein weißer Maurerschurz und zwei paar weiße Handschuhe – für sich und die Dame seines Herzens – überreicht.

Dem Neuaufgenommenen werden nun die geheimen Erkennungszeichen vermittelt, anhand derer sich Freimaurer untrüglich erkennen sollen. Sie sind in Wort, Zeichen und Griff unterteilt. Im Zuge dieser Belehrung werden ihm auch die auf dem Fußboden dargestellten Symbole erläutert.[49] Er erfährt, dass er in der Aufnahmezeremonie den Tempel König Salomos betreten hat, welchen er auf der Fußbodenzeichnung angedeutet findet. Der gesamte Bau ruhe auf drei Säulen – Weisheit, Stärke und Schönheit – »Weisheit, einen Plan zu ersinnen, Stärke, diesen auszuführen und Schönheit ihn zu schmücken«.[50] Zum Tempel hinauf führte eine Wendeltreppe, die zu erklimmen war, bevor man dem Rezipienten

48 Le Secret, in: *EMF*, S. 75. Deutsche Übersetzung nach: Der verrathene Orden, S. 52.

49 Zahlreiche Enthüllungsschriften erwähnen diese Erläuterungen. *Le Maçon Démasqué* aus dem Jahre 1751 ist die erste, die sie als Ansprache an den neuaufgenommenen Bruder schriftlich wiedergibt. *EFE*, S. 439ff.

50 Ebd.

erlaubte, mit drei Schritten zum Meister vorzutreten. Das Lehrlingswort »Jakin« leite sich von einer der beiden Säulen ab, die der biblischen Legende nach den Eingang des Salomonischen Tempels schmückten (1. Könige 7, 21). Zu ihr begaben sich zur Zeit König Salomos die Lehrlinge, um nach getaner Arbeit ihren Lohn zu empfangen. Durch Zeichen, Griff und Wort mussten sie sich zuvor als am Bau beteiligte Lehrlinge ausweisen.

Dem Neuaufgenommenen wird erläutert, dass das Handzeichen des Lehrlingsgrades auf den Verschwiegenheitseid, den er zuvor abgelegt hat, Bezug nimmt. In diesem hieß es, der Verstoß gegen den Schwur würde ›unter keine geringere Strafe gestellt, als dass man seine Gurgel abschneiden würde‹ etc. Der Maurer legt daher – der Großmeister führt es ihm vor – die flache Hand senkrecht an die Kehle und spreizt den Daumen nach oben im rechten Winkel ab, während der Ellenbogen des gleichen Armes vom Körper fortzeigt. Die Hand wird nun von links nach rechts über die Kehle gezogen und anschließend in den Schoß fallen gelassen. Der neuaufgenommene Lehrling tut es ihm nach, worauf sich ihm der Meister nähert, um seine Hände zu greifen. Indem er im Händedruck mit dem Daumen das erste Glied des Zeigefingers der ihm gereichten Hand berührt, teilt er ihm den geheimen Griff mit, mit welchem sich die Maurer eines Bruders versichern, um ihn anschließend ins Vertrauen zu ziehen. Der Meister spielt dieses Erkennungsritual mit dem Neuaufgenommenen durch.

Anschließend umarmen die Anwesenden den neuen Bruder und man begibt sich geschlossen zu Tisch, wo der Neuaufgenommene zur Rechten des Logenmeisters platziert wird. Es werden Toasts ausgegeben und es wird auf das neue Mitglied getrunken. Die Brüder erheben sich zur Bruderkette, halten sich um den Tisch herum Hand in Hand und stimmen den *Enter'd Apprentices Song* an. Die gemeinschaftliche Feier, auf der gemeinsam gespeist, getrunken und gesungen wird, setzt sich bis in die späten Abendstunden fort.

Hedonistische Vergemeinschaftungsrituale, die im 18. Jahrhundert zunächst noch eng mit den rituellen Arbeiten verquickt sind, sind reguläre Bestandteile freimaurerischer Tradition. Hinweise auf Bankette, Dinner und *Refreshments* lassen sich bis in das Jahr 1598 der Shaw Statutes zurückverfolgen.[51] Die Aufnahmezeremonien enden mit einem »meit and drink«, von jedem Neuzugang fordert man »to make his bancat«, mit dem er sich der freundschaftlichen Aufnahme im neuen Kreis versichert. Die gemeinsame Einnahme einer Mahlzeit, der gemeinschaftliche Genuss von Tabak und Alkohol fungieren als Binde- und Vergemeinschaf-

51 W.F. Vernon: »›From Labour to Refreshment‹ in the olden time«, in: *AQC* 7 (1894), S. 5.

tungsrituale, bei dem die Brüder zusammenrücken und den Schulterschluss mit dem neuen Mitglied vollziehen.

Vide, aude, tace. Tastende Orientierungsversuche und meisterliche Instruktionen

Das von der Bruderschaft der Freimaurer inszenierte rituelle Ereignis bedient eine individuelle, sinnliche Erfahrungsebene, es produziert Entbehrungserfahrungen, wie Einsamkeit, Blindheit und Bedrohung, und stellt ihre Aufhebung – die Lichterteilung und Geborgenheit der Gemeinschaft – in Aussicht. Es ist ein zentrales Strukturmerkmal des Initiationsrituals, dass der Adept aus einer Ordnung herausgelöst und nach einer Erfahrung der Ordnungs- und Orientierungslosigkeit in eine neue, höhere Ordnung überführt wird.[52]

Mit verbundenen Augen und unter strenger Führung begibt sich der Initiand in eine ihm fremde Situation in unbekannter Gesellschaft. Es ist ein Spiel mit Verunsicherung, Erstaunen und Verstörung, das sich mit der Eingliederung in die neue Gemeinschaft in Wohlgefallen auflöst. Bereits frühe Enthüllungsschriften erwähnen Prozeduren, denen sich der Initiand vor seiner Aufnahme unterziehen muss und ihn in Furcht und Schrecken versetzen, zum Lachen reizen bzw. selbst der Lächerlichkeit preisgeben. Das *Edinburgh Register House MS* (1696) spiegelt die Tradition der groben Scherze, wie man sie in mittelalterlichen Zünften und Bruderschaften mit Neuaufzunehmenden treibt. Es wird beschrieben, dass der Neophyt, bevor er seinen Eid leisten darf, »eine große Anzahl an Zeremonien, die ihn in Furcht versetzen sollen« überstehen muss. Anschließend verlässt er mit dem jüngsten Maurer die Gesellschaft, um wiederum »mit 1000 lächerlichen Stellungen (*postures*) und Grimassen ausreichend erschreckt zu werden«. Dann erst erhält er das Maurerwort, lernt Zeichen, Wort und Griff. Bei Rückkehr in den Kreis der Maurer muss er zum Gruß einen »lächerlichen Diener« machen und »den Hut auf eine sehr närrische Weise ziehen«.[53] Die neuzeitliche Freimaurerei distanziert sich von derart groben Scherzen,[54] in abgeschwächter Weise lebt diese Form der Prüfung jedoch in den symbolischen Reisen und Prüfungen (*perambulations*) fort.

---

52 Vgl. Victor W. Turner: »Betwixt and Between: The Liminal Period in Rites de Passage«, in: The Forest of Symbols, S. 93-111.

53 *EMC*, S. 33.

54 Douglas Knoop: »The Mason Word«. The Prestonian Lecture for 1938. Printed for private circulation, Sheffield 1938, S. 17.

Das Gelingen des Rituals ist sowohl von der störungsfreien Inszenierung des rituellen Erlebnisses als auch der Aufnahmebereitschaft und Standhaftigkeit des Adepten abhängig. Hierin liegt die Spannung, die das Ritual für alle beteiligten Brüder zu einem einzigartigen Erlebnis macht. Schließlich sind die Aufnahme- und Beförderungsrituale kollektive Handlungen und funktionieren nur als solche. Diejenigen, die der Zeremonie betrachtend beiwohnen, sind daher genauso wichtig wie jene, die die rituelle Handlung am Aufzunehmenden vollziehen. Ihre Teilnahme bezeugt die Bereitschaft, das neue Mitglied in ihren Kreis aufzunehmen, und ihre Aufmerksamkeit verleiht der Aufnahme Gewicht. Die Verkörperung hat eine performative Dimension, die in genau diesem Zuschauerkontext begründet ist.

Die Fragen »How was you prepar'd Brother?«, »What was said to you then?«, »Pray who received you?« und »How did he dispose of you?«, mit denen im Lehrlingskatechismus das Geschehen wiedergegeben wird, verdeutlichen, dass das materielle Zeichenereignis am Neophyten maßgeblich durch die anderen Brüder gesteuert wird. Bei der Untersuchung der freimaurerischen Darstellungskonventionen sind im rituellen Kontext daher zwei Perspektiven zu berücksichtigen und auseinander zu halten: diejenige der Eingeweihten und diejenige des Neophyten. In Hinblick auf den Neophyten haben wir es zunächst mit einer Körperlichkeit jenseits der bewusst und intellektuell gesteuerten Verkörperung zu tun, die eine festschreibende Wirkung hat. Die teilnehmenden Brüder sind sich der Zeichenhaftigkeit und der Funktion ihrer Körper bewusst und stellen sie in den Dienst des Rituals, um kontrolliert und diszipliniert unter Einhaltung des festgeschriebenen rituellen Ablaufs den Vollzug des kollektiven Aktes sozialer Magie (Bourdieu) am Initianden zu ermöglichen und sein Gelingen zu garantieren. Sie produzieren – das ist der Ausgangspunkt für den freimaurerischen Habitualisierungsprozess – ein rituelles Ereignis, das in seinem ikonischen Eigenwert eine ›schlagende‹ Eindringlichkeit gewinnt und, gemessen an Erwartungen, Hoffnungen, Irritationen, zu einem Erfüllungserlebnis wird. »On initiation, I was struck with the ceremonials«, berichtet William Hutchinson in seinem Buch *The Spirit of Masonry* (1775) und fasst damit die zentrale Funktion des Rituals prägnant zusammen.[55]

Die rituelle Arbeit adressiert den sinnlichen Körper des Aufzunehmenden. Da dem neu aufzunehmenden Bruder die Aufnahmeformalitäten unbekannt sind, wirkt das Unvorhersehbare, welchem der Neophyt im Aufnahmeritual in den Lehrlingsgrad mit verbundenen Augen begegnet, zunächst auf das unmittelbare Bewusstsein und spricht seine Gefühlswelt an. Es soll den Initianden körperlich treffen, ihn auf sinnlicher Ebene für

55 Hutchinson, Spirit of Masonry, S. 45.

die Ziele der Gemeinschaft ›entzünden‹ und sein weiteres Leben prägen. Er wird konfrontiert mit Situationen und Zeichen, die in ihrer sinnlich fundierten Formqualität und evozierenden Ikonizität den Adepten frappieren und neue Verweisungszusammenhänge eröffnen. Er erlebt zunächst das Ritual mit seinen unvertrauten, überraschenden und – im Ritual des Meistergrades – teilweise schockierenden Elementen als Signale des Realen, deren symbolische Wertigkeit sich ihm nach und nach vollständig erschließt.[56] Die notwendige Unkenntnis des Initiationsrituals und strikte Geheimhaltung der Rituale liegt in der Erhaltung dieser Wirkungsästhetik begründet.

Im Ritual wird der Körper des Neophyten selbst symbolisch aufgeladen und in eine Zeichenfigur transferiert, die ihm aufgrund biblischer Vorbildung jedoch nicht ganz fremd ist. So vermag er das Initiationsgeschehen mit der christlichen Taufe in Verbindung zu bringen, mit der Aufnahme in die christliche Gemeinschaft durch Tod und Auferstehung. Ihm sind die Worte der Heiligen Schrift vertraut, in denen es heißt:

»Oder wißt ihr nicht, daß alle, die wir auf Christus getauft sind, die sind in seinen Tod getauft? So sind wir ja mit ihm begraben durch die Taufe in den Tod, damit, wie Christus auferweckt ist von den Toten durch die Herrlichkeit des Vaters, auch wir in einem neuen Leben wandeln.«[57]

Auf intellektueller und affektiver Ebene ruft das Ritual beim Initianden christliche Assoziationen auf, die sich dem bibelkundigen Bürger des 18. Jahrhunderts aufdrängen und eine Kette christlicher Verweisungszusammenhänge öffnen. Diese allusive Methode – ursprünglich ein Modespiel der Renaissance, das in Gesellschaft durch die Kenntnis biblischer Parallelstellen, zentraler Schriften der Kirchenväter und antiker Mythen verdeckte Gespräche ermöglichte – ist bei den *Freestone Masons* besonders beliebt gewesen, schreibt Jan Snoek.[58] Aufgrund ihrer guten Ausbildung konnten sie aus einem großen Wissensreservoir schöpfen und dieses spielerisch einsetzen. Obgleich keine logenspezifische Methode, steht die Freimaurerei in ihrem Zeichen, indem sie schrittweise immer neue Bedeutungsschichten enthüllt.

Am Ende des Rituals werden dem Neuaufgenommenen die auf dem Fußboden angeordneten Symbole erläutert und nun auch eine spezifisch

56 Siehe die Bestimmung *genuiner Indizes* bei Charles S. Peirce: »The Categories defended«, in: The Essential Peirce. Selected Philosophical Writings, Bd. 2 (1893-1913), hg. vom Peirce Edition Project, Bloomington 1998, S. 163f.

57 Römer 6.3-4, Lutherbibel, S. 184.

58 Snoek, »De allusieve methode/The Allusive Method/La méthode allusive«, S. 47-70.

freimaurerische Bedeutungsebene hervorgehoben.[59] Die freimaurerischen Katechismen rekonstruieren den Ablauf der rituellen Aufnahmehandlung und wiederholen die Bedeutung der darin enthaltenen symbolischen Verweise. Sie liefern zusätzliche Erläuterungen und Interpretationsmöglichkeiten, die die erste Verweisebene um weitere, eigenständige Begründungen ergänzen und die besondere Bedeutung der rituellen Zeichen innerhalb der freimaurerischen Selbsterkenntnis und Selbstverbesserung verdeutlichen. So wird dem neuen Mitglied erklärt, dass seine Augen verbunden wurden, damit er erfahre, was sich in seinem Herzen verberge, bevor seine Augen Neues entdeckten, und die Welt von ihm fortan im Dunkeln über die Praktiken der Bruderschaft zu halten ist. Es wird ihm erläutert, dass der spitze Gegenstand auf seiner Brust zur Selbstbefragung und Prüfung des eigenen Gewissens anhalten sollte und dass das Ablegen aller metallenen Gegenstände verhindert, dass der Initiand in der Loge Waffen trage. In künstliche Armut versetzt, soll er die Bereitschaft ausbilden, fortan alle hilfsbedürftigen Brüder nach Kräften zu unterstützen.

In instruktiven Arbeiten am Katechismus setzt der Logenmeister die an eine Selbstformung gestellten Anforderungen sowie das freimaurerische Wertegefüge anhand einiger der Baukunst entlehnter Kategorien auseinander und stellt, ausgehend von den Werkzeugen der Steinmetzenzunft, welche auf dem Boden oder Arbeitsteppich dargestellt sind, weiterführende Überlegungen an, auf die später noch näher einzugehen sein wird.

Das poetische Drama des Meistergrades (*Master Mason's Degree*)

Gesichert und vorangetrieben werden die errungenen rituellen Kenntnisse durch die wiederholte Teilnahme an Ritualen jener Grade, die man bereits erlangt hat. Arbeiten des Katechismus, Vorträge, Reden und weiterführende Rituale bekräftigen dieses Wissen. Für diese zuletzt genannten *weiterführenden* Rituale ist der Eingeweihte nun mit einem empirischen Vorwissen ausgestattet. Erfahrungen aus dem Vollzug früherer Rituale lassen ihn wiederkehrende Elemente und Strukturen erkennen.[60]

59 Auf die spezifisch freimaurerische Interpretation der hier präsentierten Symbole, die Bestandteile des sozialen Imaginären der Gemeinschaft sind, wird später ausführlicher eingegangen.

60 Siehe zur Bestätigungsfunktion späterer Einsetzungsrituale auch Pierre Bourdieus Text über Einsetzungsrituale, in: ders., Was heißt Sprechen, S. 92.

So wie der Neuaufgenommene im Ritual des ersten Grades eine Parallele zum christlichen Taufritual als Initiationsritual seiner Kirche herzustellen vermag, so bescheren ihm die nächsten Grade erneut Wiedererkennungseffekte. Die drei Rituale der Johannisgrade ähneln sich in ihrem Ablauf sehr. Die Zurichtungen des Aufzunehmenden, die Anzahl der Reisen, Erkennungszeichen und Eide sind jeweils Variationen des vorhergehenden Grades. Die Aufnahme in den Gesellengrad (*fellow-craft's degree*) ist das kürzeste der drei Rituale, doch die schriftlichen Beschreibungen sind oftmals unvollständig. Die fehlende eigene Eröffnungszeremonie, die Verwendung des gleichen Tapis für die beiden unteren Grade und der Mangel eigener symbolischer Werkzeuge weisen darauf hin, dass der Gesellengrad sehr häufig noch am selben Abend mit der Lehrlingsaufnahme verliehen wurde.[61] Es vermittelt, dem Muster des Lehrlingsrituals folgend, ein neues Handzeichen, einen neuen Griff und ein spezifisches Erkennungswort des Grades. Der dazugehörige Katechismus hebt den Buchstaben »G« hervor und betont die Bedeutung der Wissenschaften. Er thematisiert den Salomonischen Tempel, nimmt auf seine innere Unterteilung in verschiedene Zutrittsbereiche Bezug und beschreibt die Säulen Jachin und Boaz, die den Durchgang zur mittleren Kammer zieren.

Im dritten Grad wird nun einer der drei Baumeister des Salomonischen Tempels, Hiram Abiff, eine besondere Rolle spielen. Im Ritual zur Erhebung in den Meistergrad (*master's degree*) ist die Bekanntgabe der neuen Erkennungszeichen in eine Erzählung eingebettet, die sich um seine Ermordung durch drei Maurergesellen, die von ihm das Meisterwort erpressen wollen, rankt. Dieses Geschehen wird im Ritual vorgetragen und dramatisch nachempfunden, was es zum wohl spektakulärsten der drei Rituale macht.

Der Geselle nähert sich bei seiner Beförderung zum Maurermeister der verschlossenen Logentür allein. Auf ein dreifaches Klopfen wird die Tür von innen durch den zweiten Aufseher geöffnet. (Abb. 11) Ein dem Kandidaten nun zur Seite gestellter Bruder präsentiert ihn der Gemeinschaft, indem er die an den Kandidaten gerichteten Fragen beantwortet. »Was verlanget ihr, Bruder?« – »Hier ist ein ausgelernter Maurergeselle, der zum Meister aufgenommen zu werden verlanget.« – »Hat er seine Zeit gelernt? Ist sein Meister mit ihm zufrieden?« – »Ja, Ehrwürdiger«, antwortet der begleitende Bruder.[62] Daraufhin wird die Tür zur internen

61 Vgl. *EME*, S. 37.

62 *Le Trahi*, in: *EMC*, S. 248f. Die Übersetzung der rituellen Sprache ist der deutschen Ausgabe *Der verrathene Orden der Freymaurer* (1745) entnommen, Re-

Abb. 11: Versammlung zur Aufnahme eines Meisters nach Johann Martin Bernigeroth (1745), Ankündigung des Rezipienten

Abb. 12: Eintritt des Rezipienten

prographischer Nachdruck der Ausgabe Frankfurt und Leipzig 1745, mit einem Nachwort herausgegeben von Anselm Maler, Habichtswald 2000, S. 76f.

Beratung wieder geschlossen. Der Aufseher begibt sich zurück auf seinen Platz im Westen, führt das Meisterzeichen aus, verbeugt sich und spricht, zum Großmeister gewandt: »Ehrwürdiger, es ist ein ausgelernter Geselle, welcher zum Meister aufgenommen zu werden verlanget.« – »Hat er seine Zeit gelernt? Ist sein Meister mit ihm zufrieden? Haltet ihr ihn für würdig dazu?«, fragt dieser zurück. »Ja, Ehrwürdiger.« – »Lasset ihn also herein kommen.« Der zweite Aufseher verbeugt sich erneut und schreitet zur Tür.

Als sich ihm die Tür erneut öffnet, sieht der Geselle eine Schwertspitze auf sich gerichtet. Ihm wird aufgetragen, diese mit der rechten Hand zu fassen und an seine linke Brust zu pressen, bis man ihm anderes sage. Der Aufseher fasst ihn an der freien, linken Hand und führt ihn in das Zimmer, in dem seine Beförderung in den Meistergrad stattfinden soll. In dem schwach beleuchteten Raum findet der Kandidat die Brüder um eine neue Zeichnung auf dem Fußboden versammelt. (Abb. 12) Auf dieser ist die Form eines Sarges aufgetragen, der von Tränen umgeben ist. Auf der Mitte des Sarges steht das »alte Meisterwort«, der Name »Jehova«, geschrieben. Darüber liegt ein Akazienzweig. An der Kopfseite des Sarges befinden sich ein Totenschädel und zwei gekreuzte Knochen. Ein vor dem Platz des Meisters abgebildeter geöffneter Zirkel und ein am unteren Ende der Zeichnung abgebildetes Winkelmaß weisen dem Kandidaten entgegen. Der Großmeister selbst hat am oberen Ende, im Osten, hinter einem kleinen Altartisch, auf dem eine Bibel und ein kleiner Hammer liegen, seinen Platz eingenommen.

Der zweite Aufseher dreht den Kandidaten nun mit dem Rücken zur Mitte und führt ihn dieser Art dreimal um die Loge herum. Ein jedes Mal, wenn sie den Großmeister passieren, wird der Geselle aufgefordert, das Gesellenzeichen auszuführen, welches die Mitglieder der Gemeinschaft mit dem Meisterzeichen beantworten. Ganz offensichtlich befindet er sich nicht auf einer Ebene mit ihnen. Nach der letzten dieser symbolischen Reisen (*perambulations*) um die Loge herum kommt er, einen Aufseher zu jeder Seite, zum Großmeister gewandt zum Stehen.[63] Der zweite Aufseher klopft dem ersten hinter dem Rücken des Kandidaten

63 *Le Trahi* beschreibt für den Meistergrad eine von Anbeginn auf dem Boden der Meisterloge liegende reglose Gestalt. Ihr Gesicht sei bedeckt mit einem scheinbar Blut getränkten Tuch, den linken Arm lang ausgestreckt entlang dem Oberschenkel, der rechte auf der Brust, die Hand auf dem Herzen ruhend. Die Positionierung des zuletzt aufgenommenen Master Mason in der Mitte der Zeichnung ist eine Art der Darstellung, welche die Enthüllungsschrift *The Three Distinct Knocks* als besondere französische Variante der Todesdarstellung ausweist, die Bernigeroth in seinem Stich nicht darstellt. (The Three Distinct Knocks (1760), in *EME*, S. 102.) In *Le Trahi* hebt der Großmeister den auf dem Boden liegenden Bruder, bevor der Geselle den Tapis überschreitet, in den Stand und lässt ihn zu Seite treten.

dreifach auf die Schulter, worauf dieser zum zweiten Aufseher gerichtet das Fragespiel vom Anfang wiederholt: »Was verlanget ihr, Ehrwürdiger?« – »Hier ist ein ausgelernter Maurergeselle, der zum Meister aufgenommen zu werden verlanget.« – »Hat er seine Zeit gedienet?« – »Ja, Ehrwürdiger.« Daraufhin wendet sich der zweite Aufseher, das Meisterzeichen ausführend, zum Großmeister und gibt die Informationen weiter: »Ehrwürdigster, hier ist ein ausgelernter Maurergeselle, der zum Meister aufgenommen zu werden verlanget.« – »Lasset ihn als Meister gehen, und stellet ihn mir vor«, lautet die Antwort des Großmeisters.[64]

Er wird daraufhin in den Schritten des Meisters unterwiesen: (Abb. 13) Zu Beginn sind die Füße vor dem vorgegebenen Winkelmaß derart mit den Fersen gegeneinander zu setzen, dass die Fußspitzen die Enden des Winkels berühren. Der Meistergang führt ihn nun über die Zeichnung oder das Tapis hinüber zu dem Zirkel auf der Seite des Meisters. Während er mit drei behutsam gewählten, gleich großen Schritten die Fußbodenzeichnung und den darauf abgebildeten Sarg überschreitet, stehen

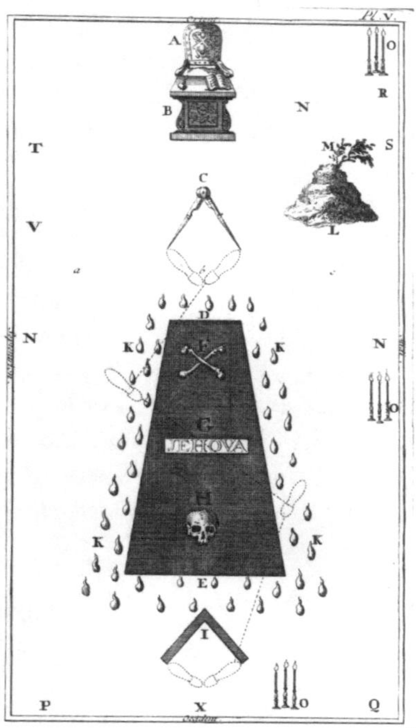

Abb. 13: Plan der Meisterloge nach Le Trahi (1745)

64 Deutschsprachige Übersetzung aus ebd., S. 79.

seine Füße durchgängig im rechten Winkel zueinander. Auf seinem Weg erleidet der Kandidat drei Schläge auf die Schultern, die mit Papierrollen ausgestattete Brüder von den Seiten her ausführen. Am Ende steht der Kandidat dem Großmeister von Angesicht zu Angesicht gegenüber.

Der Großmeister verlangt ihm einen neuerlichen Schwur ab:

»Versprechet ihr, unter eben derselben Verbindlichkeit, die ihr eingegangen habet, da ihr euch zum [...] Gesellen habet aufnehmen lassen, das Geheimnis der Meister gegen die Gesellen zu bewahren, wie ihr der Gesellen ihres gegen die Weltlichen verwahret habet; und die Parthey der Meister gegen die aufrührerischen Gesellen zu nehmen?« – »Ja, Ehrwürdigster.«[65]

Auf diese Antwort hin führt der Meister drei leichte Schläge mit seinem Hammer gegen die Stirn des Kandidaten aus. Die beiden Aufsehern werfen den Initianden nun, ihn in der Taille stützend, rückwärts nieder, sodass er auf dem abgebildeten Sarg zum Liegen kommt. (Abb. 14) Sein Gesicht wird mit einem scheinbar Blut befleckten Tuch bedeckt. Der Großmeister klatscht dreimal in die Hände, worauf alle anwesenden Brüder ihre Degen ziehen und auf den Körper des Kandidaten richten. (Abb. 15)

Nachdem sie eine Weile in dieser Position verharrt haben, klatscht der Großmeister erneut dreimal und die Brüder schieben ihre Waffen zurück in die Scheide. Der Großmeister nähert sich dem auf dem Boden liegenden Gesellen und beugt sich zu ihm nieder. Der Kandidat spürt nun, wie jemand seinen Zeigefinger greift und dabei gleichzeitig den auf das erste Fingergelenk presst. Was wie ein erster Versuch ihn aufzuheben scheint, misslingt. Der Großmeister lässt den Finger entgleiten und spricht dabei das Wort »Jakin«. Im nächsten Versuch greift er in gleicher Weise den Mittelfinger, lässt ihn fortrutschen und sagt »Boaz«. Im dritten Versuch ergreift er seine ganze Hand und umschließt mit ausgestreckten Fingern das Handgelenk, während er mit seinem Daumen die Stelle zwischen Daumen und Zeigefinger des Kandidaten berührt. In diesem festen Griff wird er aufgefordert, sein rechtes Bein gebeugt an seinen Körper heranzuziehen, mit dem Fuß auf dem Boden Halt zu suchen und seinen Körper ausgestreckt und steif zu halten. Gleichzeitig schiebt der Großmeister sein rechtes Bein gegen das des Kandidaten, sodass sich die Innenseiten ihrer Knie berühren. Er wird angewiesen, seinen linken Arm um den Hals des Großmeisters zu legen, welcher die gleiche Bewegung am Kandidaten ausführt. Fuß an Fuß, Knie an Knie, Brust an Brust und Wange an Wange zieht er ihn in den sicheren Stand.

65 Ebd., S. 80.

Abb. 14: Versammlung zur Aufnahme eines Meisters nach Johann Martin Bernigeroth (1745), Niederwerfung des Rezipienten

Abb. 15: Rezipient auf dem Tapis niederliegend

Nachdem dem Kandidaten, das blutige Tuch vom Gesicht genommen wurde, erklärt man ihm, in wessen Angedenken diese rituellen Handlungen vollzogen wurden, und erläutert die im Ritual verborgenen neuen

Erkennungszeichen des Meisters. Zu diesem Zweck gibt der Logenmeister die folgende Erzählung wieder:[66]

Der Legende nach beschlossen während des Baus des Salomonischen Tempels drei Gesellen, die noch nicht das Meisterwort erhalten hatten, dieses von ihrem Meister Hiram, dem Architekten des Tempels, zu erpressen, um selbst für Meisterlohn arbeiten zu können. Als sich die Arbeiter mittags zur Ruhe begaben, kam Hiram, um wie üblich ihre Arbeit zu begutachten. Sobald er den Tempel betreten hatte, positionierten sich die drei übelgesinnten Gesellen an den drei Eingängen des Tempels. Als Hiram den Tempel wieder verlassen wollte, stellte sich ihm einer um den anderen in den Weg, um die Preisgabe des Meisterwortes zu erpressen. Hiram jedoch antwortete, dass es auf diese Weise nicht zu erhalten sei. Zeit und ein wenig Geduld würden es ihm bescheren. Daraufhin versetzte ihm der erste Angreifer, der mit dieser Antwort nicht zufrieden war, einen Hieb mit einem Werkzeug, der ihn taumeln machte. Hiram flüchtete sich zum zweiten Tor, wo er jedoch auf gleiche Weise empfangen wurde. Er formulierte seine Antwort auf die Erpressung unverändert und erlitt daraufhin einen zweiten, noch härteren Schlag von dem zweiten Angreifer und starb schließlich an dem Hieb des dritten. Sie trugen ihn durch die westliche Pforte des Tempels und vergruben ihn unter Schutt. Um Mitternacht, als die übrigen Arbeiter zur Ruhe gegangen waren, trugen sie ihn auf einen Hügel, wo sie ihm ein Grab gruben.

Noch am gleichen Tag wurde er vermisst und König Salomon schickte fünfzehn treue Brüder aus, die sich auf die Suche nach ihm begeben sollten. Dabei galt es auch, das verlorene Meisterwort wieder aufzufinden. Und sie beschlossen für den Fall, dass dies nicht möglich sein würde, das erstgesprochene Wort beim Auffinden Hirams zum neuen Meisterwort zu nehmen. Sie fanden ihn nach fünfzehn Tagen, als einer der Brüder sich ermattet niedersetzen wollte und sich dazu an einem kleinen Strauch festhielt. Als dieser nachgab, bemerkte er den frisch aufgewühlten Erdhaufen und rief seine Brüder zu sich. Unter dem Hügel entdeckten sie den Körper Hirams, mit Moos bewachsen und halb verrottet. Sie bedeckten ihn wieder, markieren sein Grab mit einem Akazienstrauch und entfernten sich, um König Salomon über seinen Tod zu unterrichten. König Salomon trug ihnen auf, Hiram angemessen zu begraben und bei seiner Beerdingung zum Zeichen ihrer eigenen Unschuld weiße Schurze und Handschuhe zu tragen.

Während der Meister nun den Überfall auf Hiram schildert, wird dem Kandidaten klar, dass ihm in diesem rituellen Drama die zentrale Rolle zugewiesen worden war und an ihm die geschilderten Ereignisse symbolisch ausagiert wurden. Er musste an Stelle Hirams die – im Ritual ledig-

66 Hiramlegende nach Prichards *Masonry Dissected*, in: *EMC*, S. 168f.

lich angedeuteten – Schläge der Angreifer erleiden und wurde, den ermordeten Baumeister imitierend, auf den Boden, die symbolische Ruhestätte des Leibes Hirams, niedergelegt und anschließen selbst zu neuem Leben erweckt.

Die anwesenden Brüder verkörperten hingegen jene Gruppe treuer Gesellen, die sich auf die Suche nach ihrem Meister begeben. Sie sind diejenigen, die das neue Meisterwort konstituieren. »Das Ritual definiert sich über den gemeinschaftlich vollzogenen Akt und dessen ›absolute Gegenwartsfolge‹ (Szondi). In der kollektiven kultischen Handlung ist niemand *nur* Zuschauer, da sich alle Brüder in einer gemeinschaftlich konstituierten Realitätssphäre befinden und innerhalb dieser handeln.«[67] Gemeinsam wird die geschilderte Episode um den Verlust und die Etablierung eines neuen Meisterwortes am Kandidaten symbolisch nachvollzogen.

Abb. 16: Versammlung zur Aufnahme eines Meisters nach Johann Martin Bernigeroth (1745), Erhebung des Rezipienten

Als sich die Brüder der Legende nach anschickten, Hirams toten Körper nach mittlerweile fünfzehn Tagen zu bergen, fiel es ihnen aufgrund seines Zustandes schwer, den toten Körper aufzuheben. Zunächst versuch-

67 Kristiane Hasselmann: Identität – Verwandlung – Darstellung. Das Freimaurer-Ritual als *Cultural Performance*, Innsbruck 2002 (Magisterarbeit, eingereicht an der Humboldt-Universität zu Berlin im April 2000), S. 75.

ten sie es mit dem Lehrlingsgriff, doch die Haut löste sich vom Knochen, auch mit dem Gesellengriff entglitt ihnen die Hand. Der Großmeister demonstriert die erfolgreiche Erhebung mittels der *five points of fellowship* am danieder liegenden Kandidaten. (Abb. 16) Er ergreift seine Hand mit festem Griff und lehrt ihn in gleichem Zuge den neuen Meistergriff. Hand in Hand, Fuß an Fuß, Knie an Knie, Wange an Wange und zuletzt mit einer Hand im Rücken wird er von dem Meister wieder in den Stand gebracht und damit gleichzeitig wortwörtlich in den nächsten freimaurerischen Grad erhoben. Der Meister flüstert ihm das neue Meisterwort ins Ohr, »Machbenah«, was soviel heiße wie: »Der Meister ist erschlagen«.[68]

Nekromantische Restauration einer verlorenen Gemeinschaft

Die Repetition der Erkennungszeichen der vorhergehenden Grade und die Vermittlung des Neuen im Meistergrad sind fest in die beschriebene Legende eingebettet. Der Initiand erlebt Tod und Wiederauferstehung am eigenen Leib und betritt die soziale Gemeinschaft am Ende mit neuem Status und neuen Kompetenzen. Der Leib fungiert bei der Verkörperung Hirams als Metapher für die ethische Vervollkommnung des Menschen durch die symbolische Verwandlung und das Schicksal des gesamten geistigen Gebäudes der Freimaurerei. Der rituelle Vorgang ist von der Vorstellung einer Aneignung neuer mystischer Kräfte über die *unio mystica* geleitet. Dem Initianden wird im Ritual die Rolle Hirams, des Architekten des Salomonischen Tempels, zugewiesen, welcher, so steht es in der Heiligen Schrift geschrieben, Gott selbst ist (1. Chron. 28:19).[69] Die mystische Gleichsetzung von Adept und Gott soll eine Veränderung im Initianden in Gang setzen, die über die Körperdarstellung eingeleitet und kommuniziert wird.[70]

Im Ritual des Meistergrades stirbt die alte Identität des Gesellen und ihm werden über seine Identifikation mit Gott der Status, die Rechte und Pflichten eines Maurermeisters übertragen. Der Initiationstod ist ein häu-

68 Prichard, Zergliederte Freimaurerei, S. 31.

69 »Das alles [die räumliche und materielle Beschaffenheit des Tempels, K.H.] steht in einer Schrift, gegeben von der Hand des HERRN, der mich unterwies über alle Werke des Entwurfes.« Lutherbibel Volksausgabe, Württembergische Bibelanstalt Stuttgart 1971, Das erste Buch der Chronik, 28:19, S 447.

70 »Whatever the mode of representation, the body is regarded as a sort of symbolic template for the communication of gnosis, mystical knowledge about the nature of things and how they came to be what they are.« Victor W. Turner: The Forest of Symbols, Ithaca, New York 1967, S. 107. Siehe auch: Hasselmann, Identität – Verwandlung – Darstellung, S. 72.

figes Motiv von *Rites de Passage*; im freimaurerischen Ritual wird es allerdings mit einem eigenartigen nekromantischen Ritual gepaart, in welchem versucht wird, dem Toten mit einer speziellen Technik ein mit ihm verloren gegangenes Wissen abzuringen. Dazu findet sich im *Graham* Manuskript (1726) in der Erzählung von Noah und seinen drei Söhnen eine interessante Parallelgeschichte.[71] Darin heißt es, dass sich in Noahs Arche alles für die Schöpfung einer neuen Welt befand, mit Noahs Tod aber das Schöpfungs*wort* verloren ging, in dessen Besitz Noah war und mit dem er vorbereitet war, nach der Flut die Welt neu hervorzubringen. Deshalb begaben sich seine Söhne Shem, Ham und Japhet in der Hoffnung, Hinweise auf das Geheimnis zu finden, in dessen Besitz ihr Vater war, zum Grabe Noahs. Die drei Männer hatten bereits vorab untereinander die Vereinbarung getroffen, dass sie – sollten sie die Sache selbst nicht entdecken – das erste Ding, welches ihnen begegnete, zum neuen Geheimnis nehmen würden. Sie hegten keinen Zweifel, dass Gott sowohl in der Lage als auch gewillt war, ihre Gebete und ihre Folgsamkeit zu belohnen und ihnen ein dem originalen Geheimnis ebenbürtiges Enigma zukommen zu lassen.

Als sie zu seinem Grab gelangten, fanden sie nichts weiter als den toten Leib des Vaters, und als sie den Finger fassten, löste er sich ab. Das gleiche geschah an Handgelenk und Ellenbogen. Sie stützten deshalb den toten Körper, während sie ihn aufrichteten, indem sie Fuß an Fuß und Knie an Knie setzten, Brust an Brust und Wange an Wange pressten. Sie riefen Gott an, ihnen zu helfen, da ihr irdischer Vater es nicht mehr vermochte, und legten ihn wieder nieder. Als keiner von ihnen mehr wusste was zu tun ist, sprach einer von ihnen: »here is yet marrow in this bone and the second said but a dry bone and the third said it sinketh. So they agreed to give it a name as is known to free masonry to this day.«[72] Wie in der Hiramlegende wird hier also ein alternatives Geheimnis hervorgebracht und so das verlorene unter göttlicher Führung substituiert.

Es lassen sich Vorläufer der im freimaurerischen Ritual zelebrierten Bemühungen um die Wiedererlangung eines verlorenen Wissens – im Sinne einer wunderbaren Wiederbelebung durch engen körperlichen Kontakt – auch in den biblischen Schriften aufspüren.[73] Erzählt wird beispielsweise die Geschichte von Elia, der den Sohn der Witwe vom Tode befreit (1. Könige 17, 17-23), vom Heiligen Paulus, der einen jungen Mann namens Eutychus wieder belebt (Apg. 20, 9-12), und nicht zuletzt von Elisa, der das Kind der Sunamiterin wieder zum Leben erweckt (2. Könige 4, 34-35). In allen drei Fällen legt sich ein Prophet oder Apostel,

71 Graham MS., in: *EMC*, S. 92f.

72 Ebd., S. 93.

73 Knoop, »The Mason Word«, S. 22f.

um den Toten in das Reich der Lebenden zurückzuholen, der Länge nach auf den leblosen Körper und atmet dem Toten ins Gesicht. Die Vorgehensweise Elisas wird recht ausführlich beschrieben:

»[Elisa] stieg aufs Bett und legte sich auf das Kind und legte seinen Mund auf des Kindes Mund und seine Augen auf dessen Augen und seine Hände auf dessen Hände und breitete sich über ihn; da wurde des Kindes Leib warm.
Er aber stand wieder auf und ging im Haus einmal hierhin und dahin und stieg wieder aufs Bett und breitete sich über ihn. Da nieste der Knabe siebenmal; danach tat der Knabe seine Augen auf.«[74]

Douglas Knoop hält es für möglich, dass Noah- und Hiramlegende ihre gemeinsamen Wurzeln in biblischen Geschichten magischer Wiederbelebungen haben, bei denen Menschen ins Leben zurückgeholt werden sollen. Diese würden nun um die Rettung und Wahrung eventueller Geheimnisse, die sonst mit ihnen sterben würden, erweitert.[75] Dass der Verlust eines an die Person gebundenen Wissens ein zentrales Thema eines Bundes ist, der das Aufschreiben seiner Geheimnisse unter schwere Strafen stellt und in welchem Verschwiegenheit zu den höchsten Tugenden gehört, liegt auf der Hand. Doch die Bruderschaft hält einen Ausweg bereit, mit welchem sich die Gemeinschaft bei Verrat oder Verlust ihres geheimen Wissens jederzeit wieder neu konstituieren kann. Nach einem Nichtgelingen der körperlichen Wiedererweckung einigt man sich in ihren Legenden, einen spontanen gottgegebenen Ausruf zum neuen kollektiven Geheimnis zu machen, welches fortan wie das ursprüngliche nach außen zu verteidigen ist. Es macht deutlich, dass Vergemeinschaftung innerhalb des Bundes der Freimaurer sowohl über die körperlich-affektive Anbindung als auch über regulierende Absprachen eines einmütigen Bruderkreises funktioniert.

Zur Funktion des Rituals im Kontext einer sittlichen Verfeinerung

Die Bruderschaft der Freimaurer ist eine Institution der frühen Moderne, deren programmatische Einübung und Ausbildung eines neuen bürgerlichen Habitus in der Bemühung um Anerkennung immer performativ ausgerichtet war. Der Männerclub fungiert im 18. Jahrhundert als eine überindividuelle Regulationsform zur Aneignung eines differenzierten Handlungsschemas, welches über die rituelle Verkörperung initiiert und

74 Lutherbibel, 2. Könige 4, 34-35, S. 445.
75 Knoop, »The Mason Word«, S. 23.

im sozialen Umgang der Brüder untereinander eingeübt werden soll. Er entwirft zu diesem Zweck einen heterotopischen Raum mit einer eigenen sozio-symbolischen Struktur, in welcher die Freimaurer als »kreative Akteure skizzieren, was sie für geeignetere und interessantere Lebensentwürfe halten«.[76] Die Realisierung dieser neuen Entwürfe beginnt mit einem Zugriff auf den Körper des Kandidaten, welcher ein ihm unbekanntes Ritual durchschreiten muss und ein Wechselspiel sinnlicher Eindrücke durchlebt, das seinen Wunsch nach sittlicher Vervollkommnung wecken und ihn fest in die Gemeinschaft integrieren soll.

Das rituelle Drama soll aus dem ›Profanen‹ herauslösen, einen Vorgeschmack auf das höher bewertete Gut bieten und eine Wandlung einleiten. Im Meistergrad spielt dabei die Verkörperung mythischer Gestalten auf biblischer Grundlage, die der Aufnahmehandlung als Skript dienen, eine zentrale Rolle. Indem dem Gesellen im Ritual die Rolle des göttlichen Baumeisters Hiram zugewiesen wird, dessen Tod und Wiederauferstehung er symbolisch durchlebt, findet eine rituelle *unio mystica* mit dem Göttlichen statt. Er wird kurzzeitig eins mit dem göttlichen Baumeister Hiram und damit symbolisch in die Sphäre des Göttlichen erhoben. Diese Überblendung soll einen Vorgeschmack liefern, den Fokus auf ein höheres Gut lenken und das Bedürfnis, es zu erreichen, wecken. Der zum Meister erhobenen Maurer soll sich fortan als Träger Hiramischen Wissens bewähren und dieses zum Ausgangspunkt seiner Arbeit an der eigenen sittlichen Verfeinerung und damit auch der Verbesserung der Welt, in der er lebt, nehmen.

Jan Snoek ist in seinen Ritualstudien zu dem Schluss gelangt, dass erst die revidierte Hiramische Fassung des dritten Grades aus dem Jahre 1816 das Ritual moralisch wendet.[77] Er stellt in seinem Aufsatz »Die drei Entwicklungsstufen des Meistergrades« fest, dass durch die Streichung der Beerdigung des wieder aufgefundenen Hiram im *sanctum sanctorum*, dem innersten Heiligsten des Salomonischen Tempels, welches den Göttern vorbehalten ist, die Identifikation mit dem göttlichen Hiram aufge-

76 Victor W. Turner: The Anthropology of Performance, Baltimore, London 1988, S. 24.

77 Snoek unterscheidet bei der Entwicklung des Meistergrades drei Stufen: eine prä-Hiramische Fassung, in der das Meisterwort aus der Bibel abgeleitet und im Ritual gemeinsam buchstabiert wird; dann eine Hiramische Originalfassung, wie sie sich ab ca. 1725 herausbildet und erstmals über den dramatischen Nachvollzug von Tod und Wiederauferstehung dem Adepten die Rolle des göttlichen Bauherrn Hiram zuweist; und zuletzt eine dritte, revidierte Hiramische Fassung ab 1816, in welcher Hiram, nachdem man ihn aufgefunden hat, nicht mehr im *sanctum sanctorum* begraben wird. Snoek, »Die drei Entwicklungsstufen des Meistergrades«, in: QC Jahrbuch 41 (2004), S. 21-46.

hoben und dadurch ein ethischer Blickwinkel freigegeben wird.[78] Anstelle der Identifikation findet nun eine Übertragung statt, die das Ritual vom mystischen Urerlebnis zur Tugendlehre kehrt. Tod und Wiederauferstehung Hirams stehen von diesem Moment an allegorisch für einen Erneuerungsprozess, in dem der ethischen Unterweisung ein hoher Stellenwert zukommt. Dem Kandidaten, der im Ritual das Wesen Hirams (auf geradezu magische Weise) aufnehmen und in sich fortleben lassen soll, wird es zur Aufgabe, einen äußeren Ausdruck für dieses neugewonnene Wissen und Vermögen zu finden.

Da ein unmittelbarer Ausdruck für das unsichtbare gottverbürgte Selbst nicht möglich ist, wird die Zeichenhaftigkeit des Körpers betont. Diese wird erstens in der Weise deutlich, wie der Körper im Ritual als Symbolträger ausgestellt wird, und zweitens in der Form, mit der soziale Handlungsweisen als Indizien des Selbst gelesen werden. Das unsichtbare Selbst soll seinen Ausdruck im körperlichen Habitus finden und die körperlichen Affekte sollen zugunsten eines Ausdrucks disziplinierter Bürgerlichkeit im alltäglichen Umgang kontrolliert werden. Der Club befriedigt demnach nicht nur ein Bedürfnis nach religiöser Erfahrung und bietet als Gemeinschaft ein Refugium vor der nach Marktgesetzen funktionierenden Welt, sondern macht sich ebenso zur Aufgabe, die Arbeit an sich selbst zu stimulieren.

Moralisierende Intentionen sind auch der temporären rituellen *unio mystica* der Hiramischen Originalfassung, welche den *Gentleman Mason* »Secresy, Morality and Goodfellowship« lehren soll,[79] nicht abzusprechen – und so will Snoek seine These auch nicht verstanden wissen. Sowohl für den Kandidaten, der das Ritual zur Lehrlingsaufnahme durchschreitet, als auch für den Gesellen, der die Meistererhebung durchlebt, sind die mystische Schau, bzw. die rituelle *unio mystica*, erste Stufen eines ausgedehnten Erkenntnis- und Selbstformungsprozesses. Sie fungieren als Initialzündungen für die weitere Veredelungsarbeit, an deren Anfang »die unmittelbare Wahrheit, die Schau des Göttlichen« steht, »die jedoch nicht unmittelbar darstellbar ist«.[80]

In beiden Fällen ist die Generierung eines neuen Habitus zunächst verbunden mit einem durch das rituelle Ereignis gesetzten Engramm als Beginn eines lebenslangen, individuellen Lernprozesses entlang von Bildern und Metaphern, deren Bedeutung sich der Neophyt nach und nach selbst erschließen soll. Er beginnt mit der Auslösung senso-motorischer Reaktionen im Ritual, in dem rituelle Körperinszenierungen eine zunehmende Rolle spielen. Mit der Ergänzung des dritten Grades um das Dra-

78 Ebd., S. 27.

79 Prichards *Masonry Dissected* (1730), S. 164.

80 Siehe Ebeling, Das Geheimnis des Hermes Trismegistos, S. 29f.

ma der Ermordung, Erhebung und Wiederbestattung Hirams findet eine Verschiebung von der Inszenierung des Wortes zur Inszenierung des Körpers statt, ohne dass das eine das andere ablöst.

Stand in der prä-Hiramischen Fassung zunächst der Tempel Salomons im Mittelpunkt, rückt in der Figur Hirams nun der Leib Christi, dessen allegorische Darstellung der Tempel ist (Joh. 2:19,21), ins Mittel.[81] Die prä-Hiramische Fassung explizierte, dass nach der Zerstörung des Tempels die Aussprache des göttlichen Namens, des Schöpfungswortes, nicht länger erlaubt sei. Es folgt eine komplizierte Suche nach einem Ersatzwort, die das Augenmerk auf die Säulen Jachin und Boaz lenkt, denen schließlich die fehlenden Vokale des Tetragrammaton zu entnehmen sind. Im Gegensatz zu der aufwändigen Herleitung und Begründung des Ersatzwortes, welches »Adonai« ergibt,[82] wirkt die dramatische Nachempfindung des Todes und der Erhebung Hirams sehr viel konkreter und eingängiger. Darin liege, so Snoek, auch die allgemeine Akzeptanz der neu eingefügten Hiramlegende begründet, zumal die rituell realisierte *unio mystica* mit Christus auch ein kirchengeschichtlich akzeptiertes Thema ist.[83]

Die Hiramische Fassung spricht den sinnlichen Körper stärker an, um die assoziative Verbindung zwischen rituellem Ereignis und gezielt hervorgerufenen begleitenden Vorstellungen gleichsam im Körpergedächtnis zu verankern. Der Körper ist in der Freimaurerei nicht nur Repräsentation oder Projektionsfläche seelischer Vorgänge. Er wird zum Mitspieler und mimetischer Generator tiefergehender Veränderungen, an deren Ende ein tugendhaft und tolerant agierender Freimaurer stehen soll.[84] Das mythische *Reenactment* soll einen direkten Zugang zu den Tiefenschemata des Habitus öffnen. Dabei ist intuitives, praktisches Verstehen das zwangsläufige Produkt eines Vertrautwerdens und einer universell vorlogischen Logik der Praxis, bei der mystische Zeichen über ihre sinnliche

81 Im Johannisevangelium heißt es: »Jesus [...] sprach zu ihnen: Brecht diesen Tempel ab und in drei Tagen will ich ihn aufrichten. [...] Er [...] redete vom Tempel seines Leibes.« (Joh. 2:19,21) Siehe Snoek, »Die drei Entwicklungsstufen des Meistergrades«, S. 26.

82 Siehe dazu ausführlich Snoek, ebd., S. 22f.

83 Ebd., S. 26f.

84 »Überall, wo jemand mit Bezug auf eine schon bestehende Welt handelt und dabei selbst eine Welt herstellt, besteht ein mimetisches Verhältnis zwischen beiden; beispielsweise, wenn man die Bewegung eines anderen nachahmt, wenn man nach einem Modell handelt, wenn man etwas darstellt, wenn man eine Vorstellung körperlich ausdrückt. Es kommt darauf an, zu sehen, daß es sich nicht einfach um imitatorische Akte handelt. Darstellen ist nicht eine simple Reproduktion, die Punkt für Punkt einem Urbild folgen würde; – es ist *ein Erzeugen von etwas Eigenem.*« Gunter Gebauer u. Christoph Wulf: Spiel, Ritual, Geste. Mimetisches Handeln in der sozialen Welt, Hamburg 1998, S. 18f.

Erscheinungsform wirken.[85] Über das emotionale, körperliche Erlebnis wird ein Engramm gesetzt,[86] welches im Umgang der Brüder untereinander auch außerhalb der Loge gefestigt werden soll.

Eine engrammatische Einschreibung, die den materiellen Körper zur Voraussetzung hat, und vergöttlichende Vergeistigung, wie sie der Hirammythos des Meisterrituals illustriert, scheinen sich zunächst zu widersprechen. Doch der soziale Körper wird im Ritual nur vorläufig zurückgedrängt, um den körperlichen Handlungsvollzügen später in der sozialen Performance umso deutlichere soziale Attributierungen zu verleihen. Die rituellen Körperinszenierungen der Freimaurer dienen der aktiven Hervorbringung von Erlebnissituationen, die sich in den affektiven Körper einschreiben sollen. Der Körper dient nicht nur der Ausformung von Individualität, von Seelischem und Selbst und deren Manifestation im ausagierten Ritual, sondern bildet zugleich eine physiologische Erfahrungsebene der habituellen und mentalen Veränderungen. Die symbolische Aktion des Rituals ist dabei nicht realitätsenthoben. Als Initialzündung für einen spezifisch freimaurerischen Habitus soll sie lebenspraktisch wirksam werden. Das Resultat der Selbstformung wird in begrenzter Weise nach außen hin sichtbar. Körperliches Verhalten wird von den Brüdern gegenseitig gelesen und die habituelle Entwicklung beurteilt, indem über die Zulassung in den nächsten Grad durch die anderen Brüder befunden wird. Das Verhalten eines jeden Einzelnen innerhalb der Bruderschaft wird von anderen in hohem Maße reflektiert.

Die Habitusformierung als Zeichenprozess vor dem Hintergrund widerstreitender Technologien des Selbst und ihrer Repräsentation im Ritual

Im *Ceremoniel bei Eröffnung und Haltung einer Lehrlings=Loge und Reception eines Profanen* aus dem System der Strikten Observanz in einer Fassung aus dem Jahr 1764 heißt es, der Adept müsse einen »wahren und körperlichen Eid« gegenüber dem geschlossenen und geheimen Kreis von Brüdern ablegen, der ihn verpflichtet, nach den Geboten der Bruderschaft zu handeln.[87] Diese Formulierung exponiert die Funktion

85 Pierre Bourdieu: Sozialer Sinn. Kritik an der theoretischen Vernunft, Frankfurt a.M. 1987, S. 17f., 40f. u. 43.

86 Vgl. die ausführliche Begriffbestimmung in der Einleitung, S. 27 Fußnote 20.

87 Rituale des hohen Ordens vom heiligen Tempel zu Jerusalem, auch Strikte Observanz genannt, weltlicher Zweig nebst Ordensregeln und vielen Abbildungen aus

des Körpers innerhalb der Freimaurerei und drängt zur Befragung der damit verbundenen Körperkonzepte.

Einerseits wird der Körper in der Freimaurerei als potentieller, affektiver Störenfried intensiver Kontrolle und ständigen Disziplinierungsmaßnahmen ausgesetzt, andererseits rückt er als Protagonist eines rituellen Dramas in den Mittelpunkt gemeinschaftlicher Aktivitäten. Da sie mit scheinbar widersprüchlichen Individualisierungstechniken einhergeht, ist die freimaurerische Körperkonzeption notwendigerweise auch eine dialektische. Hermetische Einflüsse, die bereits in der frühen Formierungsphase der Freimaurerei eine Rolle spielen, erscheinen in diesem Kontext besonders aufschlussreich. Die vermutlich aus dem zweiten und dritten nachchristlichen Jahrhundert datierenden *Asclepius*-Texte inszenieren unter der Herrschaft des Geistes den menschlichen Körper als »mächtiges und wirkungsvolles Mittel zur Gestaltung und Pflege der Welt«.[88] Will man versuchen, Umrisse einer impliziten freimaurerischen Körperkonzeption herauszuarbeiten, ist es ergiebig, zunächst dieser historischen Herkunftslinie nachzugehen.

Bei den *Hermetica* handelt es sich um eine Sammlung dem legendären ägyptischen Weisen Hermes Trismegistos zugeschriebener theologisch-philosophischer Schriften, die zwischen dem ersten vorchristlichen und vierten nachchristlichen Jahrhundert entstanden sind. Diesem »Produkt des hellenistischen Synkretismus« aus »[g]riechischer Naturphilosophie, ihrerseits ein Konglomerat von aristotelischen und platonischen, stoizistischen und pythagoräischen Lehren, […] durchsetzt von Motiven ägyptischer Mythologie sowie solchen jüdischer und iranischer Herkunft«[89] haftet die Faszination ältesten ägyptischen Wissens an. Die Arbeiten von britischen Schriftstellern, Poeten und Wissenschaftlern wie Spenser, Sidney, Chapman, Shakespeare, Milton, Bacon und Fludd belegen für die zweite Hälfte des 16. Jahrhunderts ein lebhaftes Interesse an diesen Pseudoepigraphen.[90] Auf die besondere Rolle Giordano Brunos als Schlüsselfigur und Impulsgeber für die Verbreitung hermetischer Schriften in England und Schottland und die Bedeutung der Hermetica

dem Jahre 1764, I. bis IV. Grad, hg. von der Forschungsvereinigung Frederik, Flensburg 1999, S. 41.

88 Florian Ebeling: Das Geheimnis des Hermes Trismegistos. Geschichte des Hermetismus, mit einem Vorwort von Jan Assmann, München 2005, S. 34.

89 Ebd., S. 26.

90 W. Kirk MacNulty: Freemasonry. A journey through ritual and symbol, London 2003, S. 13f.

für esoterische Gesellschaften wie die Freimaurerei haben Frances A. Yates und David Stevenson hingewiesen.[91]

Die angstvolle Ablehnung hermetischer und kabbalistischer Traditionen durch James den I. und VI., der diese als Form der Hexerei missinterpretiert, drängt ihre Anhänger nach seiner Thronbesteigung im Jahre 1603 zum Rückzug ins Private. MacNulty stellt einen Zusammenhang zwischen diesem Rückzug und den Aufnahmen (*acceptions*) einer Reihe am philosophischen und spekulativen Gehalt der Handwerksvereinigung interessierter Gentlemen in die Bruderschaft her.[92] Die Wege, über die die hermetischen Einflüsse in die Freimaurerei Eingang gefunden haben, sind bisher nicht ausreichend untersucht.[93] Bereits seit dem 13. Jahrhundert lassen sich jedoch gebildete Gentlemen, die nicht dem operativen Handwerk angehören, darunter Kenner mystischer Renaissancetexte, als *Accepted Masons* in die *London Company* aufnehmen, um ihren mystischen Interessen nachzugehen. Der Historiker David Stevenson beschreibt für Schottland diese Entwicklung:

»[...] die neuen Gentlemen Mitglieder [...] wurden von den Logen aufgrund neuer Entwicklungen im Renaissancedenken angezogen, welche sie glauben machten, dass eine Organisation von Steinmetzen (*masons*) mit Geheimnissen auch wertvolles okkultes oder praktisches Wissen enthalten könnte. Diese Männer mögen die Mitgliedschaft einem Interesses an Entfaltungen wie dem Hermetismus, dem Vitruv'schen Konzept des Architekten und der Vorstellung der herausragenden Bedeutung des Handwerkers für technologischen Fortschritt folgend gesucht haben; und durch ihren Beitritt haben sie möglicherweise geholfen, eben diese Einflüsse in den Logen zu verstärken.«[94]

Während die *Masons Company* als Kontrollinstanz des Bauhandwerks zur Mitte des 17. Jahrhunderts immer mehr an Bedeutung verliert, kommt es zu Aufnahmen gebildeter Bürger, die in der Organisation eine Hüterin besonderen Wissens sehen und selbst Neues in sie einbringen.

91 Frances A. Yates: Giordano Bruno and the Hermetic Tradition, Chicago 1964 (Reprint London 1991), S. 273f. u. 415; David Stevenson: The Origins of Freemasonry. Scotland's Century 1590-1710, Cambridge 1988, S. 85.

92 MacNulty, Freemasonry, S. 13f.

93 Neue Erkenntnisse über den Zusammenhang von Freimaurerei – Hermetismus – Ägyptenrezeption verspricht das gleichnamige gemeinsame Forschungsprojekt des Da Ponte-Instituts, Wien (Prof. Dr. Herbert Lachmayer) und der Universitäten Konstanz (Prof. Dr. Dr. Jan Assmann) und Heidelberg (Dr. Florian Ebeling).

94 Stevenson, Origins of Freemasonry, S. 117.

Hermetische Traditionslinien

»Wenn du nicht zuerst deinen Körper haßt, mein Sohn, kannst du dich nicht lieben. Wenn du dich aber liebst, wirst du Geist erhalten, und wenn du den Geist hast, wird dir auch Erkenntnis zuteil werden« verkündet der Verfasser im fiktiven Lehrgespräch zwischen Hermes Trismegistos und seinem Schüler Tat des mit »Der Krug, die Eins« überschriebenen Traktates IV.[95] Was zunächst scheinbar schnell auf den einfachen Nenner der Körperfeindlichkeit zu bringen ist, entpuppt sich bei genauerer Betrachtung und im Kontext hermetischer Erkenntnistheorie als ein dialektisches Gefüge von idealer Immaterialität und notwendiger Materialität.

Die Liebe zum wahren Selbst – einem Selbst, das wir heute in dem bewusstseinsphilosophischen Begriff der Identität fassen würden – bezieht sich in obigem Zitat auf eine immaterielle Wesenseinheit. Sie gilt einem unveränderlichen geistigen Kern, in dem der Mensch sich selbst gleich ist. Die *Hermetica* entwerfen das Ideal einer Identität, welche einen Wert an sich darstellt, in ihrem Wesen absolut konstant ist und sich in ihrer Immaterialität den menschlichen Sinnen entzieht. Das Göttliche ist der Inbegriff einer solchen vollkommenen Einheit. Als schöpferischer Ursprung ist dieser göttliche All-Geist allem vorgängig, er wirkt alles überdauernd und wohnt der gesamten Schöpfung inne. Mit seinem Willen formt Gott die Erde zu einem *göttlichen Körper*,[96] welcher nicht mit ihm gleichzusetzen ist, in dem sich jedoch die göttliche Schöpfernatur auf eindrucksvolle Weise manifestiert.

Um direkten Einfluss auf das weltliche Geschehen nehmen zu können, fügt Gott diesem göttlichen Körper den Menschen bei, damit dieser als verlängerter Arm und Imitator Gottes für dessen Angelegenheiten auf Erden Sorge trage.[97] Damit er als Bindeglied zwischen Göttlichem und Irdischem fungieren und irdische Belange im Sinne Gottes lenken kann, muss der Mensch notwendigerweise mit den Attributen beider Sphären ausgestattet sein.

»Nachdem er den Menschen nun wesenhaft (*ousiōdēs*) ›geschaffen hatte‹ und bemerkte, daß er nicht für alle Dinge Fürsorge tragen könne, wenn er ihn nicht

---

95 *CH* IV, 6, S. 49.

96 »Weil er gut ist, wollte er dieses (Schaffen) [nicht] allein sich selbst vorbehalten und wollte die Erde schmücken. Er sandte als Schmuck des *göttlichen Körpers* den Menschen aus, ein sterbliches Wesen, (abstammend) von einem unsterblichen.« (eigene Hervorhebung) *CH* IV, 2, S. 48.

97 »Daher wollte er, groß und gut wie er ist, daß es einen anderen gebe, der jenen, den er aus sich geschaffen hatte betrachten könne, und schuf so den Menschen, der es ihm gleichtun sollte in seiner Vernunft und zugleich in seiner Fürsorge.« *Ascl.*, 8, S. 263.

mit einer stofflichen Hülle bedeckte, umgab er ihn mit einem Körper als Haus und gebot, daß alle Menschen so beschaffen seien, und er vermengte und mischte sie aus den beiden Naturen zu einem zusammen in einem angemessenen Verhältnis. Und so formt er den Menschen aus seelischer und körperlicher, das heißt aus ewiger und sterblicher Natur, so daß dieses so geformte Lebewesen seinen beiden Ursprüngen gerecht werden kann: das Himmlische bewundern und anbeten, das Irdische besorgen und lenken.«[98]

Als *homo duplex* nimmt der Mensch innerhalb der Schöpfung eine Sonderstellung ein. Er ist als einziges Lebewesen mit jenem göttlichen Funken ausgestattet, der den Grund legt, den göttlichen Plan zu durchdringen und fortführen zu können. Erst aber die materielle Teilnahme am irdischen Geschehen befähigt den Menschen, den von ihm ergründeten göttlichen Willen auf Erden durchzusetzen.

»Als einziges Lebewesen ist der Mensch doppelter Natur; der eine Teil von ihm ist ein-fach, der wie die Griechen sagen, wesenhaft (*ousiōdēs*) ist und in dem sich, wie wir sagen, die Gottähnlichkeit ausdrückt; vierfach ist das, was die Griechen materiell (*hulikos*) nennen, wofür wir das Wort irdisch (›mundanus‹) benutzen, woraus der Körper geschaffen ist; von ihm wird jenes bedeckt, was, wie wir schon oben gesagt haben, im Menschen göttlich ist, so daß in ihm im Schutz (des Körpers) die Göttlichkeit es reinen Geistes zusammen mit dem, was ihm verwandt ist, nämlich mit den Gedanken des reinen Geistes, für sich allein ruht, gleichsam umzäunt von der Mauer des Körpers.«[99]

In seiner zweifachen Natur vereint er beide Prinzipien, sowohl die göttliche Einheit als auch materielle Vielheit. Vernunft und Geist, die ihn zu höherer Einsicht in das Werk Gottes befähigen, werden beherbergt von einem irdischen Körper, der materiellen Umwandlungsprozessen ausgesetzt und somit in seiner Lebensdauer begrenzt ist. Dieser für die Präsenz auf Erden notwendige Körper wird in den *Hermetica* jedoch weniger als materieller Schutzwall oder Handlungsgrundlage gelobt denn als eine Fessel des Geistes beargwöhnt. Begründet wird dies damit, dass das ursprünglich ausgewogene Verhältnis von Körper und Geist, welches den Menschen zur Erfüllung seiner Aufgaben befähigen sollte, durch das irdische Leben korrumpiert werde. Der Mensch entwickele im Verlauf seines Lebens zunehmend neue körperliche Bedürfnisse und Begierden, welche seine Seele in den Würgegriff nehmen und verhindern, dass er sich zu Höherem aufschwingen kann.[100] Seiner Konstitution als *homo*

98 *Ascl.* 8, S. 263f.

99 *Ascl.* 7, S. 262.

100 »Fremd ist dem Menschen in allen Teilen, in denen er dem Göttlichen verwandt ist, all das Irdische, das er aufgrund seines körperlichen Verlangens besitzt; dies

duplex ist es geschuldet, dass er in einem Dilemma der grundsätzlichen Unvereinbarkeit von körperlichem Begehren und unkörperlichem Geist gefangen ist.[101]

»Alles dieser Art [das Irdische, das er aufgrund seines körperlichen Verlangens besitzt, K.H.] ist also dem Menschen wesensfremd, auch der Körper, so daß wir sowohl das, was wir begehren, als auch das, was die Ursache unseres lasterhaften Begehrens ist [der Körper, K.H.], verachten [...] der Mensch [müßte] seinem eigentlichen Menschsein soweit gerecht werden, daß er infolge der Schau der Gottheit den sterblichen Teil verachtet und verschmäht, mit dem er verbunden ist aufgrund der Notwendigkeit, den niederen Teil [der Welt] zu erhalten.«[102]

Die *Hermetica* stellen nicht nur die sinnliche Verführung unter Verdacht, sondern säen tiefes Misstrauen gegenüber dem eigenen Körper als Quelle allen Übels, ist dieser doch der unzulässig überhand nehmende Part, der das Gleichgewicht zu seinen Gunsten aufhebt und den Menschen seine eigentliche Aufgabe aus dem Blick verlieren lässt.

Da der Mensch jedoch nun einmal aus diesen einander ausschließenden Prinzipien geschaffen wurde, muss er – will er seine gottgegebene Aufgabe erfüllen – durch Selbst- und Affektkontrolle das Äquilibrium immer wieder selbst erzeugen. Damit ihn die Begierden nicht von seiner eigentlichen Aufgabe ablenken, muss er sich kontinuierlich Widerständen erwehren, die dem göttlichen Part seines Wesens entgegenarbeiten.[103] Die Regulierung körperlicher Störfaktoren ist von dem Menschen

---

wird zu Recht mit dem Wort ›Besitz‹ bezeichnet, da es ja nicht zusammen mit uns auf die Welt kam, sondern später von uns nach und nach in Besitz genommen wird [...] Eine angenehme Sache ist nämlich in diesem körperlichen Leben der Genuß, den man an seinem Besitz hat. Aus diesem Grund packt die Schlechtigkeit die Seele an der Kehle, wie man sagt, und hält sie fest, so dass sie in dem Teil, in dem der Mensch sterblich ist, verhaftet bleibt; [...].« *Ascl.* 11, S. 267 u. 12, S. 270.

101 *CH* IV, 6, S. 49.

102 *Ascl.* 11, S. 267. Im letzten Satz der Holzhausen-Übersetzung habe ich »mundis inferioris«, welches hier mit »niederem Teil des Kosmos« übersetzt wurde gegen die korrekte Übersetzung »niederen Teil der Welt« ausgewechselt. Vgl. auch Copenhaver, Brian P.: Hermetica. The Greek Corpus Hermeticum and the Latin Asclepius in a new English translation with notes and introduction, Cambridge 1998, Ascl. I, 11, S. 73.

103 »Siehst Du, mein Kind, wie viele Körper wir durchschreiten müssen, wie viele Dämonengruppen, Verbindungen (der Planetensphären) und Sternkreise, um zu dem Einen und Einzigen vorzudringen? [...] [M]achen wir uns schnell auf den Weg. Denn es ist beschwerlich, wenn einer das Gewohnte und Gegenwärtige verlässt und sich dem Alten und ehrwürdigen zuwendet.« *CH*, IV, 8 u. 9, S. 49f.

selbst in die Hand zu nehmen.[104] Die Besinnung auf den göttlichen Anteil ist mit der Aufgabe einiger liebgewonnener Gewohnheiten verbunden und umso beschwerlicher, als sich »das Richtige« und »Gute« den menschlichen Sinnen entzieht.[105] Disziplinierungsmaßnahmen machen Verschiebungen jedoch möglich und können das Gleichgewicht wieder herstellen, indem sie alle Sorgfalt, körperliche Kraft und handwerkliche Arbeit des Menschen darauf lenken, die Welt nach göttlichem Willen einzurichten und Sorge für sie zu tragen.[106] Um seinem göttlichen Anteil zur Wirksamkeit zu verhelfen, muss der Mensch selber Sublimierungsarbeit leisten und seine elementaren körperlichen Triebregungen in kulturelle Leistung umwandeln.

Gottesdienste und Frömmigkeit gegenüber Gott sollen ihn darin bestärken. Sie sollen der Besinnung auf die eigentlichen Aufgaben des Menschen auf Erden dienen und die Einsicht in die Notwendigkeit schärfen, sich körperlicher Begierden, die der göttlichen Erkenntnis zuwiderarbeiten, zu entledigen. Die Aufmerksamkeit für die göttliche Verstandesgabe ist die Grundvoraussetzung dafür, durch deren Pflege zunehmend tiefere Kenntnis des Göttlichen zu erlangen und in sein Wesen einzutauchen.[107] Der eigene göttliche Anteil erschließt sich dem Menschen nur unter einiger Anstrengung, ist er den äußeren Sinnen doch ebenso unsichtbar wie Gott selbst. Der göttliche Funke ist nur »mit dem Herzen zu erblicken« und über die innere Schau zu ergründen.[108]

Zusätzlich zu dieser in sich gekehrten Selbsterkundung beschreiben die *Hermetica* noch einen zweiten, höchst dialektischen Zugang zum

104 »Es ist unmöglich, mein Kind, sich um beides zu kümmern, um das Sterbliche und um das Göttliche. Da nun alles Seiende zweifach ist, körperlich und unkörperlich, worin das Sterbliche und Göttliche enthalten sind, bleibt dem, der wählen will, die Entscheidung für eines von beidem überlassen. [...] Aber weil das eine geringer ist, bringt es die Wirkkraft des anderen zum Vorschein.« *CH* IV, 6, S. 49.

105 *CH*, IV, 8, S. 49.

106 *Ascl.* 11, S. 269.

107 Libellus IV verwendet zur Beschreibung dieses Vorgangs die titelgebende Schalen-Allegorie. In ihr positioniert Gott eine mit Geist gefüllte Schale auf Erden und lässt einen Herold den Herzen aller Menschen verkünden, dass jene, die sich entscheiden, in die Schale einzutauchen, zu jenem aufsteigen würden, der sie auf Erden gesandt hat. Nur jenen, die der Verkündung Aufmerksamkeit schenkten und sie befolgten, wurde die gnostische Erfahrung und Geist zuteil. Sie begannen ihr irdisches Dasein zu beklagen und alles Körperliche zu verachten, um fortan dem Göttlichen als alleinigem Heil entgegen zu streben. Alle anderen, ignoranten Menschen hingegen machten weiterhin die Befriedigung ihrer körperlichen Begehren zum einzigen Lebensziel und blieben wie geistlose Tiere von der Erkenntnis ausgeschlossen. *CH* IV, 4-6, S. 48f.

108 *CH* IV, 11, S. 50.

Göttlichen jenseits der kontemplativen Einkehr und Abkehr von allem Körperlichen. Einen materiellen Zugang zum Göttlichen legt nämlich die Betrachtung der Erde als *göttlicher Körper*. Der Mensch sei zu dem Zweck geschaffen worden, das göttliche Werk zu betrachten und in seiner Ordnung und Schönheit das Wesen Gottes zu erkennen.[109] Zur Ergründung des göttlichen Maßes stünden der Königswissenschaft Philosophie andere (Hilfs-)Wissenschaften wie die Musik oder Geometrie zur Seite. Das Studium der Ordnung und idealen Formgebung der göttlichen Schöpfung lasse den Menschen die Geschicklichkeit und Weisheit Gottes verehren.

»[...] [D]ie Ordnung aller Dinge zu verstehen und zu wissen, was ihnen der göttliche Plan bestimmt hat. Denn die Ordnung aller einzelnen Dinge mündet dank des Entwurfs ihres Künstlers in eine Einheit und bewirkt so eine Art Harmonie, unendlich schön und wahr in ihrem göttlichen Klang.«[110]

Im Zuge der Verehrung irdischer Schönheit wird jedoch keineswegs der Argwohn gegenüber allen körperlichen Erscheinungen abgestreift. Es wird ganz im Gegenteil davor gewarnt, dem Anschein zu verfallen, sie würden Gott selbst repräsentieren oder gar mit ihm gleichzusetzen sein.

»Denn das Sichtbare befriedigt, das Unsichtbare aber macht das Glauben schwer. Gut sichtbar ist das Übel, aber das Gute ist inmitten des Sichtbaren unsichtbar. Es hat nämlich weder Gestalt noch Form. Deswegen ist es sich selbst ähnlich, allem anderen aber unähnlich; ist es doch unmöglich, dass Unkörperliches im Körper erscheint.«[111]

Da gerade seine Unkörperlichkeit das göttliche Wesen so unvergleichlich und einzigartig macht, kann die Materie es niemals angemessen wiedergeben. Ihre Form kann lediglich auf die Kunstfertigkeit des allmächtigen Schöpfer verweisen und dessen eigenes, unnachahmliches Wesen erahnen lassen. Deshalb besteht die Kunst darin, die Materie als Zeichenträger weiterhin mit Argwohn zu betrachten, die Schönheit ihrer Gestaltung aber als Indiz des Göttlichen zu lesen und zu verehren. Der Form wird damit ein Primat über die grundsätzlich negativ bewertete Materie zugesprochen, da erst in der kunstvollen Bearbeitung der Materie das Geschick Gottes als höchster Künstler seinen Ausdruck findet. Die Materie ist nur Trägerstoff, nur Voraussetzung jener göttlichen Formgebung, die

---

109 »Die Welt der Lebewesen hat Anteil am ewigen Wesen, am Logos der Welt und am Geist. Der Mensch wurde Zuschauer des Werkes Gottes, staunte und erkannte den Schöpfer.« *CH* IV, 2, S. 48.

110 *Ascl.*, 13, S. 271.

111 *CH* IV, 9, S. 50.

dem *göttlichen Körper* Schönheit, Ordnung und ideales Maß verleihen und dadurch zum Indiz des Göttlichen machen.[112]

Die eingangs zitierte Voraussetzung, den eigenen Körper zu hassen, um das Selbst zu lieben, relativiert sich also. Gehasst werden soll nur der affektive Teil des Körperlichen, hinter dem der göttliche Funke zurücktreten beginnt und den Menschen seine eigentliche Mission auf Erden, die Komplettierung des göttlichen Werkes, vergessen lässt. Der disziplinierte Körper, der den göttlichen Funken nicht erstickt, kann die Schöpfung über seine Handlungen vervollkommnen und selbst Indiz des Göttlichen werden. Dazu gehört, Sorge um den eigenen Körper zu tragen, ihn zu kontrollieren und ihn als Zeichenträger zu inszenieren. Aus seiner wissenden und kontrollierten Distanz heraus kann der Mensch dann wohlwollend auf alles Irdische um und unter sich blicken.[113]

Das Ritual als symbolische Manifestation eines kollektiven Imaginären

Es wird ein ergründbarer fester, göttlicher Kern des Menschen imaginiert, zu dem es vorzudringen gilt. Erst die Erkenntnis dieses göttlichen Kerns befähige zur aktiven Selbstformung und gebe das Ziel vor. Die ideale Form des zwischenmenschlichen Umgangs leitet sich aus der Kenntnis des vollkommenen göttlichen Plans ab, dessen Komplettierung Aufgabe des Menschen ist.[114] Die Visualisierung dieses Vorgangs bleibt in der Freimaurerei jedoch nicht beim Imaginären, der inneren Schau, stehen, sondern das Imaginäre wird im Performativen realisiert und so zum Symbolischen. Im freimaurerischen Ritual und seinen Symbolen manifestiert sich das kollektive Imaginäre der Gemeinschaft.

112 »Die Materie ihrerseits ist von Gott bereitet zur Aufnahme dieser Erscheinungsformen jeder möglichen Gestalt, und die Natur gestaltet durch sie mittels der vier Elemente den Kosmos und fährt damit fort bis zum Himmel hinauf, alles zum Wohlgefallen für Gottes Anblick.« *Ascl.* 3, S. 256f.

113 »Den Göttern ist der Mensch durch wesensverwandte Göttlichkeit verbunden; den Teil seiner Natur, in dem er erdenhaft ist, verachtet er in sich. Alle übrigen Wesen, mit denen sich der Mensch in der himmlischen Ordnung verwandt weiß, verpflichtet er sich durch das Band der Liebe; er verehrt den Himmel. In solcher Weise ist er also an dem glücklicheren Ort der Mitte angesiedelt, dass er die Wesen, die unter ihm stehen, liebt, selbst aber von denen, die über ihm stehen, geliebt wird. Er bebaut die Erde, mischt sich mit den Elementen dank der Schnelligkeit seines Denkens, mit seiner Denkkraft steigt er in die Tiefen des Meeres hinab. Alles steht ihm frei [...].« *Ascl.* 6, S. 260.

114 »Dieser irdische Teil des Kosmos wird durch die Kenntnis und die Anwendung der Künste und Wissenschaften erhalten, ohne die nach Gottes Willen die Welt nicht vollkommen ist.« *Ascl.*, 8, S. 264.

Freimaurerische Symbolwelten und ihre Anleihen bei der Handwerkszunft der Steinmetzen

Im Zentrum des freimaurerischen Bilderreservoirs steht der *Salomonische Tempel*; ein Bauwerk »[dessen] Fundament [...] so erstaunlich tief gelegt war und die Steine waren nicht nur die Größten, sondern hart und standhaft genug, um allen Wettern zu trotzen; ineinander verzapft und in den Felsen gekeilt.«[115] (Abb. 17) Der Tempel ist ein Bauwerk nach göttlichem Entwurf, ein Werk aus der Hand des Schöpfers der Welt. Als *Imago Mundi* fungiert er daher als »Modell von und für die Welt. Das bedeutet, dass die Arbeit am Tempel von Salomon Arbeit an der Welt ist«.[116] Der Tempel signifiziert den Wunsch nach Festigkeit und Beständigkeit einer auf den Grundfesten der Wahrheit, Tugendhaftigkeit und Nächstenliebe errichteten Gemeinschaft und liefert mit der hierarchischen Einteilung verschiedener Zugangsbereiche die symbolische Kartographie für die freimaurerische Heterotopie.

Das biblische Bauprojekt ist eine auf spezifischem Wissen basierende Institution, deren klassische Allegorie die *Akademie* ist. Auch eine der großen Sozialutopien des 17. Jahrhunderts, die in der Gründung einer solchen Akademie mündet, benennt ihre zentrale Forschungseinrichtung nach dem berühmten König der Israeliten, von dem die gelehrte Bruderschaft gleichzeitig vorgibt, einige vermisste Teile seines Werkes auf der Insel zu beherbergen.[117] Das Haus Salomon in Fancis Bacons *Nova Atlantis* (1624) dient der wissenschaftlichen Erfassung des göttlichen Werkes mit dem Ziel der Projektion der gleichen mathematischen Prinzipien auf die neu institutionalisierte Gesellschaftsordnung. Es fördere die »Erforschung und Erkenntnis des wahren und inneren Wesens aller Dinge [...], damit Gott als Schöpfer um so größeren Ruhm ob ihres Baues empfange, die Menschen aber in ihrer Auswertung umso reichere Früchte ernten, ihm auch jenen zweiten Namen des ›Kollegiums der Werke der sechs Tage‹ geben.«[118] Dieses Projekt steht in dem konkreten Lebenszusammenhang einer sich instituierenden Gesellschaft und trägt dazu bei, deren kollektives Imaginäres zu formen. Die Ergründung der göttlichen Natur wird in den Dienst der »Errichtung eines neuen *eidos*, eines neuen

115 Zitat des jüdischen Historikers Josephus, welches Hutchinson als gelungene Beschreibung des mystischen Gefüges (*mystical fabrick*) der Gemeinschaft anführt. Hutchinson, Spirit of Masonry, S. 266f.

116 Snoek, »Die drei Entwicklungsstufen des Meistergrades«, S. 25.

117 Der utopische Staat. Morus, Utopia; Campanella, Sonnenstaat; Bacon, Nova Atlantis, übersetzt, eingeleitet, mit einer Bibliographie und Kommentar hg. von Klaus J. Heinisch, Hamburg 1993, S. 193.

118 Ebd., S. 194.

Abb. 17: Logentapis für die Aufnahme eines Compagnions nach Les Ecrasés (1747)

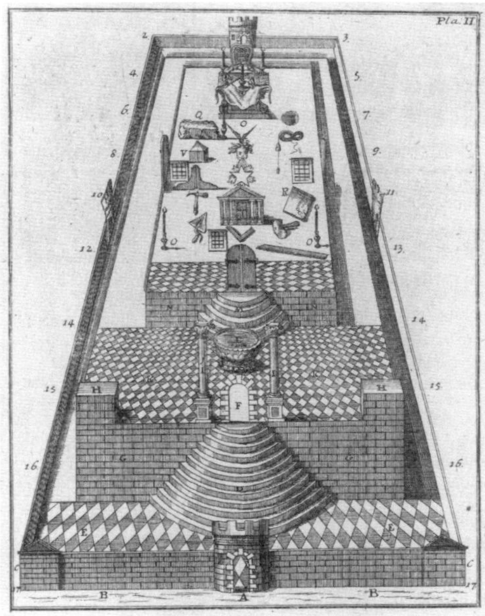

Wesens, einer neuen Form« durch die Setzung neuer Normen und Gesetze gestellt. Gemeint sind damit nicht nur juristische Gesetze, sondern »verbindliche Arten des Wahrnehmens und des Auffassens der sozialen und ›physischen‹ Welt sowie […] der Art und Weise, in dieser zu agieren«.[119] In seinem Denken und Handeln wird der Mensch vornehmlich von jenem kollektiven Imaginären geleitet, welches die Gesellschaft, in der er lebt, für ihn bereithält.

Auch in der Freimaurerei wird entgegen aller modernen Rationalisierungsschübe das kollektive Imaginäre nicht suspendiert.[120] Die autonome Selbstinstituierung der Gesellschaft ist überhaupt nur möglich vor dem Hintergrund neuer historischer Bildungen des gesellschaftlichen Imaginären. Daran haben unterschiedliche Aktivitäten teil, in denen soziale Phantasie produktiv und experimentierfreudig wird. Die Freimaurer su-

119 Castoriadis, »Die griechische *polis* und die Schaffung der Demokratie«, S. 300.

120 Castoriadis widerlegt damit die Weber'sche These, dass der Prozess der Aufklärung und Modernisierung zu einer Entzauberung der Welt geführt habe, und demaskiert die Herrschaft der Rationalität als Imaginäres zweiten Grades. Die moderne Vernunfteuphorie sei ebenso ein Produkt des Imaginären wie die mystischen Welterklärungsweisen der Freimaurer. Castoriadis behandelt sie als koexistierende geschichtliche Gestalten des Imaginären, deren letzte Ziele keiner Vernunft unterliegen. Castoriadis, Gesellschaft als imaginäre Institution, S. 268ff.

chen sich einen Freiraum, um etwas Neues zu erkunden, auszuprobieren und aus diesem *Experiment* die entsprechenden Konsequenzen für ihren gesellschaftlichen Lebenszusammenhang zu ziehen.[121] Eine institutionelle Selbstschöpfung, wie sie die Freimaurer vollziehen, hat die Fähigkeit der kritischen Distanznahme gegenüber gesellschaftlichen Institutionen zur Voraussetzung, als deren historischen Ansatzpunkt Cornelius Castoriadis die griechische Poliskultur betrachtet.[122]

Der Abstand zwischen der instituierenden Gesellschaft (dem gesellschaftlichen Imaginären) und dem bereits Instituierten (dem Symbolischen) ist bei Castoriadis »keine negative Größe und kein Mangel«. Er wirft nicht jene Kluft zwischen Begehren und Realität, die im Lacan'schen Register das Reale nur mangelhaft zu füllen vermag. Im Imaginären äußert sich »die schöpferische Macht der Geschichte« und der Abstand zum Bestehenden »ist dafür verantwortlich, dass eine Gesellschaft immer mehr enthält, als sie gegenwärtig realisiert.«[123] Bei Castoriadis fungiert das Imaginäre als Voraussetzung des Funktionalen. Es ist das entscheidende Element sowohl der gesellschaftlichen Stabilität als auch des Wandels und der Schöpfung neuer gesellschaftlicher Formen.

In der Institution und ihren Symbolen verkörpern sich die gemeinschaftlichen Anerkennungsprinzipien. Deshalb können die freimaurerischen Allegorien als ihr Ausdrucksmedium über das Imaginäre der Gemeinschaft und ihre Absichten aufklären. »What have you come here to do?«, lautet eine Frage des Prichard'schen Lehrlingskatechismus:

---

121 Der Begriff »Experiment« (*experimentum*) wird lange Zeit, d.h. von der Scholastik bis zur Renaissance, meist synonym mit »Erfahrung« gebraucht (*experientia*). Ich verwende den Begriff hier im Sinne Francis Bacons für »die durch menschliches Handeln bewusst herbeigeführte Erfahrung, die ›experientia quaesita‹ […] ›Restat experientia mera, quae, si occurrat, casus, si quaesita sit, experimentum nominatur‹ (Es bleibt die reine Erfahrung, die, wenn sie zustößt, Zufall, wenn sie gesucht wird, Experiment heißt.) Oder um mit Christian Wolff zu sprechen, für ›eine Erfahrungsweise, zu der es methodischer Veranstaltungen des Menschen bedarf‹«. Entgegen der aristotelischen Bestimmung des Begriffes versteht die Neuzeit unter dem Experiment nicht nur ein Sammeln von Erinnerungen, sondern zielt mit einer »kontrollierten, gesteuerten, zielgerichteten Erfahrung« auf die Hervorbringung von etwas Neuem«. Historisches Wörterbuch der Philosophie, hg. von Joachim Ritter, Band 2: D-F, Stuttgart, Basel 1972, S. 868f. u. 871.

122 Castoriadis, »Die griechische *polis* und die Schaffung der Demokratie«, S. 229; vgl. zur Problematisierung der Konzeption von Castoriadis auch Susanne Lüdemann: Metaphern der Gesellschaft. Studien zum soziologischen und politischen Imaginären, München, Paderborn 2004.

123 Castoriadis, Gesellschaft als imaginäre Institution, S. 194f.

»Not to do my own proper Will,
But to subdue my Passion still;
The Rules of Masonry in hand to take,
And daily Progress therein make.«[124]

Die fortschreitende Arbeit an sich selbst findet ihre symbolische Übersetzung in dem Vordringen zum *sanctum sanctorum* des Salomonischen Tempels, in welchem der Leichnam Hirams begraben liegt. Während der Lehrling drei Stufen erklimmt und an der ersten Säule erstmalig das Göttliche von Angesicht zu Angesicht erblickt, schreitet der Geselle fünf der sieben Stufen zum Tempel empor und erblickt auch die zweite. Es ist dem *Master Mason* vorbehalten, in das Innerste des Tempels vorzudringen und durch die nekromantische Vereinigung mit dem getöteten Baumeister höchstes Wissen zu erlangen.

Die Freimaurerei erläutert ihre Prinzipien und Ideale über die allegorisierende Interpretation jener innerhalb der Steinmetzenzunft gebräuchlichen Werkzeuge, die systematisch moraldidaktisch ausgelegt werden. Sie sind bei den *Moderns* auf dem Arbeitsteppich der beiden unteren Grade abgebildet. Die der operativen Steinmetzenzunft entlehnten Gegenstände, auf deren mögliche Bedeutungen die meisterlichen Instruktionen hinweisen, stehen symbolisch für komplexe Ideen und jene neuen, von den Mitgliedern der Gemeinschaft eingeforderten moralischen Ansprüche. Zeichenbrett (*trasel* oder *tracing board*), unbehauener Stein (*rough ashlar*) und bearbeiteter kubischer Stein (*cubic stone*), welche jeweils einem freimaurerischen Grad zugeordnet werden, markieren dabei die Grundprinzipien des symbolischen Baus an der sittlichen Vervollkommnung. Das Zeichenbrett signifiziert die weise Planung, mit der der Meister das Projekt leitet. Der Geselle führt das Werk mit Ausdauer und Kraft aus und der Lehrling bearbeitet mit seinen Werkzeugen den unbehauenen Stein zu einem perfekten Kubus. Sein Geschick entspringt dem Studium der Schönheit, der vollendeten Form, welchem er sich widmet. In der Gegenüberstellung des behauenen und unbehauenen Steins visualisiert sich die Wandlung eines ungebildeten Menschen in eine ›erleuchtete‹, wohlerzogene und sittlich verfeinerte Person. Als unbehauener Stein tritt der Suchende der Bruderschaft bei, um sich nach ausdauernder Arbeit an sich selbst in einen akkurat geformten Stein zu ver-

124 *Masonry Dissected*, in: *EMC*, S. 160. In der zeitgenössischen Übersetzung lautet die Antwort, aufgrund der Nichtübertragbarkeit der gebundenen Sprache, etwas holpriger: »Nicht zu thun meinen eigenen Willen, sondern meine Leidenschaft zu bezwingen, die Reguln der Maurerey zur Hand zu nehmen, und täglich darin einen Fortgang zu machen.« Prichard, Zergliederte Freymaurerey, S. 7.

wandeln, der sich sowohl perfekt in die freimaurerische Gemeinschaft einfügt als sich auch in die moderne Gesellschaft einzupassen versteht.

In moralischen Instruktionen erläutert der Logenmeister anhand operativer Werkzeuge die entsprechenden Verhaltensanforderungen, welche für die Bewerkstelligung einer solchen Charakterformung zu befolgen sind. In William Hutchinsons *Spirit of Masonry* (1775) ist ein entsprechender Unterricht für Maurer abgedruckt:[125] Das *Lineal* fordert darin Zielstrebigkeit in der Befolgung des Evangeliums, »auf dem rechten Wege vorwärts zu drängen, ohne sich nach rechts oder links zu neigen, um eines vorübergehenden Zeitvertreibs oder einer wie auch immer gearteten Befriedigung willen«. Die *Richtschnur* soll für Gradlinigkeit bei der Erfüllung christlicher Pflichten sorgen; »es lehrt uns jegliche Art der Doppelzüngigkeit zu vermeiden, sowohl in der Konversation wie im Handeln«. Sie ermuntere zur Ehrlichkeit, die den Menschen in Verbindung mit dem Göttlichen bringe und am Ende seines Lebens den Aufstieg ins Himmelreich ermögliche. Das *Senkblei* ermahne den Maurer zur Aufrichtig- und Gerechtigkeit und der Einhaltung des rechten Maßes zwischen Enthaltsamkeit und Sinnlichkeit. Mit ihm solle der Maurer seine begrenzten Fähigkeiten ausloten, um sie zur Erfüllung seiner Pflichten einzusetzen. Die *Maurerkelle* beschwöre den gesellschaftlichen Zusammenhalt, dessen Kitt Nächstenliebe, Wohltätigkeit und Sorge für das Gemeinwohl seien. Die *Wasserwaage* soll stets die Gleichwertigkeit und Gleichberechtigung aller Menschen vor Gott ins Gedächtnis rufen und dazu ermutigen, jenen, denen das Schicksal böse mitspielt, zur Seite zu stehen. Der *Zirkel* ermahne den Maurer, in solch maßvollem Rahmen zu leben, dass ihm ausreichend Mittel für wohltätige Zwecke zur Verfügung blieben, mit denen er die Armut seiner Nachbarn lindern könne. Der *rechte Winkel* soll helfen, alle Handlungen mit den Geboten der Heiligen Schrift in Einklang zu bringen und sich dem eigenen Wesen angemessen zu geben.

»Unser Verhalten wird gesetzmäßig und einheitlich sein, weder nach Dingen außerhalb unserer Reichweite streben noch auf Dinge in einer Weise einwirken, die unsere Verhältnisse überschreiten. In unseren Ausgaben sollen wir weder jene nachäffen, die in höherer Sphäre situiert sind, noch dem Glanz des Goldes so viel Aufmerksamkeit schenken, dass wir unter unseren eigentlichen Stand sinken; sondern wir sollen die goldene Mitte halten […].«[126]

---

125 Ich beziehe mich im Folgenden auf »A Lesson for Freemasons: or, a series of moral observations on the instruments of masonry«, in: Hutchinson, The Spirit of Masonry, Appendix P, S. 332-336.

126 »Our behaviour will be regular and uniform, not aspiring at things above our reach, nor pretending to things above our finite capacities, nor to affect things

Hammer und *Meißel* führten die Notwendigkeit der Erziehung und moralischen Formung vor Augen, welche erst unentdeckte Qualitäten des Menschen zum Vorschein bringen und den Blick auf seine wahren Aufgaben freigäben. Mit Hammer und Meißel würde der unbehauene Stein gefügig gemacht, so dass er sich nahtlos in die Gemeinschaft einpasse. Disziplinierungsmaßnahmen und Verhaltenskorrekturen sollen »Auswüchse des Stolzes abschlagen«, die Maurer zur Bescheidenheit mahnen und sie anhalten, sich gesellschaftlich einzufügen.

»Was dem Arbeiter sein Hammer, ist die aufgeklärte Vernunft den Leidenschaften im menschlichen Gemüt (*mind*): sie zügelt den Ehrgeiz, der dem eigenen Nachbarn zu schaden trachtet: sie unterdrückt Neid, mäßigt Wut, überprüft jede aufkommende Schwäche und ermutigt jede gute Neigung der Seele; aus der die anmutige Ordnung, diese wunderbare Selbstzufriedenheit hervorgeht […]«.[127]

Der als langwierig beschriebene Prozess der gegenseitigen Formung und Verwandlung des Menschen wird in den Aufnahmeritualen des ersten und dritten Grades, die den Vorgang visualisieren und sinnlich erfahrbar machen, vorweggenommen und in Form einer symbolischen Neugeburt inszeniert.

Der Architekt als Leitmetapher der Persönlichkeitsbildung des *Virtuoso*

Es ist nicht allein ein plötzlich erwachtes Interesse für die Baukunst als Schöne Kunst, das die bürgerliche Mittelschicht veranlasst, um Aufnahme in eine kultische Gemeinschaft zu ersuchen, in deren Zentrum die Verehrung eines *Great Architect* steht. Die Baukunst bleibt in England lange Zeit institutionell an die »Maurerzunft« gebunden.[128] Architektur und Bauleitung sind Bestandteile der Handwerksorganisation, die Über-

above what our circumstances can possibly bear. In our expenses we shall neither ape those that are placed in a more exalted sphere, nor attend so much to the glitter of gold as to sink beneath our proper station; but we shall observe the golden mean […].« Ebd., S. 333.

127 »[…] What the Hammer is to the workman, that enlightened reason is to the passions in the human mind: it curbs ambition, that aspires to its own neighbour's hurt: it depresses envy, moderates anger, checks every rising frailty, and encourages every good disposition of the soul; from whence must arise that comely order, that delightful self-complacency […].« (Vorhebungen im Original). Ebd., S. 336.

128 Erste Kunst- und Bauakademien bilden sich in Italien und Frankreich erst ab 1671, in England noch später. Paul O. Kristeller: Humanismus und Renaissance II, München 1975, S. 183.

tragung des englischsprachigen »freemason« in den deutschen »Freimaurer« ist aber dennoch im Grunde eine Fehlübersetzung. Der englische *mason* ist Steinmetz, Steinbildhauer, Baumeister und Bauunternehmer, nicht aber einer jener Bauhandwerker, die wir im Deutschen als Maurer bezeichnen würden.[129] Der Begriff »Freimaurer«, genauso seine Kurzform »Maurer«, hat sich allerdings seit den Anfängen der Freimaurerei in Deutschland derart durchgesetzt und fest etabliert, dass eine Korrektur zum heutigen Zeitpunkt – zumal die Vereinigung unter diesem Namen noch heute aktiv ist – nur Verwirrung stiften würde.

Bauleiter und Architekten sind während des gesamten Mittelalters angesehene, bürgerliche Geschäftsleute. Die *King's Masterbuilder* sind bei Hofe geachtete Künstler, denen es vergönnt ist, am Tisch des Königs Platz zu nehmen. Die moderne Freimaurerei kann in England daher auf eine traditionelle gegenseitige Wertschätzung dieser bürgerlicher Elite und des Adels aufbauen. Die spätere Umgestaltung der Freimaurerei zu einem *Club of Gentlemen* ist ein Indiz für die Individualisierungsschübe des 18. Jahrhunderts und die neue Bedürfnislage innerhalb der sich formierenden *Commercial Society*. Sie trägt auf lange Sicht zur Erosion der höfisch-aristokratischen Standeskultur bei, ohne aber Aristokratie und Adel gezielt die Position streitig machen zu müssen. In England verläuft der Aufstieg der bürgerlichen Klasse in Form eines beständigen Interessenausgleichs mit der Aristokratie.[130] Fachlich bewandert und mehrsprachig ausgebildet, besitzen die *Masons* seit dem Mittelalter das Privileg, überall dort Bauvorhaben zu realisieren, wo sie in Auftrag gegeben werden. Ein ihnen eingeräumtes Sonderrecht ermöglicht ihnen, selbst zu Kriegszeiten ungehindert Grenzen zu passieren, verschiedene Baustellen zu beaufsichtigen und so das gesamte christliche Abendland zu bereisen – ein Privileg, welches sonst nur dem Adel vorbehalten ist. Dieses Bild einer Berufsgenossenschaft der Maurer und Steinmetzen als grenzüber-

129 Siehe das Vorwort zur deutschen Ausgabe von Knoops und Jones *Genesis of Freemasonry*. Knoop, Douglas/ Jones, G.P.: Die Genese der Freimaurerei, Bayreuth 1968., S. II.

130 Eine Instrumentalisierung der Freimaurerei im hegemonialen Machtkampf beider Stände, der den Hintergrund für Norbert Schindlers Analysen der deutschen Freimaurerkultur und deren performativer Praktiken bildet und auf die ich in meiner Einführung Bezug genommen habe, findet im frühmodernen England nicht statt. Hier geht es nicht um eine »symbolische Aneignung hegemonialer Positionen«, die geprägt ist von »latente[r] Rivalität zwischen freimaurerischen Vereinnahmungsversuchen und höfisch-herrschaftlichen Distanzierungsstrategien«. Norbert Schindler: »Freimaurerkultur im 18. Jahrhundert. Zur sozialen Funktion des Geheimnisses in der entstehenden bürgerlichen Gesellschaft«, in: Klassen und Kultur. Die sozialanthropologische Perspektive in der Geschichtsschreibung, hg. von R. M. Berdahl, Frankfurt a.M. 1982, S. 205-262, hier: S. 214.

schreitende, bürgerliche Interessengemeinschaft mit eigenem Gestaltungssinn und exklusiven Konstruktionsgeheimnissen ist ein Derivat der legendenbildenden bauhandwerklichen Glanzzeit der Gotik.[131] Die traditionelle rückprojizierende Verortung des geistigen Fundaments der Freimaurerei in diese Stilepoche, deren spirituelle Qualitäten beeindrucken und als göttliche Eingabe gepriesen werden, ist als eine Form der Arbeit am freimaurerischen Gründungsmythos kritisch zu hinterfragen.

Die Problematik mittelalterlicher Bauhütten, Hüttenordnungen und des so genannten Hüttengeheimnisses kann im Rahmen dieser Studie nicht ausführlich erörtert werden. Eine solche Erörterung hätte die differenzierte Auseinandersetzung mit historischen Projektionen einzuschließen, in denen das Freimaurertum – wie später die Romantik – ein Bild des Mittelalters geformt hat, in dem es die Bestätigung der eigenen Vorstellungen finden konnte.

Hanno-Walter Kruft lässt ein enges Verständnis von Architekturtheorie bzw. -konzeption erkennen, wenn er feststellt: »Eine Reihe zum Teil handschriftlich überlieferter und zum Teil gedruckter Steinmetzbücher des späten 15. und frühen 16. Jahrhunderts enthalten praktische Bauregeln und sind nicht als architekturtheoretische Äußerungen zu verstehen.«[132] Solche Steinmetzbücher können als offensichtlich erst spät schriftlich niedergelegte Überlieferungen gotischer Bauhütten betrachtet werden. Dennoch wurden die schriftlich verhandelten Probleme der Architektur nur in seltensten Fällen von ausübenden Bauhandwerkern aufgeworfen. Es dominierten philosophische, theologische und mathematisch-geometrische Aspekte der Baukunst, die auf heterogene Erkenntnisinteressen und Autorenkreise verweisen.

Kaum akzeptabel ist Krufts Behauptung, es sei im Mittelalter gar keine neue Architekturtheorie entstanden. Dieses Urteil ergibt sich aus Kriterien, die zu hinterfragen wären. Kruft schreibt: »Jeder Architektur liegen Prinzipien zugrunde, die keineswegs verbalisiert sein müssen. Technologisch sind diese Prinzipien weitgehend nachvollziehbar, schwerlich aber der dahinter stehende Ausdruckswille [...] Architekturtheorie bedarf prinzipiell nicht der schriftlichen Fixierung, doch ist der Historiker auf sie angewiesen. Daraus folgt für die historische Praxis: Architekturtheorie ist identisch mit ihrer schriftlichen Überlieferung.«[133] Entsprechend rigide fällt Krufts Definition aus: »Architekturtheorie ist jedes umfassende oder partielle schriftlich fixierte System der Architektur, das auf ästhetischen Kategorien basiert.« Der Autor räumt selber ein: »[D]och selbst bei dieser Definition bleiben die Grenzen zur allgemeinen

131 Siehe Jones, Freemasons' Guide and Compendium, S. 32.

132 Hanno-Walter Kruft: Geschichte der Architekturtheorie, München 1991, S. 40f.

133 Ebd., S. 11.

Kunsttheorie und Ästhetik auf der einen Seite und zur reinen Technologie auf der anderen Seite fließend.«[134] Diesen fließenden Grenzen sollte Rechnung getragen werden, bevor beispielsweise die Schriften des Abts Suger von St. Denis, »eines der erstaunlichsten Zeugnisse mittelalterlicher Äußerungen zur Architektur«, aus dem Bereich architekturtheoretisch relevanter Überlegungen ausgeschlossen werden. Zwar erklärt Kruft die historisch nahezu singuläre Tatsache, dass ein Bauherr über seinen Bau berichtet, aus apologetischen Erwägungen (gegen den zisterzienzischen Puritanismus) und aus der persönlichen Eitelkeit des Autors, um dann aber fortzufahren: »Der teilweise Neubau der Abteikirche von St. Denis (40-44) wird von Suger aus der Raumnot an Festtagen begründet; das Beibehalten des karolingischen Langhauses der Kirche und der Anschluss eines neuen Chores und Atriums stellten Suger vor ein ästhetisches Problem, das er klar erkannte, wenn er sie als *de convenientia et cohaerentia antiqui et novi operis sollicitus* bezeichnete.«[135] Und in Hinblick auf die von Suger gewollte kostbare Ausstattung der Kirche betont Kruft: »Dem implizierten Vorwurf, dass das kostbare Material Selbstzweck sei, begegnet er mit dem Ovid entlehnten Satz ‚Materiam superabat opus' [...]«.[136]

Nach der Suger-Interpretation von Jan Snoek ist die Aufgabe der Bauleute,

»nicht nur irgendein Gebäude zu bauen, sondern etwas zu schaffen, das sehen lässt, dass alle Materie göttlich – d.h. Licht und Schönheit – ist. Selbstverständlich sind hierfür in erster Instanz der Architekt und die Bildhauer und Steinmetzen (die am *freestone* arbeiteten) verantwortlich. Gerade diese sind im 16. Jahrhundert in Schottland nicht nur Mitglieder der Zunft, in der alle Bauarbeiter vereinigt sind, sondern – weil sie sich als eine über den anderen erhobene Elite empfinden – darüber hinaus auch Mitglieder der Loge. Das Mittelalter bringt eine Reihe von Triaden hervor, die jeweils aus Weisheit, Stärke und einem weiteren Konzept zusammengesetzt sind. Als letztes wird jedoch niemals die ›Schönheit‹ angeführt. Die für die Freimaurer so charakteristische Triade Weisheit, Stärke, Schönheit ist erst seit Suger möglich. Auch die fundamentale Einheit von Licht- und Bausymbolik entsteht erst bei Suger.«[137]

134 Ebd., S. 13.

135 Ebd., S. 35f.

136 Götz Pochat hat den Abt Suger von St. Denis ganz selbstverständlich in seine *Geschichte der Ästhetik und Kunsttheorie* aufgenommen und ihm einen eigenen Abschnitt gewidmet. Götz Pochat: Geschichte der Ästhetik und Kunsttheorie. Von der Antike bis zum 19. Jahrhundert, Köln 1986, S. 138ff.

137 Jan Snoek zitiert nach brieflicher Mitteilung vom 18.02.2008.

Auch die Vitruvüberlieferung zieht sich durch das gesamte Mittelalter, sodass sich die 1414 erfolgte »Entdeckung« einer Vitruvhandschrift in Montecassino durch den Humanisten Poggio Bracciolini als Ausgangspunkt der Vitruvrezeption in der Frührenaissance als Legende erwiesen hat. Allerdings hatte Vitruv in Italien im Hochmittelalter nur eine marginale Rolle gespielt. Im 15. Jahrhundert breitete sich die Kenntnis Vitruvs aus, was durch zahlreiche Handschriften aus dieser Zeit zu belegen ist. Als entscheidend hebt Kruft hervor, dass Vitruv »jetzt nicht nur aus literarischen und antiquarischen Gründen gelesen, sondern bei bestimmten Bauvorhaben konsultiert wurde.«[138] Paradoxerweise war es die verstärkte Lektüre und Neubefragung Vitruvs, die den Weg zu ersten nachantiken architekturtheoretischen Systemen gebahnt hat. Diese sind am Selbst- und Funktionsverständnis des Architekten und der Architektur nach Vitruv orientiert, übernehmen seine Kategorien der *firmitas, utilitas, venustas*, gehen aber in der funktionellen Differenzierung der *utilitas* und im Spannungsverhältnis von Gestaltung und Konstruktion über Vitruv hinaus. Die Anknüpfung an die Einheit von Theorie und Praxis, durch die Vitruv den idealen Architekten gekennzeichnet hat, erwies sich als ein Ansatzpunkt, um den Status der Architektur anzuheben; dies wurde durch den Ansehenszuwachs, den die mechanischen Künste auf dem Wege zur Experimentalwissenschaft erfuhren, erleichtert. Den Humanisten allerdings kam es darüber hinaus darauf an, die Architektur aus dem Kreis der mechanischen Künste herauszuheben.

Vitruv hatte das Wissen des Architekten durch »mehrfache wissenschaftliche und mannigfaltige elementare Kenntnisse« charakterisiert. Hierbei wies er dem Architekten eine herausgehobene integrative Funktion gegenüber den anderen Künsten an: »Seiner Prüfung und Beurteilung unterliegen alle Werke, die von den übrigen Künsten geschaffen werden.«[139] Das Wissen des Architekten speiste sich nach Vitruv aus zwei Quellen: *fabrica* (Handwerk) und *ratiocinatio* (geistige Arbeit). »*Fabrica* ist die fortgesetzte und immer wieder berufsmäßig überlegt geübte Ausübung einer praktischen Tätigkeit, die zum Ziel eine Formgebung hat, die mit den Händen aus Werkstoff, je nachdem aus welchem Stoff das Werk besteht, durchgeführt wird. *Ratiocinatio* ist, was bei handwerklich hergestellten Dingen aufzeichnen und deutlich machen kann, in welchem Verhältnis ihnen handwerkliche Geschicklichkeit und planvolle Berechnung innewohnt.«[140] Demzufolge lehnt Vitruv den Nur-

---

138 Ebd., S. 42.

139 Vitruv II de Architectura libri decem/Vitruv Zehn Bücher über Architektur, übersetzt und mit Anmerkungen versehen von Curt Fensterbusch, Darmstadt 1991 (1964), erste Buch, erstes Kapitel, 1.

140 Ebd., I,1,1.

Praktiker ab, der sich unter Verzicht auf wissenschaftliche Bildung darauf beschränkt, nur mit den Händen geübt zu sein. Ebenso rügt er aber auch diejenigen, »die sich nur auf die Kenntnis der Berechnung symmetrischer Verhältnisse und wissenschaftlicher Ausbildung« verlassen; sie scheinen lediglich einem Schatten, nicht der Sache nachgejagt zu sein. Der gute Architekt sollte über beiderlei Kompetenzen verfügen. Er sollte praktisch geübt sein, aber auch die Bereitschaft zu wissenschaftlich-theoretischer Schulung mitbringen. Die Anforderungen waren beträchtlich: »[...] [E]r muß im schriftlichen Ausdruck gewandt sein, des Zeichenstiftes kundig, in der Geometrie ausgebildet sein, mancherlei geschichtliche Ereignisse kennen, fleißig Philosophen gehört haben, etwas von Musik verstehen, nicht unbewandert in der Heilkunde sein, juristische Entscheidungen kennen, Kenntnisse in der Sternkunde und vom gesetzmäßigen Ablauf der Himmelserscheinungen besitzen.«[141] Zu den Kernkompetenzen rechnete Vitruv Geometrie, Optik und Arithmetik.[142]

Das Selbstverständnis der Renaissancearchitekten war durch eine stärkere Gewichtung des Anteils der Theorie gegenüber der Praxis bestimmt. Maßgeblich wurden die Traktate von Leon Battista Alberti. Alberti hat sich nicht darauf beschränkt, den Architekten vom Handwerker (*faber*) abzugrenzen – auch die Antike kannte die Differenz zwischen dem leitenden (*architecton*) und dem ausführenden Techniten –; vielmehr hat er diese Differenz als einen Artunterschied ins Prinzipielle gehoben und sozial legitimiert: »Eine große Sache ist die Architektur, und es kommt nicht allen zu, eine so gewaltige Sache in Angriff zu nehmen. Einen hohen Geist, unermüdlichen Fleiß, höchste Gelehrsamkeit und größte Erfahrung muss jener besitzen und vor allem eine ernste und gründliche Urteilskraft und Einsicht haben, der es wagt, sich Architekt zu nennen. Denn in der Baukunst gilt als oberstes Lob, genau beurteilen zu können, was Not tut. Denn gebaut zu haben, ist ein Ding der Notwendigkeit; passend gebaut zu haben, ist sowohl von der Notwendigkeit als von der Nützlichkeit abhängig. Jedoch so gebaut zu haben, dass es die Vornehmen billigen, die Bescheidenen aber nicht von sich weisen, das geht

141 Ebd., I,1,3.

142 »Die Geometrie aber bietet der Architektur mehrere Hilfen: und zwar vermittelt sie zuerst nach dem Gebrauch des Lineals den Gebrauch des Zirkels, wodurch sie ganz besonders das Aufzeichnen von Gebäuden auf dem Zeichenbrett und das Ausrichten rechter Winkel, waagerechter Flächen und gerader Linien erleichtert. Ferner wird, wenn man die Optik beherrscht, von bestimmten Stellen des Himmels das Licht richtig in die Gebäude geleitet. Durch die Arithmetik aber werden die Gesamtkosten der Gebäude errechnet, die Maßeinteilungen entwickelt, und die schwierigen Fragen der symmetrischen Verhältnisse werden auf geometrische Weise und mit geometrischen Methoden gelöst.« Ebd., I,1,4, S. 25.

nur von der Erfahrung eines gebildeten, wohlgeratenen und sehr überlegten Künstlers aus.«[143] Das Plädoyer für den gelehrten Baumeister schloss jedoch nicht den Zugang von bildenden Künstlern (Malern, Bildhauern) zur Architektur aus, soweit diese sich auch die erforderlichen theoretischen Kenntnisse aneignen; in dieser Verbindung entstand der ›Künstler-Ingenieur‹ der Renaissance. Denn die wichtigste Ausbildung des Architekten lag für Alberti in der Malerei und der Mathematik. Grundkenntnisse in der Malerei hielt Alberti darum für erforderlich, weil sich der Architekturgedanke im Entwurf kristallisiert. Umgekehrt konnten auch Humanisten nicht nur Beiträge zur Architekturtheorie leisten, sondern dazu übergehen, sich zum Architekten zu bilden und selber zu bauen; Alberti ist das beste Beispiel.

Alberti hat die Rolle des Architekten in der Gesellschaft hoch veranschlagt, da »die Beständigkeit (*stabilitas*), das Ansehen (*dignitas*) und die Zier (*decos*) am meisten des Architekten bedürfe, der es bewirkt, dass wir zur Zeit der Muße in Wohlbehagen (*amoenitas*), Gemütlichkeit (*festivitas*) und Gesundheit (*salubritas*), zur Zeit der Arbeit zu aller Nutz und Frommen, zu jeder Zeit aber gefahrlos und würdevoll leben können«.[144] Diese Hochschätzung des Architekten ließ ihn zur Leitmetapher und allegorischen Person werden, an der sich die Persönlichkeitsbildung zum *Virtuoso* (Gentleman) orientieren konnte. Diese Orientierung am Leitbild des Architekten erstreckte sich nicht notwendigerweise auf den Vorsatz, sich selber zum Architekten zu bilden, schloss aber durchaus ein Liebhaberinteresse an der Architektur ein und konnte im Ehrgeiz gipfeln, sich als Auftraggeber für Werke hervorzutun.[145]

143 Leon Battista Alberti: Zehn Bücher über die Baukunst, ins Deutsche übertragen, eingeleitet und mit Anmerkungen und Zeichnungen versehen durch Max Theuer, Darmstadt 1975 (1912), S. 515.

144 Ebd., S. 13.

145 In welchem Maße Bücher über Architektur auch an ein nicht-fachkundiges Publikum adressiert wurden, zeigt das Vorwort zur ersten deutschen Vitruvübersetzung des humanistisch gebildeten Arztes und Mathematikers Walther Ryff (Rivius) im Jahre 1548. Im Vorwort sprach Rivius ein Publikum an, das mit Begriffen wie Architekt und Architektur kaum vertraut war. Im Titel wandte er sich an »alle künstliche Handwercker, Werckmeister, Steinmetzen, Baumeister, Zeug- und Büxenmeister, Brunnenleytere, Bergwercker, Maler, Bildhauer, Goltschmide, Schreiner und alle die welche sich des Zirckels und Richtscheids künstlichen Gebrauchen«. In der Einführung legte er fest, es solle »durch das wortlin Architectur eine solche kunst verstanden werden, die mit vilfeltigen anderen Kunsten dermassen geziert ist, das der so dieser kunst erfaren ist, [...] alles das, was uns zu zeitlicher und leiblicher unterhaltung zur noturfft, lust und nutzbarkeit reichen mag füglichen und aus gutem Verstand in das Werck zu ordnen und bauen«. Vitruvius teutsch ... erstmals verteutscht und in Truck verordnet durch D. Gualtherun H. Rivium Medi & Math. vormals in Teutsche sprach zu transveri-

Der dem Architekten zugeschriebene einzigartige intellektuelle Status übte unwiderstehliche Anziehungskraft auf Männer aller Gesellschaftsschichten aus, besonders jedoch auf jene Männer von Lebensart und Charakter, die Ansehen in guter Erziehung und Bildung begründet sehen wollten. Angelockt von der Exklusivität ihrer Vereinigungen und ihrer geheimen Rituale, richtete sich das Interesse dieser Gemeinschaft suchenden Gentlemen auf die Zunft der Freimaurer. Die Architektur wurde vom Dilettantismus zu einer jener Künste erhoben, die geschmacksbildend wirken und die jeder Mann, der etwas auf sich hält, studieren sollte. Dabei vermischt sich die aus der Antike überlieferte Verquickung ethischer und ästhetischer Konzepte mit der frühmodernen, neuartigen Verherrlichung des Architekten.

Kritik am Paradigma eines historischen Übergangs von operativer zu spekulativer Maurerei

Der historische Übergang von ›operativer‹ zu ›spekulativer‹ Freimaurerei ist ein Ende des vorletzten Jahrhunderts von dem Historiker und Freimaurerforscher Robert Freke Gould in seinem Buch *The History of Freemasonry* (Edinburgh 1882-87) aufgestelltes Paradigma, welches sich, obwohl mittlerweile grundlegend veraltet, hartnäckig bis in die heutige Zeit hält.[146] David Stevenson zufolge schließt Freimaurerei jedoch das operative Handwerk überhaupt nur ein, sofern seine Mitglieder Vorstellungen und Praktiken entwickelt haben, die es von anderen Gewerken unterscheidet.[147] Dazu gehören die spezifische Organisation in einer Loge, elaborierte Rituale und geheime Aufnahmehandlungen, die das Interesse von Nicht-Steinmetzen wecken.

Ein Preston's *Illustrations of Masonry* entnommener und im *Freemasons' Magazine* veröffentlichter Artikel aus dem Jahre 1794 definiert den Unterschied zwischen operativer und spekulativer Freimaurerei folgendermaßen:

»Mit der *operativen Maurerei* spielen wir auf die nützlichen Regeln der Architektur an, von denen eine Struktur ihre Gestalt, ihre Stärke und Schönheit herleitet und aus der das gebührende Gleichmaß und rechte Verhältnis seiner einzelnen Teile resultiert. Die *spekulative Maurerei* hingegen lehrt uns, die Regu-

ren noch von niemand sonst understanden sonder fur unmüglichen geachtet worden, Nürnberg 1548; Nachdruck mit einer Einleitung von Erik Forssman, Hildesheim, New York 1973, Vorwort.

146 Siehe auch Snoek, »The earliest development of masonic degrees and rituals«, S. 18.

147 Stevenson, Origins of Freemasonry, S. 11.

lation unserer Leidenschaften, Rechtschaffenheit, guten Leumund, Verschwiegenheit und praktizierte Nächstenliebe.
Die spekulative Maurerei ist derart verwoben mit der Religion, dass diese uns eng verpflichtet, dem Göttlichen jene rationale Huldigung zu erweisen, welche unverzüglich unsere Pflichten und Freuden festlegt. Sie lässt den Kontemplativen die glorreiche Schöpfung mit Ehrfurcht und Bewunderung erblicken und erfüllt sie mit höchstem Verständnis der Perfektion des göttlichen Schöpfers.
Die operative Maurerei stattet uns mit Wohnungen und passendem Schutz gegen die wechselhaften und rauen Jahreszeiten aus; und – indem sie nicht nur in der Auswahl, sondern auch dem Arrangement der verschiedenen Materialien, aus denen ein Gebäude zusammengesetzt ist, den Einfluss menschlicher Weisheit zur Schau stellt – demonstriert sie, dass dem Menschen zu äußerst willkommenen und vorteilhaften Zwecken ein Grundschatz an Wissenschaft und Fleiß eingegeben ist.«[148]

Das Operative der Freimaurerei wird hier in Analogie zu den nützlichen Regeln der Architektur expliziert: als Struktureffekt, der sich aus den Regeln (des Gemeinschaftslebens) ableitet und als Gestalt, Schönheit und Festigkeit fassbar ist, sowie als (ebenfalls durch die Regeln garantierte) stimmige Proportionen und ausgewogene Wechselbeziehung aller Teile. Das Spekulative dagegen ist vor allem mit dem Religiösen verflochten und erlegt die strengsten Verpflichtungen auf, dem Göttlichen rationale Huldigung (*rational homage*) zu erweisen. Es führt den Betrachtenden (*the contemplative*) dazu, die glorreichen Werke der Schöpfung mit Ehrerbietung und Bewunderung anzusehen. In der Erkenntnisform der Spekulation werden »Spiegelndes (Geist, Natur) und Gespiegeltes (Gott) in

---

148 »By *Operative Masonry*, we allude to the useful rules of architecture, whence a structure derives figure, strength, and beauty, and whence result a due proportion, and just correspondence in all his parts. By *Speculative Masonry*, we learn to subdue the passions, act upon the square, keep the tongue of good report, maintain secrecy, and practice charity.
Speculative Masonry is so much interwoven with religion, as to lay us under the strongest obligations to pay the Deity that rational homage which at once constitutes our duty and our happiness. It leads the contemplative to view with reverence and admiration the glorious works of the creation, and inspires them with the most exalted ideas of the perfections of the divine creator.
Operative Masonry furnishes us with dwellings and convenient shelters from the vicissitudes and the inclemencies of seasons; and, while it displays the influence of human wisdom, not only in the choice, but in the arrangement of the sundry materials of which an edifice is composed, it demonstrates that a fund of science and industry is implanted in man for the wisest, most salutary and beneficient purposes.«
Brief Observations on Masonry, as divided into Operative and Speculative, From Preston's »Illustrations of Masonry«, in: The Freemasons' Magazine and Cabinet of Universal Literature, Aug. 1794, S. 84.

ein sich gegenseitig verdeutlichendes Verhältnis gestellt«.[149] So betrachtet, ist nicht daran zu zweifeln, dass das Operative in der Geschichte der Freimaurerei stets ins Spekulative (als dem religiös motivierten Kontemplativen) eingebunden war. Das Operative wäre sonst grundlos. Im Studium der Werke des *divine artist* erfasst der Mensch nicht nur das Göttliche, sondern erlangt auch Kenntnis des göttlichen Plans, welche ihn befähigt, selbst als leitender Künstler Gesellschaft und Welt mitzugestalten.

»Es war die Naturbetrachtung und die Beobachtung ihrer vollkommenen Proportionen, die den Menschen dazu veranlassten, dem göttlichen Plan nachzueifern und Symmetrie und Ordnung zu studieren. Dies brachte Gesellschaften und alle nützlichen Künste hervor. Der Architekt begann zu entwerfen und die durch Erfahrung und Zeit perfektionierten Pläne, die er niederlegte, brachten einige jener exzellenten Arbeiten hervor, die noch zukünftige Zeitalter bewundern werden.«[150]

Aber auch das Spekulative bedarf des Operativen. Dies wird zunächst wieder im Rahmen der Architekturanalogie expliziert: Das Operative versorgt uns mit Behausungen und gibt Schutz vor den Unbilden und Kontingentien der Natur. Im Operativen kommt die menschliche Klugheit ins Spiel, nicht nur in der Wahl, sondern vor allem in der Anordnung der Materialien. Das Operative beweist, dass im Menschen ein Grundstock an Wissen und Fleiß angelegt ist, der für die weisesten, heilsamsten und nützlichsten Vorhaben eingesetzt werden kann. Das historisch Neuartige im Verhältnis von operativer und spekulativer Freimaurerei im 18. Jahrhundert liegt nicht im Übergang von ersterer zu letzterer, sondern in der moralphilosophischen Interpretation ihrer wechselseitigen Durchdringung und nicht zuletzt in dem Verlust des Operativen oder besser, von Mitgliedern aus dem operativen Handwerk. Denn tatsächlich findet in der – bisher als ›spekulativ‹ ausgewiesenen – Freimaurerei im Kontext der modernen *Reformation of Manners* eine *Operationalisierung* neuer sittlicher Ansprüche statt, die auf eine sehr praktische Art Eingang in den menschlichen Habitus finden sollen. Die Freimaurerei wird zu einer

149 Historisches Wörterbuch der Philosophie, hg. von Joachim Ritter und Karlsfried Gründer, Band 9: Se-Sp, Basel 1995, zum Stichwort »Spekulation«, Spalte 1355.

150 »It was the survey of nature, and the observation of its beautiful proportions, that first determined man to imitate the divine plan, and to study symmetry and order. This gave rise to societies, and birth to every useful art. The architect began to design, and the plans which he laid down, improved by experience and time, produced some of those excellent works which will be the admiration of future ages.« »The Question, ›of what use is Free-Masonry to Mankind?‹ answered«, in: *Freemasons' Mag.*, Vol. VI, April 1796, S. 220.

Triebfeder im Kant'schen Sinne, die den Willen bewegt, die Handlungen auch praktisch zu realisieren und auszuführen.

Dies ist im Prinzip ein weiterer Grund, warum die Bezeichnung der modernen Freimaurerei als ›spekulativ‹ im Gegensatz zur operativen Vereinigung irreführend ist. Die Freimaurerei erschöpft sich gerade nicht in meditativer Versenkung und innerer Schau, sondern das Imaginäre realisiert sich im Symbolischen und macht es auf diese Weise sinnlich erfahrbar. Unter dem Einfluss der *Gentleman Masons* in den 1720er Jahren wird das Ritual unter Theophilus Desaguliers dramatisch ausgestaltet. Als umfassendes rituelles Erlebnis gewinnt es einen neuen Stellenwert innerhalb der Gemeinschaft. Das Ritual wird zum Ausdrucks- und Existenzmedium des Imaginären. Seine Wirksamkeit basiert noch immer auf der Fähigkeit zur Abstraktion, »in einem Ding anderes – oder: ein Ding anders als es ist – zu sehen«,[151] der Zugang wird jedoch zunehmend direkter, körperlicher und sinnlicher. Moralethisch gewendet, könnte man sogar behaupten, dass das Imaginäre im und durch das Ritual der *Gentleman Masons* sehr viel nachdrücklicher operabel *wird*.

Freimaurer entwickeln im 18. Jahrhundert eine eigene Form der Gottesbetrachtung und Wissensaneignung, bei der die Bedeutungen der Symbole in Instruktionen erläutert werden, vor allem aber die Möglichkeit der allusiven Aufdeckung verschiedener, auch individueller, Bedeutungsschichten besteht.[152] Spekulative Elemente sind daher sowohl lange vor der Konstitution reiner Gentlemanlogen als auch vor der Konstitution der ersten Englischen Großloge im Jahre 1717, mit der traditionell der Beginn der ›spekulativen‹ Maurerei in Verbindung gebracht wird, Bestandteil der Freimaurerei und kein Merkmal des Neuen.

»Symbolische Arbeiten, die über die utilitaristischen Notwendigkeiten der Maurerzunft hinaus gehen«, sind seit jeher feste Bestandteile der Zunftkultur.[153] Die Mitglieder verpflichten sich einem imaginären Überbau, der Einbildungskraft und Kreativität erfordert im Sinne einer »ursprünglichen Fähigkeit, sich mit Hilfe der Vorstellung ein Ding oder eine Beziehung zu vergegenwärtigen, die nicht gegenwärtig ist«.[154] Dies geschieht auf vielfältige Weise: Zunft- und biblische Geschichten werden in den Konstitutionen zu einer gemeinsamen Legende verzahnt, der freimaurerische Eid wird auf das Heilige Buch geschworen, die Mitglieder der Zunft halten eigene Gottesdienste ab und verehren ihre Schutzpatro-

151 Castoriadis, Gesellschaft als imaginäre Institution, S. 218.

152 Zur allusiven Methode siehe Jan A.M. Snoek: »De allusieve methode/The Allusive Method/La méthode allusive«, in: Acta Macionica 9 (1999), S. 47-70.

153 Definition spekulativer Maurerei nach Stevenson, Origins of Freemasonry, S. 162f.

154 Castoriadis, Gesellschaft als imaginäre Institution, S. 218.

ne. Auf den festlichen Prozessionen des Kirchenjahres übernehmen die Zünfte im Mittelalter die Ausstattung jener Wagen, die in der Darstellung biblischer Episoden thematisch ihren Berufsstand aufrufen.[155] So kümmern sich die Fischer traditionell um die Darstellung der Legende von Jonas und dem Wal, die Seeleute stellen Noah und die große Flut, die Barbiere die Taufe Jesu nach, während die Maurer (*masonns*) in den *York Plays* die Ankunft der drei Könige vor dem Tempel des Herodes sowie Simeons und Hannas Prophezeiung in Szene setzen.[156] Die mittelalterlichen Zünfte verstehen sich als in die christliche Heilsgeschichte eingebettet und bereichern so ihr operatives Arbeitsleben um spekulative Elemente. Mythen und Symbole dienen der gemeinschaftsbildenden Identifikation der Mitglieder,[157] geben Wertvorstellungen vor und weisen spezifische Tugenden als besonders wünschenswert aus. Das Ritual setzt als instituiertes, kollektives Imaginäres emotionale und psychische Energien und Phantasien frei und bindet die Mitglieder so an die Vorgaben der Gemeinschaft. Das freimaurerische Ritual setzt damit eine dauerhafte Unterscheidung zwischen jenen Personen, die von dem Ritus betroffen sind und ihn durchlaufen, und denen, die nicht von ihm betroffen sind.[158]

Das Imaginäre als spezifisch gemeinschaftsbildender Faktor

In der Untersuchung des Imaginären als eine paradigmatische, performative Realität erzeugende Kraft stellt die von Castoriadis entworfene Konzeption eine bislang wenig beachtete Alternative zum Lacan'schen Register dar, die ein jeder Repräsentation vorausgehendes »radikales Imaginäres« gegenüber der privilegierten Dimension des Symbolischen verteidigt. Nimmt man das soziale Imaginäre im Sinne von Castoriadis nicht nur als Entfremdungsphänomen, sondern auch und vor allem als ein produktives Potential, so ist zu fragen, ob es überhaupt jemals Gemeinschaftsbildung ohne konstitutiven Anteil des sozialen Imaginären gegeben hat.[159]

155 Hutton, Rise and Fall of Merry England.

156 York Plays. The plays performed by the crafts or Mysteries of York on the Day of Corpus Christi in the 14th, 15th and 16th centuries, hg. von Lucy Toulmin Smith, Oxford 1885, S. 123ff. u. 433ff.

157 Siehe zur Herstellung einer fiktiven Einheit durch kollektives Imaginäres und einen gemeinsamen Zeichencode Ferdinand Tönnies, Gemeinschaft und Gesellschaft, S. 17 u. 35.

158 Um die trennende Wirkung des Rituals hervorzuheben, führt Pierre Bourdieu den Begriff »Einsetzungsritual« ein. »Das soziale Sosein ist die Gesamtheit jener vom Einsetzungsakt geschaffenen sozialen Attribute und Attribuierungen, ein feierlicher Akt der Kategorienbildung, der dazu dient, zu erzeugen, was er bezeichnet.« Bourdieu, Was heißt Sprechen, S. 84 u. 87.

159 Castoriadis, Gesellschaft als imaginäre Institution, S. 276f.

Was der Ansatz von Cornelius Castoriadis zu leisten vermag, hat jüngst Susanne Lüdemann in einer sorgfältigen Analyse und in durchaus kritischer Sicht herausgearbeitet:

»Im Insistieren auf den Dimensionen des Unbewussten, des Imaginären, und, mit Einschränkung, auch des Symbolischen, geht Castoriadis weiter als die meisten gängigen Soziologismen und Psychologismen. [...] Seine aus psychoanalytischer Perspektive artikulierte Kritik des (immer noch) herrschenden Funktionalismus unterschreiben wir uneingeschränkt: mit Castoriadis wird [...] das Imaginäre als irreduzible, unhintergehbare Dimension der instituierenden und instituierten Gesellschaft, wenngleich nicht als deren Ursprung und schon gar nicht als Ursprung gesellschaftlicher Ordnung überhaupt behauptet. Dass psychische Realität und soziale Realität einander nicht äußerlich sind, dass die eine ohne die andere nicht zu begreifen ist (am ehesten wäre ihr Verhältnis vielleicht als eine Art Chiasmus, als wechselseitige Eintragung der einen in die andere, zu beschreiben), ist eine Einsicht, die es überhaupt erst erlaubt, nach dem Verhältnis von Imaginärem und gesellschaftlicher Institution zu fragen. Ebenso ist Castoriadis darin zuzustimmen, dass diese Frage im Rahmen gängiger Schemata von Koexistenz und Sukzession nicht angemessen zu stellen oder gar zu beantworten ist, weil diese Schemata, wie Castoriadis am Beispiel Marx' sehr einleuchtend zeigt, allein von ihrer bloßen Anlage her den ›imaginären Faktor‹ immer schon weggekürzt haben bzw. bestrebt sind, ihn nach Kräften zu reduzieren.«[160]

An diesen Befund ist anzuknüpfen. Der Funktionalismus vermag Gemeinschaftsbildung nicht zu erklären. Das Konzept des sozialen Imaginären allein kann die Frage nach der Quelle des sozialen Zusammenhaltes und nach Möglichkeiten der gemeinschaftlichen Selbstkonstitution jenseits funktionaler Differenzierungen, rationaler Übereinkünfte und Kooperationszwänge beantworten, kann die Herstellung sozialer Synthesis und affektiver Bindungsenergien, bei der synästhetische und körperbezogene Formen des sozialen Austausches eine zentrale Rolle spielen, erklären.[161] Insofern prägt das soziale Imaginäre auch das Gemeinschaftserlebnis zwischen realem Körperbezug und symbolischer Ordnung. Biblische Episoden und freimaurerische Mythen wirken traditionsetzend und gestaltgebend auf die Gemeinschaft; die *Körperschaft* bildet sich über die

160 Lüdemann, Metaphern der Gesellschaft, S. 59.

161 Castoriadis steht in der Tradition des *Collège de France*, das seit Ende der dreißiger Jahre des letzten Jahrhunderts verschiedene illusorische Gemeinschaftsformen untersucht, die das Bedürfnis nach sozialer Synthesis bedienen und Ansätze einer Kulturanthropologie der Moderne entwickelt, die das *Sakrale* (darunter fallen auch Mythos und Ästhetik) zum Schlüsselbegriff dafür erheben, was die Gesellschaft zusammenhält. Siehe Kapitel IV in: Inge Baxmann: Mythos Gemeinschaft. Körper- und Tanzkulturen in der Moderne, München 2000.

gemeinsame Verkörperung ihres kollektiven Imaginären im Ritual und der Realisierung darin vermittelter ethischer Ansprüche an den zwischenmenschlichen Umgang inner- und außerhalb der Loge. Es stellt Kontexte und Wertmaßstäbe her, nach denen das *Reale* bemessen und beurteilt wird, und liefert kategoriale Rahmen und Organisationsprinzipien, nach denen das sinnlich Gegebene erfasst werden kann.[162]

Castoriadis bestimmt das Imaginäre als »die Fähigkeit, nichtgegebene Formen aufzustellen, die nicht einfach Kombinationen dessen sind, was existiert. Diese Formen lehnen sich«, wie Castoriadis im Anschluss an Freud formuliert, »an das, was existiert, an, werden aber nicht davon bestimmt«. Es ist die »unaufhörliche und sowohl gesellschaftlich-geschichtlich als auch psychisch wesentlich indeterminierte Schöpfung von Gestalten/Formen/Bildern, die jeder Rede von etwas zugrunde liegen.«[163] Phantasie könnte man bestimmen als »die Fähigkeit, aus Systemen herauszutreten, Programme zu verlassen« (S. Krämer) – eine Fähigkeit, so Michael Franz, von der die Künste leben und die sie zugleich anregen.[164] Innerhalb des Übergangs vom Imaginären zum Symbolischen spielt das Performative eine zentrale Rolle, denn das Imaginäre realisiert sich in Beziehung zu dem ›was schon ist‹, in sozialen Instituierungen (wie Kulten, Theater, Ritualen etc.), die dem Imaginären selbst wiederum neue Impulse verschaffen können. Ohne diese Dialektik der Instituierungsprozesse ist Castoriadis Konzept des Imaginären in seiner Eigenart nicht zu erfassen.

So greifbar diese spezifischen Seinsweisen des Imaginären scheinen, so undurchsichtig bleiben jedoch die mit seiner Auskristallisierung verbundenen Formgebungs- und Zeichenwerdungsprozesse. Im Wesentlichen behandelt Castoriadis hier nur sprachlich gebundene Aussagen und Aussageverbindungen, die der Identitäts- und Mengenlogik gehorchen. Damit werden die Artikulationsprozesse des Imaginären jedoch zu eng gefasst.

Wichtig für die Dialektik des Instituierungsprozesses ist, dass das Imaginäre selbst nicht als etwas völlig Strukturloses gesehen wird. Es entfaltet sich in dynamischen und temporären spielerischen Strukturbildungen, in Bildern und Figuren aller Art, »die sich setzen, vordrängen, verzögern, ineinander schieben, auseinander hervorgehen« und der beinahe leeren Strukturbedingung unterliegen, »dass sich immer Figur und Hintergrund unterscheiden lassen (wobei aber die Figur bekanntlich

162 Castoriadis, Gesellschaft als imaginäre Institution, S. 276.

163 Ebd., S. 12.

164 Siehe Michael Franz: »Bild«, Historisch-kritisches Wörterbuch des Marxismus, hrsg. von Wolfgang Fritz Haug, Bd. 2, Hamburg 1999, Spalte 238.

selbst Hintergrund und der Hintergrund Figur werden kann)«.[165] Das radikale Imaginäre bezeichnet nach Castoriadis eine spontane Bilderproduktivität ohne Spannungsdruck, einen ungeteilten Strom affektbesetzter Vorstellungen vor jeder Repräsentation, der aus der Tiefe der Psyche *ex nihilo* hervorquillt. Es wäre aber »wohl kaum fähig, neue Strukturen zu setzen, wenn ihm nicht bereits eine funktionelle Interaktion des Figuralen und Operationalen immanent wäre«.[166]

Die doppelte Identität des modernen Selbst

Zur Thematisierung und Problematisierung der Anforderungen, die die Individualisierungsschübe im 17. und 18. Jahrhundert an die Identität des einzelnen stellen, hat Locke Entscheidendes beigetragen. Das gilt nicht nur für die Neuformulierung des Begriffs der Person, sondern auch für die doppelte Identität, die er dem Individuum als körperlich organisiertes menschliches Lebewesen und als entscheidungs- und zurechnungsfähige Person zuschreibt. In dieser Identitätskonstruktion sind alle Ambivalenzen und Widersprüche enthalten, die sich im Umgang mit der Körperlichkeit des Menschen zeigen, ihre Aufwertung auf der einen Seite, ihre Disziplinierung und Kontrolle auf der anderen Seite. Das Individuum hat bei Locke eine doppelte Identität: erstens eine körperliche, organismische Identität. Diese besteht »in nichts anderem als in der Teilnahme an demselben Leben, welches durch beständig in Fluß befindliche Partikel der Materie fortgesetzt wird, die in ihrer Aufeinanderfolge mit demselben organisierten Körper lebensfähig verbunden sind.«[167] Die organismische Identität besteht »in dem einen zweckmäßig organisierten Körper, der von einem bestimmten Zeitpunkt ab in stetig fließenden, mit ihm verbundenen Partikeln der Materie – unter einer einheitlichen Organisation des Lebens – seine Existenz fortsetzt«.[168] In dieser Hinsicht ist »die in unserem Geist vorhandene Idee, für die unser Wort Mensch als Zeichen dient, nichts anderes als die eines Lebewesens von bestimmter Ges-

---

165 Castoriadis, Gesellschaft als imaginäre Institution, S. 533.

166 Siehe Michael Franz, »Bild«, Spalte 237f.

167 Essay, zweites Buch, Kap. 27, § 6, S. 415. »[...] the Identity of the same *Man* consists; *viz.* in nothing but a participation of the same continued Life, by constantly fleeting Particles of Matter, in succession vitally united to the same organized Body.« Engl. Ausg., S. 331f.

168 Ebd. »[...] in one fitly organized Body taken in any one instant, and from thence continued under one Organization of Life in several successively fleeting Particles of Matter, united to it [...].« Engl. Ausg., S. 332.

talt«.[169] Die Veränderungen, die der Körper im Laufe eines Lebens erleidet, gehören zur organismisch-dynamisch verstandenen Identität.

Zweitens, die persönliche Identität. Diese erhält sich auch bei einer Beeinträchtigung der körperlichen Identität wie dem Verlust von Gliedmaßen.[170] Im Gegensatz zum Primat der Körperform in ihrer Organisiertheit und Kontinuität steht die *Person* für die Kontinuität eines intelligenten Wesens,

»ein denkendes, verständiges Wesen, das Vernunft und Überlegung besitzt und sich selbst als sich selbst betrachten kann. Das heißt, es erfaßt sich als dasselbe Ding, das zu verschiedenen Zeiten und verschiedenen Orten denkt. Das geschieht lediglich durch das Bewußtsein, das vom Denken untrennbar ist und, wie mir scheint, zu dessen Wesen gehört.«[171]

Persönliche Identität wird von Locke über die Identität eines fortdauernden Bewusstseins sowie als Modus der rückwirkenden Selbstzuschreibung von Handlungen und damit ihrer vor anderen zu verantwortenden Urheberschaft gefasst.

»Es ist ein juristischer Ausdruck [*a Forensick Term*], der sich auf Handlungen und ihren Lohn bezieht; er findet also nur bei vernunftbegabten Wesen Anwendung, für die es Gesetze geben kann und die glücklich und unglücklich sein können. Diese Persönlichkeit erstreckt sich vom gegenwärtigen Dasein in die Vergangenheit zurück nur durch das Bewußtsein, durch das sie beteiligt und verantwortlich wird und sich vergangene Handlungen mit derselben Begründung und aus derselben Ursache zueignet und zurechnet wie die gegenwärtigen. [...] Deshalb kann es an allen vergangenen Handlungen, die es nicht mit Hilfe des Bewußtseins mit dem gegenwärtigen Ich vereinigen oder ihm *zueignen* kann, nicht mehr interessiert sein als an Handlungen, die überhaupt nicht stattgefunden haben.«[172]

---

169 Ebd., zweites Buch, Kap. 27, § 8, S. 416. »[...] the *Idea* in our Minds, of which the Sound *Man* in our Mouths is the Sign, is nothing else but of an Animal of such a certain Form [...].« Engl. Ausg., S. 333.

170 Dies ist in Identitätsdebatten des 20. Jahrhunderts in Gedankenspielen und Experimenten, die auf Locke zurückgreifen *ad absurdum* geführt worden.

171 Ebd., zweites Buch, Kap. 27, § 9, S. 419f. »[...] *Person* stands for [...] a thinking intelligent Being, that has reason and reflection, and can consider it self as it self, the same thinking thing in different times and places; which it does only by that consciousness, which is inseparable from thinking, and as it seems to me essential to it [...].« Engl. Ausg., S. 335.

172 Ebd., zweites Buch, Kap. 27, § 26, S. 435f. »It is a Forensick Term appropriating Actions and their Merit; and so belongs only to intelligent Agents capable of a Law, and Happiness and Misery. This personality extends it *self* beyond present Existence to what is past, only by consciousness, whereby it becomes con-

Diese Locke'sche Bestimmung eines fortdauernden und einheitlichen Bewusstseins als Voraussetzung eines durch Zurechnungsfähigkeit bestimmten Personenbegriffs wird in heutigen moraltheoretischen Diskursen erneut diskutiert. Kathleen Wilkes wirft Locke vor, nicht ausreichend hervorzuheben, dass die Person nicht nur ein denkendes, intelligentes, sondern auch ein soziales und vor allem (sozial) aktives Wesen ist.[173] Damit beweist sie allerdings, dass sie der Doppeldeutigkeit des ›Forensischen‹, mit der Locke seinen Personenbegriff klassifiziert, selbst zu wenig Beachtung schenkt. Die im Bewusstsein verankerte diachrone Identität verkündet nämlich eine Entsubstantialisierung, in welcher die körperliche Konstitution des Menschen und die Bestimmung seiner personellen Identität als Ort einer individuellen Biographie nur *scheinbar* auseinander fallen. Die Person fungiert, das macht ihre Ausweisung als ›forensischer‹ Terminus, der sich auf Handlungen und deren relevante Folgen bezieht, deutlich, als juridische Klammer zwischen animalischer und personaler Identität.[174]

Wenn Locke die Person als einen forensischen Begriff definiert, benutzt er einen Ausdruck, der in seinem Doppelsinn einer eingehenden Betrachtung zu unterziehen ist. Zuallererst nimmt der Terminus als ›juridischer‹ auf das Rechtswesen Bezug und wurde von seinen Zeitgenossen aus diesem Blickwinkel auch hauptsächlich diskutiert. Indem Locke nämlich persönliche Identität zur Vorbedingung für die Strafbarkeit krimineller Handlungen macht und sie in einem diachronen Bewusstsein verortet, welches frühere und gegenwärtige Handlungen und deren Folgen dem gleichen Selbst zuschreibt, leistet er einer schuldstrafrechtlichen Diskussion Vorschub, in welcher die Voraussetzungen für die Straffreiheit eines Täters ausgelotet werden.[175] Locke wird herausgefordert klarzustellen, dass Unzurechnungsfähigkeit nicht mit versehentlichem, nicht-intentional begangenem Verbrechen zu verwechseln ist. Das von Moly-

cerned and accountable, owns and imputes to it *self* past Actions, just upon the same ground, and for the same ground, and for the same reason, that it does the present. […] therefore whatever past Actions it cannot reconcile or appropriate to that present *self* by consciousness, it can be no more concerned in, than if they had never been done […]«. Engl. Ausg., S. 346.

173 Kathleen V. Wilkes: Real People. Personal Identity without Thought Experiments, Oxford 1988, S. 230.

174 Ich beziehe mich hier auf Michael Franz' Lesart des Locke'schen Personalitätsmodells, wie er sie in seinem Aufsatz »Personalfigur oder Selbst ohne Eigenschaften? Zur Rezeption antiker Personalitätsmodelle in der Gegenwart«, in: ders., Daidalische Diskurse. Antike-Rezeption im Zeitalter der High Techne, Berlin 2005, S. 149-165 vorstellt.

175 Siehe dazu den Briefverkehr zwischen Molyneux und Locke vom 23. Dezember 1693, 19. Januar 1694, 17. Februar 1694 und 26. Mai 1694, in: Locke, The Works of John Locke in Ten Volumes, Bd. 9, S. 327-336.

neux vorgebrachte Beispiel eines Mannes, der auf unerlaubter Wildjagd versehentlich einen Menschen erschießt, habe nicht mit einem Mangel an Zurechnungsfähigkeit zu tun, sondern zeige nur, dass jede kriminelle Tat weitere nach sich ziehen kann. Indem erstere absichtlich begangen wird, werden auch ihre möglichen Folgen in Kauf genommen.

Es wird hinterfragt, ob Trunkenheit als eine freiwillig und willentlich herbeigeführte Unzurechnungsfähigkeit in gleichem Maße als Entschuldigung für ein Verbrechen gelten kann wie jene, die unverschuldet aus krankhaftem Wahnsinn oder Schlafwandel erwächst. Locke muss eingestehen, dass die unverschuldete bzw. schuldhafte Herbeiführung eines Zustandes der Unzurechnungsfähigkeit, deren Grad, Echtheit oder Vortäuschung er zur Ermessensgrundlage eines jeden Richtspruches macht, nur äußerst schwer nachzuprüfen ist. Diese Fragen öffnen einen Diskurs, den Locke vorerst als »unnötige Abschweifung« beiseite schiebt,[176] dessen Fortentwicklung und Nachhaltigkeit allerdings in den Spezialbereichen des heutigen Schuldstrafrechts sowie dem Stellenwert, den psychologische Gutachten im Strafprozess einnehmen, ablesbar sind.

Lockes Anliegen ist jedoch grundsätzlicherer Natur. Er will zeigen, dass erst die Zurechnungsfähigkeit, d.h. die in selbstreflexiver Operationalität verankerte Fähigkeit, sich selbst Handlungen und ihre Folgen zuzuschreiben, den Menschen zu einem moralischen Agenten macht, der sich einem Sittengesetz unterwerfen kann und bei dem Strafen die gewünschten Auswirkungen im Sinne einer sowohl speziellen als auch generellen Verbrechensprävention zeitigen können.[177]

Voraussetzung für die Konstitution persönlicher Identität ist – und diese Dimension wird zumeist unterschlagen – die Behauptung eines ernsthaften, persönlichen Einstehens vor einem manifesten Anderen. Und so bezeichnet das lateinische Wort *forensis* auch nicht nur den (Rechts-)Anwalt, sondern bezieht sich in seiner Ableitung vom Marktplatz (*forum*) auch viel allgemeiner auf die Teilnahme am öffentlichen (Geschäfts-)Leben (*foro esse*). Der soziale Akteur, der sich im Licht der Öffentlichkeit einer Charakterbewährung aussetzt, ist eine originäre Dimension des Begriffs, die Locke als ausgewiesener Kenner Ciceros und des-

176 »Mr. Locke to Mr. Molyneux«, 19. Januar 1694, in: ebd., Bd. 9, S. 331.

177 Siehe dazu auch den »Defence of Mr. Locke's Opinion concerning Personal Identity« betitelten Text, in: Ebd., Bd. 3, S. 163-184.
»Reflexion« bezeichnet bei John Locke die Wahrnehmung interner Operationen im Sinne einer Erkenntnis über Wissensproduktion. Eine Übersetzung mit »Bewusstsein« würde es in eine unangemessene Nähe zur deutschen Bewusstseinsphilosophie rücken.

sen Untersuchungen öffentlicher Auftritte römischer Redner mindestens ebenso mitgedacht haben muss.[178]

In der Öffentlichkeit als einer *Schule des Lebens* bemüht sich der Rhetor, sein Publikum zu überzeugen.[179] Hierbei setzt er sich Lern- und Regulierungsprozessen aus, die seine Selbstdarstellung in direktem Feedback bestrafen oder belohnen. Er korrigiert seine eigene Performance, indem er Publikumsreaktionen auf andere Redner beobachtet, und bringt hierbei eigene Erfahrungswerte über gesellschaftliches Anerkennungs- und Missbilligungsverhalten ein. Der Redner wird daher, wenn er sich im Licht der Öffentlichkeit *(forensi luce)* dem Urteil des Volkes stellt, versuchen, unangemessenes Verhalten, welches Cicero als *ineptus* qualifiziert und das Missfallen des Zuschauers erregt, zu vermeiden.

»Wer nicht sieht, was der Zeitpunkt fordert, oder zuviel spricht oder sich spreizt oder keine Rücksicht nimmt auf die Würde oder auch auf den Vorteil anderer, mit denen er gerade zusammen ist, oder endlich wer überhaupt in irgendeiner Art entweder mißfällig oder lästig ist, der heißt *ineptus*.«[180]

Dies ist nicht nur eine Frage verbaler Flexibilität und Souveränität, sondern der gesamten Performance in ihrer gestischen und mimischen Dimension. Rhetorische Kompetenz drücke sich nicht allein in »gewandter und gewinnender Formulierung« aus, sondern die Vortragsform gewinne ihre eigentliche Würze erst durch Stimme, Miene und Geste.[181] Cicero unterstreicht seine Ausführungen, indem er Demosthenes zitiert, welcher »als ihn jemand fragte: ›Was steht in der Redekunst an erster Stelle?‹ [...] geantwortet haben (soll): ›Der Vortrag!‹ (*actionem*) ›Und an zweiter Stelle?‹ ›Dasselbe!‹ ›Und an dritter?‹ ›Wieder dasselbe!‹ Nichts dringt ja tiefer ein in den Sinn der Hörer, bildet, formt, bewegt ihn und läßt die Redner in dem Licht erscheinen, in dem sie selbst erscheinen wollen.«[182]

In dem von Cicero favorisierten und als einzigartig gerühmten Vortragsstil des Antonius bewahrheite sich dieser Spruch. »In all diesen

178 Die Dimensionen der antiken, oratorischen Charakterbewährung und die damit verbundenen schauspielerischen Ansprüche an den Redner erläutert Rudolf Schottländer im zweiten Kapitel seines Buches *Römisches Gesellschaftsdenken. Die Zivilisierung einer Nation in der Sicht ihrer Schriftsteller*, Weimar 1969 unter dem Titel »Das ›forensische Licht‹«, S. 143ff.

179 Das Cicero'sche Diktum des öffentlichen Auftritts als eine »Schule des Lebens« greift später auch Lessing in seiner Schrift »Erziehung des Menschengeschlechts« (1779) auf.

180 Marcus Tullius Cicero: De Oratore/ Über den Redner lat./dt., Stuttgart 1991, 2,17, Übersetzung nach: Schottländer, Römisches Gesellschaftsdenken, S. 163.

181 Cicero, Brutus, §29, S. 82/83.

182 Ebd., §38, S. 106/7.

Dingen [der gewählten Sprache und sorgfältigen Ausdrucksweise, K.H.]«, so schreibt er im *Brutus*, »war Antonius großartig – sein Vortrag aber war einzigartig. Wenn wir hier zwischen Gestik und Stimmführung zu unterscheiden haben, so drückten seine Gebärden nicht den Gehalt der einzelnen Wörter aus, sondern schlossen sich den Gedanken an: Hände, Schulter, Brust, das Aufstampfen mit dem Fuße, Stehen und Gehen und jede Bewegung paßten zu den Formulierungen und den Gedanken.«[183] Seine mimische Darstellung etabliere eine eigene Signifikationsebene neben der Sprache, indem sie Sprache nicht nur illustriert und deren Wortsinn theatralisch untermalt, sondern selbst in der Lage ist, Sinnzusammenhänge eigenständig zu kommunizieren. »Das hochdramatische und doch nicht bühnenmäßige Agieren des Redners«, hebt Schottländer in seiner Analyse hervor, »dient nicht wie das theatralische der *demonstratio*, sondern der *significatio*, d.h. nicht der anschaulichen Volldarbietung, sondern der charakterisierenden Verdeutlichung.«[184]

Bei der öffentlichen Selbstdarstellung innerhalb eines Feldes von Zuschauern und der Konzentration auf Handlungsweisen, in denen sich Persönlichkeiten und ihre Glaubwürdigkeit manifestieren oder spiegeln sollen, spielt die *actio* – das Mienenspiel, die Stimme, die Gebärde – eine zentrale Rolle und macht jeden sozialen Akteur zum Schauspieler.[185] Wie der römische Redner untersteht er der permanenten Anstrengung, seinen öffentlichen Auftritt zu gestalten, in dem sich sein Selbst in einem Gefüge gesellschaftlicher Anerkennung und Missbilligung konstituiert. »Personen, wie Locke sie begreift, sind Selbstbeobachter und verantwortliche Akteure im Doppelsinn des Forensischen, die als rechts- und zurechnungsfähige Personen zugleich im ›forensischen Licht‹ agieren,[186] d.h. im Forum der Öffentlichkeit wie im Verkehr des Marktes, auf dem Menschen, Waren und Zeichen zirkulieren.«[187] Der Locke'sche Personalitäts-

183 Ebd., §38, S. 104/5f.

184 Schottländer, Römisches Gesellschaftsdenken, S. 168 u. 171.

185 Im 18. Jahrhundert – dies sei in aller Kürze angemerkt – bildet sich auch die psychologische Schauspielkunst aus, die gerade darauf zielt, für innere Zustände nach der Regel der Analogie körperliche Handlungen als theatrale Zeichen zu entwickeln. Erika Fischer-Lichte, Vom »künstlichen« zum »natürlichen« Zeichen. Theater des Barock und der Aufklärung, Semiotik des Theaters Band 2, Tübingen 1983; Alexander Košenina: Anthropologie und Schauspielkunst. Studien zur »eloquentia corporis« im 18. Jahrhundert, Tübingen 1995; Michael Franz: »Von der Ausdrucksemiotik zur Physiologie. Zum Projekt einer Verbindungskunst der gestischen Zeichen bei Johann Jakob Engel«, in: in: Das Laokoon-Paradigma. Zeichenregime im 18. Jahrhundert, hg. von Inge Baxmann, Michael Franz und Wolfgang Schäffner, Berlin 2000, S. 544-568.

186 Cicero, *Brutus*, S. 32.

187 Franz, »Personalfigur oder Selbst ohne Eigenschaften«, in: ders., Daidalische Diskurse, S. 163.

entwurf ist – obwohl Ausgangspunkt zahlloser imaginärer Szenarien, die seine möglichen Konsequenzen ausloten und phantasievoll auf die Spitze treiben – in seinem Kern kein realitätsenthobenes Gedankenexperiment. Die *persona* wird im allgemeinen Kontext sozialer Interaktion, auf Basis des Erlebens von Ge- und Missfallensäußerungen geformt, die als Operationsprinzipien alltagsnah und jedermann bekannt sind.

Man muss aber beachten, dass nicht Anerkennung und Billigung den Bewertungsmaßstab bilden, an dem das Verhalten auszurichten ist; dies würde den Mechanismus von Anerkennung und Missbilligung inhaltlich entleeren und einen moralischen Opportunismus fördern oder liefe auf die Unterwerfung unter einen Gruppenzwang hinaus. Anerkennung oder Missbilligung richten sich immer auf die Relation zwischen Verhaltensweise und Bewertungsmaßstab. Sie sind in diesem Sinne gesellschaftlich wirksame Formen moralischer und sozialer Wertung. In dem Maße, wie ein Bewertungsmaßstab unproblematisch ist, gerät er aus dem Blickfeld, und das Heischen nach Anerkennung ersetzt in bestimmter Hinsicht die Frage nach dem Bewertungsmaßstab, an dem der Einzelne sein Verhalten ausrichtet. Dies ändert sich, wenn bisher fraglos geltende Bewertungsmaßstäbe problematisch werden.

Ohne die Einheit von Körper und Person würde sich niemals der Zusammenhang der Biographie herstellen, in der die Frage nach zurechenbaren Handlungen in der Vergangenheit erst Sinn macht. Auf der anderen Seite kann sich die Person auch nicht körperlos im forensischen Licht behaupten und für ihre zurechenbaren Handlungen gerade stehen. Das kann sie nur als körperlich agierende Person. In der Realität rechnet Locke stets mit dem begehrenden Körper. Die Handlungen, bei denen sich die Person rückblickend fragt, ob sie sich diese zurechnen kann und muss, sind nicht nur bewusste Willensäußerungen, sondern auch Aktionen, zu denen ein unwiderstehliches körperliches Begehren getrieben hat.

Die Aufwertung der bio-psychischen Sinnlichkeit, die wir bei Locke finden, ist unter anderen Voraussetzungen und mit anderen Implikationen schon in den Affektenlehren des 17. Jahrhunderts, insbesondere bei Descartes und Spinoza, zu entdecken, wie Klaus Hammacher gezeigt hat. In seinen Forschungen zu Descartes gelangte er zu dem medizin- und physiologiegeschichtlich untermauerten Befund: »Gegenüber der antiken scholastisch und humanistisch tradierten Affektenlehre tritt in ihr [in Descartes Ethik der Affektenlehre, K.H.] einmal die wissenschaftlich-analytische Betrachtung des menschlichen Körpers als neuer Gedanke auf, zudem die Regelung des Verhaltens über die Vorstellungen (›*imaginations*‹).«[188] Was Spinoza betrifft, so ist das Urteil eines weiteren Spi-

188 René Descartes: Die Leidenschaften der Seele, hrsg. und übers. von Klaus Hammacher, Hamburg 1996, Einleitung, S. xix.

noza-Forschers nicht zu hoch gegriffen: »Spinoza hat trotz des (psychophysischen) Parallelismus der Attribute (Ausdehnung und Denken) die *Körperlichkeit des Menschen* in einer bis dahin nicht gehörten Weise zur Sprache gebracht. [...] seit Spinoza bleibt unverrückbar festgeschrieben, daß die Realität des Menschen *nicht* in der Dauer seiner physischen und psychischen Existenz besteht, sondern in seiner körperlichen und geistigen Tätigkeit und Wirksamkeit.«[189] Gewiss sind die Affektenlehre von Descartes und der monumentale Alternativentwurf von Spinoza partiell noch in intellektualistischen Vorurteilen befangen, derer Locke sich radikal entledigen wollte – aber das ist ihm auch nur zum Teil gelungen. Was mehr zählt, ist die Tatsache, dass er in vielen Elementen von seinen Vorgängern geprägt blieb. Das kennzeichnet die Produktivität seiner Auseinandersetzung, die sich nicht in Polemik erschöpfte.

Lockes Leugnung angeborener Ideen führte ihn zur allgemeinen Aufwertung der Sinnlichkeit, in deren Rahmen auch das »moralische Phänomen mit Affekten und Trieben in Verbindung« gesetzt wurde.[190] Die Verbindung von Moral und Affekt war aber nicht der alleinige Ansatz von Locke und blieb auch nicht von der Verwerfung angeborener moralischer Ideen abhängig. Ein gutes Beispiel hierfür ist Lockes ehemaliger Schüler Anthony Cooper Earl of Shaftesbury the Third. In der Aufwertung der biopsychischen Sinnlichkeit ist er seinem Lehrer durchaus gefolgt, doch aus diesem Ansatz entwickelte er das Alternativkonzept des *moral sense*, der an die Stelle der angeborenen moralischen Ideen trat, aber alles andere als ein intellektuelles Prinzip war. Panajotis Kondylis hebt hervor:

»Quelle der menschlichen Güte und Moral ist bei ihm nicht die sich gegen die Sinnlichkeit behauptende Ratio, sondern die innere Sinnlichkeit selber, es sind die Triebe und Affekte, die schon deshalb gut sind, weil sie Bestandteile einer harmonisch-werthaften Natur darstellen. Nicht aus der Unterdrückung, sondern aus der Entfaltung des Naturgegebenen kommen also Moral und Freiheit hervor – wenn die Natur a limine so definiert wird. Die Ratio braucht nicht die Affekte in Fesseln zu legen, denn sie ist selber nur der reinste Ausdruck des ›echten‹ Willens derselben.«[191]

Auch der antiintellektualistischen Haltung von Francis Hutcheson lag die Überlegung zugrunde, »man dürfe das Schicksal des Moralischen nicht dem unsicheren Ausgang des Kampfes zwischen Intellekt und Trieb

189 Lothar Kleine: Spinoza. Substanz und System, in: Baruch Spinoza. Ethik, hg. von Helmut Seidel, Leipzig 1978, S. 394f.

190 Panajotis Kondylis: Die Aufklärung im Rahmen des neuzeitlichen Rationalismus, München 1986, S. 393.

191 Ebd., S. 396.

überlassen, sondern müsse das Moralische so tief in die Beschaffenheit des *ganzen* Menschen hineinflechten, daß sein Sieg nie angezweifelt werden könne.«[192] Trotz allem blieb die Schwierigkeit, auf der Basis der rehabilitierten bio-psychischen Sinnlichkeit eine Moral zu errichten, wie Kondylis nachweist. Zwar konnten aus antiintellektualistischer Sicht eher die Fehlurteile der Vernunft als die Wirkungen der Leidenschaften für unmoralische Handlungen verantwortlich gemacht werden, was allerdings die angenommene Allmacht der Leidenschaften empfindlich einschränken musste. Auf der anderen Seite legte diese Allmachtsbehauptung die Schlussfolgerung nahe, auch das Übel in der Welt sei auf die Wirkung der Leidenschaften zurückzuführen. Als realistisch bot sich der Ausweg an, »die potentielle *natürliche* Gefährlichkeit der Leidenschaften zuzugeben, zugleich aber ihre gleichsam angeborene Fähigkeit zur Selbstregulierung anzunehmen, woraus ein moralisch akzeptables Gleichgewicht entstünde«[193] – der Weg zu einer Moderation der Leidenschaften, zu einem modernen Hedonismus.

Zeremonielle Ordnung und spielerische Übertretungen

Das erfolgreiche Durchschreiten des Rituals verleiht dem Adepten einen neuen Status, der mit neuen Verhaltensanforderungen verbunden ist, die fortan zu erfüllen sind. Das Durchschreiten des Initiationsrituals bindet das Mitglied an die gemeinschaftlichen Grundsätze. Gemeinschaftliche Rituale öffnen Möglichkeitsräume und setzten zugleich Orientierungspfeiler für die Verfolgung eines höheren Gutes.[194] Dabei ist – wie im folgenden dritten Teil dieser Studie zu sehen sein wird – zwischen produktivem Begehren und schädlichem, d.h. vom höher bewerteten Gut wegführendem, zu unterscheiden. Habitualisierung ist auch und vor allem eine Frage des Umgangs mit den menschlichen Leidenschaften.

Ebenso wie die materielle Körperwerdung des Menschen in den hermetischen Schriften Voraussetzung für eine Interaktion mit dem irdischen Geschehen ist, so ist auch in der Freimaurerei die Materialität des Körpers Voraussetzung für den rituellen Zeichenprozess. Und auch hier ist man darum bemüht, innerhalb der rituellen Handlung die Materialität des Körpers hinter seiner zeichenhaften Bedeutung zurücktreten zu lassen. Um dies zu erreichen, wird der affektive Körper verschiedenen Kon-

192 Ebd., S. 398.

193 Ebd., S. 413.

194 Dem individuellen Willen fehle, so John Locke, auf Dauer die Kraft, sich dem Einfluss drängender Leidenschaften dauerhaft zu widersetzen. *Essay*, Kap. 22, §38, S. 307.

troll- und Disziplinierungsmaßnahmen unterstellt. Die Statuten der *Newtonian Lodge* No. 499 (gelöscht 1851, mittlerweile No. 323) in Knaresborough unter der *Moderns Grand Lodge* aus dem Jahre 1788 geben folgende Verhaltensmaßregeln und listen die dazugehörigen Strafen bei Zuwiderhandlung auf:

»Regel VIII Geheimnisverrat
In dieser Loge herrsche wahres maurerisches Gesetz. Jedes Mitglied und jeder Gast, der direkt oder indirekt Logenangelegenheiten verrät oder offen legt, soll, wenn er ein Mitglied ist, einen strengen Verweis erhalten und einen Schilling einbüßen, ist er ein Gast, soll er vom Vergnügen ausgeschlossen werden.

Regel XI Flüstern, Rauchen etc. verboten
Kein Flüstern und keine privaten Beratungen an den Tischen während Logenstunden, kein Rauchen ist während der Arbeit erlaubt auf eine Strafe, die von dem Meister zu bestimmen ist.

Regel XII Trunkene Mitglieder
Betritt ein Mitglied die Loge in trunkenem Zustand, so ist er vom Türhüter wieder hinaus zu führen; und das nächste Mal, wenn er die Loge besucht, zahle er an den Schatzmeister einen Schilling und zeige sich unterwürfig gegenüber den Anwesenden, dafür dass er in einem so abscheulichen und skandalösen Zustand erschienen ist, sonst ist er für drei Logenabende auszuschließen.«[195]

Die inner- und außerrituellen Umgangsregeln, welche die Konstitution von Körpern und Identitäten innerhalb des gesellschaftlichen Zusammenschlusses und damit der Einübungssituation regulieren, werden innerhalb

195 »Rule VIII Secrets betrayed
That this Lodge be governed by true Masonic law, every Member or Visitor, that shall directly or indirectly, betray or expose any business transacted in the Lodge he shall if a Member receive a severe repremand, and forfeit one shilling, if a Visitor, shall be expelled during pleasure. […]
Rule XI Whispering, smoaking, & C. Prohibited
No whispering nor private consultations from the tables, during Lodge hours, nor smoaking allowed while at work, on such forfeiture or other punishment, as the Master shall direct. […]
Rule XII Members disguised in liquor
If any Member enter the Lodge in a state of intoxication, he shall be conducted out again by the Tyler; and the next time he attends the Lodge, shall pay to the Treasurere one shilling, and make proper submission to these present, for appearing in so detestable and scandalous a situation, otherwise to be expelled for three Lodge nights.«
Freemasons' Hall London, set of lodge bye-laws for Newtonian Lodge No. 499 (erased 1851, when number 323), Knaresborough dated 1788, S. 4.

der Bruderschaft von *Gentleman Masons* mit der Zeit kontinuierlich ausgebaut.

Satzungen und Instruktionen für jedes einzelne der zahllosen auszufüllenden Logenämter, aber auch Strafgeldkataloge im Falle einer Zuwiderhandlung sichern den reibungslosen Ablauf der Treffen und den respektvollen Umgang miteinander. Der folgende Auszug aus einer Akte der Johannis-Loge *Zu den drei goldenen Schlüsseln* zu Berlin (vermutlich um 1790), die Anweisungen für die Logenbeamten enthält, zeigt, dass auf dem Kontinent die Strafgeldtabellen, die bei Verhaltensverstößen während Logenarbeiten wirksam werden, durch bürokratische Akte weiter verfeinert werden.[196]

Taxe vor den	Meister			Gesellen			Lehrling		
Straff Gelder	Th	Gr	Pf	Th	Gr	Pf	Th	Gr	Pf
Stöhren der Aufnahme Lärmen zu machen	---	18	---	---	12	---	---	6	---
Stöhren der Aufnahme seine Stelle zu verlassen	---	18	---	---	12	---	---	6	---
---------------------------- zu Lachen	---	18	---	---	12	---	---	6	---
Stöhren der Ankleidung des neuaufgenommenen ohne Erlaubnis in der Ankleidungs= Zimmer zu gehen	---	18	---	---	12	---	---	6	---
Unter der Balotirung seine Stelle zu verlassen	---	3	---	---	2	---	---	1	---
Unter offener Loge ohne gewöhnl. Anfrage und Erlaubnis ein oder aus zu gehen	---	3	---	---	2	---	---	1	---
Der Loge Zeichen und die Ordnung verabsäumen	---	3	---	---	2	---	---	1	---
Zu reden ohne das Wort begehret zu haben, das Wort begeren, da ein anderer redet oder ohne gewöhnliche Ceremonie zu reden	---	3	---	---	2	---	---	1	---
Kömt jemand mit einem Stock in Händen oder mit Stiefeln an den Füßen	---	3	---	---	2	---	---	1	---
Wann jemand unter Ablegung des Eides seinen Huth aufhat ohne dazu berechtigt zu seyn	---	18	---	---	12	---	---	6	---
Hat jemand seine Kleidung nicht bei sich sondern muß sie von der Loge leihen bezahlet er dafür	---	3	---	---	2	---	---	1	---

196 Geheimes Staatsarchiv Preußischer Kulturbesitz Berlin (GstA PK) Freimaurerbestände 5.2. B54 Nr. 12, nach Heftung vermutlich vor 1794.

Wird jemand ohne Handschu an den Händen in der Loge gefunden, oder hat sie nicht unter dem Ritterschlag der Neuaufgenommenen an	---	3	---	---	2	---	---	1	---
Flispert jemand oder redet sachte in offener Loge	---	3	---	---	2	---	---	1	---
Überladet sich jemand mit starkem Getränke	---	18	---	---	12	---	---	6	---
Versäumt jemand die Versammlung bestimet der Logen Meister die Strafe									
Versäumt jemand die Oeconomische Versammlung wenn die Quartals Abgabe bezahlet wird, ohne sie sodann ein zu senden, oder vorher bezahlet zu haben bezahlt er die Quartals= Abgabe doppelt									
Wir jemand Strafe zuerkand und er bezahlet sie nicht sogleich so muß er sie bei der nächsten Zusammenkunft doppelt vorlegen									
Versäumt der Ceremonien Mstr. oder Stuhl Mstr. die Strafen einzufordern, so muß er sie selbst in der fehlenden Stelle vorlegen									
Berühret jemand ohne Erlaubnis den Altar die drauf eingerichteten Gegenstände und Papiere, oder einige auf des Secretairs und Stuhl Meisters Tischen liegender Papiere und Schmuck oder die zur Austeilung hingelegten Kleidung	3	---	---	2	---	---	1	---	---

Die vorliegende Tabelle listet nicht nur die zu maßregelnden Verhaltensformen auf, sondern belegt sie auch mit unterschiedlich hohen Strafen und klassifiziert so die Schwere des Vergehens. Kleinere Unaufmerksamkeiten, wie Verstöße gegen die Kleiderordnung, Tuscheln, Umherlaufen, Rumhantieren an Ritualgegenständen und das Versäumen gemeinsamer Zeichen, ziehen Strafgelder nach sich. Diese sind jedoch zunächst so moderat gehalten, dass sie nicht wirklich schmerzen. Spielerische Verstöße, die bereitwillig abgegolten werden, füllen die Armenkasse und dienen einem wohltätigen Zweck, sodass man von einem Gesellschaftsspiel der wohlhabenden Oberschicht sprechen kann.

Anders verhält es sich bei gröberen Regelverstößen: mutwilliges Stören der Aufnahmezeremonien, die Missachtung Gottes oder des vorsitzenden Meisters, Lärmen, Lachen, Umherlaufen oder das Betreten des Ankleidezimmers, werden in der hier zitierten Tabelle mit Strafgeldern in sechsfacher Höhe geahndet. So wird zwischen akzeptablen und inakzeptablen Verstößen unterschieden. Während Ungenügsamkeiten bei der

Ausführung ritueller Zeichen zu später Stunde zur allgemeinen Belustigung beitragen,

»Man lässt auch von Zeit zu Zeit die Zeichen der Maurerey wiederholen. Diejenigen welche sie vollkommen in ihrer Gewalt haben, machen sie mit einer anständigen Würdigkeit, welche die Zuschauer bezaubert; und diejenigen, welche noch nicht ganz vollkommen, oder in ihren Manieren ein wenig verkehrt sind, verschaffen den Brüdern manchmal einen Zeitvertreib durch die Verwirrung, die sie erfahren, wenn sie sich in Bildung der Zeichen vollkommen machen wollen.«[197]

kann uneinsichtigen Störenfrieden – dazu gehören jene, die sich zu exzessiv dem Alkohol hingeben, den rituellen Rahmen stören oder obrigkeitswidrig handeln – nach mehrmaliger Verwarnung und verschiedenen Klärungsversuchen der Ausschluss aus der Gemeinschaft drohen.[198] Finanzielle und gemeinschaftliche Sanktionen sollen bewirken, dass Regeln eingehalten werden und sich habituell niederschlagen; sie disziplinieren die Körper und fördern so die Kanalisierung ihres generativen Potentials.

Leben in zwei symbolischen Körperordnungen oder Der Unterschied zwischen einer *dun cow* und einer *dun hummle cow**

Die Freimaurerbruderschaft ist eine *symbol-sharing group*, die ihre Mitglieder mit symbolischen Mitteln – wie z.B. Erkennungszeichen – ausstattet, um eine begrenzte Solidarität zu entwickeln.[199] Doch der Verkehr in zwei symbolischen Körperordnungen birgt Konfliktpotential. Ein Nachteil der konspirativen Statuserhebung im Bund der Freimaurer beruht darin,[200] dass diese nicht offen ausgeplaudert werden darf, also nur im Stillen genossen werden kann, was dem Maurer eine schwere Prüfung seiner Verschwiegenheit auferlegt. Dass ihm die direkte gesellschaftliche Anerkennung im lebenspraktischen Alltag versagt bleibt oder gar mit Ge-

197 Der verrathene Orden, S. 59.

198 Ebd., S. 62ff.

* *A Mason's Confession* (vermutl. 1727), in: *EMC*, S. 105.

199 Lloyd W. Warner: The Living and the Dead. A Study of the Symbolic Life of Americans, New Haven 1959, S. 232.

200 *Konspirativ* ist die Statuserhebung nicht im Sinne geheimen Sektierertums oder einer gesetzwidrigen Verschwörung gegen andere gesellschaftliche Institutionen. Hervorgehoben werden soll, dass die Statuserhebung im Rahmen einer esoterischen Gemeinschaft vollzogen wird und von außen nicht einsichtig ist.

lächter quittiert wird, trübt so manchem Lehrling die Freude an dem Erreichten. Es bleibt nicht aus, dass viele auf Unverständnis und mangelnde soziale Anerkennung ihres selbst empfundenen gesellschaftlichen Aufstiegs durch sogenannte ›Profane‹ stoßen. Kaum ein Dokument schildert dieses Dilemma expliziter als die in Deutschland publizierten *Unpartheiischen Ansichten eines tiefeingeweihten Freimaurers* aus dem Jahre 1817. Deshalb sei ein kleiner Exkurs auf den Kontinent erlaubt. Der freimaurerische Autor schildert seine Erfahrung folgendermaßen:

»Nach geschlossener Tafel, gieng ein Jeder seinen Weg. So bist du's denn nun! Wiederholt ich mir, als ich in mein Zimmer trat. Ich unterließ nun nicht, einigen meiner Bekannten wissen zu lassen, welch eine wichtige Person ich nun geworden sei, wollte eine Art Würde über sie behaupten und – wurde ausgelacht. Das ärgerte mich; denn ich bildete mir ein, man würde sich um mich drängen, meine Freunde würden sagen: ach, was sind Sie glücklich, in die Zahl so würdiger Männer aufgenommen zu seyn! Aber damit war es nichts! – Meine Eitelkeit war beleidigt, denn ich fühlte nur zu gut, dass Eitelkeit der Grund war, warum ich Maurer wurde; […].«[201]

Die verletzte Eitelkeit, die man beschmunzeln mag, verweist auf eine als problematisch empfundene dissoziative Struktur des Besitzes zweier Körper, die unterschiedlichen symbolischen Ordnungen angehören und doch nur *einem* physiologischen Körper aufgelagert sind. Der Freimaurer ist gleichzeitig Held eines poetischen Dramas und ›normaler‹ Bürger, wie Linda Simonis richtig schlussfolgert,[202] dessen besondere Kenntnisse und Qualifikationen vom ›profanen‹ Umfeld weder wahrgenommen noch mit Anerkennung honoriert werden. Dies ist eine Spannung, die der Freimaurer einerseits aushalten muss, ihm andererseits aber Möglichkeiten des gegenseitigen konspirativen Erkennens eröffnet, mit denen er zu spielen weiß.

Die aus den Eiden der verschiedenen freimaurerischen Grade abgeleiteten Handbewegungen über Hals, Brust oder Bauch, wie sie in den Enthüllungsschriften beschrieben werden und die Zugehörigkeit zum Lehrlings-, Gesellen-, oder Meistergrad ausweisen, können im Gespräch oder bei der Einnahme eines gemeinsamen Getränks als erstes Erken-

201 Anonymus: Unparteiische Ansichten eines tiefeingeweihten Freimaurers, enthaltend: was derselbe früher von der Freimaurerei dachte, was er während seiner Aufnahme empfand – was er gefunden als er Maurer geworden – was er jetzt darüber denkt und wie sie der Laie zu betrachten hat, Bamberg 5817 (d.i. 1817), S. 33.

202 Linda Simonis: Handlung und Gespräch im freimaurerischen Ritual. Erziehung und Selbstreflexion als Drama, in: Jahrbuch der Forschungsloge Quatuor Coronati 40 (2003), S. 71.

nungsmerkmal dienen.[203] Bereits im *Sloane* MS 3329, einem frühen Katechismus um 1700, werden unter dem Titel *A Narrative of the Freemasons Word and Signes* Zeichen aufgeführt, mit denen sich Freimaurer in Anwesenheit ›Profaner‹ entdecken können, sowie Fragen und Antworten präsentiert, wie sie anschließend im *Privatissimum* von Freimaurern ausgetauscht werden. Neben den rituellen Erkennungszeichen, die aus der Logenarbeit bereits bekannt sind, werden hier eine ganze Reihe von Zeichen beschrieben, anhand derer sich Freimaurer um 1700 in England auf mehr oder weniger subtile Weise in fremder Gesellschaft zu erkennen geben:

Der Freimaurer mache sich in Gesellschaft kenntlich durch ein Ziehen des Hutes mit der rechten Hand, deren Zeige- und Mittelfinger über, deren Daumen und alle anderen Finger unterhalb der Krempe verborgen sind. Er wedele seinen Hut von links nach rechts, bevor er ihn wieder auf den Kopf setze. Der Freimaurer wisse außerdem zwei Zeichen mit seinem Taschentuch auszuführen: Einmal greife er es mit der rechten Hand an einer Ecke, um es über die linke Schulter zu werfen und den Rücken herunter hängen zu lassen und so einige Schritte umher zu gehen. Ein anwesender Freimaurer würde – so verspricht die Anleitung – dieses Zeichen erkennen, ihm folgen und seine Hand greifen, um die entsprechenden Griffe auszutauschen. Er könne auch das Taschentuch in die rechte Hand nehmen, um sich die Nase zu schnauben. Anschließend sei es mit gestrecktem Arm vor sich zu halten und – in Anlehnung an das rituelle Klopfzeichen – zweimal ein wenig und einmal kräftig zu schütteln. Der Vollzug einiger Schritte vor und zurück, bei denen die Füße jeweils einen rechten Winkel bilden und im jeweils dritten Schritt kurz verharren, gälten ebenso als sicheres Erkennungszeichen wie ein gleichzeitiges Verdrehen der Augen gen Osten und des Mundes gen Westen. Im Dunkeln hüstele der Freimaurer zweimal, als müsse er einen Knochen oder Klumpen aus dem Halse treiben und ein anwesender Freimaurer würde antworten »am Tage soll man sehen, des nachts hören«.

Brüder sendeten sich schriftliche Nachrichten auf Papier, von welchem eine Ecke in rechtem Winkel eingeknickt ist, und legten ihre Handschuhe bei einem Besuch derart ab, dass dieser einen Geheimgriff andeute, bzw. ein Finger im rechten Winkel abgeknickt wird. Der Freimaurer treibe sein Pferd durch einen Klaps auf linke Schulter an, und das von ihm abgestellte Pferd lasse sich von anderen dadurch sicher unterscheiden, dass der linke Steigbügel auf dem Sattel ruht. Um im Ausland Gleichgesinnte zu finden, wird der Vorschlag gemacht, auf das linke Knie zu sinken und die rechte Hand gegen die Sonne zu erheben, um vom fremden Bruder wieder aufgerichtet zu werden. Sollte dieser eben-

203 Siehe beispielsweise *Three Distinct Knocks* (1769), in: *EME*, S. 94.

falls auf die Knie fallen – so wird ohne Umschweife bemerkt –, ist er des Zeichens unkundig. Man könne ihn getrost an Ort und Stelle hocken lassen und sich selbst entfernen, denn mit einem Freimaurer habe man es in diesem Fall nicht zu tun.

Als verdeckte Bitte um finanzielle Unterstützung könne man ein Stück Pfeife o.ä. seinem Gegenüber mit der Frage, ob man einen Futtergroschen (*cole pence*) wechseln könne, entgegen halten. Andere zögen aus gleichem Grund ihr Messer aus der Scheide, um es einem Bruder zu übergeben. Ist dieser bereit, dem Bruder auszuhelfen, schiebe er das Messer in die Scheide zurück; hat er nicht das erforderliche Geld, reiche er das Messer mit blanker Scheide zurück.[204]

Obwohl in ihrer praktischen Bedeutung begrenzt, zeugen die in den Katechismen und Enthüllungsschriften beschriebenen Indizien doch von einem ausgesprochen spielerischen Umgang mit konspirativen Erkennungszeichen, die von einer herausragenden Stellung innerhalb eines fremden sozio-symbolischen Feldes zeugen und das Interesse Nichteingeweihter schüren. Diese Geheimzeichen bilden ein aus operativen Zeiten überliefertes soziales Rückversicherungsnetz der Brüder untereinander, über welches sie sich ihrer Solidarität und gegenseitigen Hilfeleistung versichern können, wie sie ihnen von den *Old Charges* abgefordert werden. Hier heißt es unter Punkt VI.6 mit dem Titel *Verhalten gegen einen fremden Bruder*:

»Du hast ihn eingehend zu prüfen auf jene Weise, die dich die Vorsicht lehrt, damit du nicht einem unwissenden falschen Heuchler aufsitzt, welchen Du mit Verachtung und Spott strafen sollst, und hüte dich, ihm irgendwelche Hinweise auf Wissen zu geben.
Wenn du in ihm aber einen wahren und aufrichtigen Bruder entdeckst, dann schuldest du ihm gebührenden Respekt; und sollte er bedürftig sein, musst Du seine Not im Rahmen Deiner Möglichkeiten lindern oder ihm einen Weg weisen, diese zu lindern. [...] Du musst [...] einen armen *Bruder*, der ein *guter* und *ehrlicher Mann* ist, einem anderen armen Menschen in gleichem Umstand bevorzugen.«[205]

---

204 *Sloane MS.* 3329 und *A Mason's Confession*, in: *EMC*, S. 45-47 u. 104f.

205 »You are cautiously to examine him, in such a Method as Prudence shall direct you, that you may not be impos'd upon by an ignorant false Pretender, whom you are to reject with Contempt and Derision, and beware of giving him any Hints of Knowledge.
But if you discover him to be a true and genuine Brother, you are to respect him accordingly; and if he is in want, you must relieve him if you can, or else direct him how he may be reliev'd: You must [...] prefer a poor Brother, that is a good Man and true, before any other poor People in the same Circumstances.« Anderson, *Constitutions* (1723), S. 55f.

Vor allem aber finden Freimaurer hier ein Ventil, um ihr Bedürfnis nach sozialer Distinktion trotz Verschwiegenheitskodex ausleben zu können. Ein letztes Erkennungszeichen, das ich hier beschreiben möchte, ist wiederum als Nonsens-Gespräch maskiert. Metaphorisch gelesen, verweist es aber auf das zentrale Problem der Gemeinschaft. In der *Mason's Confession* (vermutlich 1727) heißt es: Kommt ein Maurer in eine Gesellschaft und möchte wissen, ob sich ein anderer in ihr befindet, so spricht er: »God be thanked we have all our formal mercies. There is no difference between a dun cow and a dun hummle cow«, was übersetzt so viel heißt wie: »Gott sei gedankt für all unsere äußeren Vorzüge. Es gibt keinen Unterschied zwischen einer fahlbraunen Kuh und einer fahlbraunen geweihlosen Rothirschkuh.« Ist ein anderer Freimaurer anwesend, so antwortet dieser: »What says the fellow?«, worauf ersterer wiederholt: »I say nothing but what I may say again: There is no difference between a dun cow and a dun hummle cow«.[206]

Unter dem Primat gesellschaftlicher Moden ist die edle Erziehung des Freimaurers nicht anhand seines äußeren Erscheinungsbildes auszumachen. Er ist angewiesen auf die Anerkennung seines vorbildlichen Verhaltens und die unkommentierte Lesbarkeit seines freimaurerischen Habitus. Reicht ihm dies nicht aus, so öffnen ihm die geheimen Zeichen der Bruderschaft ein unerschöpfliches und vor allem ständig ausbaubares Reservoir spielerischer Erkennungsweisen der Eingeweihten untereinander, welche auf eine geheime poetische Rückversicherungsebene verweisen. Einige der beschriebenen Zeichen scheinen diese Spielerei auf die Spitze zu treiben und muten geradezu parodistisch an. Um die Zeichen verlässlich zu halten, ist eine Standardisierung notwendig. Diese soll über Ritualpublikationen erreicht werden; mit der paradoxen Konsequenz, dass die Zeichen Unbefugten bekannt gemacht werden, was ihren Nutzen für die Gemeinschaft wiederum nachhaltig einschränkt.

206 A Mason's Confession, in: EMC, S. 105.

Moralität und Sitte als neufundiertes Wechselverhältnis im Spannungsfeld von modernem Hedonismus und sozialer Disziplinierung

Oh, Merry Masonry!

»No mortal can boast/So noble a toast/As a free and an accepted mason« lautet der Refrain eines freimaurerischen Trinkliedes.[1] Seine Strophen, zwischen denen ein jedes Mal »gefeuert«, d.h. die wegen ihres massiven Bodens ›Kanonen‹ genannten Gläser erhoben und mit lautem Knall zeitgleich abgesetzt werden, preisen die fröhliche Runde, zu der man sich zusammengefunden hat.

»Come let us prepare,
We brothers that are,
Assembled on merry occasion;
Let's drink, laugh and sing,
Our wine has a spring,
Here's an health to an *accepted mason*.

The world is in pain,
Our secrets to gain,
And still let them wonder and gaze on;
Till they're shewn the light,
They'll never know the right
Word or Sign of an *accepted mason*.

1 *The Free Mason's Health*, ca. 1710 (vgl. Early Masonic Pamphlets, 36f.), besser bekannt als »The Entere'd Prentice's Song«. Ich zitiere aus der in Wellins Calcotts *Candid Disquisitions* unter der Rubrik »Some usual Free-Masons Songs« mit dem Hinweis »To be sung after grave business is over« abgedruckten Version. Calcott, Candid Disquisitions (1769), S. 233ff. Es handelt sich dabei um einen späten Nachdruck aus den 1723er Konstitutionen. Das Lied gehört im 18. Jahrhundert zum festen Repertoire der Bruderschaft.

[...]

Then join hand in hand,
By each brother firm stand,
Let's be merry and put a bright face on
[...]«

Es sind nicht allein die rituelle Erleuchtung und das wohlige Gefühl inniger Männerfreundschaft, die den Brüdern ein Lächeln ins Gesicht zaubern, sondern auch – und vielleicht vor allem – der im Verlauf des Abends konsumierte Alkohol, der die Köpfe zum Glühen bringt. Und in der Tat ist der Speisen- und Getränkekonsum der Logen beträchtlich. Ein im Archiv der *United Grand Lodge of England* erhaltener Rechnungszettel listet die Ausgaben für ein am 1. Dezember 1775 abgehaltenes Logendinner auf,[2] darunter fällt eine große Auswahl alkoholischer Getränke: vier Flaschen Claret, ein würziger roter Bordeaux, zwei Flaschen *Old Hock*, eine Flasche *Old Port*, zwei Flaschen Madeira, drei Flaschen Champagner, neun Flaschen Burgunder, Starkbier, Bier, Porter und Brandy. Leider ist dem Bon nicht zu entnehmen, woraus sich das Essen zusammensetzte. Lediglich Käse, Gebäck, Oliven und verschiedene Sorten Nüsse (darunter Mandeln, Maronen und Pistazien) werden zusätzlich zur Rubrik »Dinner«, das mit einer Summe von drei Pfund und 10 Schillingen veranschlagt ist, aufgeführt. Insgesamt macht das Essen nur in etwa ein Viertel der imposanten, sich insgesamt auf vierzehn Pfund, dreizehn Schillinge und drei Pence belaufenden Rechnung aus. Von kleineren Ausgaben für Wachskerzen, Schreibutensilien und zerbrochene Gläser abgesehen, ist der Löwenanteil der Ausgaben der Bewirtung der Gesellschaft mit alkoholischen Getränken zuzuschreiben.

Dem Zechen eine Notwendigkeit und den Anschein von Ehrwürdigkeit zu verleihen – dafür sorgt ein umfangreiches Repertoire auszubringender Toasts, wie sie in freimaurerischen Manualen und Spruchsammlungen zu finden sind.[3] Diese Toasts sind im 18. Jahrhundert fester Bestandteil der geselligen Zusammenkünfte der Logenbrüder und füllen in den Protokollbüchern oft mehrere Seiten. Am Anfang einer jeden Mahlzeit werden, in fester Reihenfolge und nach Rang geordnet, Zusprüche zelebriert. Erst nach diesen festgelegten Toasts – deshalb auch *Conditions* (Vorbedingungen) genannt – beginnt das Essen und darf frei geredet werden. An möglichen Anlässen und Adressaten für einen Toast mangelt

2 Archiv der United Grand Lodge of England, Katalognr.: HC/8/F/25a.

3 Die Folgenden hat W. Fred Vernon aus dem Buch er Kelso Mason Lodge aus dem Jahre 1818 zusammengetragen. W.F. Vernon: »›From Labour to Refreshment‹ in the olden time«, in: *AQC* 7 (1894), S. 4-14, hier: S. 9f.

es nicht. Es wird getrunken auf »den König und die Konstitutionen«, auf »den König und das Handwerk«, auf »die siegreiche englische Flotte«, die »starken Mauern des Alten England«, die »Freiheit«. Man ehrt Johannes den Täufer und Johannes den Evangelisten als Schutzherren der Zunft, erhebt das Glas auf den Großmeister der nationalen Großloge, seine Abgeordneten und Aufseher, man trinkt jeweils auf das Wohl des aktuellen und des letztgewesenen Stuhlmeisters sowie des abgeordneten Meisters und seines Stellvertreters, ihren Schatzmeister, Sekretär und andere Beamte, man begrüßt neu aufgenommene Brüder und besuchende Brüder. Es werden blumige Wünsche geäußert, die nicht nur die Verschwiegenheit und Tugendhaftigkeit des Maurers rühmen,

»To every true and faithful heart
That close preserves the secret art.«

»To each faithful brother both ancient and young,
Who governs his passions, and bridles his tongue.«

sondern auch das persönliche Wohlergehen

»The land of cakes and may cakes ever abound in the Land.«

»Health and ready money.«

»A friend and a bottle.«

und den Erfolg beim weiblichen Geschlecht:

»May fortune and the fair Sex fail none but the undeserving.«

»Masons, Masons Wives and Masons Bairns
And those that lie or wish to lie in Mason's arms.«

Dem Erfindungsreichtum scheinen keine Grenzen gesetzt und die Liste ließe sich dementsprechend beliebig fortsetzen.

Die Logentreffen hätten im 18. Jahrhundert vornehmlich sozialen und geselligen Charakter gehabt, schildert der Logenreformer George Oliver die damalige Logenpraxis im Vorwort zur Neuauflage von Hutchinsons Buch *The Spirit of Freemasonry*. An einen typischen freimaurerischen Logenabend Mitte des 18. Jahrhunderts

»[…] fand der Meister [gelegentlich] Muße und Neigung, eine Pflicht oder einen Auszug aus einem der Vorträge vorzutragen; und Einträge wie der folgende finden sich häufig in den Protokollbüchern dieser Zeit: ›Der Hoch Ehrwürdige Meister trug eine elegante Pflicht vor oder einen Auszug aus den Martin Clares-Vorträgen, je nachdem, und der Abend wurde singend und mit ordentlichen Lustbarkeiten verbracht.‹ Diese Neigung durchzog alle Logen in größerem oder kleinerem Ausmaß. Die übliche Strafe für den Bruch mit einem Logengesetz war ›eine Flasche Wein, die auf der Stelle zu konsumieren war‹ und es war nicht unüblich, die gesamte Aufnahmegebühr für eine Initiation noch an demselben Abend für Speisen und Wein zu verbrauchen, obwohl zu einem solchen Anlass die Loge hätte neu eingekleidet, oder mit anderen Worten, mit neuen Schurzen und Handschuhen ausgestattet werden sollen.«[4]

Diese etwas polemische Beschreibung ist durchaus mit Vorsicht zu behandeln, will doch Oliver, der die Freimaurerei als zu hedonistisch und zu wenig ernsthaft empfindet, damit seinen eigenen Reformbestrebungen Nachdruck verleihen. Dabei sitzt er entweder einem Missverständnis auf oder er konstruiert dieses zu seinem eigenen Vorteil, denn die erhobene Aufnahmegebühr war tatsächlich und ganz regulär für die Ausrichtung des Festessens vorgesehen. Den *Schaw Statutes* zufolge beteiligt sich der *Enter'd Apprentice* mit 6 Pfund und der *Master Mason* oder *Fellow of the Craft* mit 10 Pfund an den Kosten des festlichen Mahls der Loge.[5] Die Regelung, die Loge neu zu kleiden, stammt aus operativer Zeit, in welcher die genannten Kleidungsstücke bei der Arbeit noch *verbraucht* wurden. Obwohl die Kritik auf Kosten von Fakten und Zusammenhängen geht, wird in den Ausführungen eine auch bereits im 18. Jahrhundert akute Befürchtung deutlich, nämlich dass dem Getränke- und Speisen-

4 »The practice of the lodges was principally of a social and companionable character. Sometimes the Master found leisure and inclination to deliver a charge, or a portion of the lectures; and such entries as the following are frequent in the minute-books of that period: ›The R.W. Master delivered an elegant charge, or a portion of Martin Clare's lectures, as the case might be, and the evening was spent in singing and decent merriment.‹ This propensity pervaded all the lodges in a greater or less degree. The usual penalty for a breach of bye-laws was ›a bottle of wine to be consumed on the spot;‹ and it was not an uncommon occurence to expend the the whole fee on a night of initiation in a supper and wine; although on such occasions the lodge ought to have been clothed, or in other words furnished with new aprons and gloves.« George Oliver: »On the State of Freemasonry«, Einführung in William Hutchinsons *The Spirit of Masonry* (1843), S. 9f.

5 Dies sind keine unerheblichen Summen, setzt man sie zu den üblichen Ausgaben für Bewirtung im 18. Jahrhundert ins Verhältnis. Samuel Johnson, der als Verfasser des Dictionary of the English Language und Herausgeber der Zeitschrift The Rambler zu Berühmtheit gelangt, zahlte Mitte des 18. Jahrhunderts 8 Pennys für ein Abendessen. Ein reguläres Essen im Steakhouse, bestehend aus Rindfleisch, Brot und Bier, belief sich im 18. Jahrhundert auf einen Schilling, während ein reisender Handwerker in den 70er Jahren des 18. Jahrhunderts ca. 18 bis 22 Schilling wöchentlich verdiente. Dieser Geldwertvergleich ist Diane Clements Text »A seasonal feast!« entnommen, www.freemasonrylondon.museum/exhibitions (11.10. 2004).

konsum zu Ungunsten moralischer Unterweisung zu viel Raum zugestanden wird.

Die Bücher der Schatzmeister geben andere Hinweise auf erhöhten Alkoholkonsum und Trunkenheit während der Logentreffen. In der Ausgabenspalte finden sich nicht nur Einträge zerbrochener Gläser und Fensterscheiben, sondern hier und dort werden überdies Kosten für im Anschluss anfallende Möbelreparaturen aufgeführt. Auch Versuche der Logen, den Bierkonsum zu regulieren, lassen auf hohen Alkoholkonsum auf Logentreffen und entsprechende, unliebsame Zwischenfälle rückschließen. Die Abrechnungsbücher der Schatzmeister legen bei Forschern zum Ende des 19. Jahrhunderts gar die Vermutung nahe, dass unkontrollierter Alkoholkonsum Grund des beklagten Niedergangs manch einer Loge des 18. Jahrhunderts gewesen ist.[6] Die Statuten (*bye-laws*) der Mariners' Lodge No. 576 aus den Jahren 1799-1822 schreiben vor,

»pro Logenabend nur Bier im Wert von zwei Schillingen, dazu eine Pinte Gin, Rum und Brandy bereitzustellen. – Die Loge ist zur Erfrischung nicht zu schließen, sondern die Erfrischungen sind in den Raum zu bringen und dort auf einem Seitentisch aufzustellen. Jeder, der daran teilzunehmen wünscht, zahlt sechs Pence dafür, und nachdem die Loge geschlossen ist, zahlt jeder, der noch bleibt, für die von ihm bestellten Alkoholika. Alkoholische Getränke sind im Raum untersagt, solange die Loge geöffnet ist, sofern sie nicht bereits vom Besteller gezahlt wurden. Die Rechnung ist noch am gleichen Abend zu begleichen.«[7]

Das Trinkverhalten wird durch die Verlegung des Ausschanks in den Versammlungsraum unter Beobachtung gestellt. Niemand muss mehr zur Bestellung eines Getränks den Raum verlassen und ein jeder wird Zeuge des Verzehrs. Einerseits versucht man, die bereitgestellten Alkohol- und Trinkmengen durch eine finanzielle Ausgabenkontrolle zu regulieren – dies erfolgt sowohl durch eine logenseitige Kontingentierung als auch ein jedem einzelnen Mitglied gesetztes Limit – andererseits geht man mit der Regelung sicher, dass jeder seine Getränke in vollem Umfang bezahlt. Darüber scheint es in der Vergangenheit Auseinandersetzungen gegeben

6 Diese Vermutung äußert auch W.N. Cheesman in seinem Aufsatz »An old Lodge and its refreshment bills«, in: *AQC* 10 (1897), S. 77-79, hier: S. 78.

7 »[…] to find two shillings worth of Malt Liquor and one pint of Gin, Rum, and Brandy for every Lodge night only. – The Lodge not to be closed for refreshm[t] but the refreshm[t] to be bro[t] into the Room and put on a side Table and any who choses to partake thereof paying 6[d] for the same, and after the Lodge is closed those who wish to stay for the Liquor they call for. To have no Spirits admitted into the Room during the time the Lodge is open unless paid for by the person calling for it. The Bill is to be paid every night. […]« Ebd., S. 77.

zu haben. Die Ausgaben für »Erfrischungen« sollten, so setzt die *bye-law* No. 21 fest, pro Person einen Schilling pro Logenabend nicht überschreiten (besondere Anlässe hier wiederum ausgeschlossen). *Bye-law* No. 22 versucht zudem Ausschweifungen durch die Begrenzung der Aufenthaltsdauer der Mitglieder am Versammlungsort zu unterbinden. Sie verfügt:

»Um Irregularitäten vorzubeugen, soll die Loge um zehn Uhr (Sonderfälle ausgeschlossen) geschlossen werden und sollte irgendein Bruder mehr als *eine Stunde*, nachdem die Loge so geschlossen wurde, im Logenraum verbleiben, so zieht er die Strafe von fünf Schillingen für jedes Zuwiderhandeln auf sich. Alle anwesenden Mitglieder haben sechs Pence für die Erfrischungen zu entrichten.«[8]

Letzteres zeigt, dass die Abrechnung vonseiten der Loge vorgenommen wurde. Innerhalb selbst gesetzter Grenzen, die den Anstand der Versammlung wahren sollen und deren Überschreitung geahndet wird, erfreut sich das Trinken einer grundsätzlichen Wertschätzung als hedonistisches Gemeinschaftsritual.

Dass viele Gentlemen unabhängig von ihrer konkreten Clubzugehörigkeit im 18. Jahrhundert ihre freien Abende nutzen, um sich gepflegt zu betrinken, suggeriert auch der recht bekannte und viel imitierte Stich *A Midnight Modern Conversation* (1733) des englischen Malers, Kupferstechers und Karikaturisten William Hogarth (1697-1764). (Abb. 18) Er zeigt einen Clubabend zu fortgeschrittener Stunde. Die Herrengesellschaft, die sich um eine Punchbowle versammelt hat, wirkt bereits reichlich derangiert. Kaum eine Perücke sitzt noch gerade auf dem Kopf, kaum ein Gentleman hält sich noch aufrecht auf seinem Stuhl. Während an der hinteren Tischseite nachgeschenkt, einander zugeprostet und eifrig Pfeife geraucht wird, ist die Situation im Vordergrund bereits außer Kontrolle geraten. Am linken Bildrand ist einer der Anwesenden mit seinem Stuhl rückwärts gegen die Wand gekippt und in tiefen Schlummer gefallen, während sein Nachbar zur Rechten sich taumelnd erhoben hat. Verwirrt schaut er auf jenen armen Kerl herab, der soeben vom Stuhl auf den Boden und ihm vor die Füße stürzt. Beide befinden sich in einem wahrlich desolaten Zustand, kaum mehr in der Lage, sich aufrecht zu halten, geschweige denn, dem anderen aufzuhelfen. Der Alkohol rinnt unkontrolliert über Kopf und Boden. Ein anderer Herr zu seiner Rechten läuft

8 »The better to prevent irregularity the Lodge shall be closed at Ten o'clock (except in particular cases) and if any Brother continues in the Lodge Room above *one Hour* after the Lodge hath been so closed, he shall incur the Penalty of Five Shillings for each offence. That every member attending shall pay 6^{d} towards the Expenses of Refreshment.« Ebd.

derweil Gefahr, sich beim Entzünden seiner Pfeife mit der Kerze selbst in Brand zu stecken.

Abb. 18: A Midnight Modern Conversation *(1733) von William Hogarth*

Zum Zweck der Abrechnung mit den menschlichen Lastern verkehrt Hogarth in dieser Darstellung seine eigenen Konversationsstücke ins Gegenteil.[9] Die soziale und familiäre Harmonie, welche die Gruppenbildnisse auszeichnet, weichen unter dem Einfluss des Alkohols dem exzessiven Verfall und der Alkohol wird von Hogarth als Bedrohung der Zivilisiertheit und bürgerlichen Sittlichkeit bloßgestellt.[10]

Bereits die Schrift *Ebrietatis Encomium: or, the Praise of Drunkenness* aus dem Jahre 1723 rechnet die Freimaurer explizit zu jenen *Clubs of Gentlemen*, die sich regelmäßig zu betrinken pflegen, erwähnt finanzielle Zänkereien und Trinkgelage.[11] Eine Karikatur aus dem 18. Jahr-

9 Ähnlichkeiten mit lebenden Personen seien nicht beabsichtigt. Hogarth wolle vielmehr – so heißt es unter der Zeichnung (»*Think not to find any one meant Resemblance Here. We lash the Vices but the Persons spare*«) – mit den Lastern abrechnen. Wie immer verweist die Formulierung jedoch auf das Gegenteil.

10 David Bindman: Hogarth and his times, London 1997, S. 71.

11 Albert Henrik de Sallengre: Ebrietatis Encomium: or, the Praise of Drunkenness, wherein is authentically, and most evidently proved, the Necessity of frequently getting Drunk; and, that the practice of getting drunk is most Ancient, Primitive

hundert stellt eben diese Aushöhlung freimaurerischer Tugenden bloß.[12] (Abb. 19) Der Stich zeigt vier um ein riesiges Weinfass versammelte, ausgelassen feiernde und zünftig zechende Männer in freimaurerischem Ornat. Mit weit ausgestreckten Armen und großen Gesten prosten die hinteren einander zu, eine Flasche in der einen, ein Glas in der anderen Hand. Ihre Münder sind weit geöffnet zum lautstarken Gesang eines Trinkliedes, vielleicht aber auch nur, um aus voller Kehle zu Grölen. Der Vorderste trägt einen weißen Freimaurerschurz und hält weiße Handschuhe in der rechten Hand, in der linken einen Hammer, wie ihn Meister und Aufseher der Loge während ritueller Arbeiten benutzen. Dieser fröhliche Trunkenbold scheint allerdings kaum mehr in der Lage, durch gezielte Hammerschläge in der Gesellschaft für Disziplin und Ordnung zu sorgen. Stattdessen schwingt er ihn unkontrolliert vor dem Weinfass, als würde er eine riesige Pauke schlagen. Der Bruder zur Rechten macht Anstalten, eine Maurerkelle, die er in seiner linken Hand hält, einzusetzen, um den Hahn des Fasses von neuem zum Sprudeln zu bringen. Anstelle freimaurerischer Insignien, die den Rang und Beamtenstatus ausweisen, trägt diese illustre Gesellschaft an mit Schleifen versehenen Bändern weitere Flaschen um den Hals. Auf ihren Köpfen stecken wie Narrenkappen verschiedenartige große Trinkgefäße.

Im Vordergrund der Abbildung befinden sich jene drei brennenden Kerzen, die eine rituelle Arbeit der Freimaurer begleiten. Untypisch ist hier wiederum das Arrangement der Kerzenständer auf Flaschen. Dem riesigen, an freimaurerischen Symbolen reich verzierten und auf den Säulen Jachin und Boas aufgebockte Weinfass gilt die ungeteilte Aufmerksamkeit. Das Fass hat der rituellen Arbeitstafel den Rang abgelaufen, dem kleinen Altar im Hintergrund, auf dem sich eine aufgeschlagene Bibel befindet, wird keinerlei Beachtung geschenkt. Sämtliche freimaurerische Ausstattungs- und Kleidungsstücke werden von den Anwesenden zu beiläufigen Accessoires degradiert, während die Attribute ihres umfangreichen Alkoholkonsums allgegenwärtig sind und diese ersetzen. Ganz offensichtlich haben die rituellen Gegenstände für die fröhlichen

and Catholic. Confirmed by the example of Heathens, Turks, Infidels, Primitive Christians, Saints, Popes, Free Masons, and other Men of Learning in all Ages. By Boniface Oinophilus de Monte Fiascone (Pseudonym), London 1723. Das französische Original *L'Éloge de l'Yvresse* erschien bereits 1714. Vgl. *EMP*, S. 107.

12 Freimaurer-Karikatur aus dem 18. Jahrhundert aus der Sammlung Chetwode Crawleys mit dem Untertitel: »Dedicated to the Admirers of Jacin and Boas/Hirams Reputable Memory disgrac'd by an illegitimate Lodge«, abgedruckt in: W.J. Chetwode Crawley: »Eighteenth Century Comments on Freemasonry«, in: *AQC* 18 (1905), gegenüber S. 201.

Abb. 19: Freimaurer-Karikatur aus dem 18. Jahrhundert, untertitelt: Dedicated to the Admirers of Jacin & Boaz, Hiram's reputable Memory disgraced by an Illegitimate Lodge

Zecher keine inhaltliche Bedeutung. Ihre Verwendung ist daher aus offizieller freimaurerischer Sicht *illegitim* und dient als fauler Vorwand für eine feucht-fröhliche, gesellige Zusammenkunft ohne tieferen Sinn und ohne jene altehrwürdigen Absichten, die die Bruderschaft in ihren Konstitutionspapieren zu verfolgen angibt.

Der Alkoholkonsum der Bruderschaft bleibt auch der Öffentlichkeit nicht verborgen, zumal nächtliche Begegnungen mit trunkenen Heimkehrern von Clubtreffen Argwohn schüren,[13] dass höhere Zwecke lediglich zum Vorwand für gesellige Trinkgelage einer reinen Männervereinigung formuliert werden. Das vierte Bild der Serie *The Four Times of the Day* des Karikaturisten und Logenbruders William Hogarth mit dem Titel *Night* (1738) kommentiert diesen schlechten Zustand der Freimaurerei im zweiten Drittel des 18. Jahrhunderts.[14] (Abb. 20) Zu sehen ist eine düstere, turbulente Straßenszene zu nächtlicher Stunde. Im Vordergrund der linken Bildhälfte bewegt sich ein greisenhaft anmutender, perückentragender Herr durch die Gasse, der sich mit seinem Stock den Pöbel vom Leib hält.

Die britische Literaturwissenschaftlerin Marie Mulvey-Roberts konnte ihn als Sir Thomas De Veil identifizieren, der sich, gestützt von Sir Andrew Montgomery, auf dem Heimweg von einem Logenabend befindet.[15] Die wirren Haare, der schief sitzende Hut und der lange Schurz, der ihm wie eine Küchenschürze die Beine hinabhängt, lassen De Veil wie ein verwirrtes, altes Mütterchen aussehen. Um seinen Hals trägt er an einem Band das Winkelmaß, das Abzeichen eines Logenmeisters, sein Auftreten ist jedoch alles andere als würdig. Jähzornig und verbittert scheint er sich schnell in einen Streit verwickeln zu lassen, während ihm der Türwächter der Loge Montgomery, der ihm hier als sein Adjutant zur Seite steht, ängstlich den Weg leuchtet und ihn sanft gen heimatlichen Herd schiebt. Die Abbildung stellt – wie Marie Mulvey-Roberts überzeugend dargelegt hat – gleichsam eine persönliche Abrechnung des Logenmitglieds Hogarth mit seinem ehemaligen Logenmeister dar.[16] Dieser sei ein korruptes Mitglied des Londoner Magistrats gewesen, dessen

13 Vgl. dazu den Kommentar am Ende des zweiten Verus Commodus-Briefes (1725): »That those Persons who saw the Masons go reeling Home, at unseasonable Hours, after a Meeting or a Lodge-Nicht, would not question their following the Example of Noah, in that Instance, at least, of his getting drunk with the Fruits of his own Plantation, and discovering his Nakedness, to Shem, Ham, and Japhet.« *EMP*, S. 150.

14 Hogarth ist Mündel eines führenden Freimaurers, James Thornhill, dessen Tochter er gegen dessen Willen heiratet. Für 1725 ist er in der Londoner Loge »Hand and Appletree in Little Queen Street«, 1730 auf der Liste der Loge »Bear and Harrow in Butchers Row« als Mitglied verzeichnet.

15 Marie Mulvey-Roberts: »Hogarth on the Square: Framing the Freemasons«, in: British Journal for Eighteenth-Century Studies 26 (2003), S. 251-270.

16 Ebd., S. 259f.

Abb. 20: Night *(1738), viertes Bild der Serie* The four times of the day *(1736-38) von William Hogarth*

Aufgabe als Hauptverantwortlicher für In- und Exportgeschäfte unter anderem gewesen sei, den *Gin Act* (1736) durchzusetzen.

Obwohl selbst ein notorischer Trinker, habe er ein Denunziantennetzwerk aufgebaut, das ihn über den Kleinhandel von Alkoholika auf dem Laufenden hielt. Hogarth unterzieht ihn für seine Heuchelei und das verräterische Auskundschaften in seiner Abbildung jenen in den Ritualen und Katechismen vorgeschriebenen symbolischen Strafen.[17] In diesen heißt es, unerlaubte Eindringlinge und Lauscher geheimer Logentreffen würden damit gestraft, dass sie bei Regenwetter unter der Traufe des

17 Der Stich ist mit zahlreichen anderen Anspielungen versehen, auf die an dieser Stelle im Einzelnen nicht eingegangen werden kann, z.B. unterstellt er der Freimaurerei jakobitische Tendenzen.

Hauses stehen müssen, bis ihnen das Wasser aus den Schuhen quillt. Der Ausspruch »es regnet« gilt daher als geheimes Warnsignal, dass sich ein Nichteingeweihter in der Nähe befindet. Dieses Bild aufgreifend, entleert sich aus dem Fenster und über die Traufe eines Dachvorsprunges ein voller Nachttopf über De Veils Kopf. Und auch auf jene im Initiationseid auf Meineid und Verrat ausgerufene Strafen wird angespielt. Im Eid beteuert das neue Mitglied, die Geheimnisse der Bruderschaft zu schützen, und zwar »under no less Penalty than to have my Throat cut, my Tongue taken from the Roof of my Mouth«.[18] An diese symbolisch angedrohten Strafen erinnern zum einen der Friseur in seinem Straßenladen, der mit dem Rasiermesser zum Schnitt am Hals ansetzt, zum anderen das Geschäftsschild des Barbiers, mit dem er seine zahnchirurgischen Dienste anbietet, in deren Fokus allerdings die Zunge als zentrales Sprechwerkzeug steht. Hogarth stellt Doppelmoral und Verrat als menschliche Untugenden öffentlich bloß und mahnt in ikonografischen Wortspielen interne Reformen hinsichtlich des ausschweifenden Alkoholkonsums an.

Night ist nicht nur eine bissige Satire auf nächtliche Trinkgelage einiger Freimaurer, die als moralistische Subjekte ins Fadenkreuz von Hogarth, der selbst ein renommiertes Logenmitglied ist, geraten, sondern die Abbildung erzählt die Geschichte von Auseinandersetzungen innerhalb der Freimaurerei und ihrer Mitglieder. In den verschiedenen hier beschriebenen Abbildungen tritt ein von Freimaurern selbst wahrgenommener Widerspruch zwischen hedonistischem Konsumverhalten und ethischem Selbstformungsanspruch in der Freimaurerei offen zutage. Der hohe Alkoholkonsum wird nicht nur von der Öffentlichkeit kritisch wahrgenommen, sondern gibt auch intern Anlass zu harscher Kritik.

Von *Mock Masons*, *Gormogonen* und *Scald Miserables*

Am frühen Nachmittag des 19. März 1741 bietet sich den Bewohnern Londons ein ungewöhnliches Schauspiel dar.[19] Unter großer Anteilnahme der Londoner Bevölkerung bewegt sich eine seltsame Prozession abenteuerlicher Gestalten durch die Straßenzüge *Pall Mall* und *Strand* bis hinunter zur *Temple Bar*. Die Spitze bilden einige zerlumpte Männer

18 Prichard, Masonry Dissected, in: *EMC*, S. 161.

19 Ich rekurriere in meinen Ausführungen auf W.J. Chetwode Crawleys ausgezeichnete Materialsammlung zum Thema, um am Ende allerdings aus seinen Quellen eigene, von seinen Überlegungen abweichende Schlüsse zu ziehen. W.J. Chetwode Crawley: »Mock Masonry in the Eighteenth Century«, in: *AQC* 18 (1905), S. 129-146.

auf Eseln, die, lauthals in Kuhhörner blasend, den Zug anführen. Gefolgt werden sie von einem weiteren, der die an seinem Esel befestigten leeren Butterfässer wie große Kesselpauken schlägt. Dahinter zwei von Eseln gezogene Karren, in denen sich mit Auszeichnungen und Symbolen des Ordens der Freimaurer geschmückte Stewards befinden, und zuletzt eine Trauerkutsche, gezogen von sechs Pferden unterschiedlichster Größe und Farbe, in der es sich der Großmeister und seine Aufseher bequem gemacht haben. So der Bericht der *London Daily Post* des darauf folgenden Tages.[20]

Nur acht Tage später annonciert der Londoner *Daily Gazetteer* eine Karikatur des Umzuges, »einen possenhaften, satirischen Stich, fein gestaltet und graviert, mit dem Titel *Spottmaurerei oder Die Große Prozession* bei ihrer Ankunft in Temple Bar, um der Alten und Ehrwürdigen Gesellschaft der Freien und Angenommen Maurer ihren Gruß zu erweisen, als diese in mehreren Kutschen und Wagen auf ihrem Weg zu ihrem jährlichen Fest in Haberdashers Hall vorüberfuhr.«[21] Diese Karikatur eines gewissen Paul Whitehead lässt weitere vorsichtige Rückschlüsse auf das Ereignis zu. (Abb. 21) Sie besteht aus zwei Teilen: erstens einer in Kupfer gestochenen Darstellung der Spottprozession und zweitens einem Satz von acht dreizeiligen Knüttelversen, die das abgebildete Geschehen kommentieren.

»Pray vat be dis vine Show we gaze on?
O'tis the Flower of all the Nation,
De Cavalcade of de Free Mason.
Doodle, doodle, de.

And who be dose who stride Jack Ass-a,
And blow de Cow-Horns as dey pass-a?
Dat Secret I no guess – alas-a.
Doodle, &c.«

20 London Daily Post, 20. März, 1740, zitiert nach: ebd., S. 133. Die teilweise abweichenden Jahreszahlen sind dem Übergang von julianischer zu gregorianischer Zeitrechnung geschuldet und beruhen auf der Tatsache, dass in Schottland und in den Niederlanden das Jahr bereits am 1. Januar begann, während in England noch bis in das Jahr 1752 der kalendarische Jahreswechsel am 25. März stattfand. Die Jahreszahlen wurden im Haupttext unserer gregorianischen Zeitrechnung angeglichen.

21 »[...] a Farcical, Assical Print, finely design'd and engrav'd, intituled *Mock Masonry, or, the Grand Procession*, as they appeared at Temple-Bar, paying their Compliments to the Ancient and Honourable Society of Free and Accepted Masons, when they pass'd by their several Coaches and Chariots, to their annual Feast at Haberdashers Hall.«The Daily Gazetteer, 28. März 1741, zitiert nach: ebd.

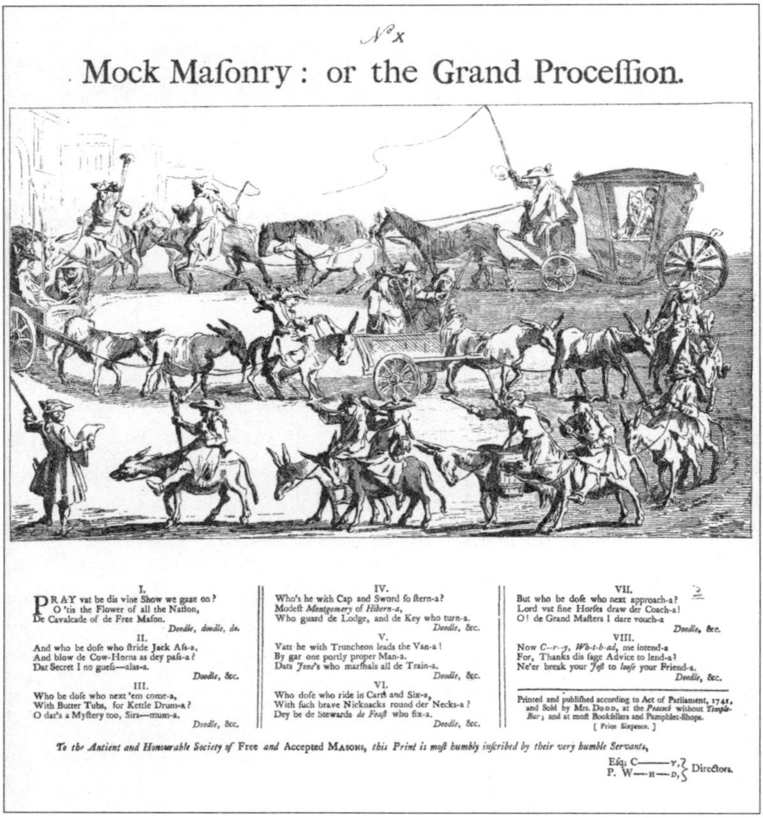

Abb. 21: Mock Masonry: or, the Grand Procession *(1741)*
von Paul Whitehead

Angeführt wird der berittene Zug von einem lumpigen und zerzausten Menschen auf einem Esel, der anstelle des herkömmlichen Prozessionsstabes eine riesige Keule am ausgestreckten Arm vor sich trägt. Dahinter folgen zwei Kerle, die statt der üblichen Fanfaren Kuhhörner blasen, sowie ein weiterer mit langen weißen Knochen auf Butterfässer trommelnder ›Musiker‹. Sie alle wurden bereits im Zeitungsartikel erwähnt. Neben ihm ist ein weiterer *mummer* abgebildet, der kräftig mit einem Rührstock in einer Salzkiste klappert und mit seinem schreienden Esel um die Wette lärmt. Ihm folgt ein im Gegensatz zu den armseligen Gestalten vor und hinter ihm soldatisch aufrecht sitzender Prozessionsteilnehmer, der mit seinen langen Beinen, die auf beiden Seiten bis auf die Erde herabhängen, auf seinem Esel etwas deplatziert scheint. Dem dazugehörigen, kommentierenden Vers ist zu entnehmen, dass es sich um eine Karikatur Andrew Montgomerys handelt, des Großtürwächters (*Grand Tyler*) der Londoner Großloge, den schon William Hogarth in seiner Darstellung *Night* (1738) verhöhnte. Die hohe Narrenkappe, sein ausladender Schnurrbart und ein überdimensioniertes Holzschwert ziehen seine um Erhabenheit bemühte Haltung ins Lächerliche.

Dicht geschlossen dahinter folgen drei vor einen Karren gespannte Esel, in deren Gefährt drei zottelige Gesellen stehen, von denen einer durch enorme Fettleibigkeit, ein anderer durch ein großes, freimaurerisches Abzeichen um den Hals ins Auge fällt. Sie halten lange Stäbe in den Händen, die anzeigen sollen, dass es sich bei ihnen um Stewards der Loge handelt. Hinter sie reiht sich noch einmal ein ganz ähnliches Gespann. Ihm wiederum folgt ein einzelner Reiter mit einem zur Bannerstange umfunktionierten Bratenspieß.[22] Das Ende des Zuges bildet eine von sechs ungleichen Gäulen gezogene Postkutsche. Gelenkt wird sie von einem pfeiferauchenden Kutscher, der mit einer langen Peitsche die unwilligen Klepper antreibt. Sowohl das Winkel-Emblem, welches der vordere um seinen Hals trägt, als auch die siebte Versstrophe weisen die Insassen der Kutsche als Stuhlmeister der Loge aus. Es ist allerdings kein herrschaftliches Winken, mit dem sie sich dem Betrachter zuwenden; ihr Gruß gleicht vielmehr der Geste eines Bettlers. Insgesamt vermittelt der Zug einen recht behäbigen und verwahrlosten Eindruck.

Whiteheads Darstellung der Prozession beinhaltet einige recht konkrete Karikaturen einzelner freimaurerischer Persönlichkeiten. Anders als bei Hogarth erleichtert die Benennung der betreffenden Personen in den dazugehörigen Versen dem Betrachter, den Persiflagen die entsprechenden Originale zuzuordnen. Auch die Urheber der Veranstaltung geben sich bereitwillig zu erkennen. Als Direktoren der Veranstaltung zeichnen in einer nur leicht verschlüsselten Signatur zwei Männer verantwortlich; dies ist neben dem bereits erwähnten Paul Whitehead auch ein gewisser Esquire Carey. Seine offene Erwähnung als Direktor der Veranstaltung stellte die Freimaurerforschung bisher vor Rätsel. Anders als Whitehead ist Carey nämlich selbst prominentes Mitglied der *Ancient and Honourable Society of Freemasons* und wurde nur wenige Monate zuvor als Großlogensteward für sein besonderes Engagement für die Vereinigung ausgezeichnet. Chetwode Crawley fragt in seinem Beitrag ungläubig, wie es möglich sei, dass ein Mitglied der Zunft sich dazu hinreißen läßt, an einer aufwendigen und kostspieligen Aktion teilzunehmen, die sich gegen eine Vereinigung richtet, deren dekorierter Repräsentant er selber

22 Als solchen identifiziert ihn Chetwode Crawley. Ebd., S. 131.

ist.[23] Als Leibarzt des Prinzen von Wales und ausgezeichnetes Mitglied sei er schließlich nicht nur der Vereinigung, sondern auch seinem freimaurerischen Arbeitgeber verpflichtet. Chetwode Crawley findet für die Teilhabe Careys an der antimasonischen Spottveranstaltung keine einleuchtende Erklärung und lässt den Leser verwundert zurück. Tatsächlich aber steht die dekorierte Stellung Esquire Careys innerhalb des Bundes nicht unbedingt im Widerspruch zum organisatorischen Anteil, den er an der Spottprozession hat. Sie legt zunächst vielmehr die Vermutung nahe, dass Carey sich als Repräsentant der Freimaurerei an führender Position unter den Provokateuren befindet, weil die Freimaurer angesichts der damaligen Beliebtheit von *practical jokes*, von Travestien und Spottumzügen,[24] mit entsprechenden Reaktionen auf ihre öffentlichen Auftritte rechnen.[25] Man könnte den Verdacht hegen, dass sie eine Art Gefahrenprävention betreiben und möglichen Spöttern zuvorkommen wollen, um in einem klugen, taktischen Schachzug die Spielräume und Grenzen der Satire selbst vorzugeben.

In ihren feierlichen Prozessionen zu jenen Versammlungshallen der Stadt London, die in der Lage sind, sämtliche Festteilnehmer der Großlogenversammlung aufzunehmen, präsentieren sich die Freimaurer seit 1721 der allgemeinen Öffentlichkeit als geschlossene Gemeinschaft. Zwanzig Jahre später, am 19. März 1741 heutiger Zeitrechnung, findet diese Großlogenprozession in noch prunkvollerer Ausgestaltung als in den Jahren zuvor und unter Teilnahme zahlreicher ranghoher Gäste vom Kontinent statt. Darunter befinden sich laut Bericht des Konstitutionsbuches der Großloge auch Gesandte der preußischen und schwedischen Königshäuser.

Für manch einen Augenzeugen ist die Prozession die erste Begegnung mit der Freimaurerei, welche sich ungeachtet ihrer zweifelerregenden Undurchsichtigkeit zum öffentlichen Ereignis macht und so die Kritik herausfordert. Mit einer gehörigen Portion freimaurerischer Eitelkeit bezeichnet W.J. Chetwode Crawley 1905 die öffentlichen Prozessionen, mit denen sich die Großloge Mitte des 18. Jahrhunderts der Öffentlichkeit präsentierte, als »caviar for the general« – Kaviar fürs gemeine Volk.[26] Es musste damit gerechnet werden, dass die Öffentlichkeit, die

---

23 Ebd., S. 134.

24 William Hone notiert in seinem *Every-Day Book* für den 17. April 1742: »On this day 17., [sic!] there was a solemn mock procession, according to the fashion of the times, in ridicule of freemasonry, by an assemblage of humorists and rabble, which strongly characterises the manners of the period.« Zitiert nach: Chetwode Crawley, »Mock Masonry«, S. 142.

25 Siehe meine Ausführungen zu den Prozessionen der Freimaurer im ersten Teil unter der Kapitelüberschrift »Freimaurerei und öffentliche Meinung«.

26 Chetwode Crawley, »Mock Masonry «, S. 129.

mit diesen ›Perlen‹ nichts anzufangen weiß, mit dem entsprechenden tierischen Spott reagiert. Denn nichts ist reiz- und vor allem wirkungsvoller als die Störung eines identitätskonstituierenden Rituals, in welchem sich die ansonsten so undurchsichtige – und durch ihre Konsumfreudigkeit und Trinkfestigkeit kritikwürdig gewordene – Gruppe nach außen hin darstellt. Dieser Gefahr dürften sich die Großlogenmitglieder um Carey – insbesondere vor dem Hintergrund der Ausweitung der Prozession im Jahre 1741 unter Beteiligung zahlreicher dekorierter Gäste vom Kontinent – bewusst gewesen sein. Möglicherweise versucht man, die entsprechenden Maßnahmen zu treffen, um zu erwartende satirische Angriffe zu kanalisieren und in einem zahmen, karnevalesken Ablenkungsmanöver kontrolliert zu bündeln.

Als Organisator engagiert man den jungen Schriftsteller und Satiriker Paul Whitehead (1710-1774). Er ist wie Carey ein Anhänger der konservativen Opposition um Frederick, den Prinzen von Wales, welchem er mit einschlägigen Anti-Walpole-Satiren zuspielt. Sein 1738 veröffentlichtes Gedicht *Manners*, eine scharfzüngige Abrechnung mit der Doppelmoral und dem Sittenverfall bei Hofe, in Parlament, Stadtrat und Kirche,[27] hat ihm gerade den Bann des *House of Lords* wegen versuchter Verunglimpfung seiner Mitglieder eingebracht. Um einem Prozess zu entgehen, war Whitehead zeitweilig untergetaucht, als man aus Freimaurerkreisen an ihn herantritt. Aus dieser Situation heraus musste der Auftrag der Freimaurer, mit Esquire Carey als einem Repräsentanten der Vereinigung gemeinsam ihre Spottprozession zu organisieren und in einer Karikatur darzustellen, als ein denkbar vergnüglicher und lukrativer Job erscheinen. In Carey, dem Leibarzt Fredericks, und Whitehead, dem Walpolegegner, treffen zwei Gleichgesinnte aufeinander, deren Engagement in einer antimasonischen Spottprozession nicht wirklich in Widerspruch zu ihrer politischen Gesinnung und ihren gesellschaftlichen Loyalitäten, vor allem nicht der gegenüber ihrem freimaurerischen ›Dienstherren‹, steht. Das größere Rätsel ist, warum er sich als Mitdirektor namentlich aufführen lässt. War er mittlerweile zu stolz auf seinen Scherz, als dass er die Urheberschaft verheimlichen wollte? Oder sicherte sich Whitehead als gebranntes Kind durch die Veröffentlichung des Freimaurers an seiner Seite ab, um am Ende nicht doch unter Anklage zu geraten?

27 Whitehead wettert darin gegen die »fortune's fools« und »parasites of pow'r [...] [who] still nod the plumage o'er their brainless head;/ Still o'er their faithless heard the ribband spread« und endet mit dem Aufruf an die Oppositionspartei, mit diesen Verhältnissen aufzuräumen: »Such days, what Briton wishes not to see?/ And such each Briton, Frederick, hopes from thee.« Johnson, Samuel (Hg.): The Works of the English Poets, Bd. 70: Oliver Goldsmith, and Paul Whitehead, London 1790, S. 103 u. 113.

Bei der Schmach, die ihre Biographen beschreiben,[28] kann es sich in diesem Fall allenfalls um gespieltes Entsetzen handeln, um die Inszenierung nicht auffliegen zu lassen. Allerdings muss damit gerechnet werden, dass auch innerhalb der Bruderschaft keine Transparenz herrscht und taktische Publikationen freimaurerischer Geheimnisse selbst unter Logenmitgliedern nicht allgemein als eigene erkannt werden. Man erinnere, dass auch jene vermutlich von leitenden Logenorganen inspirierten Veröffentlichungen als fremde Enthüllungen von Papieren, die von einem Nicht-Mitglied auf dem Schreibtisch eines verstorbenen Bruders gefunden wurden, maskiert werden. Das Schicksal der Bruderschaft ist zu stark mit der prinzipiellen Einhaltung der Loyalitäts- und Schweigepflicht verknüpft, als dass das Engagement Careys offiziell ungeahndet bleiben könnte.

Für die Selbstinitiierung der Spottumzüge sprechen sowohl der zahme Ablauf und die Harmlosigkeit der Parodie als auch die äußerst gelassene Aufnahme der Gegenveranstaltung von Seiten der Freimaurer. Die Spottprozession verharrte vor der *Temple Bar*, bis die echten Freimaurer erschienen, um ihnen ihren Gruß zu erweisen. Dieser sei dann derart kameradschaftlich und humorvoll erwidert worden, heißt es im Bericht der *Daily Post*, dass der Urheber der Szene eine herbe Enttäuschung habe einstecken müssen. Die Form der Kritikäußerung mutet aber auch geradezu liebenswürdig an; der Scherz ist zu sanft, als dass er die Freimaurerei in ihren Grundfesten erschüttern könnte. Und so wird die Parade der *mock masons* auch im darauf folgenden Jahr eher beiläufig als ein Zwischenfall, der allen Beteiligten angenehme Zerstreuung bescherte, genannt. Die *London Daily Post* berichtet am 28. April 1742:

»Gestern, zum jährlichen Fest der alt ehrwürdigen Gesellschaft der Freien und Angenommenen Maurer, fand eine große Prozession von der Brook Street zu Haberdasher's Hall statt, wo eine elegante Unterhaltung für sie vorbereitet war, und der Abend schloss in jener Harmonie und mit jenem Anstand, der dieser Gesellschaft zu eigen ist.
Einige Zeit bevor die Gesellschaft ihren berittenen Umzug begann, vollzog eine Zahl von Schuhputzern, Schornsteinfegern etc. zu Fuß und in Pferdekarren, lächerliche Festwagen vor sich her tragend, eine Prozession zur Temple Bar, um sich mit den Freimaurern einen Scherz zu erlauben, mit Ausgaben, wie wir hören, in Höhe von einhundert Pfund Sterling, was ein großes Maß an Zerstreuung verursachte.«[29]

---

28 Chetwode Crawley, »Mock Masonry«, S. 133f.

29 »Yesterday being the Annual Feast of the Ancient and Honourable Society of the Free and Accepted Masons, they made a grand Procession from Brook-street to Haberdasher's Hall, where an elegant Entertainment was provided for them, and

Aufhorchen lässt in der Tat die Summe von hundert Pfund für die Spottprozession, die die genannten beteiligten Gewerke wohl kaum dafür hätten aufbringen können.[30] Hinter der Veranstaltung mussten also potente Geldgeber stecken. Vielleicht war es den Freimaurern der Spaß wert, schließlich konnten sie mit der Aktion vielleicht Schlimmeres verhindern.

Der Versuch, das Rätsel um die Urheberschaft der antimasonischen Prozessionen zu lösen, führt unweigerlich zu dem Verdacht, dass die Bruderschaft, ebenso wie kurz zuvor ihre Verräterschriften, nun auch – gewissermaßen in vorauseilendem Gehorsam – beginnt, ihre eigenen Spottumzüge zu inszenieren. Dies beruht auf der Notwendigkeit, fremde Spottveranstaltungen zu verhindern, die sowohl die Stimmung in der Bevölkerung als auch der Trend der Zeit erwarten lassen. Die Veranstaltungen der *mock masons* geben folglich nicht hauptsächlich den Eindruck wieder, den die Öffentlichkeit von der Freimaurerei hat, wie Chetwode Crawley schlussfolgert,[31] sondern erteilen vor allem Auskunft darüber, wie gekonnt die Bruderschaft sich in der Lage zeigt, Statusbedrohungen wahrzunehmen und mit taktischer Finesse und spielerischem Raffinement die Zeichen der Zeit zu ihren Gunsten zu wenden. Sie legen einen weitaus ausgeprägteren Sinn für gesellschaftliche Dynamik und taktisches Verwirrspiel an den Tag, als ihnen die Freimaurerforschung des frühen 20. Jahrhunderts zuzutrauen bereit war.[32] Der Einfluss, den sie auf die öffentliche Meinung nehmen, ist dabei spielerisch und wirkungsvoll zugleich.

Die erneute Durchführung der Umzüge im Jahre 1742 nimmt nun auch das noch junge *Westminster Journal, or New Weekly Miscellany* zum Anlass, in seiner vierundzwanzigsten Ausgabe die Freimaurerei zum Themenschwerpunkt zu machen. (Abb. 22) Der unter dem Pseudonym

the Evening was concluded with that Harmony and Decency peculiar to the Society.
Some time before the Society began their Cavalcade a number of Shoe-cleaners, Chimney-sweepers, &c. on Foot and in Carts, with ridiculous Pageants carried before them, went in Procession to Temple Bar, by way of jest on the Free-Masons, at the expense, as we hear, of one hundred pounds sterling, which occasioned a great deal of Diversion.« London Daily Post, 28. April 1742.

30 Der Wochenlohn eines reisenden Handwerkers betrug in den 1770er Jahren zwischen 18 und 22 Schilling. Siehe Clements, »A seasonal feast!«.

31 Chetwode Crawley, »Mock Masonry«, S. 139.

32 Chetwode Crawley kann den Witz der Veranstaltung kaum teilen. Er kommentiert beispielsweise den Umzug des Jahres mit den Worten: »The Trophies of Arms or Heraldic Achievements delienated here or elsewhere in the Procession seemed, no doubt, exquisitely funny in the year 1742; in the year 1905 they seem, without doubt, flatly stupid.« Ebd., S. 141.

Thomas Touchit veröffentlichende Herausgeber gibt in seinem Vorwort vor, mit der Beschreibung der feierlichen Prozessionen und Lieferung von Hintergrundinformationen zur jährlichen Auseinandersetzung jener vermeintlich rivalisierender Gruppen der Freimaurer und der *Scald Miserable Masons* einer journalistischen Pflicht zu folgen. Er will den Veranstaltungen, die er als herausragende öffentliche Ereignisse wahrnimmt, die gebührende Aufmerksamkeit zuteil werden lassen. Touchit widmet die Titelseite seines Blattes der Darstellung eines antimasonischen Spottumzuges durch den Karikaturisten George Bickham, der die Bruderschaft der Freimaurer bereits ein Jahr zuvor am Rande eines seiner politischen Cartoons aufs Korn genommen hatte.[33]

Der Bildaufbau lässt vermuten, dass sich Bickham von der Publikation der whiteheadschen Karikatur des vorhergehenden Jahres inspirieren ließ. Einen entsprechenden Hinweis gibt ein motivisches Zitat, denn Bickham greift den auf einem Esel reitenden Trommler, der seine knochenförmigen Schlagstöcke hoch über den Kopf reckt und sich bei Whitehead prominent am vorderen Bildrand befindet, auf und setzt ihn an das Ende seiner Prozession.[34] Wieder schlängelt sich diese über die gesamte Breite hinab zum unteren linken Bildrand. Dieses Mal aber wirkt die Gruppe lebendiger und angriffslustiger. Sie tummelt sich vor der Taverne *The Rummer*, als wolle sie der freimaurerischen Prozession ihren Ausgangspunkt streitig machen. Eine im angrenzenden Hof vage auszumachende Uhr zeigt den frühen Nachmittag an.

Vor der prominenten Taverne, die eine jener vier an der Großlogengründung beteiligten Logen beherbergt, sind die Spottprozession und der feierliche Umzug der Freimaurer aufeinander gestoßen. Unter schepperndem Radau und einem Hagel kleiner Wurfgeschosse, die aus Steinschleudern auf sie niederprasseln, ergreifen die Freimaurer die Flucht vor ihren Widersachern. Ein edles, sechspferdiges Gespann prescht, angetrieben von den Peitschenhieben des Kutschers und dem Befehl des sich im Wagen befindlichen Großmeisters, im gestreckten Galopp davon. Dass der Sechsspänner Bestandteil einer ganzen Kavalkade ist, zeigt der gerade noch sichtbare Teil des Rades eines voranfahrenden Wagens am linken unteren Bildrand. So ungeordnet die Meute auf ersten Blick auch erscheint, die Genauigkeit und Konkretheit der von ihr zur Schau gestellten Insignien und Symbole übertrifft jene der vorher dargestellten Züge. Jene Teilnehmer der Spottprozession, die nicht trommeln, blasen, rasseln und

33 Siehe »The Motley Team of State«, in: The Daily Post, 3. April 1741.

34 Inwiefern diese neue Darstellung nun – wie Crawley behauptet – imaginärer als die vorhergehende sein soll, ist unklar. Chetwode Crawley, »Mock Masonry«, S. 139.

Nº 24.

The Weſtminſter Journal; *or*, New Weekly Miſcellany.

By THOMAS TOUCHIT, *of* Spring-Gardens, *Eſq*;

SATURDAY, MAY 8, 1742.

From my own Apartment in Spring-Gardens.

THO' I belong to neither of the Fraternities mention'd in the following Pieces, and therefore am little concern'd in their annual Diſputes, I think it my Duty, as a Watchman of the City of *Weſtminſter*, to preſerve the Memory of the late extraordinary Cavalcade, the like to which hath never happen'd ſince I have been in Office. As more ſolemn Proceſſions have of late Years been very rare, it cannot ſurely be taken amiſs, either by the *Free-Maſons* or the *Scald-Miſerables*, that I give ſo much Diſtinction to this.

T. T.

The FREE-MASONS Downfall; *or*, *The* Reſtoration *of the* SCALD-MISERABLES.

The Remonſtrance of the Right Worſhipful the Grand-Maſter, *Deputy* Grand-Maſter, Grand-Wardens, *and* Brethren *of the moſt Ancient and Honourable* SOCIETY *of* SCALD-MISERABLE-MASONS.

WHEREAS by our Manifeſto of laſt Year, dated from our Lodge in *Brick-ſtreet*, We did, in the moſt explicite Manner, vindicate the ancient Rights and Privileges of this Society, and by inconteſtable Arguments evince our ſuperior Dignity and Seniority to all other Inſtitutions, whether *Grand-Volgi*, *Gregorians*, *Hurlothrumbians*, *Ubiquarians*, *Hitcubites*, *Lumber-Troopers*, or *Free-Maſons*; yet, nevertheleſs, a few Perſons under the laſt Denomination, ſtill arrogate to themſelves the uſurped Titles of *Moſt Ancient and Honourable*, in open Violation of Truth and Juſtice,—ſtill endeavour to impoſe their falſe Myſteries (for a Premium) on the Credulous and Unwary, under Pretence of being Part of our Brotherhood, and ſtill are determin'd with Drums, Trumpets, gilt Chariots, and other unconſtitutional Finery, to caſt a Reflection on the primitive Simplicity and decent Oeconomy of our Ancient and Annual Peregrination: We think therefore proper, in Juſtification of Ourſelves, publicly to Diſclaim all Relation or Alliance whatſoever, with the ſaid Society of Free-Maſons, as the ſame muſt manifeſtly tend to the Sacrifice of our Dignity, the Impeachment of our Underſtanding, and the Diſgrace of our ſolemn Myſteries: And further, to convince the Public of the Candour and Openneſs of our Proceedings, We here preſent them with a Key to our Proceſſion; and that the rather, as it conſiſts of many Things Emblematical, Myſtical, Hieroglyphical, Comical, Satirical, Political, &c.

And whereas many, perſuaded by the Purity of our Conſtitution, the nice Morality of our Brethren, and the peculiar Decency of our Rites and Ceremonies, have lately forſook the groſs Errors and Follies of *Free-Maſonry*, are now become true *Scald-Miſerables*: It cannot but afford a moſt pleaſing Satisfaction to all who have any Regard to Truth and Decency, to ſee our Proceſſion increaſed with ſuch a Number of Proſelytes; and behold thoſe whoſe Vanity, but the laſt Year, exalted them into a borrowed Equipage, now condeſcend to become the humble Cargo of a Sand-Cart: But—— *Magna eſt Veritas, & prevalebit.*

A KEY; *or*, Explanation *of the Solemn and Stately* PROCESSION *of the* SCALD-MISERABLE-MASONS, *as it was martiall'd on* Tueſday *the 27th paſt, by their Scald Purſuivant*, Black Mantle.

Set forth by Order of the Grand-Maſter *PONEY.*

Two Tylers, or Guarders,

IN yellow Cockades, and Liveries, being the Colour ordained for the Sword-Bearer of State. They, as youngeſt enter'd 'Prentices, are to guard the Lodge with a drawn Sword from all Cowens and Ever-droppers, that is, Liſteners, leſt they ſhould diſcover the incomprehenſible Myſteries of Maſonry.

A Grand Chorus of Inſtruments,

To wit. Four Sackbutts, or Cow's Horns; ſix Hottentot Hautboys; four tinkling Cymbals, or Tea-Caniſters, with broken Glaſs in them; four Shovels and Bruſhes; two Double Baſs Dripping-pans; a Tenor Frying-pan; a Salt-box in Delaſol; and a Pair of Gut-Tubs.

Two Pillars, Jachin and Boaz,

After the Proportion and Workmanſhip of the famous ones in the Porch of *Solomon*'s Temple.

Their Height, their Thickneſs, and their Capitals

Adorned with Lilly-work, Net-work, and Pomegranate-work. That on the Right being call'd *Jachin*, is the Cant or Bye-Word for the enter'd 'Prentices; that on the Left *Boaz*, being the ſame to the Fellow-Craft.

Three Pair of Stewards,

With their Attendants, in Red Ribands, being their Colour, in three Gut-Carts drawn by three Aſſes each, their Aprons being lined with red Silk, their Jewels pendant to red Ribands, and their Heads properly adorned with emblematical Caps.

The true Original Maſon-Lodge,

Upon which poor old *Hyram* made all his enter'd 'Prentices. The Maſons, for want of this, are forced to make ſomething like it with Chalk on the Floor whenever they take the Culls in; that is, when they have a

Price TWO-PENCE.

Abb. 22: Stately Procession of the Scald-Miserable-Masons *(1742), Titelseite des* Westminster Journal: or, New Weekly Miscellany *vom 8. Mai 1742*

klappern, tragen Banner und Ritualgegenstände mit sich. Angeführt wird der Zug vorne rechts in der Abbildung von einem Zeremonienmeister mit

Baton und Schwertträgern. Von ihnen getrennt durch eine Gruppe ›Musikanten‹ bewegen sich zwei mit ionischen Säulen beladene Männer mit dem Zug. Sie sind als Jachin und Boaz ausgewiesen und damit Kopien jener beiden Säulen, die den Eingang des Salomonischen Tempels zierten und nun die rituelle Arbeit der Freimaurer begleiten. Dahinter sechs Stewards in Zweierreihen mit Aufsehern in Schärpen auf drei *Gut-carts* aufgeteilt, die von jeweils drei Eseln gezogen werden. Über ihnen weht als großes Banner eine mit zahlreichen freimaurerischen Symbolen verzierte Arbeitstafel, deren Darstellungen im Detail von kleineren Bannern erneut aufgegriffen und erläutert werden. Darunter die drei Lichter der Freimaurerei, Weisheit, Stärke und Schönheit symbolisierend; dann der Buchstabe »G« im Strahlenkranz, die drei großen Lichter Sonne, Mond und *Mastermason* sowie der geheime Handschlag der Maurer. Ihnen folgt ein Pferde- oder Eselskarren, in welchem sich ein auf den initiatorischen Übergang in den Meistergrad verweisender Sarg befindet. Die Initialen »MB« deuten das im Ritual vermittelte neue Meisterwort an. Einer der *mummer* hockt daneben und rauft sich darüber die Haare. Getrennt durch eine Gruppe von Bläsern und Trommlern bildet der Wagen der Meister der Vereinigung den letzten Höhepunkt des Zuges. Die Möglichkeit des direkten Vergleiches mit dem ›Original‹, einer herrschaftlichen Staatskarosse, im Bildvordergrund verleiht der Darstellung besondere Würze. In dem von einem zügellosen Gespann gezogenen Gefährt hocken vier mit freimaurerischen Insignien dekorierte Gestalten. Zwei von ihnen verstecken ihre Gesichter hinter Affen- und Eselsmasken, während ein dritter einen behauenen Stein in der Hand hält, den sein Nachbar mit großen Gesten und übertriebener Begeisterung bestaunt.

Aus einem manifestartigen Text mit dem Titel *The Free-masons Downfall, or, The Restoration of the Scald-Miserables*, der dem Stich vorangestellt ist, erfährt der Leser, dass für die dargestellte Spottveranstaltung eine gewisse Gesellschaft mit dem pejorativen Namen der *Scald Miserable Masons* – was soviel heißt wie ›die abgebrühten Elenden‹ – verantwortlich zeichnet. Der Autor, der sich als deputierter Großmeister der Vereinigung ausgibt, formuliert seinen Einspruch gegenüber der Vereinigung der Freimaurer und geht mit ihren prunkvollen Prozessionen ins Gericht. Als Vertreter des rivalisierenden Clubs distanziert er sich vehement von der Bruderschaft der Freimaurer und rechnet mit ihren öffentlichen Auftritten, die er als ungehörige Anmaßungen wertet, ab. Er klagt die sich selbst als »most ancient and honourable« titulierenden Freimaurer an, gegen Wahrheit und Recht zu verstoßen, und reklamiert für den eigenen Orden eine allen anderen Vereinigungen überlegene Anciennität und Würde. Die *Scald Miserables* bezichtigen die Freimaurer, ihre falschen Geheimnisse in klingende Münze zu verwandeln, indem sie gutgläubige und unbedachte neue Mitglieder verleiten, sich unechte Mysterien teuer zu erkaufen.[35] Die Freimaurer versuchten lediglich, mit ungebührlichem Prunk die primitive Einfachheit und anständige Sparsamkeit, mit der die *Scald Miserables* ihre Wanderungen (*peregrinations*) durchführten, zu imitieren und sich als Teil ihrer Gemeinschaft auszugeben. Sie ließen dabei jene Offenheit und Aufrichtigkeit (*candour*) vermissen, derer sich die Vereinigung der *Scald Miserables* rühmt und welche sie mit der nun folgenden Publikation eines Erläuterungsschlüssels für ihre Prozession unter Beweis stellen will. Die Tatsache, dass ihre Prozession schwer zu entschlüsselnde »emblematische, mystische, hieroglyphische, komische, satirische und politische Darstellungen« enthält, bestärke sie nur in ihrer Entscheidung. Sie hofften, mit ihrer Offenlegung möglichst viele Freimaurer zu überzeugen, im Namen der Wahrheit und des Anstandes von der falschen Freimaurerei abzuschwören und der Gemeinschaft der *Scald Miserables* beizutreten. Ihren bisherigen Erfolg belege die Schar von Proselyten, die an ihrer diesjährigen Prozession teilnimmt; »[...] siehe jene, die noch im letzten Jahr ihre Eitelkeit in einer geliehenen Kutsche verherrlichten und sich nun herablassen, die bescheidene Fracht eines Sandkarrens zu werden: Denn – *Magna est Veritas, et prevalebit.*«

Indem die Publikation im Stil rivalisierender Clubs und unter dem Deckmantel einer vermeintlich älteren und ehrwürdigeren Erscheinungsform die Freimaurerei der betrügerischen Travestie bezichtigt, wird die Parodie auf die Spitze getrieben. Gleichzeitig gibt diese Veränderung dem heutigen Betrachter noch etwas anderes preis: Der Spottumzug wird immer deutlicher zum Medium der Äußerung interner Kritik, die der Großloge vorwirft, sich unlauter von der Einfach- und Bescheidenheit der originären Freimaurerei entfernt zu haben, sie zu einer elitären Vereinigung gemacht zu haben, die sich an Mitgliedsbeiträgen finanziell bereichert und einem dummen Selbstdarstellungsdrang verfallen ist. Kritiker werfen ihr Geldschneiderei und Unehrlichkeit vor und beanspruchen die freimaurerischen Symbole für sich, nicht ohne gleichzeitig deren Überfülle bloßzustellen. Dass einige der Teilnehmer der Spottprozession Jakobinermützen tragen, birgt scheinbar den Vorwurf der politischen Instrumentalisierung der Freimaurerei, auf die im Folgenden näher einzugehen ist. Denn die Idee, zum Zweck der wirkungsvollen Äußerung interner Kritik eine konkurrierende Vereinigung zu inszenieren, ist nicht ganz neu.

Bereits im September 1724 meldet sich ein anderer rivalisierender Zusammenschluss, der sich »der wahrhaftig ALTE UND NOBLE ORDEN

35 Mit dem Vorwurf der Geldschneiderei rechtfertigte bereits Samuel Prichard die Publikation seiner Enthüllungsschrift *Masonry Dissected* (1730).

der Gormogonen« nennt, in der Londoner *Daily Post* mit der Ankündigung einer ersten Zusammenkunft in der Stadt London zu Wort. Sie gibt sich als Einrichtung eines gewissen *Chin-Qua Ky-Po* aus,

> »des ersten Kaisers von China (so ihre Erzählung), viele tausend Jahre vor Adam, dessen Volksökonom der große Philosoph Konfuzius war [...] und kürzlich von einem Mandarin nach England eingeführt [wurde], und nachdem er mehrere ehrbare Gentlemen in die Mysterien dieses höchst illustren Ordens eingeweiht hatte, haben diese auf besondere Nachfrage mehrerer Personen von Rang beschlossen, ein Kapitel in der Castle Tavern in der Fleet Street abzuhalten. Hiermit wird der Öffentlichkeit bekannt gegeben, dass es weder an der Tür ein gezogenes Schwert noch eine Leiter in einem dunklen Raum geben wird, auch wird kein Maurer aufgenommen, bevor er seinem neuen Orden nicht abgeschworen hat und rechtmäßig degradiert wurde.«[36]

Die Hiebe in Richtung Freimaurerei sind deutlich: Die Vereinigung, deren Geschichte noch viele tausend Jahre vor der auf christliche Wurzeln ausgedehnten Zunftlegende der Freimaurer einsetzt und sich zahlreicher Würdenträger und prominenter Herrschaften von Stand unter ihren Anhängern rühmt, wähle ihre Mitglieder im Gegensatz zur Freimaurerei nicht nur sehr sorgsam aus, sie mache es zur Vorbedingung eines Beitritts, der unwürdigen neuen Bruderschaft der Freimaurer abzuschwören. Sie verspricht, jene, die ihrem Ruf folgen, nicht mit mystischen Spielereien zu behelligen, wie man sie aus den Ritualen der Freimaurer hinlänglich kenne. Damit sind die modernisierten und dramatisch ausgestalteten Rituale der *Gentleman Masons* seit Mitte der zwanziger Jahre des 18. Jahrhunderts gemeint, deren Urhebern die Kritiker vorwerfen, sich von der ursprünglichen Maurerei unrechtmäßig zu entfernen. Schon hier kommt also die Kritik, die sich an den Modernisierungsschüben der jungen Großloge entspinnt, aus den eigenen Reihen und wirft die Schatten des Originaritätsdisputs, der in der Gründung einer rivalisierenden Großloge der *Antients* kulminieren soll, voraus.

Als Freimaurer und scharfsinniger Beobachter und Kritiker von Politik und Sitten seiner Zeit verarbeitet William Hogarth die internen Aus-

36 »[...] the truly ANTIENT AND NOBLE ORDER of the Gormogons, institute by Chin-Qua Ky-Po, the first Emperor of China (according to their account), many thousand years before Adam, and of which the great philosopher Confucious was Oecumenicae Volgee, has lately been brought into England by a Mandarin, and he having admitted several Gentlemen of Honour into the mystery of that most illustrious Order, they have determined to hold a Chapter at the Castle Tavern in Fleet Street, at the particular request of several persons of quality. This is to inform the public, that there will be no drawn sword at the Door, nor Ladder in a dark Room, nor will any Mason be reciev'd as a member till he has renounced his Novel Order and been properly degraded.« London Daily Post, 3. September 1724.

einandersetzungen, die in dem literarischen Disput zwischen Freimaurern und Gormogonen ihren Ausdruck finden, in seiner satirischen Darstellung *The Mystery of Masonry brought to Light by ye Gormogons* (1724).[37] (Abb. 23) In einer von den Illustrationen des irrenden Ritters von La Mancha Charles Antoine Coypels (1694-1752) inspirierten Donquichotterie imaginiert er eine Spottprozession des Ordens der Gormogonen und führt so den innerhalb der Freimaurerei aufflammenden Disput vor Augen.[38] Im Mittelpunkt dieser Auseinandersetzungen stehen die Neukompilation und Überarbeitung des Konstitutionsbuches der Freimaurer aus alten Quellen unter der Ägide des presbyterianischen Pastors James Anderson. Die Überarbeitung der Zunftgeschichte ist eine ambitionierte, aber private und vor allem kommerzielle Unternehmung, mit der Anderson versucht, den Popularitätsschub der Freimaurerei seit 1721 für sich zu nutzen.[39] Mannigfache religiöse und politische Dissenskundgebungen begleiten die Umgestaltung der Freimaurerei durch die neu instituierte Großloge und ihre Führer.

Im Jahr 1725 erscheinen im Anhang der Enthüllungsschrift *The Grand Mystery of* the *Free Masons Discover'd* zwei Briefe eines unter dem Pseudonym *Verus Commodus* schreibenden Autors. Im ersten, der sich mit der Bruderschaft der Freimaurer auseinandersetzt, finden sich Vorwürfe der Völlerei, Trunkenheit und wuchernden Beitragsforderungen gegenüber scheinbar wahllos angenommenen neuen Mitgliedern.[40] Der zweite Brief liefert den wohl umfassendsten zeitgenössischen Bericht über die Gormogonen und verlautbart,

---

37 Ihre Publikation wird erstmalig in der *Daily Post* vom 2. Dezember 1724 angekündigt als »a curious print, engraved on a copper plate, by Ho-ge, taken from an original painting of Malachantes, by order of the Mandarin Hang-chi, graves at Peking, and a number of them brought over from Rome, by a merchant in the ship Cambridge, and by him left to be disposed of at 12d each, by the print sellers of London and Westminster, and wholesale by Mr. Holland in Earl Street near the Seven Dials.«

38 Coypels Bilder wurden unter anderem und nicht zuletzt in einem Set von zwölf Drucken des Graveurs Gerard Vandergucht als Illustrationen zu Sheldon's Neuübersetzung von Cervantes *History of Don Quixote* (1725) in London veröffentlicht und mit anhaltendem kommerziellen Erfolg vertrieben. Mark Hallett: The Spectacle of Difference. Graphic Satire in the Age of Hogarth, New Haven, London 1999, S. 72.

39 Vorwort zu den *Constitutions* (1723/1738), xxvii, li-lii.

40 In einem Brief des Verus Commodus heißt es über die Gormogons »they bid fair totally to eclipse the other society, which, without any other Regards than the entrance Fine, and consequential gluttony, and Ebriety promiscuously, and without Distinction, admits the worthy and unworthy.« Robert Freke Gould: »The Duke of Wharton, Grand Master 1722-23; with which is combined the true History of the Gormogons«, in: *AQC* 8 (1895), S. 125.

Abb. 23: The Mystery of Masonry brought to Light by y^e^ Gormogons *(1724) von William Hogarth*

»[d]ass der Mandarin [Hang Chi] verkündet hat, dass viele Jahre nachdem zwei unglückliche geschäftige Personen, die *Maurer* waren [Anderson and Desaguliers] und mit ihren eitlen Ideen [Konstitutionsbuch] unter den gewöhnlichen Chinesen, von *Adam* und *Salomon* und *Hiram* [...], die Mitglieder ihres Ordens gewesen seien und zudem eine ehrwürdige Alte Dame geschändet [unberechtigte Freiheiten an den operativen Pflichten und Gesetzen genommen] haben, um aus ihr eine europäische HIRAMITIN (wie sie es nennen) zu machen [...], [dass] diese Rücken an Rücken an einem Galgen aufgeknüpft wurden.«[41]

41 »That the Mandarin [Hang Chi] has declared, that many years since, Two unhappy busy persons who were Masons [Anderson and Desaguliers], having obtruded their idle Notions [Book of Constitutions] among the Vulgar Chineze, of Adam, and Salomon, and Hiram [...] being Crafts-men of their Order; and leaving besides, deflower`d a venerable OLD Gentlewoman [taken unwarrantable liberties with the Operative Charges and Regulations], under the Notion of making her an European HIRAMITE (as they call`d it) [...] they were hang`d Back to Back on a gibbet.« *EMP*, S. 147f. Gould fügt in seiner *Concise History of Freemasonry* die in meine Übersetzung übernommenen erläuternden eckigen Klammern ein (S. 291).

In Hogarths Gormogonenbild finden wir sie alle wieder: Angeführt wird der Zug von vier exotischen Weisen, die – entsprechend der Ankündigung in der *Daily Post* – als A. Chin Quaw Kypo, erster Kaiser von China, B. der weise Konfuzius, C. In-Chin, der Oecumenical Volgi und D. der Mandarin Hangchi ausgewiesen sind. Theophilus Desaguliers, Deputierter Großmeister und Auftraggeber des neuen Konstitutionsbuches ist als greise Frau dargestellt, die sich, mit entblößtem Gesäß auf einem Esel kauernd, fromm gibt, während Reverend Anderson – unters Joch einer dem Esel quer über den Rücken geladenen Leiter gezwängt – die Nase nach ihrem Allerwertesten reckt. Ein Affe in Freimaurerschurz und Handschuhen tanzt dem beladenen Esel voran und verkörpert damit die Metapher des freimaurerischen Nachäffens eines ursprünglichen Originals noch einmal im wörtlichsten Sinne. Hinter dem Esel folgt – von den Umstehenden teils belächelt, teils erschrocken bestaunt – ein mit ausladender Geste die Prozession dirigierender Don Quichotte. Ihm folgt ein ganzer Menschenpulk, begriffen die Taverne zu verlassen und dem neuen Führer durch die Straßen zu folgen. Die geschlossenen Fensterläden, welche die Räume der Taverne verdunkeln, die am Esel befestigte Leiter, ein Eimer mit Wischmopp, Hammer und Stricke nehmen auf jene in den Enthüllungspublikationen des *Plain Dealer* und *The Grand Mystery of the Free Masons Discover'd* beschriebenen rituellen Prüfungen der Freimaurer Bezug,[42] die die Gormogonen so vehement ablehnen.

Hogarths künstlerisches Vorgehen bei der Zusammenstellung seiner Figuren ist das eines ausgeklügelten Motivrecyclings. Zentrale Elemente seiner Gormogonendarstellung sind – wie der britische Kunsthistoriker Mark Hallett eindrucksvoll aufgezeigt hat – nahezu eins-zu-eins vieren von Coypels *Don Quichotte*-Stichen entnommen und in seiner Darstellung lediglich neu zusammengefügt. Hogarth betreibt ein »ironisches Spiel mit verschiedenen bildlichen Diskursen und graphischen *ready-mades*, die aus ihrem alten Kontext herausgelöst und in neuer Zusammensetzung neue Formen bildlicher Signifikation erzeugen«.[43] (Abb. 24) Die alte Frau, der erschrockene Sancho Pansa, der Fleischer, der sich vor Lachen nach hinten biegt, sowie das junge Mädchen, welches im Türrahmen mit einer Kerze in der Hand verharrt, sind allesamt Coypels Illustration mit dem Titel *Don Quixote takes the Puppets to be turks and attacks them to rescue two flying Lowers* entnommen. (Abb. 25) Die

42 *Plain Dealer* vom 14. September 1724, in: ebd., S. 290f.

43 Mark Hallett geht diesem Spiel unter dem Blickwinkel von Darstellungen des Fremden nach. Es würde schier den Rahmen sprengen, sämtliche kunsthistorischen Referenzpunkte, die er in seinem Buch herstellt, hier darzulegen. Der Hinweis auf die Herkunft der zentralen Figuren soll hier genügen. Siehe dazu Hallett, Spectacle of Difference, S. 80ff.

Gestalt Don Quichottes wurde – lediglich ergänzt um einen Freimaurerschurz und weiße Handschuhe – der possenhaften Heirat von Basilus und Quileria entnommen und Trifaldin, (Abb. 26) der bärtige Zauberer, welcher eben noch die Entschleierung der geplagten Matrone überwachte, führt nun als Mandarin Hangchi die Prozession an vierter Stelle an. Nur der tanzende Affe entstammt als raffinierte Überblendung der Gestalt des Affen mit der Bewegung des tänzelnden Commedia dell' Arte Spielers aus Coypels *Arlequin Actionist* einem etwas anderen Kontext.[44] (Abb. 27) Den Gastwirt, der in *Don Quixote knighted in the Inn* mit einem Buch in der einen und einem Schwert in der anderen Hand das Spottritual vollzieht, positioniert Hogarth im Türrahmen des Gasthauses. Es wirkt, als sei er während einer längeren Zeremonie jäh unterbrochen worden und fordere nun die Gruppe zur Rückkehr auf. Hogarth sammelt die Figuren und setzt sie neu zusammen, um eine andere Geschichte zu erzählen, der jedoch die alte Grundstimmung der Bilder noch anhaftet. Wer aber steckt hinter den dargestellten Figuren, wer oder was sind die Ziele der Hogarth'schen Attacke?

Hinter dem verrückten Ritter von La Mancha verbirgt sich der abgesetzte Großlogenmeister Philip James, Duke of Wharton (1698-1731), ein temperamentvoller Lebemann, Politiker und anerkannter Gründer und Vorsitzender des berüchtigten *Hellfire Club*, eine für beide Geschlechter offene Geheimorganisation, die im zweifelhaften Ruf steht, satanische Rituale zu zelebrieren.[45] Nach der gewaltsamen Schließung des Clubs auf persönlichen Geheiß des Königs suchte Wharton eine neue vergnügliche Freizeitbeschäftigung und wurde im Sommer 1721 Mitglied der Freimaurer.[46] An seiner Person sollen die in die Gemeinschaft getragenen parteipolitischen Auseinandersetzungen zwischen Tories und Whigs, zwischen Königstreuen und Anhängern der Parlamentsherrschaft und des Freihandels auf besondere Weise sichtbar werden.

Im *Act of Settlement* wurde 1701 festgesetzt, dass die Königswürde nach dem Tod Wilhelms III. und der protestantischen Anna Stuart an das Haus Hannover übergeht. Das Gesetz machte fortan zur unabdingbaren Voraussetzung für jeden Herrscher, Mitglied der anglikanischen Kirche zu sein, wodurch die Kandidatur des katholischen Jakob Eduard von vornherein ausgeschlossen wurde und Georg I von Hannover (1717-

44 Ebd., S. 82.

45 Oxford Dictionary of National Biography, Bd. 58, hg. von H.C.G. Matthew and Brian Harrison, Oxford 2004, S. 367.

46 Geoffrey Ashe: The Hell-Fire Clubs – a history of Anti-Morality, Stroud Gloucestershire 2000, S. 51.

Abb. 24: Gerard Vandergucht nach Charles Coypel (1723-25), Don Quixote takes the Puppets to be Turks and attacks them to rescue two flying Lover

Abb. 25: Don Quixote defends Basilus who marries Quileria by Stratagem

Abb. 26: The Afflicted Matron complains to Don Quixote, of her Inchanted Beard

Abb. 27: Don Quixote believes he is to Receive in the Inn The Order of Knighthood

1724) nach dem Tode Annas den englischen Thron besteigen konnte. Unter dem Whig und Freimaurer Robert Walpole (1721-1742) war die englische Regierung nun fest in der Hand der Whigs und der gesellschaftliche Argwohn gegenüber präsumtivem Jakobitismus innerhalb der Opposition entsprechend groß. Auch die Führung der *Premier Grand Lodge* war mit dem Herzog von Montagu und seinem Stellvertreter Desaguliers whig-nah und pro-hannoverisch besetzt. Konservative Kreise beobachten mit Argwohn die Neuerungen, die unter ihrer Ägide in die Freimaurerei eingeführt werden. Mit der Publikation des von Reverend James Anderson zusammengetragenen Konstitutionsbuches im Jahre 1723 findet die Neugestaltung der Freimaurerei ihren vorläufigen Höhepunkt. Befürchtungen keimen auf, dass sowohl das neue Konstitutionsbuch als auch die rituellen Änderungen das Produkt eines falschen Fortschrittsglaubens seien und die Freimaurerei Gefahr laufe, als Instrument der Regierung missbraucht zu werden.[47]

Um Philip Duke of Wharton (1698-1731) schart sich eine Fraktion unzufriedener Maurer und konservativer Großlogenkritiker, die zugunsten alter Werte seine Wahl zum Großmeister der *Premier Grand Lodge* vorantreiben und die Wiederwahl des Duke of Montagu im Juni 1722 vereiteln. Wharton ist ein gebildeter und äußerst eloquenter Oppositionspolitiker, der seine jakobitischen Sympathien, die er seit seiner Begegnung mit James Stuart in seinem französischen Exil pflegt, in England zunächst nicht offen zur Schau trägt. Bald aber wird deutlich, *wen* man sich dort ins führende Logenamt gehoben hat, dass man einem notorischen Jakobiter und morallosen Intriganten aufgesessen ist, dem sich die Loge nun durch Ausschluss und die rückwirkende Anzweiflung der Regularität seiner Wahl zu entledigen versucht.[48] Philip rechnet mit der Freimaurerei, den Hannoveranern, Whigs und neuen Kräften in der Freimaurerei ab, indem er mit den *Gormogons* einen neuen Club ausruft, der sich einzig und allein die Verhöhnung der Freimaurerei auf seine Fahnen schreibt.

Diesen konkreten Schlagabtausch nimmt Hogarth zum Anlass, den allgemeinen Zustand der Freimaurerei kritisch zu beleuchten. In *The Mystery of Masonry brought to Light by ye Gormogons* stellt Hogarth – wie Mulvey-Roberts überzeugend darstellt – eine provokante Parallele zwischen der Beliebigkeit der gregorianischen Neugestaltung der modernen Freimaurerei und der neuen gesetzlichen Thronfolgeregelung am

47 Mulvey-Roberts, »Hogarth on the Square«, S. 255.

48 Siehe Matthew D. J. Scanlan: »Philip 1st Duke of Wharton: Freemason and Jacobite conspirator (1698-1731)«, La masonería en Madrid y en España del siglo XVIII al XXI, hg. von José Antonio Ferrer Benimeli, Band 2, 2004, S. 757-794.

englischen Hofe her,[49] die beide gleichermaßen auf einer scheinbar willkürlichen Konstruktion neuer Voraussetzungen und Ausschlusskriterien basieren. Dabei spielen religiöse Auseinandersetzungen eine nicht zu unterschätzende Rolle. Hogarth attackiert den katholischen Marienkult als Bastion des Jakobitismus und rechnet mit der Intoleranz der katholischen Kirche gegenüber anderen Konfessionen und kultischen Vereinigungen ab, die auch die Freimaurerei in Form päpstlicher Bannbullen bereits zu spüren bekam. Indem Hogarth nun Desaguliers als alte Frau und Karikatur der Jungfrau Maria inszeniert, wendet er die Kritik auch gegen ihn und Anderson als Väter der modernen Freimaurerei und ihre selbstherrlich anmutende Neugestaltung der Freimaurerei, wie sie seiner Meinung nach im neuen Konstitutionsbuch zum Ausdruck kommt.

Mit einer satirischen ›Krönungszeremonie‹ als weitere Variation auf das Don-Quichotte-Motiv findet er das passende Bild für die innerhalb der Freimaurerei tobenden Uneinigkeiten und literarischen Schattengefechte, die einen wesentlichen Umbruch innerhalb der Freimaurerei, den Beginn einer neuen Ära, markieren. Hogarth wirft dem jakobitischen Philip Duke of Wharton vor, wie Don Quichotte einer längst vergangenen, romantisch verklärten Welt nachzuhängen, die nicht der Realität entspricht, von der er jedoch derart eingenommen ist, dass er über die unaufhörliche Beschäftigung mit ihr den Verstand verloren habe und nun die Welt nur noch in diesem Lichte zu sehen vermag. Er mache sich lächerlich, indem er als Jakobiter einer unwiederbringlichen Zeit hinterher eifert und dabei die neue wahnhaft verkennt. In der Karikatur formuliert Hogarth seine Kritik jedoch in zweifacher Stoßrichtung: Sie richtet sich zunächst gegen das Doppelspiel des konservativen Herausforderers Wharton, der als Großmeister das neue Konstitutionsbuch mit seiner Unterschrift selbst autorisiert, und seine jakobitische Entourage. Die Machenschaften Whartons nimmt Hogarth aber gleichsam zum Anlass, den Zustand der Freimaurerei allgemein zu hinterfragen. Er warnt vor einer vordergründigen Politisierung der Freimaurerei und ihrer Instrumentalisierung im Rahmen einer jakobitischen Verschwörung. Er wirft der konservativen Fraktion innerhalb der *Premier Grand Lodge* vor, durch die Wahl Philips nicht Antiquität und Kontinuität zu wahren, sondern die Freimaurerei einem notorischen Jakobiter preisgegeben zu haben, der die Vereinigung für subversive Zwecke zu nutzen beabsichtigt. Gleichzeitig stellt Hogarth die von Wharton ausgehende politische Gefahr als Donquichotterie bloß, die die Schwachpunkte der Freimaurerei freizulegen vermag.

Die *Gormogons*, die Wharton nach seinem Verweis aus der Großloge als rivalisierenden Orden imaginiert, sind eine öffentliche Abrechnung

49 Mulvey-Roberts, »Hogarth on the Square«, S. 257f.

bzw. ein Rachefeldzug Whartons gegen die Freimaurerei, mit dem er in einer gezielten Persiflage die führenden Häupter der Großloge bloßzustellen versucht. Zwar treten die *Gormogons* lediglich über Zeitungsinserate und Kundgebungen in Erscheinung, sie veranstalteten aber nie öffentliche Prozessionen. Die Darstellung Hogarths führt jedoch die Möglichkeit derartiger Auftritte eindrucksvoll vor.

»›Load, load the Pallet, boy!‹ hark! Hogarth cries,
›Fast as I paint, fresh swarms of fools arise!
Groups rise on grounds, and mock the pencil's pow'r,
To catch each new-blown folly of the hour.‹«[50]

Diese Anfangszeilen von Paul Whiteheads Satire *Honour* aus dem Jahre 1747 beschreiben, wie schnell die bissigen Karikaturen Hogarths von den realen Entwicklungen der Zeit eingeholt werden. Whitehead selbst hat sich bei dem Maler für die bei ihm in Auftrag gegebenen Spottprozessionen inspirieren lassen. Schließlich war er ein enger Freund und Vertrauter Hogarths. Die anhaltenden literarischen Kundgebungen des Ordens der Gormogonen schüren in den zwanziger Jahren die Besorgnis, dass die künstlerischen und literarischen Attacken ihre Fortsetzung auf der Straße finden könnten. Mit einiger zeitlicher Verschiebung tun sie das letztendlich auch, nämlich indem sie den Organisatoren der Spottumzüge seit 1741 als Inspirationsquelle dienen. Gegenüber der Öffentlichkeit galt es nach dem ersten Umzug scheinbar, die offensichtliche personelle Verstrickung beider Lager, von Freimaurern und Spöttern, zu verwischen. Am sichersten ließ sich dies durch die Präsentation eines rivalisierenden Clubs bewerkstelligen, bei dessen Inszenierung die *Gormogons* indirekt Pate standen. Auch vermieden interne Kritiker auf diese Weise, als Verräter und ›Nestbeschmutzer‹ belangt zu werden. Und so schenkt die Feder des satirischen Zeichners am Ende jenen Ungeheuern Leben, denen er mit seiner Kunst abschwören will.

In ihrer Selbstdarstellung behaupten die *Scald Miserables* zwar – die Armseligkeit zum Prinzip erhebend – ihre Superiorität gegenüber den ›ordinären‹ Freimaurern. Die Darstellung des Umzuges im *Westminster Journal* erzählt aber im Subtext eine andere Geschichte: Sie verzichtet, abgesehen von einzelnen Menschen, die das Geschehen aus dem Fenster beobachten, auf die Darstellung von Zuschauern. Der Fokus liegt auf der Konfrontation zweier widerstreitender Prozessionen und Positionen. In der Auseinandersetzung werden die Freimaurer zwar von ihrem spöttischen Gegenpart in die Flucht geschlagen, die Darstellung gibt ihre Wi-

50 Samuel Johnson (Hg.): Works of the English Poets, Bd. 70: Goldsmith and Whitehead, S. 141.

dersacher jedoch als lärmenden und gewaltbereiten Pöbel preis und rettet so indirekt das Ansehen der ›echten‹ Freimaurer. Die Spottumzüge bekommen dadurch eine grundsätzlich affirmative Wirkung, sie öffnen allerdings auch Raum für interne Kritik, die lange Zeit nur verdeckt kommuniziert werden konnte. Erst die rivalisierende Vereinigung der *Antients*, gegründet von irischen Arbeitern in London, die die Arbeiten der *Premier Grand Lodge* nicht akzeptieren und in letzter Konsequenz in den Jahren 1751-1753 ihre eigene Großloge gründen, werden diese zur Verteidigung ihrer Neugründung unverhohlen aussprechen.

Am 2. Mai 1744 schlägt die antimaurerische Spottprozession in Rowdytum um. Während die Prozessionen der Jahre 1741 und 42 noch kontrolliert und unter größerem finanziellem Einsatz ausgestaltet wurden,[51] gibt es nun erstmalig Anlass für polizeiliche Zugriffe. Die *London Daily Post* berichtet am 3. Mai 1744, dass tags zuvor mehrere *Mock Masons* in Gewahrsam genommen wurden, um anschließend den Justizbehörden vorgeführt zu werden.[52] Der Verlust der Kontrolle über die Veranstaltung, die neue Unberechenbarkeit, birgt die Gefahr tatsächlichen Misskredits und veranlasst die *Premier Grand Lodge* zur Aufgabe ihrer öffentlichen Kundgebungen.[53] Mit dem Verschwinden des Originals ist auch das Ende der Spottumzüge besiegelt, Geheimniskrämerei und Darstellungen der Exklusivität der Gemeinschaft, Hedonismus und Alkoholkonsum und nicht zuletzt das Schreckgespenst einer rückkehrenden absolutistisch-autokratischen Herrschaft werden jedoch weiterhin die interne Auseinandersetzung befeuern.

In ihren öffentlichen Prozessionen wird die Bruderschaft der Freimaurer als Freiraum der heterodoxen Meinungsbildung und Beförderin des gesellschaftlichen Wertepluralismus sichtbar. Losgelöst von kirchlichen Dogmen entwickelt sie ein eigenes Wertesystem, welches sie über ein demonstratives Handeln nach diesen Werten in der Gesellschaft durchzusetzen bemüht ist. Dabei helfen weitreichende Autonomien, wie die Selbstgesetzgebung, eine eigene Strafgewalt und Möglichkeiten der

51 Chetwode Crawley, »Mock Masonry«, S. 143.

52 »Yesterday several of the mock-Masons were taken up by the Constable empowered to impress men for his Majesty's service, and confined till they can be examined by the Justices.« London Daily Post vom 3. Mai 1744.

53 Am Ende sind es diese Ausschreitungen während der Spottumzüge, die den Anlass zur Suspension der Prozession der Freimaurer zu ihrem Versammlungsort geben, keineswegs aber allein die Tatsache, *dass* Spottprozessionen stattgefunden haben. So wurde es bisher von den Whitehead-Biographen, unter anderem Edward Thompson, dargestellt und von Crawley übernommen. Siehe: The Poems and Miscellaneous Compositions of Paul Whitehead, hg. von Edward Thompson, London 1787, darin: die Einleitung des Herausgebers unter dem Titel »Life of Whitehead«, vii und Chetwode Crawley, »Mock Masonry«, S. 137.

selbständigen Beschlussfassung. Die Zugehörigkeit zum Club wird zum forensischen Ausdrucksmittel, so dass Ferdinand Tönnies die Bruderschaft der Freimaurer zu Recht zu den Trägern der öffentlichen Meinung rechnen kann.[54] Die Umzüge dienen der Selbstvergewisserung als auch der Arbeit am *public image* der Vereinigung. Die Dazugehörigkeitsdemonstrationen bergen die Gefahr der Persiflage. Die Bruderschaft sieht sich gefordert, Auswege zu finden, um zu verhindern, dass sich die öffentliche Meinung gegen sie wendet. Die beschriebenen Spottumzüge sind nicht in dem Maße externe Angriffe uninformierter Spötter, die die Freimaurerei in ihrer Substanz erschüttern, wie es in der Forschungsliteratur bisher dargestellt wurde, sie öffnen als präventive Maßnahme auch und vielleicht vor allem den Raum für interne Kritik. Liest man die Äußerungen der Gemeinschaft auf diese Weise, so vermögen sie Aufschluss über die verschiedenen Kräfte, die innerhalb der Freimaurerei wirksam sind, auf politische Auseinandersetzungen, auf institutionelle und ritualpraktische Entwicklungen und Reformabsichten innerhalb der Freimaurerei dieser Zeit zu geben.

Freimaurerische Ethisierungsschübe und die Ausbildung einer englischen Reformbewegung

Kritische Äußerungen über die Gemeinschaft der Freimaurer und ihre geheimen Praktiken geben mehrfach Anlass zur Explikation und Ausformulierung der freimaurerischen Konzeption moralischer Bildung. Das Verhältnis der ›Geheimgesellschaft‹ zu ihrem allgemeinen sozialen Umfeld ist zu nahezu jedem historischen Zeitpunkt ein durchaus widersprüchliches. Freimaurer sind einerseits fest in der säkularen Welt, in welcher sie leben und arbeiten, verankert und gleichermaßen aber sehr um Differenzierung von ›Profanen‹ – als solche betitelt sie die Uneingeweihten um sich herum – bemüht. Sie distanzieren sich von ihnen, indem sie ihre Aufgabe in der Welt als *besondere* definieren und sich als Menschen, die mit einer besonderen Erkenntnisgabe ausgestattet sind, gerieren.

54 In seinen Ausführungen zu Begriff und Theorie der öffentlichen Meinung verdeutlicht Tönnies, dass sogar geheime Gesellschaften und Verschwörungen Ausdruck eines öffentlichen Meinens sein können, »sofern sie einer gemeinsamen Gesinnung oder Bestrebung Ausdruck geben wollen und sollen. Offen oder geheim können Vereine für die Ausbreitung einer Denkungsart wirken und wühlen. In Vereinen wird geredet, beraten, beschlossen, sie können eine Strafgewalt über ihre Mitglieder in Anspruch nehmen und ausüben. Disziplin erhöht ihre Stoßkraft, stärkt ihren Zusammenhang.« Tönnies, Kritik der öffentlichen Meinung, S. 196.

Der Eindruck, den die Öffentlichkeit von dem Zusammenschluss gewinnt, ist jedoch zunächst ein ganz anderer: Logengemeinschaften kommen in Tavernen und Gasthäusern zusammen, wo sich die Mitglieder um eine Punchbowle versammeln und ausgiebig Speisen, Alkoholika und Tabak konsumieren. Die Bruderschaft prägt so in der Öffentlichkeit das Bild einer elitären Hüterin mystischen Wissens und zugleich hedonistischen Ess- und Trinkgemeinschaft – eine aus kleinbürgerlicher Sicht höchst widersprüchliche Kombination. Festessen, der ausgiebige Konsum von Alkohol und Tabak scheinen dem Gebot der moralischen Selbstregulierung und der propagierten Distanz zu den eigenen Leidenschaften zunächst zu widersprechen, denn es findet keine Sublimierung realer Genüsse durch ihre Ritualisierung und Zeremonialisierung statt. Es wird real und in großen Mengen konsumiert. Erst zum Ende des 18. Jahrhunderts werden rituelle Arbeit (*work*) und geselliges Beisammensein (*refreshment*) zeitlich und räumlich getrennt. Als hedonistische Gemeinschaftsrituale festigen das anschließende gemeinschaftliche Mahl, das gemeinsame Rauchen und Trinken die Bindung der Mitglieder untereinander. In diesen Tätigkeiten stellt sich der private und vertrauliche Rahmen ihrer Zusammenkünfte her und sie generieren – so unvereinbar es auf den ersten Blick auch erscheinen mag – nicht zuletzt die Basis für die Sublimierungsarbeit. Selbstverständlich aber nur so lange – das ist einschränkend zu bemerken – wie der Alkoholkonsum nicht maßlos und Ursache von Aggressionen und Störungen der gemeinschaftlichen Harmonie wird. Diese Zusammenhänge bedürfen der Erläuterung, soll die hedonistische Seite der Freimaurerei nicht zum Stein des Anstoßes öffentlicher Kritik werden.

Die Bruderschaft der Freimaurer ist von Beginn an übler Nachrede und Angriffen aus verschiedenen gesellschaftlichen Lagern ausgesetzt. Eine der ersten erhaltenen Publikationen, die sich die Freimaurerei zum Angriffsziel macht, mit dem Titel *To all Godly People in the Citie of London* (1698) wirft ihren Mitgliedern Irreligiosität vor. Sie bezeichnet die Freimaurerei als »den Antichristen, der gekommen ist, die Menschen der Gottesfurcht zu entfremden« und fragt, »warum sollten sie sich an geheimen Orten mit geheimen Zeichen treffen, darauf Acht gebend, dass niemand sie dabei beobachtet, wenn sie Gottes Werk tun; ist dies nicht die Verhaltensweise von Übeltätern?«[55] Das freimaurerische Verschwiegenheitsgebot schürt den Argwohn gegenüber der Gemeinschaft, gibt neben Befürchtungen der Irreligiosität auch immer wieder zu Vermutungen Anlass, die Geheimniskrämerei könne der Verdeckung illegaler politischer Aktivitäten dienen und staatsgefährdenden Verschwörungen Vor-

55 *EMP*, S. 35.

schub leisten.[56] Aufgrund ihres Verschwiegenheitsgelübdes und mystischen Allegorienreichtums wird die Freimaurerei zur Projektionsfläche für unerlaubte Absichten nahezu jeder Couleur.

Neben der häufig erwähnten Anfälligkeit für Völlerei und Trunkenheit[57] sind die Vorwürfe auch von dem Verdacht sexueller Immoralität begleitet, von der Angst vor Homosexualität, Sodomie und sexueller Perversion. Die geheimen Erkennungszeichen der Freimaurer finden frühe Erwähnung in der Zeitschrift *The Tatler* (1709-1711), und zwar interessanterweise im Kontext einer Klage über eine grassierende Verweich- und Verweiblichung des Mannes. Dort beklagt der Verfasser eines offenen Briefes die Existenz einer wachsenden Gruppe von Männern, die sich »pretty fellows« nennen, die Frauen beschimpften, sich selbst aber gezielt »weibisch« verhielten, Besuch im Nachtkleid empfingen und tausend andere unverständliche Hübschheiten (*prettynesses*) veranstalteten, aus denen man nicht recht klug würde. »Einige von ihnen habe ich, bei White's und St. James' sitzend, sich mit den Namen Betty, Nelly und so weiter ansprechen hören. Man sieht sie sich in weibischer Art ansprechen: sie haben ihre eigenen Erkennungsmale und Zeichen wie die Freimaurer [...]«.[58] Das satirische Gedicht *The Freemasons, A Hudibrastic Poem* (1723) interpretiert später auf vulgäre Weise die freimaurerische Initiationshandlung als homoerotischen Exhibitionismus mit sodomitischen Tendenzen.[59]

Die Gemeinschaft versucht, Vorwürfe der Misogynie, des Libertinismus und der Vergnügungssucht in gezielten Publikationen, wie beispielsweise *The Free-Masons Accusation and Defence* (1726), zu entkräften. Antimasonische Texte werden zum Anlass für die Verteidigung

56 Siehe beispielsweise die Angriffe auf die Freimaurerei in Canterbury (1732) und Den Haag (1735). Ebd., S. 286ff. u. 332ff.

57 Siehe beispielsweise das bereits erwähnte Kapitel 15 »Of Free Masons and other learned Men, that used to get drunk« der Schrift *Ebrietatis Encomium* (1723) Albert Henrik de Sallengres.

58 »Some of them I have heard calling to the one another, as I have sat at White's and St. James's, by the names of Betty, Nelly and so forth. You see them accost each other with effeminate airs: they have their signs and tokens like freemasons [...].« The Tatler, No. 26 vom 9. Juni 1709, in: The Tatler, hg. m. einer Einführung und Anmerkungen von George A. Aitken, Bd. 1, Hildesheim, New York 1970 (Reprint der Ausgabe London 1898), S. 216. Der Verfasser des Schreibens sei, so wird vermutet, Anthony Henley, Parlamentsmitglied und Parteigänger der Whigs. (S. 215)

59 Es beschreibt den Eintritt des Freimaurers in die Loge: »his breeches pulled down and shows/his arse, this all must here expose/which the new Mason close salutes .../and when he thus his Bum has slabbered/And put his sword up in his scabbard .../Here only tis that we can see/The arse promotes society.« Zitiert nach: Mark Hallett, Spectacle of Difference, S. 86ff.

der Gemeinschaft in Publikumsansprachen auf der Theaterbühne, die Misogynie-, Sodomie-, Blasphemie- und Libertinismusvorwürfe entkräften sollen.[60]

Um das Ansehen der Gemeinschaft nach innen und außen zu stärken und sie zum Bestandteil einer allgemeinen *Reformation of Manners* werden zu lassen, gilt es, Disziplinierungsmaßnahmen einzuleiten und die spezifischen Selbstformungsstrategien, ihre festen Reglements inklusive der Konsequenzen bei Nichtbeachtung sowie die Bedeutung der Gemeinschaft und ihrer geheimen Rituale, die bisher nicht offen zutage lagen, sowohl für ihre Mitglieder als auch für die argwöhnische Öffentlichkeit klarer zu formulieren. Ihren Kritikern haben wir es daher letztendlich zu verdanken, dass sich Freimaurer herausgefordert sehen, ihre Absichten und Ziele explizit zu machen, und uns dadurch tiefgehende Einblicke in die Bedeutung ihrer gemeinschaftlichen Praktiken zu liefern.

Wie aber sowohl Enthüllungsschriften als auch antimasonische Spottumzüge zeigen, sind vermeintliche äußere Angriffe oftmals verdeckte Kritik eigener Mitglieder und damit beliebte Ausdrucksformen interner Grabenkämpfe, Legitimierungs- und Abgrenzungsversuche. ›Echte‹ antimasonische Attacken und interne Unmutsäußerungen sind ohne weitreichende Kenntnis ihrer historischen und institutionellen Zusammenhänge nur schwer voneinander zu scheiden und richtig zu deuten. Dabei scheinen es noch mehr die internen Verteidigungsanlässe zu sein, die zu Neukonturierungen des freimaurerischen Diskurses und der freimaurerischen Praxis führen und Ethisierungsschübe initiieren, die zu Ausbildung einer sich festigenden Reformbewegung seit den 60ern führen.[61]

Ein einschneidendes diskursives Ereignis, das die Geister scheidet und Forderungen einer ursprungsmythischen Rückkehr laut werden lässt, ist zweifelsohne das von der ersten Großloge bei James Anderson in Auftrag gegebene Konstitutionsbuch (1723). Es bringt einerseits Veränderungen zur Erscheinung, die sich unter dem Einfluss der *Gentleman Masons* bereits unbemerkt vollzogen haben, enthält aber auch einige scheinbar willkürliche Konstruktionen, wie z.B. eine ausgeschmückte Zunftlegende, die als reines Phantasiegebilde angegriffen wird. Mit ihren zahlreichen Ergänzungen und mythischen Ausschmückungen wird diese

60 Siehe *The Free-Masons Accusation and Defence* (1726), in: *EMP*, S. 156ff. und beipielsweise den *Epologue spoken by a Mason's Wife* (1728), in: *EMP*, S. 209f.

61 Zu den Protagonisten der englischen Reformbewegung und dem neuen »dringenden und weit verbreiteten Bedürfnis nach Elaboration und Instruktion in den der Freimaurerei zugrunde liegenenden Prinzipien« siehe John Stokes: »Masonic Teachers of the Eighteenth Century«, in: The Collected Prestonian Lectures 1925-1960, hg. von Harry Carr, London (Q.C.) 1967 (Reprint 1984), S. 63-94.

neue, elaborierte Freimaurergeschichte von einigen Mitgliedern als nicht der historischen Wirklichkeit ihrer Vereinigung entsprechende Erfindung und illegitimes Produkt einer wahnhaften Selbstüberschätzung wahrgenommen und kritisiert. Freimaurer sehen sich aufgrund der offenen Formulierung des Glaubensgrundsatzes und der kultischen Verehrung eines höheren Wesens dem Vorwurf der Irreligiosität und des Deismus ausgesetzt.[62] Zwar lässt sich die Pflicht in der 1723er Fassung durchaus noch christlich interpretieren, die Lockerung des christlichen Glaubensvorsatzes unter dem Toleranzgebot im Interesse zivilisatorischen Fortschritts in eine scheinbar unbestimmte Verpflichtung gegenüber jener Religion, in der alle Menschen übereinstimmen »leaving their particular opinions to themselves«, mit der eine Rationalisierung des christlichen Glaubensvorsatzes und eine Beschränkung der christlichen Lehre auf ihre moralische Essenz einhergeht, rüttelt in den Augen vieler an den Grundfesten der alten, christlichen Zunftgemeinschaft.[63]

Satirische Darstellungen der Vereinigung und konkurrierender Widersacher verleihen der Unzufriedenheit über die eigenmächtige Neugestaltung der Freimaurerei Ausdruck und äußern Befürchtungen über Entwicklungen innerhalb der Gemeinschaft. Die willkürlichen Abweichungen von einer vermeintlich ›ursprünglicheren‹ Freimaurerei und der Vorwurf gegenüber der *Premier Grand Lodge*, sich zunehmend in eine elitäre Vereinigung zu wandeln, führen im Jahre 1753 letztendlich zur Bildung der konkurrierenden Großloge der *Antients* mit einem eigenen adligen Großmeister. Die Lancierung des *Locke* MS. im gleichen Jahr ist eine Reaktion der *Premier Grand Lodge* auf die Gründung dieser konkurrierenden Großloge, die vorgibt, nach einem ursprünglicheren Ritual zu arbeiten und damit einen Zustrom an Mitgliedern für sich verbuchen kann. Diese nimmt nun auch verstärkt Mitglieder der *lower middle class* auf und würde damit – so der Vorwurf der *Premier Grand Lodge* – der Trinkerei Vorschub leisten. Der Alkoholkonsum scheint jedoch der Quellenlage nach ein latentes Problem zu sein, das sich mit der Aufnahme niederer sozialer Schichten lediglich verschärft und vielleicht im Kampf um Mitgliederstärke als taktisches Argument von der ersten Großloge

62 Siehe den Vorwurf der Irreligiosität und Blasphemie in *Letter to a Friend concerning the Society of Freemasons* (1725) des unter dem Pseudonym Verus Commodus publizierenden Kritikers, in: EMP, S. 137f.

63 Dass im 18. Jahrhundert die ›richtige‹ Glaubensanbindung von Freimaurern durchaus ein Thema ist und über Religion innerhalb der Freimaurerei sehr wohl gestritten wird, hat Pauline V. Chakmakjian überzeugend herausgearbeitet. Über die Betrachtung von Andersons *First Charge* der Konstitutionsbücher der Jahre 1723 und 1738 als theologische Lügen kommt sie den Auseinandersetzungen und verschiedenen Vermeidungsstrategien auf die Spur. Pauline V. Chakmakjian, »Theological Lying and Religious Radicalism in Anderson's Constitutions«.

gegen die Antients vorgebracht wird. Die *Moderns* sorgen im Gegenzug mit ihrem autoritätsheischenden ›Archivfund‹ für neuen Zufluss zu ihrer Vereinigung, indem sie ihre Anciennität behaupten und den bourgoisen Status quo verteidigen. Dass die Rezeption Lockes aber nicht erst zur Mitte des 18. Jahrhunderts einsetzt und die Verknüpfungen zwischen spekulativer Freimaurerei und modernen Moralethikern sehr viel früher einsetzen und tiefgehender sind, wurde bereits deutlich gemacht.

Die von einem Vertreter der *Moderns* verfassten *Masonicus*-Aufsätze (1797), um die es im Folgenden gehen wird, stehen in dieser Tradition und sind Ausdruck einer mittlerweile gefestigten britischen Reformbewegung,[64] die die ›wahren‹ Ziele, Praktiken und Absichten der Gemeinschaft recht ausführlich expliziert, um sich einerseits mit dem Vorwurf, eine hedonistische Vereinigung zu sein, auseinanderzusetzen und sich andererseits vor dem Hintergrund politisch subversiver kontinentaler Spielarten der Freimaurerei der Einstufung als politisch zu erwehren.

Der freimaurerische Charakter und die Mechanismen seiner Formierung (*Masonicus*-Aufsätze 1797)

Vor dem Hintergrund gesellschaftlicher Umbrüche auf dem Kontinent fühlen sich in den 1790ern konzeptionelle Vordenker der Freimaurerei in England noch einmal besonders aufgerufen, in den einschlägigen freimaurerischen Journalen ihren Zusammenschluss vor dem Vorwurf, ein politisch subversiver Vergnügungsclub zu sein, zu verteidigen. Ebenso wenig wie eine Maus in der Lage sei, Berge zu bewegen und der Mensch die wilde See beruhigen könne, sei es dem prinzipientreuen Maurer mög-

64 In den 1780ern werden britische Logenreformer auch von deutschen spätaufklärerischen Schriften und einflussreichen moralisierenden Neukonzeptualisierungen inspiriert. Sie werden rezipiert und färben die Interpretation dessen, was Freimaurerei ist und wie sie funktioniert, ein, sodass sich gewisse Parallelen zu Reformbewegungen in Deutschland nach dem Wilhelmsbader Konvent feststellen lassen, denen hier leider nicht ausführlicher nachgegangen werden kann. Siehe u.a.: Ludwig Hammermayer: Der Wilhelmsbader Freimaurer-Konvent von 1782. Ein Höhe- und Wendepunkt in der Geschichte der deutschen und europäischen Geheimgesellschaften, Heidelberg 1980 und Florian Maurice: Freimaurerei um 1800. Ignaz Aurelius Feßler und die Reform der Großloge Royal York in Berlin, Tübingen 1997. Keineswegs sollte aber der Eindruck entstehen, dass die Ethisierung der Freimaurerei erst durch die Lektüre deutscher spätaufklärerischer Schriften angestoßen wurde. Moralisierende Absichten sind bereits in den frühen Konstitutionen der Zunft als wesentliches Merkmal ihres Zusammenschlusses angelegt und werden im Rahmen einer übergreifenden *Reformation of Manners* seit Ende des 17. Jahrhunderts neu entdeckt, interpretiert und weiter ausgeführt.

lich, eine entehrende Handlung zu vollziehen, heißt es in dem Aufsatz *The Question, ›of what use is Free-Masonry to Mankind?‹ answered*, den das *Freemasons' Magazine and Cabinet of Universal Literature* im April 1796 publiziert. Denn

»Maurerei besteht in tugendhafter Vervollkommnung, heiterem und unschuldigem Zeitvertreib, nicht Ausschweifung und Exzess. […] Nur dieses Verhalten allein kann die alte Pracht des Handwerks (*craft*) wiederherstellen. Unsere großzügigen und guten Taten müssen unseren Ehrentitel zugunsten der *Maurerei* hervorheben und die Geordnetheit unseres Verhaltens muss ihren Einfluss und ihre Nützlichkeit zur Schau stellen. Dann wird die Welt die Heiligkeit unserer Sitten bewundern und unser einheitliches Benehmen wirksam mit den Grundsätzen, welche wir ausüben und verehren, in Einklang bringen.«[65]

Deshalb würden jene arg enttäuscht, die hinter der Freimaurerei eine bacchantische Vereinigung vermuten, die unehrenhafte Zwecke verfolgt.

»Unsere Gemeinschaft lässt in der Tat zu passender Zeit und in Abständen allen schicklichen Frohsinn, Feierlichkeit und Heiterkeit des Gemüts zu; tatsächlich aber werden unsere Versammlungen vornehmlich zu höchst nützlichen und erhabenen Zwecken einberufen: zur Reinigung des Herzens, Korrektur der Umgangsformen und Erleuchtung des Verstandes. So sind das Nützliche und das Angenehme bei uns glücklich vereint, Unterricht und Vergnügen ineinander übergehend. Ordnung, Anstand, Eintracht und Selbstgefälligkeit sind ständige Begleiter unserer Logen.«[66]

Die Freimaurer versuchen, ihre gesellschaftliche Aufgabe und ihre Nützlichkeit als »moralisches System, das durch eine geheime und doch verlockende Kraft das menschliche Herz jeder sozialen Tugend geneigt

65 »Masonry consists in virtuous improvement, in cheerful and innocent pastime, and not in debauchery or excess. […] It is this conduct which can alone retrieve the ancient glory of the craft. Our generous and good actions must distinguish our title to the privileges of *Masonry*, and the regularity of our behaviour display the their influence and utility. Thus the world will admire our sanctity of manners, and effectually reconcile our uniform conduct with the incomparable tenets we profess and admire.« »The Question, ›of what use is Free-Masonry to Mankind?‹ answered«, in: The Freemasons' Magazine and Cabinet of Universal Literature, Bd. VI, April 1796, S. 217-223, hier: S. 219.

66 »Our association indeed admits of all becoming cheerfulness, festivity, and gaiety of temper, at suitable seasons and intervals; but, indeed, our assemblies are principally convened for the most beneficial and exalted purposes: for purifying the heart, correcting the manners, and enlightening the understanding. Thus the useful and the agreeable are by us happily united; instruction and pleasure are blended together. Order, decorum, concord, and complacency, are constant attendants upon our lodges.« Ebd., S. 222f.

macht«,[67] gegen jeglichen Vorwurf des nutzlosen Konsums zu rechtfertigen, indem sie ihren Mitgliedern ein distinguiertes Charakterbild zuschreiben und explizieren, inwiefern ihre Praktiken diesem zuarbeiten.

Zu leisten versucht dies beispielsweise eine im Jahre 1797 im *Scientific Magazine, and Freemasons' Repository* publizierte Serie von sechs *Essays on the Masonic Character*. Der unter dem Pseudonym *Masonicus* schreibende Autor wurde – so erfährt man aus einem späteren, elften Band – am 17. Februar 1792 in der *Lodge of Amity* No. 224 in Preston, Lancashire in den ersten Grad aufgenommen und am 12. Juli 1793 vom zweiten in den dritten Grad erhoben. (Abb. 28) Als Mitglied der *Lodge of Antiquity* No. 1 übte er zahlreiche »respektvolle und vertrauensvolle Ämter mit Talent und Energie« aus. Privat sei er ein Mann von »feinen Manieren, freundlicher Aufmerksamkeit, Emsigkeit und vorbildlicher Bescheidenheit« gewesen.[68] Nachforschungen in den Registern der Großloge der *Moderns* haben ergeben, dass die einzige Person, die in die *Amity Lodge* No. 224, Preston am 17. February 1792 aufgenommen wurde, ein gewisser Thomas Brad*shaigh* war. Ein Thomas Brad*shaw* trat auch 1795 in die Londoner *Lodge of Antiquity* No. 1 (heute No. 2) ein, was wiederum mit der Beschreibung des *Masonicus* korrespondiert. Im Register der *Amity Lodge* No. 224 in Preston ist Thomas Bradshaigh als Rechtsanwalt (*attorney*) aufgeführt und auch in den Protokollen der Londoner *Lodge of Antiquity* No. 1 ist er im Zuge seiner Wahl zum Sekretär der Loge als Anwalt (*counsel*) mit der Adresse Garden Court, Temple, einem eng mit der juristischen Profession verbundenem Bezirk, verzeichnet.[69]

Wieder ist es ein Jurist, der sich wie zuvor William Hutchinson (1732-1814), ein bekannter Anwalt in Barnard Castle, um die Aufschlüsselung der Wirkungsweise der Freimaurerei bemüht. Als Vehikel einer generellen Reformation des Verhaltens und Motor der Formierung einer modernen Zivilgesellschaft übt die Freimaurerei auf Rechtsgelehrte eine

67 »a moral system; which, by a secret, but attractive force, disposes the human heart to every social virtue.« Ebd., S. 217 u. 222.

68 »A Brief Memoir of Masonicus«, in: *Scient. Mag.*, Bd. XI, August 1798 including an engraved portrait.

69 »The October Minute is the last in the handwriting of MacArthur. Owing to professional engagements he now resgined his Office, and Br. Thomas Bradshaw of Garden Court, Temple, who had been admitted in April, 1795, was elected Secretary in his place.« Captain C.W. Firebrace's Eintrag die Protokolle zum 23. November 1796 betreffend, in: Records of the Lodge Original No. 1 now the Lodge of Antiquity No. 2 of the Free and Accepted Masons of England acting by Immemorial Constitution, Bd. II, Privatdruck 1926, S. 121. Siehe auch Bradshaws Eintrag in der Mitgliederliste, wo er als »Bradshaw, Thomas, Counsel« gelistet ist. (S. 248). Dieser Liste ist auch zu entnehmen, dass er in den Jahren 1796, 1797 als Sekretär und 1798 als Junior Warden der Loge tätig war.

Abb. 28: Portrait des Masonicus *alias Thomas Bradshaw (1798)*

besondere Faszination aus. Zumal diese vor ihrem beruflichen Hintergrund Experten für juristische Akte der Selbstkonstituierung und der Selbstgesetzgebung sind. Zur Entwicklung eines funktionierenden Regelsystems, innerhalb dessen sich der Mensch als »soziales Wesen« entfalten und fortbilden kann, vermögen sie auf besondere Weise beizutragen. Dieser Thomas Bradshaw also liefert – wie er in seinem ersten Essay einleitend erklärt – die lang ausstehende Charakterstudie des Freimaurers und seiner Eigenarten, wie sie ihm durch spezifische Praktiken und leitende Prinzipien innerhalb des gesellschaftlichen Zusammenschlusses aufgeprägt werden.[70]

Der Charakterbegriff wird im 18. Jahrhundert zur Signatur spezifischer Freiheitsrechte, die den auf Performanz angelegten Selbstentwurf einschließen und auf neue soziale Distinktionsmöglichkeiten innerhalb der *Commercial Society* verweisen. Charakterbilder historischer Persönlichkeiten, Schilderungen dramatischer und Analysen verschiedener Nationalcharaktere, wie beispielsweise des Schottischen in der November-Ausgabe des Jahres 1797, stehen Ende des Jahrhunderts – diesen Eindruck vermitteln die Ausgaben des *Freemasons' Repository* – auch bei den Lesern freimaurerischer Magazine hoch im Kurs. Die Studie des *Masonicus* soll nun über die beiden als hinlänglich bekannt vorausgesetzten positiven Charaktereigenschaften des Freimaurers, nämlich universelles Wohlwollen (*benevolence*) und Wohltätigkeit (*charity*), hinausgehen. Er beschließt, dies unter Vernachlässigung all jener schlechten Beispiele zu tun, die den Gesamteindruck trüben, seines Erachtens jedoch einen zu vernachlässigenden Teil der Vereinigung ausmachen. Als erhabener Kenner des ›wahren‹ freimaurerischen Charakters wisse er zu unterscheiden und er bietet in den einleitenden Worten des ersten Essays dem Herausgeber der Zeitschrift nun an, seinen Lesern ein treuliches Charakterbild des Freimaurers unter Berücksichtigung der leitenden Grundsätze und Praktiken der Vereinigung zu zeichnen.

Masonicus bezeichnet als die drei Hauptaufgaben der Institution, »die Temperamente auf einer eigenen Grundlage zu regulieren und zu festigen, die nobelsten Kräfte und Genussfähigkeiten zu trainieren und voranzutreiben sowie einen hervorragenden Geschmack zu formen und diesen stetig zu veredeln«.[71] Das Schöne und das Nützliche stehen hier explizit in keinem Widerspruch zueinander, sondern teilen einen gemeinsamen Vollkommenheitsanspruch, der sich am gelingenden Leben bemisst und dessen Ausgangspunkt der menschliche Habitus bildet.[72]

70 »Essay I on the peculiarity of the Character of Masons«, in: *Scient. Mag.*, Bd. VIII, Mai 1797, S. 333-335.

71 »[...] to regulate and fix our tempers upon a proper basis, to exercise and call forth into action our noblest powers and faculties of enjoyment, and to form and improve an excellent taste.« »Essay I on the peculiarity of the Character of Masons«, in: *Scient. Mag.*, Bd. VIII, Mai 1797, S. 334.

72 Zur Funktion des Begriffs der »Vollkommenheit« in der Ästhetik und Philosophie Alexander G. Baumgartens und zur Reformulierung von Vollkommenheit als gelingendes Leben vgl. Christoph Menke: »Wahrnehmung, Tätigkeit, Selbstreflexion: Zur Genese und Dialektik der Ästhetik«, in: Falsche Gegensätze. Zeitgenössische Positionen zur philosophischen Ästhetik, hg. von Andrea Dern und Ruth Sonderegger, Frankfurt a.M. 2002, S. 19-48; ders., »Wozu Ästhetik?«, in: Ästhetik. Aufgabe(n) einer Wissenschaftsdisziplin, hg. von Karin Hirdina und Renate Reschke, Freiburg i.Br. 2004, S. 187-197.

Innerhalb der Essays über den masonischen Charakter wird häufig und explizit der Terminus *habit* verwendet. Dieser wird dabei sehr komplex gefasst; es ist nicht nur von einem »habit of mind« die Rede, sondern auch von »habits of life and character«. Dies greift modernen sozialwissenschaftlichen Fassungen des Habitusbegriffs vor. *Habit* kann bereits hier als eine ›generative Matrix‹ des individuellen Gesamtverhaltens im Sinne Bourdieus interpretiert werden, als ein Komplex von kognitiven, ethischen und affektiven Dispositionen.[73] Diese ergeben sich allerdings nicht einfach aus der Entfaltung und Festigung natürlicher Prädispositionen durch Gewohnheitsbildung, sondern schließen auch deren Korrektur durch aktive Selbstformung des Charakters und selbstbestimmte Lebensführung ein. In der Sache überschreitet dieser Entwurf das im 20. Jahrhundert von Bourdieu reformulierte und neubegründete Konzept in mehrfacher Hinsicht: Bourdieu hat den Habitus als eine unbewusste strukturelle Disposition gekennzeichnet, ein »erworbenes System von Erzeugungsschemata«, welches auf dauerhaften und systematischen Dispositionen beruht und eine »unbegrenzte Fähigkeit ist, in völliger (kontrollierter) Freiheit Hervorbringungen – Gedanken, Wahrnehmungen, Äußerungen, Handlungen – zu erzeugen, die stets in den historischen und sozialen Grenzen ihrer eigenen Erzeugung liegen«.[74] *Masonicus* hält jedoch auch die bewusste Formung und Modifikation eines Habitus für möglich. Auch die individuellen *modi generandi*, die Bourdieu immer als strukturelle Varianten des Habitus einer spezifischen sozialen Schicht versteht, werden von ihm im Verhältnis zum Klassenhabitus flexibler gedacht. Vor dem Hintergrund der Mobilität von Eigentum, von Kommerz und damit auch der *social personality* im 18. Jahrhundert, scheint – so kritisiert Eleonore Kalisch zu Recht – im Begriff des Klassenhabitus »die Komplexität sozialer Wechselwirkung als Rahmen individueller Habitusbildung hier [bei Bourdieu, K.H.] auf ein allzu grobes Raster reduziert«.[75]

»Die Homogenität von Lebensbedingungen und -interessen erlaubt nach speziellen Interaktionsordnungen zu fragen, doch sie bietet keine Grundlage, um eine homogene Habitusform innerhalb einer sozialen Klasse zu konstatieren,

73 Bourdieu, Sozialer Sinn, S. 120.

74 Ebd., S. 102f.

75 Kalisch, Von der Ökonomie der Leidenschaften zur Leidenschaft der Ökonomie, S. 23f. Eleonore Kalisch argumentiert vor allem im Rückgriff auf J.P. Pocock: Virtue, Commerce and History. Essays on Political Thought and History, Cambridge 1985. Auf den hohen Grad sozialer Mobilität und die auf wirtschaftlicher Instabilität beruhende Wandelbarkeit der Lebens- und Arbeitsumstände verweist bereits Dorothy M. George. Siehe George, London Life in the Eighteenth Century, Kap. 6, S. 262ff.

die für individuelles Verhalten bis in körperliche Haltungen und Bewegungsweisen hinein konstitutiv sein könnte. Natürlich haben feste soziale Milieus, die durch bestimmte Beziehungsmuster und kooperative soziale Praktiken strukturiert sind, einen großen Einfluss auf die Habitusbildung, dennoch werden ähnliche Lebensbedingungen, Handlungsanforderungen und Gestaltungsmöglichkeiten sehr unterschiedlich verarbeitet. Umgekehrt erfasst sozialer Wandel nicht nur einzelne Klassen oder Schichten, sondern jeweils ganze Gesellschaften. So ergeben sich aus ökonomischen und technologischen Umwälzungen neuartige Bedingungen sozialer Wechselwirkung, die alle Gruppen betreffen und Habitualisierungen quer zu sozialen Abgrenzungen führen.«[76]

Die gleichermaßen als Chance und Gefahr eingeschätzte soziale Mobilität aufgrund wirtschaftlichen Erfolges oder Misserfolges bildet auch den Ausgangspunkt des freimaurerischen ethischen Bildungsanspruches und den Wunsch einer allgemeinen Verfeinerung gesellschaftlicher Umgangsformen. Der in freimaurerischen Schriften entworfene Ansatz einer Korrektur des individuellen Habitus über die selbstbestimmte Lebensführung und aktive Selbstformung des Charakters ist in den Kontext einer freimaurerischen Gesamtkonzeption eingebunden, wie sie sich aus dem Wertegefüge freimaurerischer Reformer seit den 1770er Jahren herauslesen lässt.[77] Der Mensch sei ein *second maker*; er könne selbst aktiv werden, da er die Kompetenz besitzt, unter göttlicher Führung sich und der ihn umgebenen Gesellschaft Form zu verleihen. Als *first parent*, der ursprünglich von einem intelligenten Wesen aus dem Staub der Erde geformt wurde und am Ende wieder zu Staub zerfallen wird, ist seine eigene Schaffenszeit begrenzt. Er ist ein *moral artist*, der – innerhalb des ihm gegebenen Zeitraums – über die Imitation der Natur als dem größten Werk Gottes, aus dem sich alle relevanten Gesetze ableiten lassen, das göttliche Werk fortführt. Die Kenntnis der Baupläne der Natur formt in ihm die Fähigkeit zu differenzieren und selbst künstlerisch tätig zu werden. Die Begegnung mit »gay and sprightly beauties« diene der Formierung eines »soliden und rationalen Geschmacks« und von *mind-habits*, die sich anschließend schematisch auf andere (Lebens-)Situationen übertragen lassen.

76 Kalisch, Von der Ökonomie der Leidenschaften zur Leidenschaft der Ökonomie, S. 23f.

77 Vgl. Jacob, Living the Enlightenment, S. 55. Wie in den bisherigen Ausführungen sichtbar geworden ist, ist die Freimaurerei kein homogenes Gebilde, das von Zeitumständen, von inneren und äußeren Auseinandersetzungen verschont ist. Deshalb ist es so problematisch, überhaupt von *der* Freimaurerei zu sprechen, und dennoch kommt man im Zuge des Schreibens sehr schnell in die Verlegenheit, den Artikel zu verwenden.

Der fünfte Essay Thomas Bradshaws über den freimaurerischen Charakter, der das soziale Prinzip der Pflichterfüllung verhandelt, wird mit einem Zitat aus den *Elements of Criticism* (1762) des schottischen Philosophen Henry Home Lord Kames (1696-1782) eingeleitet, in welchem dieser auf eine enge Verbindung von ästhetischer und ethischer Geschmacksbildung verweist:

»Mathematische und metaphysische Beweisführungen bezwecken weder eine Verbesserung des sozialen Umgangs noch sind die anwendbar auf die gewöhnlichen Lebensumstände: ein gehöriger, von rationalen Prinzipien abgeleiteter Kunstgeschmack jedoch stattet den vornehmen Bürger für den gesellschaftlichen Verkehr aus und bereitet uns darauf vor, im sozialen Gefüge würdevoll und schicklich zu handeln.«[78]

Bradshaw nimmt dieses Kames-Zitat zum Anlass, die praktischen Folgerungen, die sich aus der Einsicht in die philosophischen Prinzipien der Freimaurerei ableiten lassen, zu diskutieren. Moralische Pflicht und menschliches Verhalten nach dem strengen Diktat der reinen Vernunft sollen nicht Theorie bleiben. Bradshaw sieht dabei in der Freimaurerei die Erfüllung der Aufforderung, die Lord Kames an die Leser seiner *Elements of Criticism* richtet, über die Kultivierung des individuellen Kunstgeschmackes zugleich eine Verfeinerung des eigenen sozialen Habitus zu erreichen. Die Untersuchung dieser *habits* und die Frage nach einer spezifisch freimaurerischen Habitusethik drängt sich also vor dem Hintergrund der Wahl des Terminus in den freimaurerischen Quellentexten förmlich auf. Habitualisierungsvorgänge im Sinne einer individuellen Verankerung moralischer, auf Ausgleich gerichteter Verhaltensstandards erfahren in den freimaurerischen ethischen Schriften des späten 18. Jahrhunderts eine explizite Ausformulierung. Wie Klaus Hammacher herausgearbeitet hat, stehen die Freimaurer in ethischer Hinsicht in aristotelischer Tradition. Sie knüpfen an Aristoteles' Habitusethik an, die Hammacher als eine Einübungsethik begreift: »[...] ›habitus‹ steht für den aristotelischen Begriff der ›festen Grundhaltung‹ (gr. hexis) und bezeichnet damit durch Wiederholung eingeprägte Erwerbung bestimmter ethisch geprägter Verhaltensmuster, die man in der Tradition *Tugenden*

78 »Mathematical and metaphysical reasonings have not tendency to improve social intercourse, nor are they applicable to the common affairs of life: but a just taste of the fine arts, derived from rational principles, furnishes elegant subjects for conversation, and prepares us for acting in the social state with dignity and propriety. (Lord Kaimes)« »On the Masonic Character, Essay V«, in: *Scient. Mag.*, Bd. IX, September 1797, S. 177. Siehe auch Henry Home, Lord Kames: Elements of Criticism, Bd. 2, London, New York 1967 (Reprint der Ausgabe Edinburgh 1762), S. 10f.

nannte [...] Wir können darin eine Umkehrung dessen, was eine Prinzipienethik ausmacht, erkennen: Die guten Gewohnheiten müssen ausgeübt werden, dann folgen die richtigen Gedanken von selbst.«[79] Die Freimaurer stehen damit in der aristotelischen Tradition der *hexis* als feste Grundhaltung, die darauf ausgerichtet ist, jeweils die Mitte zu finden und zu halten,[80] und der hiermit verbundenen Mesoteslehre als Lehre der Mitte.

Bei Henry Home Lord Kames, dessen Worte Bradshaw seinem Artikel voranstellt, erlangt der Habitusbegriff besonderes Gewicht. In seiner systematischen Einführung in die Kunstkritik mit verallgemeinernden Überlegungen zu Moral, gutem Geschmack und Tugend weicht er vom gängigen Sprachgebrauch insofern ab, dass er, entgegen der herkömmlichen Gleichsetzung von Habitus (*habit*) und Gewöhnung (*custom*), deren Differenz betont. Kames bemüht sich, das Verhältnis von wiederholender Tätigkeit und der Wirkung, die diese auf den Handelnden hat, gegeneinander abzugrenzen. Während sich *custom* auf die regelmäßige Wiederholung von Tätigkeiten bezieht, beschreibt *habit* die Auswirkungen, die diese Wiederholungen auf die Dispositionen des Akteurs zeigen.

»Das Wort *Gewohnheit* (*custom*), verbindet man mit Handlungen, und *Fertigkeit* (*habit*), mit der handelnden Person. Unter Gewohnheit verstehn wir eine öftere Wiederholung derselben Handlung; unter Fertigkeit aber die Wirkung, welche die Gewohnheit auf die Seele oder den Körper hat. Diese Wirkung kann entweder thätig sein, wie die Behändigkeit in gewissen Leibesübungen, die durch Gewohnheit erzeugt wird; oder sie kann leidend sein, wie wenn wir durch die Gewohnheit einen besonderen Geschmack an gewissen Dingen finden, den wir anfänglich nicht daran fanden.«[81]

---

79 Klaus Hammacher: »Zukunft aus Vergangenheit« – Die Freimaurerische »Arbeit« in der heutigen Welt (2001), in: Einübungsethik. Überlegungen zu einer freimaurerischen Verhaltenslehre, Schriften der Forschungsloge Quatuor Coronati Bayreuth, Nr. 45/2005, S. 98-106, hier: 101.

80 »Habitus [ist] endlich das, was macht, daß wir uns in bezug auf die Affekte richtig oder unrichtig verhalten, wie wir uns z.B. in bezug auf den Zorn unrichtig verhalten, wenn er zu stark oder zu schwach ist, richtig dagegen, wenn er die rechte Mitte hält, und ähnliches gilt für die übrigen Affekte.« *Nik. Eth.*, 1105b, S. 33.

81 »*Custom* respects the action, *habit* the actor. By custom we mean, a frequent reiteration of the same act; and by habit, the effect that custom has on the mind or body. This effect may be either active, witness the dexterity produced by custom in performing certain exercises; or passive, as when, by custom, a peculiar connection is formed betwixt a man and some agreeable object, which acquires thereby a greater power to raise emotions.« Henry Home, Lord Kames: Elements of Criticism (1762), Bd. 2, Edinburgh, Second Reprint 1970, S. 82. Deutsche Übersetzung aus: Henry Home: Grundsätze der Kritik von Heinrich Home, erster Band,

»Leidend« ist in der deutschen Übersetzung nicht im Sinne eines quälenden Erduldens zu verstehen, sondern als Entwicklung, in der der Akteur schleichend an etwas Gefallen zu finden beginnt und sich dieses Gefallen als ein in der Persönlichkeit verankerter Geschmack niederschlägt.[82] Der Habitusbegriff beschreibt also ein durch Wiederholung gewecktes Bedürfnis, Dinge auf eine spezifische Art und Weise zu behandeln bzw. Situationen auf spezifische Art und Weise zu begegnen. Mit *habit* bezeichnet Kames jene in der Persönlichkeit verankerten Verhaltensweisen, die, selbst wenn die äußeren Umstände, die sie ursprünglich notwendig gemacht haben, oder bekräftigende Gratifikationen wegfallen, Bestand behalten. Der mit bestimmten *habits* ausgestattete Mensch ist daher bemüht, die Produktionsbedingungen des Habitus, d.h. jene Umstände, welche die Gewohnheiten hervorgebracht haben, wiederherzustellen. Kames exemplifiziert dies am Beispiel des wiegenden Ganges eines Seemanns.

»Ein Spaziergang auf dem Verdeck eines Schiffes ist unerträglich eingeschränkt. Gleichwohl wird er durch die Gewohnheit so angenehm, daß ein Matros in seinen Spaziergängen am Ufer sich gemeiniglich in eben so enge Gränzen einschränkt. Ich habe einen Schiffer gekannt, der die See verlassen, und das Landleben gewählt hatte. In einem Winkel seines Gartens ließ er sich einen Hügel in der Figur eines Schiffes aufwerfen, der oben ganz genau, nicht nur die Figur, sondern auch die Größe des Verdecks hatte; und dieses war sein liebster Spaziergang. Das Spiel, welches Anfangs durch die Beschäfftigung, die es uns giebt, ein bloßer Zeitvertreib ist, wird mit der Zeit äußerst angenehm; und man hängt ihm oft mit einer Begierde nach, als wenn es die wichtigste Beschäftigung unseres Lebens wäre.
Eben dieses lässt sich bei den Ergötzungen der Seele, bei Erkenntnis, und besonders bei der Tugend merken.«[83]

aus dem Englischen übersetzt von Joh. Nikolaus Meinhard nach der vierten Englischen verbesserten Ausgabe, Frankfurt, Leipzig 1775, S. 571f.

82 Eine Fußnote verweist im Original auf das Problem des Übersetzers, die von Kames stark gemachte Differenzierung auch im deutschen Text sprachlich zu markieren. Hier heißt es: »In der deutschen Sprache wird eine leidende Fertigkeit nicht anders als durch das Wort *Gewohnheit*, ausgedrückt. Aber hier war es nothwendig, dem Buchstaben des Originals zu folgen, und zween Begriffe, die der Autor voneinander absondert, durch zwo verschiedene Benennungen zu bezeichnen.« Dementsprechend stellt der Übersetzer Joh. Nikolaus Meinhard bei der Beschreibung der habituellen Veränderung, die die Gewohnheit bei der handelnden Person hervorzurufen vermag, der »Behändigkeit«, den »Geschmack« zur Seite. Ebd.

83 »A walk upon the quarterdeck, though intolerably confined, becomes however so agreeable by custom, that a sailor in his walk on shore confines himself commonly within the same bounds. I knew a man who had relinquished the sea for country-life. In the corner of his garden he reared an artificial mount, with a level summit, resembling most accurately a quarterdeck, not only in shape but in size; and this

Wie schon bei Aristoteles ist bei Kames der Habitus eines Menschen nicht unveränderbar festgelegt. Er unterliegt ständigen Wandlungs- und Verfestigungsprozessen, die mit wachsendem Alter des Menschen an Kontur gewinnen, zumal der Mensch die Ausbildung seiner wesensprägenden Merkmale über die Form seiner Teilnahme am sozialen Verkehr selbst beeinflussen kann. »Aus gleichen Tätigkeiten erwächst der gleiche Habitus«, heißt es bei Aristoteles. »Daher müssen wir uns Mühe geben, unseren Tätigkeiten einen bestimmten Charakter zu verleihen; denn je nach diesem Charakter gestaltet sich der Habitus.«[84] Und da »Dinge dieser Art, die nichts an sich haben, was ein für allemal feststünde ihrer Natur nach durch Mangel und Übermaß zugrunde gehen«, bedarf es Gesetzgeber, die diesen Vorgang lenken und durch vernünftige Rahmenbedingung tugendhaftes Verhalten fördern und Unerwünschtes unterbinden. So wird bei Aristoteles die Einübung des Sittlichen auch Sache der Staatsverfassung. Die *lustvolle* Befolgung von Gesetzen, die das rechte Maß festlegen, wird bei ihm zum Ausdruck der Tugendhaftigkeit.[85] Kames bezeichnet die Macht der Gewohnheit als »eine glückliche Erfindung zu unserem Besten« (*a happy contrivance for our good*), die den Menschen ungeachtet seines sozialen Ranges zu tugendhaftem Verhalten führen kann.[86] Er rühmt die Möglichkeit der Einübung eines allgemeinen Habitus (*generic habit*) der Tugendhaftigkeit als einer Haltung, die nicht mehr nur Reaktion auf einen spezifischen Gegenstand oder eine bestimme Situation ist, sondern sich als übergreifende Verhaltensdisposition in unterschiedlichen Situationen bewährt. Hieran knüpft auch *Masonicus* an.

Bei der Formierung eines solchen »soliden und vernünftigen Geschmacks«, der den Freimaurer befähigen soll, mit Einsicht zu entscheiden und wenn nötig die wichtigsten Belange seines Lebens eilig und entschlossen zu begleichen, hängt – wie zu sehen sein wird – vieles sowohl von der wohl geleiteten Wahl der Handlungen und Dinge als auch von der Art und Weise, wie diese unserer Aufmerksamkeit zugeführt werden, ab. Es sei dann aber »überaus natürlich, dass derselbe *habit of mind*, den man sich im Zuge der Befolgung höherer Pflichten aneignet, dass die gleichen Dispositionen, der gleiche Wunsch, etwas Gleichmäßiges, Sub-

was his choice walk. Play or gaming, at first barely amusing by the occupation it affords, becomes in time extremely agreeable; and is frequently prosecuted with avidity, as if it were the chief business in life. The same observation is applicable to the pleasures of the internal senses, those of knowledge and virtue in particular.« Henry Home, Lord Kames: Elements of Criticism (1762), zweiter Band, S. 86. In der deutschen Übersetzung, S. 575f.

84 *Nik. Eth.*, 1103b.

85 Ebd., 1103b, 1104a u. b.

86 Kames, Elements of Criticism, zweiter Band, Kap. 14, S. 106f.

stantielles und Dauerhaftes zu finden, auf das sich der Geist/Verstand (*mind*) stützen und auf dem er sicher ruhen kann, auch auf die Verfolgung leichteren Zeitvertreibs übertragen werden sollten.«[87]

»Wir wechseln lediglich unseren Gegenstand, verwenden aber die gleiche Methode in unserer Suche nach idealer Schönheit, indem wir die Perfektion suchen – Perfektion der Tugend, indem wir nach vorn schauen, über uns hinaus, auf die Gesellschaft und auf das Ganze blicken und eine Perfektion der Künste, indem wir in gleicher Weise unseren Blick auf alle Zeiten und sämtliche Länder erweitern.«[88]

Zur allegorischen Illustration des Erwerbs beständiger Verhaltensmuster zitiert Thomas Bradshaw, alias *Masonicus*, einen Auszug aus John Miltons Gedicht *Paradise Lost*, in welchem die gefallenen Engel beim Eintritt in das Pandämonium aufgefordert werden, ihre Gestalt zu ändern, um ihren Vorgesetzen Respekt zu erweisen (*by contracting their shapes*), während diese ihre natürliche Erscheinung bewahren, und er fügt erläuternd hinzu:

»Dieser Textabschnitt umfasst noch ein anderes Prinzip – dass der Mensch, dessen Vorsätze und Ziele fest, beständig und stark sind, immer offen sein wird für Eindrücke des Großmuts, sein Habitus (*his habits of life and character*) wird die Färbung dieser Ziele annehmen und seine Handlungen und Ansichten erlangen beispielhafte Gleichförmigkeit, Festigkeit und Konsistenz.«[89]

87 »Much depends on the nature and well directed choice of actions and things, as well as the manner in which they are introduced to our attention, in the formation of a solid and rational taste, which enables us to determine with judgement and, when it becomes necessary we should execute with firmness and dispatch, our most serious concerns in life. It is exceedingly natural, that the habit of mind which is acquired by attention to those more serious duties; that the same dispositions, the same desire to find something steady, substantial, and durable, on which the mind can lean as it were, and rest with safety, should be transferred to the pursuit of lighter amusements.« »On the Masonic Character, Essay III«, in: *Scient. Mag.*, Bd. IX, Juli 1797, S. 34.

88 »We only change our subjects but pursue the same method in our search after the idea of *Beauty*, by looking for *perfection* – of *Virtue*, by looking forward, beyond ourselves, to society and to the whole – and of *Arts*, by extending our views, in the same manner, to all ages, and to all countries.« Ebd.

89 »This passage embraces another principle – that the man, whose purpose and objects are steady, durable, and great, will ever be open to generous impressions, his habits of life and character will take their colouring from those objects, and his actions and opinions afford an example of uniformity, firmness, and consistency.« Ebd., S. 401.

Ein einmal erworbener Habitus – dies soll der Auszug untermalen – geht nicht verloren, wenn er sich anderen Gegenständen zuwendet.

Innerhalb des Habitualisierungsvorganges stellt die Moderation der Leidenschaften einen Zugewinn an Autonomie dar, die selbständige Betätigung der Urteilskraft einen Kompetenzzuwachs.

»Frei zu sein ist ein zentraler Bestandteil der freimaurerischen Profession; doch es ist jene sichere, gelassene Freiheit, wie sie die Umsicht fühlt und die Weisheit diktiert. Sklave der Leidenschaften oder der Torheit zu sein, wird in der Brust des Freimaurers niemals angenehme Gefühle hervorrufen, noch eine Elle zu seiner Größe beifügen. […] Weisheit und Umsicht bilden keine unerheblichen Züge des freimaurerischen Charakters. Weisheit leitet den Maurer ›angemessen zu sprechen und zu handeln und die wirksamsten Mittel zu seinem Erfolg einzusetzen.‹ Umsicht hält ihn davon ab, unpassend zu sprechen und zu handeln, und ist der sicherste Weg, nicht in Gefahr zu geraten.«[90]

Die Tugend der Verschwiegenheit exemplifiziere am besten diese Vorsicht und Weisheit und verhindere zudem das Eindringen unlauterer Personen in die Geheimnisse der Gemeinschaft.

»Im Streben nach Wissen muss eine Person alle allgemeinen Prinzipien der Urbanität, Höflichkeit und des Respekts praktisch umsetzen – viel hören und wenig sprechen.
Die Pflichten, welche die Gesellschaft ihren Mitgliedern auferlegt, werden ihn geneigt machen, vorteilhaft von ihr zu sprechen, wenn Recht und Anstand es erfordern; wenn er dies aber nicht kann – zu schweigen. Das Wissen darum, was gut und angemessen ist, und die Fähigkeit jede Anstrengung auf sich zu nehmen, um diese Praxis durchzusetzen, Unangemessenheit zu spüren und die Kraft Zurückhaltung zu üben, formen keine unerheblichen Züge des freimaurerischen Charakters.
Die allgemeinen Prinzipien der Urbanität, Höflichkeit und des Respekts besitzen, wie alle Regeln der Wissenschaft und der Natur, das hervorragende Merkmal, zu allen Zeiten in allen Ländern dieselben zu sein; doch der Modus, in den

90 »To be free is one of the characteristics of his [the freemason's, K.H.] profession; but it is that tranquil steady freedom, which prudence feels, and wisdom dictates. To be slave of passion or folly, could never yet call forth a pleasurable emotion in the Mason's breast, or add one cubit to his stature. […] Wisdom and Prudence form no inconsiderable traits in the Masonic character. By wisdom the Mason ›is led to *speak* and *act* what is proper, and to employ the most effectual means for success.‹ By prudence, he is prevented from *speaking* and *acting* improperly, and consequently employs the safest means for not being brought into danger.«« »On the Masonic Character, Essay II«, in: *Scient. Mag.*, Bd. VIII, Juni 1797, S. 399f.

sie gekleidet sind, ist Gegenstand steter Veränderung. [...] die Art und Weise ist wiederum ein Ergebnis der Gewohnheit (*habit*).«[91]

Auch wenn die Freimaurer nach anthropologischen Universalien suchen, vernachlässigen sie nicht die historische Dialektik von Varianz und Invarianz; die Hervorhebung der Urbanität lässt das Spannungsverhältnis von anthropologischen Universalien und historisch-kulturellen Modifikationen und Differenzen erkennen.

Obwohl Freimaurerei und christliche Religion sich in ihren Zielen gleichen, differieren ihre Mittel, diese zu erreichen.

»Wir werden der Maurerei untreu, sobald wir den Pfad der Tugend verlassen: Der Beitritt ist – gemessen am Christentum, welches einem jeden ungehindert Zugang bietet und immer bestrebt ist, uns vor Bösem zu bewahren – erschwert und nur wenigen Auserwählten gestattet. Der Zweck beider mag aus diesem Blickwinkel der gleiche sein, doch die Mittel, um dieses Ziel zu erreichen, sind – obschon sie sich eher ergänzen, denn widersprechen – ebenso unterschiedlich wie die religiösen Bekenntnisse ihrer Anhänger.«[92]

Doch nicht nur Zugänglichkeit und Bußfertigkeit unterscheiden beide Gemeinschaften. Kirchlichen Mäßigungsempfehlungen und Strafandrohungen setzt die Freimaurerei zudem eine konsequente Umwertung menschlicher Handlungsmotivation entgegen und propagiert eine Ethik des ausgleichenden Hedonismus, die den menschlichen Leidenschaften und Bedürfnissen eine ganz neue Daseinsberechtigung zuerkennt. Und doch erhebt Bradshaw die Moderation der Leidenschaften zum zentralen

---

91 »In the pursuit of knowledge [a person] must put in practice all his general principles of urbanity, politeness, civility, and respect – hear much and speak little.
The general duties of the society, with regard to its members, will incline him to speak favourably, when justice and propriety require it; but when that cannot be done – to be *silent*. To know what is good and proper, and to have the power of calling forth every active exertion to enforce the practice, to feel what is improper, and to have the power of being passive, form no inconsiderable traits in the Masonic character.
The general principles of urbanity, politeness, and respect, like all the principles of science and nature, have distinguishing characteristic of being *the same in all ages and in all countries*; but the *mode* in which they are dressed are subject to continual variations. [...] the *manner* is the result of habit.« Ebd., S. 400.

92 »Masonry deserts us when we quit the paths or Virtue: she is difficult of access, and limited to a select few, in proportion to Christianity, which is most easy of access, open to every one, and ever solicitous to bring us back from Vice. The object of both, in one point of view, may be considered the same; but the means, though not inconsistent with, but rather [...], assisting each other, are as distinct as the various religious opinions of their professors.« »On the Masonic Character, Essay III«, in: *Scient. Mag.*, Bd. IX, Juli 1797, S. 33.

Thema der freimaurerischen Bruderschaft, welcher vorgeworfen wurde, ihre Mitglieder würden die theoretisch geäußerten hehren Absichten über dem Punschglas gar zu leicht vergessen.

Moderation eigennütziger Leidenschaften

Vornehmlich in seinen Anfangsjahren von 1793-1794 publiziert das *Freemasons' Magazine* zahlreiche kurze Artikel, die sich mit den zentralen Tugenden des Freimaurers und der Notwendigkeit der Affektkontrolle beschäftigen. Einige Auszüge sollen einen Eindruck davon vermitteln: Es werden beispielsweise Geduld und Tapferkeit beschworen; vor Jähzorn wird gewarnt.

»Der Mann von hitzigem Gemüt hält die Geduld für einen Ausfluss der Niedrigkeit der Seele, eine heimtückische Neigung, die letzte Zuflucht von Feiglingen: der Mann von echtem Scharfsinn aber, der die Dinge leidenschaftslos zu betrachten vermag, erblickt darin alle wahren Anzeichen eines edlen Geistes. Sie wird genährt durch Hoffnung, jede Form des Zweifels, der ein ständiger Begleiter einer Niedrigkeit der Gefühle ist, ist ihr fremd. Die Geduld ist eine so starke Barriere gegen jede Form der Schande, dass alle unsere Übel den größten Teil ihrer Kraft verlieren, wenn man ihnen diese Tugend entgegenstellt. Sie besiegt alle Gegner und jeder Konflikt ist ein Sieg. Redlich widersteht sie den größten Ungemachen dieser Erde und versüßt die Bitternisse des Unglücks auf solche Weise, dass wir sie kaum mehr als elend wahrnehmen. Sie ist eine jener Tugenden, die die Belohnung stets in sich trägt, denn eben das Praktizieren von Geduld macht uns aufmerksam auf ihre Vorzüge.«[93]

Der Essay warnt vor dem Verlust des rechten Maßes und den unabsehbaren und nachhaltigen Folgen unkontrollierter Affektausbrüche. In der *Nikomachischen Ethik* bestimmt Aristoteles (384-322 v. Chr.) erstmals *he-*

93 »The man of a frantic heated imagination considers patience as flowing from a meanness of soul, a dastardly disposition, the last resource of cowards: but the man of real sagacity, who can view things through a dispassionate medium, discovers in it all the genuine marks of a noble mind. It is supported by hope, and is entirely unacquainted with every species of despair, the constant companion of a lowness of sentiment. Patience is so strong a barrier against every kind of disgrace, that all our ills lose the greatest part of their power, by opposing this virtue to them. It combats all opponents, and every conflict is a victory. It honorably resists the greatest hardships of this world, and sweetens the bitters of adversity in such a manner, that we scarcely perceive we are miserable. It is one of those virtues that constantly carries it's own reward, for the very practice of it makes us sensible or it's benefits.« »Essay on Patience« und »Essay on Choler«, in: *Freemasons' Mag.*, Juni 1793, S. 53-55, hier: S. 53.

xis als Verhaltensdisposition und Grundhaltung im Wechselspiel der Affekte und kennzeichnet die ethischen Tugenden in ihrer handlungsrelevanten Eigenart. Er definiert die Tugend als selbst erworbene Fähigkeit der Moderation der Affekte, als ein »Habitus des Wählens, der die nach uns bemessene Mitte hält und durch die Vernunft bestimmt wird, und zwar so, wie ein kluger Mann ihn zu bestimmen pflegt«.[94] Der Habitus ist nach Aristoteles als »dauernde Beschaffenheit [...] das, was macht, daß wir uns in Bezug auf die Affekte richtig oder unrichtig verhalten, wie wir uns z.B. in Bezug auf den Zorn richtig verhalten, wenn er zu stark oder zu schwach ist, richtig dagegen, wenn er die rechte Mitte hält, und Ähnliches gilt für die übrigen Affekte.«[95]

Sittliche Tugend entstehe auf der Basis durch Gewöhnung gefestigter Tätigkeiten. Der Mensch habe zwar »die natürliche Anlage, sie [die sittlichen Tugenden, K.H.] aufzunehmen, zur Wirklichkeit aber wird die Anlage durch Gewöhnung. [...] Tugenden [...] erlangen wir nach vorausgegangener Tätigkeit, wie dies in den Künsten der Fall ist. Denn was wir tun müssen, nachdem wir es gelernt haben, das lernen wir, indem wir es tun.«[96]

Durch gerechte Handlungen erwirbt man – so Aristoteles – die dauerhaften Dispositionen eines gerechten, durch Ausübung von Mäßigkeit, die eines maßvollen Menschen.[97]

»Mäßigkeit, im allgemeinen Sinne, ist eine vorsichtige Moderation (*a prudent moderation*), die unsere Begierden, unser Verlangen und unsere Leidenschaften in Schranken hält: aber wir müssen dies hier in eingeschränkter Bedeutung verstehen, nämlich als eine Tugend, die unsere körperlichen Gelüste im Zaume hält und sie auf ein Mittelmaß, von beiden extremen Polen gleichermaßen entfernt, begrenzt und sie so nicht nur unschuldig, sondern empfehlenswert und nützlich macht.

Die vorherrschenden Laster, die die Mäßigkeit verdrängt, sind die Ausschweifung und der Exzess bei Speise und Trank: sollte es mehrere geben, so entspringen sie der einen oder anderen dieser beiden Quellen.«[98]

---

94 *Nik. Eth.*, 1107a.

95 Ebd., 1105b.

96 Ebd., 1103a und 1105b. Interessant ist hier die Parallele zur Bezeichnung der Freimaurerei als »königliche Kunst«.

97 Ebd., 1105b.

98 »Temperance, in a general sense, is a prudent moderation which restrains our desires, appetites, and passions within just bounds: but we shall consider it here in a more limited signification, as a virtue that curbs our corporeal appetites, and, confining them to a medium equally distant from two opposite extremes, renders them not only innocent, but commendable and useful.

Als paradigmatischer Fall dient in den moraltheoretischen Diskursen des 18. Jahrhunderts – wie schon bei John Locke – immer wieder der exzessive Konsum von Alkohol. Dieser kehre das Schlechte des Menschen heraus, mache den guten Mann zu einem unberechenbaren Monster und Idioten, schade seinem Körper und seinem Geist.

»Die Mäßigung ist unser Schutz gegen tausend unsichtbare Übel. Würde diese Tugend unsere natürlichen Neigungen zügeln, dann würden sie bald alle Grenzen der Vernunft und Umsicht überschreiten. […] Der gute und ehrliche *Maurer* kennt ihren *höchsten Wert und angemessenste Anwendung*. Jeder kluge Mensch sollte wissen, dass wir, solange dieser Wachposten in Betrieb ist, gewappnet und geschützt sind gegen diese Unmenge von Gegnern, die die ungeschützten Opfer der Unmäßigkeit beständig umschwirren.«[99]

Allzu leicht zerstörten außerdem Neid und Streit das zwischenmenschliche Miteinander und verzerren den Blick auf die Dinge.[100]

»Rang und Ruf, alles, was dem Menschen lieb und teuer ist, wird nicht in der Lage sein, seine Raserei aufzuhalten. In der Tat sind diese häufig die ersten Objekte seiner Wut. […] Der Mann, der von einer schnellen Strömung dahin getragen wird, nimmt sich selbst als ruhend war, während sich alle Dinge um ihn herum bewegen. Derjenige, der von der Gewalt des Neides fortgerissen wird, wird sowohl von seinen Sinnen als auch in seiner Urteilskraft getrogen. Er wähnt sich selbst im Recht und seine Gegenüber fortwährend im Unrecht.«[101]

The principal vices repressed by Temperance are Incontinenca, and Excess in eating and drinking: if there be any more, they flow from one or other of these two sources.« »Temperance«, in: *Freemasons' Mag.*, January 1794, S. 63-64, hier: S. 63.

99 »Temperance is our guard against a thousand unseen ills. If this virtue restrain not our natural inclinations, they will soon exceed all bounds of reason and prudence. […] The good and true MASON knows its *highest value and most appropriate application*. Every man of reflection must know, that by keeping this vigilant centinel always on duty, we are armed and secured against that tremendous host of foes which perpetually hover round the unguarded victims of Intemperance.« Ebd., S. 64.

100 »On Jealousy«, in: *Freemasons' Mag.*, February 1794, S. 118.

101 »[…] Characters, reputations, every thing that is valuable and dear to man, will not be able to check it's fury. These are, indeed, often the first objects of it's rage.[…] The man who is carried by a rapid stream appears, to himself, to be at rest, whilst every other object seems to be in motion. He who is hurried away by the violence of strife is equally deceived both in his senses and his judgement. He ever fancies himself to be in the right, and those of the opposite party constantly in the wrong.« »Essay on Strife«, in: *Freemasons' Mag.*, August 1793, S. 207-209, hier: S. 207.

Von der Mäßigung der Affekte, der Moderation der Leidenschaften hängen das soziale Leben und der gesellschaftliche Zusammenhalt ab. In diesem Zusammenhang werden Differenzierungen wichtig, wie beispielsweise die Unterscheidung zwischen Tapferkeit und Mut.

»Tapferkeit (*fortitude*) ist eine Tugend oder Qualität des Geistes (*mind*), die allgemein mit Mut (*courage*) gleichgesetzt wird; bei sorgfältiger Betrachtung scheinen sie jedoch unterschiedlich. Mut mag je nach Umstand eine Tugend oder ein Laster sein; Tapferkeit ist immer eine Tugend. Verachtung gegenüber der Vermeidung von Gefahr ohne Konsequenzen zu achten, könnte man Mut (*courage*) nennen; und diesen hat manches Vieh ebenso wie der Mensch: bei ersterem ist er hauptsächlich ein Resultat ihrer natürlichen Instinkte; beim Menschen beruht er teils auf Gewohnheit (*habit)*, teils auf Nervenstärke und teils auf einem Mangel an Überlegung. Tapferkeit aber ist die Tugend eines rationalen und überlegten Geistes und begründet in Ehrgefühl und Pflichtbewusstsein. Es mag mutig sein, sich zu duellieren, wenn auch die Torheit häufiger das Resultat von Feigheit ist: es mag mutig sein, räuberische Handlungen zu begehen; hinter einem kriminellen Vergehen aber steht niemals Tapferkeit. Tapferkeit beinhaltet Liebe gegenüber der Gerechtigkeit und dem öffentlichen Wohl.«[102]

Die Glückseligkeit des Freimaurers hänge maßgeblich von der richtunggebenden Moderation der nützlichen und selbstsüchtigen Leidenschaften ab, heißt es mit einem Verweis auf die moralethischen Schriften Samuel Johnsons.[103]

»Unabhängig von der Einmischung tierischer Emotionen oder Störungen über die Sinne, welche die Leidenschaften kennzeichnen, scheint der Mensch insbesondere von zwei inneren Kräften gezeichnet: der Fähigkeit des Folgerns (*faculty of reasoning*), welche sich auf den Geist (*mind*) oder, wie man manchmal

102 »Fortitude is a virtue or quality of the mind, generally considered the same with courage; though in a more accurate sense they seem to be distingishable. Courage may be a virtue, or a vice, according to circumstances; Fortitude is always a virtue. A contempt to neglect of danger, without regard of consequences, may be called courage; and this some brutes have as well as men: in them it is the effect of natural instinct chiefly; in men it depends partly on habit, partly on strength of nerves, and partly on want of consideration. But fortitude is the virtue of a rational and considerate mind, and is founded in a sense of honour, and a regard to duty. There may be courage in fighting a duel, though that folly is more frequently the effect of cowardice: there may be courage in the act of piracy or robbery; but there can be no fortitude in perpetrating a crime. Fortitude implies a love of equity and of public good.« »Of Courage, Fortitude, and Fear«, in: *Freemasons' Mag.*, Bd. I, August 1793, S. 189-192, hier: S. 189.

103 »On the Masonic Character, Essay IV«, in: *Scient. Mag.*, Bd. IX, August 1797, S. 106.

sagt, auf den Kopf bezieht; und von der Fähigkeit zu fühlen (*faculty of feeling*), welche der Seele oder dem Herzen zugeschrieben wird. Die eine, beschäftigt, Übereinstimmung zwischen dem Menschen und seinen Wünschen herzustellen, gerät zu oft in Sorge um Belohnung, indem er alles seinem Selbst zuschreibt, die andere, eifrig bedacht, universelle Harmonie und Einmütigkeit zu fördern, verbreitet und empfindet Freude nur, wenn allgemeine Interessen und das Wohlergehen aller berücksichtigt wurden. Erstere beeinflusst den Menschen unablässig durch das Wissen um seine Wünsche und Schwäche, letztere inspiriert ihn mit Mut zur häufigen Erinnerung seiner Vortrefflichkeit. Daher rührt der ständige Konflikt dieser beiden unterschiedlichen Kräfte; und daher die vortreffliche Freude, die aus ihrer Einmütigkeit resultiert.«[104]

Die Kombination von Gefühl und Verstand ist die Grundlage des sozialen Zusammenhalts.

»Der Geist und die Prinzipien der Maurerei haben eine sehr kraftvolle Tendenz, den Menschen zu verbessern, und im Zuge dieser Verbesserung den seelischen Kräften Wirksamkeit und Nachdruck zu verleihen, indem sie sie lebhaft empfänglich machen für jeden Sinneseindruck, den die Empfindung des Göttlichen aussendet. Daraus lässt sich keine Tendenz zur Herabwürdigung des Verstandes (*reasoning faculty*) ableiten; denn, auch wenn er als unterlegen eingeschätzt wird, entfällt er doch nicht der dringenden Sorge eines echten Maurers. Es ist wenig nötig, ihn zu überzeugen, dass er einen wesentlichen Zug seines Charakters ausmacht; dass die Perfektion(ierung) des Verstandes und des Gefühls sich gegenseitig verschönen und dass sich im Zuge der Ausübung von Tugend die Würde des Menschen konstituiert. Diese beiden Kräfte existieren unabhängig voneinander und verbinden sich – oh Tugend! – durch göttlichen Einfluss zu

104 »Independently of the interference of animal emotions or pertubations by means of the *senses*, which mark the *passions*, man appears to be particularly characterized by two distinct internal powers: – the faculty of *reasoning*, relative to the *mind*, or, as sometimes expressed to the *head*; and the faculty of *feeling*, referable to the *soul* or to the *heart*. The one engaged in considering the conformities between man and his wants, becomes too often solicitous for gratification in rendering every thing contributory to *self*: the other, zealous to promote and to extend universal harmony and unanimity, expands and receives enjoyment and only when the general interests and the good of all are consulted. The former is continually influencing man from the impression of his wants and weakness: the latter inspiring him with courage, the frequent recollection of his excellence. Hence the constant conflicts of these two powers, at variance with each other; and hence the exquisite enjoyment resulting from their unanimity.« Ebd., S. 105.

einer Einheit, befruchten und reifen die sozialen Neigungen, die die Menschen miteinander verbinden.«[105]

Die Leidenschaften (*passions*) bedürften also der angemessenen Regulation (*due regulation*), und auch »[...] ohne eine gewisse ererbte Fähigkeit wäre der Versuch, sich ein habituelles Gleichmaß der Wesensart anzueignen, die geistigen Kräfte zu erweitern und die seelischen Fähigkeiten zu verbessern, nutzlos.«[106]

Die Überlegungen kreisen um eine Schlüsselfrage: Wie weit und wodurch ist es möglich, eigennützige (*selfish*) Leidenschaften in uneigennützige (*disinterested*) umzuwandeln, sie so sozial nützlich zu machen und positiv zu wenden? Und können die in einem solchen Transformationsprozess hervorgerufenen uneigennützigen Leidenschaften feste Bestandteile des Habitus werden?

Die Macht der Assoziation im Prozess der Formung eines Habitus der Uneigennützigkeit

Masonicus knüpft (unter Berufung auf einen gewissen Sayers) an das psychophysiologische Prinzip von Lust (*pleasure*) und Schmerz (*pain*) an, auf das sich alle eigennützigen Leidenschaften, die der Grundunterscheidung von Liebe und Hass unterliegen, zurückführen lassen sollten. Sayers' Argumentation wird wie folgt rekonstruiert:

»Wenn eine Person Schmerz erfährt und in der Lage ist, die Ursache dafür auszumachen, werde die Idee des Schmerzes in seinem Verstand fortan mit jenem Gegenstand verknüpft (*associated*) sein, der den Schmerz hervorgerufen hat. Wenn dieser Gegenstand, der den Schmerz verursacht hat, der Person erneut

105 »[...] the spirit and principles of masonry have a very powerful tendency to improve, and, by that improvement, to add efficacy and vigour to the faculty of the soul, by rendering it feelingly alive to every sensation which reverberates the sentiment of the Deity, let him not hence infer an intention to offer any observations in derogation of the reasoning faculty; for, though it be considered subordinate, yet it is not beneath the *solicitous regard* of the real Mason. Little is required to convince *him* that it forms an essential trait in his character; that the perfection of Reason and of Feeling mutually embellish each other, and, with the practice of *Virtue*, constitute the dignity of man. These two powers exist distinctingly, and by thy divine influence, O Virtue! Are often found in unity, impregnating and maturing the social affections which rivet man to man.« Ebd., S. 106.

106 »[...] without a certain portion it would be of little avail to attempt to acquire and establish an habitual uniformity of temper, to enlarge the powers of the mind, or to improve the faculty of the soul.« Ebd.

präsentiert wird, stellt sich die damit verbundene Vorstellung von Schmerz ebenso wieder ein. Diese Vorstellung müsste Abscheu und Hass hervorrufen und die Person drängen, den Gegenstand zu meiden oder gar zu entfernen. Auf die ebengleiche Weise seien die Leidenschaften des Gefallens oder der Liebe im Bewusstsein (*mind*) durch die Assoziation angenehmer Vorstellungen mit bestimmten Gegenständen, die diese hervorrufen, vorgeformt.«[107]

Masonicus bewegt sich im Anschluss an Sayers in den Bahnen der vor allem von dem Arzt und Philosophen David Hartley, dem Mitbegründer der Anthropologie im 18. Jahrhundert, unter Bezugnahme auf Locke und Hume ausgearbeiteten Assoziationspsychologie.[108] War der von Locke eingeführte Begriff der Assoziation für diesen das Erklärungsprinzip einer Pathologie der kognitiven Prozesse, so wurde Assoziation für Hartley zum Grundmechanismus der Ideenkombination, mit dessen Hilfe er auch zu erklären suchte, wie das Gedächtnis funktionierte, wie Emotionen entstehen und wie sich Handlungsmotive bilden.

---

107 »He (Sayers) has shewn that all the selfish passions depend upon the two of Love and Hatred, which are acquired by means of the physical sensations of pleasure and pain. He has remarked, that when a person endures pain, *and is able to detect the cause of it*, the idea of pain is connected in his mind with that of the thing which produced it; and if the object which occasioned pain be again presented, the idea of pain, associated with it, arises also. – This idea consequently urges a person to avoid or remove the object, and thus arises the passion of Dislike or Hatred. In the same manner, the passion of Liking or Love is readily formed in the mind, from the association of pleasant ideas with certain objects which produce them.« »On the Masonic Character, Essay IV«, in: *Scient. Mag.*, Bd. IX, August 1797, S. 108.

108 David Hartley: Observations on Man. His Frame, his Duty and his Expectations, in zwei Teilen, Elibron Classics Replica Edition 2004 (Reprint der überarbeiteten sechsten Auflage London 1834).
Auch die Grundunterscheidung von Liebe und Hass findet sich bei Hartley: »[...] As all the passions arise [...] from pleasure and pain, there first and more general distribution may be into the two classes of love and hatred i.e. they may term all those affections of the pleasurable kind, which objects and incidents raise in us, love; all those of the painful kind, hatred. Thus we are said to love not only intelligent agents of morally good dispositions, but also sensual pleasures, riches and honours; and to hate poverty, disgrace, and pain, bodily and mental [...] When our love and hatred are excited to a certain degree, they put us upon a variety of actions, and may be termed desire and aversion; by which last word I understand an active hatred [...] And, because mankind are for the most part pursuing or avoiding something or other, the desire of happiness, and the aversion to misery, are supposed to be inseparable from, and essential to, all intelligent natures.« (S. 232) Siehe auch meine Ausführungen zu Hartley vor dem Hintergrund des von mit verwendeten Engrammbegriffs in der Einleitung (S. 27 Fußnote 20).

Hartley entwickelte im Anschluss an Newton eine spezielle Vibrationstheorie, um seiner Assoziationslehre eine neurophysiologische Basis zu geben. Als naturphilosophisch-physikalisches Rahmenkonzept diente ihm Newtons Äther-Hypothese, die seiner Auffassung vom Korpuskelcharakter des Lichts entsprach. Nach Newton erzeugen die Lichtteilchen, wenn sie in ein Medium eintreten, eine Welle, die sich schneller ausbreitet als das Licht.

»Wenn die Teilchen eine Grenzfläche erreichen, werden sie durch die von ihnen erzeugten Schwingungen periodisch in Zustände versetzt, in denen sie entweder leichter reflektiert oder leichter durchgelassen werden. Dasselbe geschieht im Vakuum, das folglich mit einer Substanz erfüllt sein muss, einem ›Äther‹.«[109]

Hartleys Vibrationstheorie, die ein ätherisches Medium auch in den Nervenfasern voraussetzt, ist eine Anwendung der Äther-Theorie auf die innerorganismische Kommunikation der Nerven untereinander und mit dem Gehirn. Danach rufen äußere Reize über die Sinnesorgane eine Teilchenvibration in den Nerven hervor, die sich bis ins Gehirn fortpflanzt und im Hirnmark Empfindungen auslöst. Vom Gehirn wird die Vibration in den motorischen Nerven zu den Muskeln weitergeleitet, wodurch alle automatischen und willkürlichen Bewegungen ausgelöst werden. Auch die Muskelbewegung wird als vibratorische Bewegung aufgefasst. Wenn Empfindungen, oft genug wiederholt, bestimmte Spuren (*vestiges*), Prototypen oder Bilder im Gehirn zurücklassen, bezeichnet Hartley diese als einfache Ideen. Empfindungen von einem bestimmten Stärkegrad erwecken sinnliche Freuden und Schmerzen, die sich durch assoziative Übertragung auf Dinge, die kein sinnliches Vergnügen (*sensible pleasure*) und sinnliches Erleiden (*sensible pain*) bewirken, in intellektuelle Freuden und Schmerzen verwandeln. So ist die Assoziation auch die Quelle des intellektuellen Vergnügens und der intellektuellen Pein. Oft genug wiederholt, erzeugt die neuronale Vibration im Hirnmark auch eine Disposition zu abgeschwächten Vibrationen oder *Vibratiuncles*, auf deren Grundlage auch das Gedächtnis funktioniert.

»[...] Ideen und miniaturisierte Vibrationen müssen erst generiert werden [...], bevor sie assoziiert werden können [...] Doch dann (was sehr bemerkenswert ist) setzt die Macht, Ideen zu bilden und korrespondierende Miniaturvibrationen zu erregen, das Potential der Assoziation voraus. Denn da alle Empfindungen (*sensations*) und Vibrationen in zeitlicher und räumlicher Hinsicht unbegrenzt teilbar sind, können sie keinerlei Spuren oder Bilder (*traces or images of*

109 Robert Locqueneux: Kurze Geschichte der Physik, Göttingen 1989, S. 72.

themselves), d.h. irgendwelche Ideen oder Miniaturvibrationen hinterlassen, bevor ihre Teilchen aufgrund einer gemeinsamen Vorstellung oder Assoziation kohärieren.«[110]

So ist die Assoziation bereits am Zustandekommen eines ganzheitlichen Gegenstandsbildes beteiligt. Vorausgesetzt ist hier eine Korpuskeltheorie der Empfindungen; diese werden in Elemente zerlegt, komplexe psychische Gebilde werden auf Verbindungen zwischen den Elementen zurückgeführt. Empfindungen werden miteinander assoziiert, wenn die zugrunde liegenden Sinneseindrücke exakt zum gleichen Zeitpunkt oder in zeitlicher Kontiguität erfolgen. Hartley unterscheidet synchrone und sukzessive Assoziationen.

»Der Einfluss der Assoziation auf unsere Gedanken, Anschauungen und Zuneigungen ist so groß und offensichtlich, dass er der Aufmerksamkeit eines jeden Autors, der sich mit dieser befasst hat, schwerlich entgangen sein mag. Doch der Begriff der Assoziation in dem hier gebrauchten spezifischen Sinn wurde zuerst von Herrn Locke in Gebrauch gebracht. Alles, was die Alten und Modernen übermitteln bezüglich der Kraft der Gewohnheit, des Brauches, des Beispiels, der Erziehung, der Autorität, der Parteilichkeit, des Erlernens der Handwerks- und der Freien Künste basiert auf dieser Doktrin […].«[111]

Die Macht der Assoziation wächst mit der Anzahl der synchronen oder sukzessiven Eindrücke (*impressions*). Doch im komplexen Fall der »association of associations«, auf der in voller Entfaltung das Gedächtnis beruht, seien die Geisteskräfte (*powers of mind*) größer als sich irgendjemand vorstellen könnte. Ähnlichkeit, Kontrast, räumliche und zeitliche Kontiguität werden im 18. Jahrhundert als Assoziationsgesetze eingeführt, die im Ansatz bereits auf Aristoteles zurückgehen. Hartleys Assoziationspsychologie wurde von dem Chemiker und Philosophen Joseph Priestley, dem Entdecker des Sauerstoffs, propagiert und weiter ausgebaut. Der schottische Philosoph Thomas Brown ergänzte die Hauptprinzipien durch sekundäre Assoziationsgesetze: (1) die Dauer des ursprünglichen Eindrucks, (2) seine Lebhaftigkeit, (3) die Häufigkeit seiner Wiederholung, (4) seine Frische, (5) das Fehlen konkurrierender Eindrücke,

110 David Hartley, Observations on Man, Teil I, S. 45.

111 »The influence of association over our ideas, opinions, and affections, is so great and obvious, as scarcely to have escaped the notice of any writer who has treated of these, though the word *association*, in the particular sense here affixed to it, was first brought into use by Mr. Locke. But all that has been delivered by the ancients and moderns, concerning the power of habit, custom, example, education, authority, party-prejudice, the manner of learning the manual and liberal arts &c. goes upon this doctrine as its foundation […].« Ebd., S. 41f.

(6) konstitutionelle Unterschiede der Eindrucksempfänger, (7) deren jeweilige Gemütslage, (8) deren körperlicher Zustand und (9) deren Lebensgewohnheiten.[112] Die Assoziationspsychologie ist später von der Gestaltpsychologie als psychologischer Atomismus und Mechanizismus bekämpft worden. Dabei ist oft übersehen worden, dass die Assoziationspsychologen bereits von Ganzheitsqualitäten der Verbindungen zwischen den Elementen wussten. Der Psychologe Michael Wertheimer, Sohn des Mitbegründers der Gestaltpsychologie Max Wertheimer, schreibt in seiner *Kurzen Geschichte der Psychologie* über John Stuart Mill, den Sohn des einflussreichen Assoziationspsychologen und Philosophen James Mill: Er »führte eine recht bedeutsame Neuerung in die assoziationistische Doktrin ein. Er behauptete, daß eine assoziative Vorstellungsverbindung Eigenschaften haben kann, die von denen ihrer Komponenten verschieden sind [...]. John Stuart Mill war wie sein Vater davon überzeugt, daß Assoziation das Grundgesetz der Geistestätigkeit ist, und schrieb einen ausführlichen Kommentar zu dem Werk seines Vaters. Er verwendete den Ausdruck ›geistige Chemie‹ für die Verbindung von Vorstellungen und behauptete, daß die Verbindung mehrerer Elemente etwas völlig Neues ergeben kann [...]«.[113]

Im 20. Jahrhundert hat das Assoziationsprinzip in veränderter Form und moderner hirnphysiologischer Fundierung erneut Geltung erlangt.

> »Von Schuldifferenzen abgesehen, verwendet jede Lerntheorie und jede Lehre vom Gedächtnis den Begriff der Assoziation in entscheidender Funktion, wobei allerdings verschiedene Deutungen der ihm zugrunde liegenden Vorgänge möglich sind: Assoziationen von Ideen, Herstellung von Verbindungen zwischen erregten Nervenzellen, Resonanz, Feldwirkungen usw. Wesentlich beteiligt ist die Assoziationspsychologie an der Entwicklung des Behaviourismus und der Tiefenpsychologie; eine entschiedene Gegnerschaft zu ihr hat die Gestaltpsychologie angenommen.«[114]

Der Gegensatz zwischen Assoziationsprinzip und Gestaltprinzip hat inzwischen seine ursprüngliche prinzipielle Schärfe verloren. In der Kognitionspsychologie und der zeitgenössischen Hirnforschung spielen Assoziationsfelder, die den größten Teil des Kortex bilden, eine entscheidende Rolle.

Hartleys Versuch einer neurophysiologischen Fundierung des Assoziationsprinzips ließ dieses zum Grundmechanismus psychischer Prozes-

---

112 Vgl. Peter R. Hofstätter: Psychologie. Das Fischer Lexikon, Neuausgabe, Frankfurt a.M. 1981, S. 29f.

113 Michael Wertheimer: Kurze Geschichte der Psychologie, München 1971, S. 63.

114 Peter R. Hofstätter, Psychologie, S. 29.

se, auch kognitiver Leistungen avancieren, aber sie gab der assoziativen Verknüpfung noch nicht jene Stabilität, die zu einer Habitusbildung erforderlich gewesen wäre, wie sie der unter dem Pseudonym *Masonicus* schreibende Freimaurer Thomas Bradshaw für wünschenswert und möglich gehalten hat. Wichtig sind in diesem Zusammenhang Hartleys Überlegungen zum Gedächtnis. Er definiert das Gedächtnis als »jenes Vermögen, kraft dessen Spuren der Empfindungen und Ideen (*traces of sensations and ideas*) wieder auftauchen oder abgerufen werden können in derselben Ordnung und Proportion, in der sie sich einst präsentiert haben.«[115] Diese Erinnerungsspuren, die Hartley als Elemente des Gedächtnisses bezeichnet, können nur in einigen hundert Clustern abgerufen werden:

»[…] Wie die einzelnen Eindrücke (*single impressions*), welche kleine Cluster bilden, nicht durch Zufall (*at hazard*) miteinander kombiniert sind, sondern gemäß einer allgemeinen Tendenz in der Natur, so folgen auch Cluster, die Sachverhalte ergeben, einander gemäß einer allgemeinen Naturtendenz. Beides verringert die Anzahl der Varianten und zeigt, dass die Assoziationen zwischen vielen dieser Cluster […] bereits zementiert (*cemented*) sind. […] Einige Cluster sind aufgrund der Ideen der Inkonsistenz, des Unmöglichen, sowie aufgrund von Methoden des folgernden Denkens, die uns befähigen, das Leben zu meistern, von Folgeverbindungen ausgeschlossen.«[116]

Durch reguläre Musterbildung werden die Erinnerungsspuren stabilisiert (*cemented*). Dies wird durch sprachliche Verbindungen verstärkt. Entscheidend ist jedoch die Bekräftigung assoziativer Kopplungen auch im Gedächtnis durch die weniger sinnlichen als intellektuellen Freuden, die sie hervorrufen. »Die intellektuellen Vergnügen und Schmerzen sind so wahrhaftig wie die sinnlichen, sind sie doch, wie wir gesehen haben, nichts anderes, als die sinnlichen verschiedenartig vermischt und mitein-

115 »*Memory* is that faculty by which traces of sensations and ideas recur, or are recalled, in the same order and proportion, accurately or nearly, as they were once actually presented.« David Hartley, Oberservations in Man, Teil I, S. 2.

116 »[…] As the single impressions, which make the small clusters, are not combined together at hazard, but according to a general tenor in nature, so the clusters which make facts succeed each other according to some general tenor likewise. Now this both lessens the number of varieties, and shews that the association between many of the clusters, […], is cemented already. […] Some clusters are excluded from succeeding others, by ideas or inconsistency, impossibility, and by the methods of reasoning, of which we become masters as we advance in life.« Ebd., S. 236.

ander verbunden.«[117] Zugleich haben die intellektuellen *pleasures and pains* nach Hartley einen künstlichen und erworbenen Charakter. Daher erklärt er es zu seiner Aufgabe, alle menschlichen Vergnügungen abzuschätzen und auszumessen (*estimate*), und zwar nach ihrer Größenordnung (*magnitude*), ihrer Dauerhaftigkeit bzw. Beständigkeit (*permanency*) und ihrer Tendenz, andere Vergnügungen hervorzurufen. Die Entstehung der verschiedenen Formen der Lust und des Erleidens erklärt Hartley aus der Tatsache, dass akute Empfindungen im Gehirn Spuren hinterlassen, und aus der Macht der Assoziation. So lassen beispielsweise Schmerzen von großer Intensität, wie sie von Brandwunden herrühren, im Nervensystem eine Disposition zurück, miniaturisierte Vibrationen der nämlichen Art zu erregen und auf diesem Wege Assoziationen auszulösen. So erzeuge der Anblick von Feuer in Nervensystem des gebrannten Kindes schmerzhafte Vibrationen der gleichen Art, wie sie einst durch die akute Verbrennung veranlasst wurden, wenn auch in geringerem Grad. Daraus folgert Hartley: Erinnerungsspuren und Assoziationen hätten das Potential, aus einfachen körperlichen Schmerzen mit Hilfe von Wörtern, Symbolen und assoziierten Anlässen oder Begleitumständen, mentale Schmerzen hervorgehen zu lassen. Gleiches gelte für die Freuden (*pleasures*). Auch die Freuden des Tastsinns beispielsweise (zu denen auch die Freuden des Gaumens gerechnet werden) hinterlassen Hartley zufolge im Gehirn Spuren und Miniaturbilder ihrer Umstände. Waren Gruppen solcher Miniaturen lang und eng genug mit besonderen Objekten verbunden, so verbinden sie sich zu einer komplexen Idee, die jedoch als eine einfache erscheint und auf andere Objekte übertragen werden kann. Diese Übertragung, die zugleich eine Verallgemeinerung darstellt, ist eine Quelle der intellektuellen Freuden, die Vergleichung und Kombination, Musterbildung und Abstraktion voraussetzt.

Hartleys Assoziationismus war mit einem physiologisch fundierten Hedonismus verbunden, der das Lustprinzip aber nicht undifferenziert handhabt, sondern nach verschiedenen Arten des Vergnügens und verschiedenen Lustquellen fragt. Den Freuden und peinvollen Widerfahrnissen der einzelnen Sinne und dem sexuellen Begehren stellt Hartley sechs Klassen intellektueller Lüste und Schmerzen gegenüber. Beide Bereiche – die körperlichen und die mentalen Vergnügungen und Leiden – werden jedoch nicht voneinander isoliert. Die sinnlichen Freuden und Leiden werden mehr und mehr durch Assoziation auf Dinge übertragen, die von sich aus weder *sensible pleasure* noch *sensible pain* bewirken; eben dadurch werden intellektuelle Freuden und Schmerzen erzeugt. Die sechs

117 »The intellectual pleasures and pains are as real as the sensible ones, being, as we have seen, nothing, but the sensible ones variously mixed and compounded together.« Ebd., S. 53.

Klassen intellektueller Vergnügungen und Erleidnisse sind: the pleasures and pains of imagination; of ambition; of self-interest; of sympathy; of theopathy; of the moral sense. Damit geht die Assoziationspsychologie in Moraltheorie über. Im Zusammenhang mit der Freimaurerei interessiert das Verhältnis zwischen eigennützigen und uneigennützigen Formen des Vergnügens. Der kritische Punkt liegt in den *pleasures and pains of self-interest*. Um diesen kritischen Punkt dreht sich auch die ganze Argumentation des *Masonicus*:

»Nehmen wir an, dass einer uns viele freundliche Dienste geleistet und dementsprechend viel zu unserem Glück beigetragen hat. Es ist für uns natürlich, mit einiger Besorgnis die Fortsetzung dieses Vergnügens zu suchen, die er fähig ist zu geben. Wir stellen bald fest, dass der sicherste Weg, seine freundlichen Dienste zu erhalten, darin besteht, sie auch ihm zu einer Quelle der Freude zu machen: wir leiten daher alles, was in unserer Macht steht, in die Wege, um in Gegenleistung für das Gute, das er über uns gebracht hat, seine eigene Freude daran zu fördern, auf dass wir ihn so fest wie irgend möglich an uns binden. Bisher ist alles eigennützig: wir haben offensichtlich mit dem Ziel zukünftiger Gratifikation zur Freude dieses Menschen beigetragen; aber sieh nun die Konsequenzen. Wir haben, indem wir an unseren eigenen Vorteil dachten, den wir aus dem Wohlergehen unseres Freundes schlagen wollten, gelernt, eine Menge angenehmer Gedanken mit seinem Glück zu assoziieren; während das Bindeglied langsam verblasst, bleibt uns die Verbindung selbst erhalten. Indem wir fortan mit dem Wohlergehen unseres Freundes Vergnügen verbinden, bemühen wir uns, dieses zu seiner direkten Befriedigung zu fördern, ohne Absichten darüber hinaus zu verfolgen. Auf diesem Wege wird sein Glück, welches ehemals bedient wurde, als Mittel zum Zweck einer zukünftigen Freude, zum Selbstzweck. Somit wird die ursprünglich eigennützige Leidenschaft mit der Zeit uneigennützig, indem die Belohnung bereits in der erfolgreichen Beförderung des Glückes eines anderen liegt. Derart wird über den Ursprung der Dankbarkeit Rechenschaft abgelegt, welche sich schließlich in einen Habitus (*habit*) verwandelt und spontan jedem entgegen gebracht wird, der entweder einmal unser Wohltäter war oder beabsichtigt, es zu sein.«[118]

118 »The disinterested passions are of a more abstract nature, but all rise from the selfish. Suppose that an individual has done to us many offices of kindness, and has consequently much contributed to our happiness, it is natural for us to seek with some anxiety for the continuance of those pleasures, which he is able to communicate. We soon discern, that the surest way of obtaining his friendly offices, is to make them, as much as possible, a source of pleasure to himself: we therefore do every thing in our power to promote his happiness, in return for the good he has conferred upon us, that thus we may attach him to us as much as we are able. Hitherto all is selfish: we have been evidently endeavouring, for the sake of our own future gratification, to promote the happiness of this person; but observe the consequence. We have thus, by contemplating the advantage to be

Diese Verschiebung der Zweck-Mittel-Relation, in deren Verlauf das Mittel (das Glück des anderen als Mittel zu unserem Wohlergehen) zum Selbstzweck wird, ist der Kernpunkt der programmatischen Anwendung der von Hartley begründeten Assoziationspsychologie durch die Freimaurer. Freundliche Dienste, die man anderen erweist, bescheren einem ein eigennütziges Vergnügen, solange man mit dem Ziel künftiger Gratifikation zur Freude eines anderen Menschen beiträgt. Doch auch wenn einen die Rücksicht auf den eigenen Vorteil leitet, lernt man zugleich, mit dem Glücklichsein des anderen eine Menge erfreulicher Ideen zu verbinden, die mit dem eigenen Vorteil nicht unmittelbar assoziiert sind. Könnte die erste Assoziation (gleichsam eine Art moralischer Funktionslust) so weit verstärkt werden, dass die zweite Assoziation (der Gedanke an künftige Gratifikation) zu verblassen beginnt? *Masonicus*' Ausgangspunkt ist das, was Hartley die Freuden des verfeinerten (*refined*) Selbstinteresses nennt – eine kühle, planvolle, um meiner selbst willen betriebene Suche nach den Freuden des Sympathie, Religion und des *moral sense*, darüber hinaus das Herbeiführen und der Genuss solcher Freuden. Hiervon unterscheidet Hartley die Freuden und Schmerzen eines vernünftigen Selbstinteresses, worunter er vor allem Hoffnungen und Ängste im Hinblick auf einen künftigen Seinszustand oder den Tod versteht. Diese Hoffnungen und Ängste seien auf der einen Seite die stärksten unserer eigennützigen Emotionen, auf der anderen Seite jedoch eine Grundlage der interesselosen Liebe zu Gott und zu meinem Nächsten und das Hauptmittel, um meine Assoziationen im Hinblick darauf, was ich hasse und liebe, verfolge und fliehe, auf das Erreichen des höchstmöglichen Glückszustandes abzustimmen. Ein solches vernünftiges Selbstinteresse, das in der interesselosen Liebe zu Gott und zum Nächsten mündet, öffnet mich erst für die Freuden der Sympathie, der Liebe zu Gott und des *moral sense*. Hartley zeigt dies am Beispiel des Wohlwollens (*benevolence*):

derived to ourselves from promoting the prosperity of our friend, learned to associate a set of pleasant ideas with his happiness; *but the link which has united them, gradually escapes us*, while the union itself remains. Continuing to associate pleasure with the well-being of our friend, we endeavour to promote it for the sake of his immediate gratification, without looking further; and in this way his *happiness*, which was first attended to only as a *means* of future enjoyment, finally becomes *an end*. Thus then the passion, which was originally selfish, is at length disinterested, its gratification being completed, merely by its success in promoting a happiness of another. Thus is the origin of *gratitude* accounted for, which at last becomes a habit, and flows spontaneously towards every man who has either been, or intended to be our benefactor.« »On the Masonic Character, Essay IV«, in: *Scient. Mag.*, Vol. IX, August 1797, S. 108.

»Wohlwollen im engeren Sinne ist eng mit dem Sozialgefühl (*sociality*) verbunden und hat die gleichen Quellen. Am Wohlwollen haftet ein hoher Grad von Ehre und Wertschätzung, es sichert uns manchen Vorteil und die Erwiderung von Freundlichkeit, sowohl von Seiten der uns verpflichteten Person als auch von Seiten anderer. Und es ist meistens eng verbunden mit der Hoffnung auf Belohnung in einem künftigen Seinszustand, mit den Freuden der Religion, der Selbstachtung und des moral sense. Und all dies steigert sich noch im Falle der Generosität. Es ist daher leicht einzusehen, wie sich Assoziationen in uns bilden, die uns verpflichten, um anderer willen auf großes Vergnügen zu verzichten oder großen Schmerz zu ertragen; wie solche Assoziationen von so hochgradiger Freude begleitet sein können, dass wir den tatsächlich erduldeten Schmerz oder den schmerzenden Verzicht auf ein Vergnügen nicht gelten lassen; und wie gleichwohl direkt und implizit keinerlei Belohnung erwartet wird, weder von Gott noch von den Menschen, weder als natürliche Folge noch infolge einer ausdrücklichen Vereinbarung, nicht einmal in Form des begleitenden Vergnügens, das den Handelnden verpflichtet, wohlwollende oder generöse Handlungen zu vollbringen. Ich nehme es als ein Beweismittel für die Lehre von der Assoziation, dass es so etwas wie interesseloses Wohlwollen gibt und geben muss […].«[119]

Ohne Hilfe der Religion, der Hoffnungen und Ängste im Hinblick auf ein Leben nach dem Tode, kann Hartley den assoziativen Übergang von eigennützigem zu uneigennützigem Verhalten nicht erklären. Die selbstlose Liebe zum Nächsten setzt die interesselose Liebe zu Gott voraus.

Masonicus verbleibt zunächst einmal bei einem irdischen Ausgangspunkt: dem *do-ut-des*-Prinzip, das auf das Verhältnis zu Gott nicht ohne weiteres anwendbar ist. Die freundlichen Dienste, die mir jemand erweist, sind für mich eine Quelle der Daseinslust. Ich lerne, dass ich diese Freude erlangen kann, wenn ich das mir erwiesene Gut mit einer Gegen-

119 »Benevolence, in the limited sense, is nearly connected with sociality, and has the same sources. It has also a high degree of honour and esteem annexed to it, procures us many advantages, and returns of kindness, both from the person obliged, and others; and is most closely connected with the hope of reward in a future state, and with the pleasures of religion, and of self-approbation, or the moral sense. And the same things hold with respect to generosity in a much higher degree. It is easy therefore to see, how such associations may be formed in us, as to engage us to forego great pleasure, or to endure great pain, for the sake of others; how these associations may be attended with so great a degree of pleasure as to overrule the positive pain endured, or the negative one from the foregoing of a pleasure; and yet how there may be no direct, explicit expectation of reward, either from God or man, by natural consequence, or express appointment, not even of the concomitant pleasure which engages the agent to undertake the benevolent or generous action. And this I take to be a proof from the doctrine of association, that there is, and must be, such a thing as pure disinterested benevolence; [...]« David Hartley, Observations on Man, Teil I, S. 296f.

leistung vergelte, die im anderen die gleiche Freude, das gleiche Vergnügen erweckt. In Erwartung einer neuerlichen Gratifikation von seiner Seite freue ich mich an der Freude des anderen; schließlich wird das Mitfreuen mit dem anderen, das Miterleben seiner Lustempfindung, das ursprünglich ein Mittel war, zum Selbstzweck, unabhängig davon, ob auch ich wiederum eine Gegenleistung erwarten kann. Ich assoziiere mit der Freude des anderen, deren Urheber ich bin, eine eigene Freude, bis es zu meinem Habitus wird, anderen freundliche Dienste zu erweisen, unabhängig von der konkreten Person. Primär ist in dieser ganzen Argumentation allerdings nicht das Assoziationsprinzip, sondern eine verlässliche Reziprozität freundlicher Dienste, die durch assoziative Verknüpfung aktiviert und reaktiviert werden kann. Thomas Bradshaw, alias *Masonicus*, geht noch einen Schritt weiter und strebt eine soziale Verallgemeinerung des *do ut des* an:

»Um dieses Thema auszuweiten: – die Freuden, die unser Land gewährt, sind zahlreich und groß. Der Wunsch, den Genuss dieser Freuden zu verewigen, schließt den Wunsch ein, die Sicherheit und den Wohlstand unseres Landes voranzutreiben, ohne die viele verloren wären. All dies ist offensichtlich eigennützig; aber wie in der Weiterentwicklung der Dankbarkeit wird es am Ende uneigennützig. Mit dem Wohlstand unseres Landes verbinden wir angenehme Gedanken, die nicht mehr an das begrenzte Interesse gebunden sind, das uns zuerst gefangen hat. Der (Volks-)Wohlstand, der zunächst als Mittel künftiger eigener Genüsse erwünscht war, wird zum Selbstzweck: wir verspüren Freude angesichts des Wohlstandes, wie auch immer zustande gekommen, und sehen nicht darüber hinaus. Auf diese Weise ist es nicht schwer zu beobachten, auf welche Art und Weise sich ein allgemeines und uneigennütziges Wohlwollen in einem Geist verankert, der bereits Freude aus dem Glück einiger weniger hat ziehen können. Der Übergang zur Assoziation mit allgemeinem Glück, dem Glück eines jeden Menschen, ob nun durch uns oder von einer beliebigen anderen Ursache herbeigeführt, ist einfach […] Maurerei beginnt, wo die eigennützigen Eigenschaften enden und die sozialen Neigungen zur Geltung kommen.«[120]

120 »To extend this subject: – the pleasures which our country affords are numerous and great. The wish to perpetuate the enjoyment of those pleasures, includes the wish to promote the safety and welfare of our country, without which many of them would be lost. All this is evidently selfish; but, as in the progress of gratitude, it finally becomes disinterested. Pleasant ideas are thus strongly connected with the welfare of our country, after the tie which first bound them together has escaped our notice. The prosperity which was at first desirable as the means of future enjoyment, becomes itself an end: we feel delight in such prosperity, however produced, and we look not beyond this immediate delight. It is thus not difficult to observe in what manner a general and disinterested benevolence

Den von sich aus eingeräumten Einwand, »die sozialen Prinzipien mögen zu einem gewissen Grad auch ohne die Hilfe der Maurerei erreicht werden«, vermag *Masonicus* allerdings nicht zu entkräften. Nach seiner Vorstellung leitet den Freimaurer ein lebhaftes Verlangen, »bestimmte Handlungen der Dankbarkeit, Nächstenliebe, Umsicht etc. ohne Bezug auf ein bestimmtes Objekt vorzunehmen. Das ist das Merkmal der wohltätigen Neigung (*benevolent affection*) oder des universellen Wohlwollens (*universal good-will*), das in der Maurerei so häufig die Aufmerksamkeit fängt. Dieses Gefühl ist der große Entwurf, welcher das System der Maurerei stark macht und den Habitus (*habit*) formt. Dies ist das Prinzip, welches die Einheitlichkeit des Betragens, der Meinungen und Handlungen des maurerischen Charakters (*masonic character*) entfaltet; die Quelle der Sympathie (*sympathy*) und Nachahmung (*imitation*), die den Menschen humanisiert und kultiviert [...].«[121]

Die assoziative Zweck-Mittel-Verschiebung, die sich auf die verlässliche Reziprozität freundlicher Dienste gründet, funktioniert allerdings nur so lange, wie die soziale Reziprozität von Leistung und Gegenleistung noch als persönliche Beziehung erfahrbar ist und nicht lediglich als sachliche Beziehung über den Markt vermittelt wird. Etwas anderes zu erwarten, wäre eine Illusion, wie Adam Smith anhand der marktvermittelten Tauschbeziehungen in einer durch Arbeitsteilung und Kapitalverwertung charakterisierten Gesellschaft gezeigt hat:

»In einer zivilisierten Gesellschaft befindet er [der einzelne Mensch, K. H.] sich jederzeit in der Zwangslage, die Mitwirkung und den Beistand einer großen Menge von Menschen zu brauchen, während sein ganzes Leben kaum hin-

---

takes place in a mind which has already received pleasure from the happiness of a few. The transition is easy towards associating it with happiness in general, with the happiness of any being, whether produced by ourselves, or by any other cause whatever. [...] Where the selfish passions end, and the social affections are introduced, Masonry begins. [...]« »On the Masonic Character, Essay IV«, in: *Scient. Mag.*, Bd. IX, August 1797, S. 107f.

121 »If we attentively examine our own breasts, and contemplate any signal act of gratitude, charity, prudence, or of courage, we shall be conscious of a certain feeling distinguishable from the esteem or admiration of the grateful, charitable, prudent, of courageous person; which feeling is attended with a lively desire to perform certain acts of gratitude, of charity, prudence &c. without relation to any particular object. This is the characteristic of that *benevolent affection*, or *universal good-will*, which in Masonry so frequently captivates attention. This is that *feeling* which it is the great design if the Masonic system to strengthen and mould into *habit*. This is that principle which displays the uniformity of manners, opinions, and actions, in the Masonic Character; the source of sympathy and imitation, by which the man becomes humanized and polished; firm, without severity; and indulgent, without caprice.« »On the Masonic Character, Essay V«, in: *Scient. Mag.*, Bd. IX, September 1797, S. 177.

reicht, die Freundschaft von einigen wenigen Personen zu gewinnen [...] Nicht von dem Wohlwollen des Fleischers, Brauers oder Bäckers erwarten wir unsere Mahlzeit, sondern von ihrer Bedachtnahme auf ihr eigenes Interesse. Wir wenden uns nicht an ihre Humanität, sondern an ihre Eigenliebe, und sprechen nie von unseren Bedürfnissen, sondern von ihren Vorteilen.«[122]

Der Habitus der Uneigennützigkeit bewährt sich nur so lange, wie der Uneigennützige in seiner in die Latenz abgesunkenen Erwartung einer Gratifikation oder einer anderen Form der Anerkennung nicht dauerhaft enttäuscht wird. Wenn er selber nur Undank erfährt, wenn sein Wohlwollen permanent mit Ausnutzung und Übervorteilung erwidert wird, wenn ihn der Markt bestraft und Gewinne ausbleiben, wenn sein Wohlwollen seine ganze geschäftliche Existenz gefährdet und ihn in den Ruin treibt, dann werden sich neue assoziative Kopplungen einstellen und er wird genötigt sein umzulernen. Gerade angesichts solcher Erfahrungen und Risiken in der Commercial Society ist es lebenswichtig, in einer Wertegemeinschaft Rückhalt zu finden, die alle Enttäuschungen und Verletzungen des *Fair Play* zu kompensieren vermag. Auch *Masonicus* hat sich nicht auf innengespeicherte assoziative Verknüpfungen verlassen. Vielmehr müssen diese durch rituelle Praktiken der Gemeinschaft, d.h. durch Prozeduralisierung abgesichert und stets von neuem bekräftigt werden; hier liegen Berührungspunkte zur Ethik von John Locke, an die auch Adam Smith angeknüpft hat.

Linien einer modernen Habitusethik

Für die Bemühung um eine Operationalisierung moralphilosophischer Ansätze gibt es wohl kaum einen exemplarischen Fall, der einschlägiger wäre als die Freimaurerei. Im ersten Drittel des 18. Jahrhunderts scheint neben ihr jedoch ein bisher wenig beachtetes Parallelphänomen auf, über dessen vergleichende Analyse sich die spezifische freimaurerische Konzeption und ihre möglichen Impulse für die allgemeine Lebenspraxis des 18. Jahrhunderts noch konsequenter herausarbeiten lassen.

122 Adam Smith: Eine Untersuchung über Natur und Wesen des Volkswohlstandes. Unter Zugrundelegung der Übersetzung Max Stirners, aus dem Englischen Original nach der Ausgabe letzter Hand (4. Aufl. 1786) ins Deutsche übertragen von Prof. Dr. Ernst Grünfeld und eingel. von Prof. Dr. Heinrich Waentig in Halle a.S., 3. unveränderte Aufl., Jena 1923, Bd. 1, S. 18f. Vgl. zu dieser Problematik Kalisch, Von der Ökonomie der Leidenschaften zur Leidenschaft der Ökonomie.

John Tolands *Pantheistikon* (1720)

Im Jahre 1720 publiziert der britische Philosoph und Freidenker John Toland (1669-1722), der zuvor mit seinen Äußerungen eines radikalen Republikanismus und scharfen Antiklerikalismus sowie seinen Publikationen zum philosophischen Materialismus für Aufregung gesorgt hatte, anonym eine Schrift mit dem umfangreichen Titel: *Pantheistikon oder Formel für die Abhaltung des Sokratischen Bundes, in drei Teilen I. die Lebensart und Grundsätze, II. die Gottesverehrung und Philosophie, III. die Freiheit und das untrügliche, unverbrüchliche Gesetz der Pantheisten oder Bundesgenossen enthaltend.* In dieser Publikation legt Toland seine pantheistisch-materialistische Weltanschauung dar und liefert zugleich die Beschreibung der esoterischen Lehre eines philosophischen Bundes Sokratischer Brüder mitsamt einer liturgischen Formel, nach welcher dieser bei Abhaltung seiner Versammlungen verfahren würde. Der Konjunktiv ist hier bewusst gewählt, denn eine derartige Vereinigung hat es im Anschluss an Tolands Schrift nie gegeben. Obschon diese Tatsache die Bedeutung seiner programmatischen Schrift in keiner Weise schmälert, wird den Ursachen dafür nachzugehen sein, warum sich der Entwurf Tolands im Gegensatz zur gemeinschaftlichen Praxis der Freimaurer nicht hat praktisch durchsetzen können.

Die angekündigten praktischen Anweisungen für die Abhaltung der Treffen weisen markante strukturelle Parallelen zu den Darstellungen der rituellen Zusammenkünfte der Freimaurer auf. Toland beschreibt den Ablauf einer rituellen Versammlung eines philosophischen Männerbundes, der die Diskussion und Aneignung speziellen Wissens unter den Schutz der Verschwiegenheit einer geschlossenen Gemeinschaft stellt. Die *Formel* beginnt mit einer herkunftshistorischen Herleitung der Disputationsgemeinschaft von antiken gelehrten Tischgesellschaften, deren Zusammenkünfte die Vorlage für die Form der Versammlung geben sollen. Es folgt eine Einführung in sein pantheistisches Weltbild, dessen sittliche Kraft der Naturerkenntnis er herausarbeiten und aus welchem er am Ende sein Ideal des sittlichen Menschen ableiten will. Seinen Ausgangspunkt soll die sittliche Vervollkommnung des Menschen wie im freimaurerischen Ritual in der Selbsterkenntnis nehmen, der Feststellung und Aktivierung der eigenen geistigen Fähigkeiten.[123]

Die rituelle Zusammenkunft des esoterischen Männerbundes eröffnet und leitet ein Vorsitzender in feierlicher Wechselrede mit der Gemeinschaft. Die Versammlung stehe ganz im Zeichen der Harmonie und der brüderlichen Gleichheit, heißt es in Tolands Schrift. Aufgenommen wür-

123 John Toland: Das Pantheistikon des John Toland, übersetzt und mit Einleitung versehen von Ludwig Fensch, Leipzig 1897, S. 149.

den neue Mitglieder in die geschlossene Gemeinschaft nur nach einstimmigem Beschluss. Zur Wahrung der Eintracht sei es verboten, politische Fragen zu diskutieren. Unter Vermeidung von »Streit, Neid und Unverträglichkeit« herrsche »Gelehrigkeit, Wissenschaftlichkeit und Freundlichkeit« vor. Unter Ausschluss von allem »Unheiligen« weihe man die Versammlung und »alles, was in ihr gedacht, geredet, gehandelt wird«, »der Wahrheit, der Freiheit, der Gesundheit, dem dreifachen Gelübde des Weisen«.[124] Eröffnungs- und Schließungsverkündungen strukturieren das dreigliedrige Ritual, welches parallel zum alltagspolitischen Geschehen einen heterotopischen Raum eröffnen, ein alternatives Gefüge von »Lebensverbindungen«, ein anders geartetes »Zusammenleben« im Sinne Catos begründen soll.[125] Das Ritual sieht neben der liturgischen Wechselrede Ansprachen des Vorsitzenden an die Gemeinschaft vor, in denen dieser die pantheistische Weltsicht darlegt und Querverbindungen zur antiken Philosophie rezitiert. Ähnlich den Zusammenkünften der Freimaurer dienen Lieder und Trinksprüche als akzentuierende Elemente, der Versicherung von Gemeinschaft und ihrer kollektiven Absichten. Scherz und Heiterkeit sollen die Versammlungen begleiten; ebenso soll im Rahmen eines maßvollen festlichen Mahls mit Speisen und Getränken für das leibliche Wohl gesorgt sein.

Als provokanter Dissenter in Fragen der Religion, politischer Agitator gegen die Stuart-Herrschaft, Parteigänger und Spion des Hauses Hannover, propagiert John Toland bereits in früheren Schriften geistige Freiheit und Antiklerikalismus als bürgerliche Selbstermächtigungsstrategien. Diese richten sich vornehmlich gegen die von den Stuarts vertretene Doktrin eines göttlichen Rechts königlicher Herrschaft und eine passive Folgsamkeit vonseiten des Volkes. Toland setzt den Machtbefugnissen des Königshauses, deren konsequente Einschränkung er fordert, einen radikalen Parlamentarismus entgegen. Vor dem Hintergrund seiner Erfahrungen aus den Englischen Religionskriegen begegnet er der Einsetzung religiöser Priester durch das Königshaus mit scharfer Ablehnung.

Im politischen Ringen um religiöse Toleranz und bürgerliche Freiheit legt John Toland in seiner Schrift *Indifference in Disputes: A Letter from a Pantheist to an Orthodox Friend* (1705) erstmalig sein alternatives, pantheistisches Weltbild dar, welches einen konsequenten Bruch zwischen natürlicher Philosophie und biblischer Geschichte postuliert. Im *Pantheistikon* entfaltet er seine monistisch-materialistische Weltanschauung detaillierter und gibt ihr gleichermaßen eine neue, praktische Wendung.

124 Ebd., S. 126.
125 Ebd., S. 127f.

Das pantheistische Weltbild erkennt »das Göttliche« in allen Erscheinungen der Welt und setzt mithin das Universum und Gott gleich. Dieser wird als eine unpersönliche geistige Kraft vorgestellt, die dem Weltganzen letztlich identisch ist. Toland bringt seine materialistische Allgottheitslehre unter Berufung auf Sinus in der Komplexitätsformel »Aus dem All rühren alle Dinge, und aus allen Dingen rührt das All her« auf den Punkt. Er fasst zusammen:

»[…] das All, von dem die sichtbare Welt nur ein geringer Teil, ist unendlich sowohl der Ausdehnung als auch der Kraftwirkung nach, dem Zusammenhange des Ganzen und der Verbindung der Teile nach eins, unbeweglich hinsichtlich des Ganzen, da außer ihm kein Ort oder Raum ist, beweglich aber hinsichtlich der Teile oder mittelst zahlloser Zwischenräume, unvergänglich zugleich und notwendig auf beiderlei Weise, nämlich ewig nach Existenz und Dauer, mit einer großartigen Vernunft begabt, welche nur durch ein schwaches Gleichnis mit demselben Namen wie unser Erkenntnisvermögen benannt werden darf, kurz ein Allwesen, dessen Bestandteile immer dieselben sind, wie seine Grundteile sich beständig in Bewegung befinden.«[126]

Die Ordnung und Wirksamkeit des Alls geht aus »dieser Bewegung wie auch aus der Vernunft, welche die Kraft und Harmonie des Unendlichen Alls ist«, hervor und ist demgemäß auch nur über das eigene Erkenntnisvermögen, die menschliche Vernunft, zu ergründen.

Das komplexe metaphysische System wird im *Pantheistikon* nun als synkretistische esoterische Lehre einer Geheimgesellschaft von »pantheistae« gedeutet, »die sich zu einem Konglomerat von antiker Weltseelenlehre, Hylozoismus, Orphik, aber auch kopernikanischer Astronomie und Newtonscher Physik bekennen.«[127] Im Zentrum der wissenschaftlichen Debatten stehen der freie Austausch über philosophische Ideen und metaphysische und kosmogonische Spekulationen über die Verbindung zwischen Gott und dem Universum. Beides schließt religiöse Debatten mit politischen Implikationen in der geheimnisgeschützten kleinen Gruppe nicht aus. Dabei soll es jedoch nicht um ein gegeneinander Abwägen konfessioneller Positionen gehen. Der Blick richtet sich viel grundlegender auf die Position und den Spielraum des Menschen in dieser universalen Konstellation. Toland will die Möglichkeiten und Mechanismen sittlicher Vervollkommnung erforschen, die sich daraus ableiten lassen, und versucht, die persönliche Aneignung der pantheistischen Lehre durch die oben beschriebene liturgische Praxis zu stützen.

126 Ebd., S. 93f.

127 Siehe W. Schröders Eintrag im Historischen Wörterbuch der Philosophie, hg. von J. Ritter und K. Gründer, Bd. 7, Basel 1989, Spalte 59.

Der neue »religiöse Charakter«, den der Entwurf durch diese liturgischen Gestaltungselemente gewinnt, soll ihm Praktikabilität verleihen, und zwar paradoxerweise gerade durch die Ablehnung der Bibel, denn diese erst, so der US-amerikanische Philosophiehistoriker Robert R. Evans, erlaube dem Pantheisten den Versuch einer persönlichen Aneignung des Gesetzes und seiner Rekonstruktion in der eigenen Person. Die individuelle Verkörperung von Gesetzen könne dann, so Evans, den auf der Heiligen Schrift gründenden personalistischen Autoritarismus des Christentums ersetzen.[128] Nicht nur die Freiheit des Denkens setze also den Bruch mit dem Befolgungsanspruch der Heiligen Schrift als oberste und unhintergehbare Wahrheit voraus. Auch die individuelle Verkörperung ihrer Vorschriften gelänge nur in der Loslösung von althergekommenen Zwängen.

Toland beschäftigt die Suche nach neuen praktikablen Ansätzen für die Aneignung selbstgesetzter bürgerlicher Werte seit einiger Zeit. Im Vorwort zu *Nazarenus* (1718) kündigt er schließlich an, in naher Zukunft eine genaue Darlegung seiner Glaubensgrundsätze mit entsprechenden praktischen Vorgaben zu publizieren, und zwar »nicht in wissenschaftlicher Form, sondern in nackten Lehrsätzen, ohne Anmerkungen irgendwelcher Art. Ich verspreche Ihnen im Voraus«, heißt es weiter,

»dass es nicht eine mechanische und künstliche Religion sein wird, welche mehr in einem dummen Respekt vor hergebrachten Formen besteht, auch nicht in einem System von gewohnheitsmäßigen Übungen ohne Geist und Leben als vielmehr in einer vernünftigen Gottesverehrung und ungekünstelten Frömmigkeit. Meine Religion wird mehr mit dem Handeln als mit dem Glauben zu tun haben und nichts betreiben, was nicht zur Besserung des Menschen dient, auch keinen Glaubensinhalt darbieten, der nicht notwendig zum Erkennen und Handeln führte, nichts, was nicht das Denken des Volkes anginge oder von demselben durchaus nicht verstanden werden könnte. Sie wird nichts Sagenhaftes oder Geheimnisvolles enthalten, nichts Heuchlerisches oder Sauertöpfisches, nichts, wodurch das Volk von seinen Pflichten abgelenkt wird, nichts, was Eitelkeit und Zügellosigkeit erzeugen könnte, kurz, nichts, was dazu beitrüge, Geist und Körper des Volkes zu knechten, nichts, was den Absichten der Fürsten oder Priester gegen den Vorteil des Menschengeschlechts diente.«[129]

128 Robert R. Evans: Pantheisticon: the career of John Toland, New York 1991, S. 111.

129 Zitiert nach: John Toland, Das Pantheistikon des John Toland, übersetzt und mit Einleitung versehen von Ludwig Fensch, Leipzig 1897, S. 45. »[…] I shall hereafter (God willing) give a more distinct account of my Religion, stript of all literature, and laid down in naked theorems, without notes of any kind. I promise you (Sir) before-hand, that it will not be a mechnical and artificial Religion,

Die praktische, religiöse Wendung, die Toland seinem philosophischen Entwurf gibt, wertet Evans als realistische Interpretation seiner Lebensumstände, insofern sie »einer praktischen Einflussnahme auf das Marktgeschehen und das Forum des Marktes« zuspiele.[130] Ohne sie als solche auszuweisen, macht er im *Pantheistikon* Ansätze zu einer Habitusethik aus, die die Übertragung der esoterischen Lehre auf die exoterische Lebenswelt, den Marktplatz, ermöglichen soll. Ziel sei es, »alle Tugenden nicht nur selbst zu vertreten, sondern auch andere zu ihrer Ausübung sowohl durch Wort als auch durchs Beispiel zu entflammen.«[131] Damit formuliert Toland eine Praxisverpflichtung des Bundes, die den Gemeinnutz fördert.[132] Toland selbst reflektiert den Markt allerdings nur indirekt, indem er das Spannungsfeld zwischen antiker und moderner Gesellschaft unter dem Aspekt der Protomassengesellschaft reflektiert. Deutlich wendet er sich von seinem eingangs zitierten ursprünglichen Konzept einer neuen Volksreligion ab. Stattdessen lässt der Philosoph seinem Hass gegen den Unverstand der Massen freien Lauf. Der »große Haufen der Menschen« sei unfähig zu urteilen und biete als kopflose Anhängerschaft religiöser Glaubensvorgaben den »Anblick größten Übels« dar. Vor dem Unverstand, der Ignoranz und Intoleranz der Massen könnten sich die Vertreter der Wissenschaft nur durch die konsequente Absonderung in kleine Gruppen ebenbürtiger Denker schützen.[133]

Die von Toland eingeführte Trennung in eine eso- und eine exoterische Philosophie wertet Evans als desillusioniertes, realpolitisches Zugeständnis an das Imperfekte seiner Zeit. Toland beklagt den miserablen Zustand des Staates als Milieu für seinen Entwurf und den Unverstand des darin lebenden Volkes. Er verachtet die degenerierte Menschheit, die er als eine unter dem Einfluss des Aberglaubens und der Priestermacht

---

consisting more in a stupid respect for receiv'd forms, and a lifeless round of performances by rote, than in a reasonable worship or unaffected piety. There will be more objects of practice than of belief in it; and nothing practis'd but what makes a man the better, nor any thing believ'd but what necessarily leads to practice and knowledge: yet nothing that does not concern people to know, or that they cannot possibly know at all. It will contain nothing fabulous or mysterious, nothing hypocritical or austere; nothing to divert people from their imployments, or tending to beget idleness and licentiousness: nothing, in short, that contributes to enslave their minds or bodies, nothing to serve the purposes of Princes or Priests against the interest of mankind.« Engl. Original nach: Gesine Palmer: Ein Freispruch für Paulus. John Tolands Theorie des Judenchristentums, mit einer Neuausgabe von Tolands ›Nazarenus‹ von Claus-Michael Palmer, Berlin 1996.

130 Evans, Career of John Toland, S. 111.

131 Toland, Pantheistikon, S. 144.

132 Ebd., S. 147.

133 Ebd., S. 87.

stehende dumpfe und unmündige Masse attackiert, und beklagt das Ende eines Goldenen Zeitalters der Vernunft, mit dem ein pessimistischer Unglaube an die Möglichkeit der Vervollkommnung (*perfectibility*) des Menschen einhergeht.[134]

Toland unterscheidet aus diesem Grunde in platonischer Tradition zwei Realitätssphären: eine ›gewöhnliche‹, mythengetränkte auf der einen und eine rationale, ideale auf der anderen Seite. Letzterer soll der Lobpreis der Gemeinschaft gelten, den der Vorsitzende im zweiten Abschnitt der Toland'schen Formel mit Cicero anstimmt:

»»O Philosophie, Lenkerin des Lebens, Entdeckerin der Tugend, Siegerin über die Laster! Was wären nicht nur wir, sondern das Leben der Menschen überhaupt ohne dich? Du hast die Staaten geboren, Du hast die verstreuten Menschen in die Gemeinschaft des Lebens zusammengerufen und sie zuerst durch die Wohnstätten, dann durch die Ehe, endlich durch die Gemeinschaft des Denkens und Sprechens miteinander verbunden, du warst die Erfinderin der Gesetze und Lehrerin der Sitten und der Wissenschaft. Zu dir fliehen wir, von dir erbitten wir Hilfe und dir vertrauen wir uns an, früher schon zum großen Teile, jetzt ganz und vollständig. Denn ein einziger Tag, der gut und nach deinem Gebot verbracht worden ist, ist einer Unsterblichkeit voller Verfehlungen vorzuziehen. Wessen Hilfe sollen wir also eher in Anspruch nehmen als die deine, die du uns die Ruhe im Leben geschenkt und die Furcht vor dem Tode weggenommen hast?«[135]

Mit der Würdigung der Philosophie als Quelle aller Kultur und Erkenntnis ordnet sich der operationalisierte Pantheismus der natürlichen Theologie zu, die im klassischen Gefüge der drei Arten der Theologie (*theologia tripertita*), auf die sich Toland in seinen Briefen an Serena bezieht, eine besondere Stellung einnimmt. M. T. Varro unterschied in seiner verlorenen Schrift *Antiquitates rerum divinarum*, aus der Augustinus ausführlich zitiert, zwischen einer mystischen, einer physischen und einer staatlichen Götterlehre. Während man in der der mythischen Theologie viel »Erdichtetes« antreffe, »was der Würde und Natur der Unsterblichen widerstreitet« und deshalb den Dichtern zuzuordnen sei, bestimme die politische oder staatliche Theologie, »welche Götter von Staatswegen zu verehren und welche Riten und Opfer einem jeden zu verrichten ange-

134 Siehe John Toland, Indifference in Disputes, passim und seine ersten drei Briefe an Serena. John Toland: Briefe an Serena. Über den Aberglauben, über Materie und Bewegung, hg. und eingel. von Erwin Pracht, übersetzt von Günter Wichmann, Berlin 1959.

135 Toland, Pantheistikon, S.131. Originalstelle bei Marcus Tullius Cicero: Gespräche in Tusculum, hg. u. übers. von Olof Gigon, Düsseldorf, Zürich 2003, fünftes Buch, S. 163f.

messen ist«.[136] Nur die physische oder natürliche Theologie, die Varro den Philosophen zuordnet, sei in der Lage, das wahre Wesen der Götter zu ergründen und zur Erkenntnis beizutragen. Obschon erdichtet und unheilvoll, ist die mythischen Religion nicht ohne Einfluss auf die staatliche. »Die Religion der Heiden, soweit sie dem Licht der Vernunft widerspricht oder ihr aufgepfropft ist«, schreibt Toland,

> »ist so beschaffen, dass sie die Tugend oder die Moral in diesem Leben nicht sonderlich beeinflussen konnte, [...] die Gesetzgeber [aber] gewannen der Sache die vorteilhafteste Seite ab und billigten, ohne zu untersuchen und sich um Wahrheit oder Unwahrheit zu sorgen, all das, was dazu beitrug, die Menschheit im Zaume zu halten, was sie durch Vorbilder und Belohnung zur Tugend anhielt und sie durch Strafen und Schande vom Laster abschreckte.«[137]

In den unterschiedlichen Ansichten der mythischen Religionen »in Bezug auf die Vorsehung, die Dauer der Welt und das Leben nach dem Tode« und ihren teilweise gegenläufigen liturgischen Praxen und verehrten Gegenständen liegt die Ursache konfessioneller Auseinandersetzungen. Der im ersten Teil der Toland'schen Formel ausgerufene Drang nach Gesundheit formuliert den Wunsch nach Geschlossenheit, nach gesellschaftlicher Gesundung (*healing*) im Sinne einer harmonischen Zusammenführung von Gegensätzen im Zeichen der Toleranz. Gemeint ist eine Schlichtung religiöser Auseinandersetzungen und die Unterbindung eines religiösen Fanatismus, der ehedem Ursache der Englischen Glaubenskriege war. Die Lösung sieht Toland in einer Synthese von naturphilosophischer Erkenntnis mit konfessionell ungebundenen religiösen Praxisformen zum Zweck der Gemeinschaftsbildung.

Der Lösungsversuch, den John Toland für religiöse Dissensen in seinem *Pantheistikon* anbietet, ist nicht frei von Widersprüchen. Zwei Denkrichtungen scheinen in der von ihm avisierten historischen Neubestimmung des Verhältnisses von Religion und Philosophie vorgegeben: Entweder ist eine Religion zu stiften, die sich mit Erkenntnis verbinden ließe, oder es ist eine Philosophie anzusetzen, die die Religion in vielfacher Hinsicht zu ersetzen vermag. Toland schlägt zunächst den ersten Weg ein. Vor dem Hintergrund der Englischen Glaubenskriege versucht er in *Christianity not Mysterious* (1696) im Anschluss an John Locke darzustellen, dass das christliche Mysterium mit menschlicher Vernunft zu erfassen sei. Die Schrift markiert den Beginn eines lebenslangen Ver-

136 Aurelius Augustinus: Vom Gottesstaat (De civitate dei), aus dem Lateinischen von Wilhelm Thimme, eingel. und komm. von Carl Andresen, München 1991, 6. Buch, Kap. 5, S. 292.

137 Toland, Briefe an Serena, dritter Brief, S. 93.

suches der Begründung einer neuen, liberalen Theologie, in der sich moderne naturwissenschaftliche Erkenntnisse mit alten Autoritäten aus Altem und Neuem Testament verbinden ließen. In seinen *Briefen an Serena* geht es Toland um eine Rückgewinnung des Christentums »als eine Institution zur Verbesserung unserer Moral, die uns die richtige Vorstellung vom Wesen Gottes geben und die folglich alle abergläubischen Anschauungen und Gebräuche auslöschen soll«. Dies gelänge nur über eine Entschlackung von allen mythischen Bestandteilen, zu denen auch die Bibel gehöre.[138]

Mit seinem Stiftungsversuch einer Sokratischen Gesellschaft, wie er sie im *Pantheistikon* entwirft, verlagert Toland mehr als ein Jahrzehnt später entsprechend seinen Ansatz. In seinem Vorwort zu *Pantheistikon* zeigt er unmissverständlich an, nun ›einen *philosophischen* und keinen theologischen Bund zu beschreiben, über die Natur Auskunft zu geben und keine Religion überliefern zu wollen‹.[139] Um die Religion durch das metaphysische System, welches er im Pantheismus entwickelt hat, ersetzen zu können, bedarf es jedoch einer weitreichenden Umgestaltung der Philosophie zu einer gemeinschaftsbildenden Lebensform. Denn soll die Philosophie an die Stelle der Religion treten, muss sie auch emotionale Bedürfnisse befriedigen und sozialen Kitt herstellen. Als praktische Lebensform muss sie sich operationalisieren und Zugeständnisse an die üblichen Mechanismen der Gemeinschaftsbildung machen. Um sich nach außen hin gleichwohl den Status einer auf Erkenntnis gerichteten Philosophie der Vergewisserung zu erhalten, wählt Toland die antike Gemeinschaftsform des Symposiums zu seinem Vorbild und entwirft den Sokratischen Bund als philosophische Disputationsgemeinschaft.

Innerhalb seines Konzeptes einer operationalisierten Philosophie behalten Attribute des Religiösen vor allem wegen ihrer gemeinschaftsbildenden Funktion programmatische Bedeutung. Gemeinschaftsbildung funktioniert schließlich nicht als rein rationaler Vorgang. Soziale Bindungskräfte entstehen nicht allein im rationalen Diskurs. Es sind Zugeständnisse an Formen der Religionsausübung nötig. In Ciceros Hymne an die Philosophie, die Toland den Vorsitzenden im zweiten Abschnitt der Formel als programmatischen Beleg vortragen lässt, geht es dementspre-

---

138 Zum Beleg zitiert er den verbreiteten Satz: »Die Naturreligion war anfangs einfach und klar, / Überlieferung machte sie mystisch, Geschenke machten sie einträglich, / Opfer und Aufführungen wurden schließlich bereitet, / Die Priester aßen Röstfleisch, und das Volk sah zu.« Toland, Briefe an Serena, dritter Brief, S. 98f.

139 Toland, Pantheistikon, S. 89.

chend zwar darum, den Aberglauben zu bekämpfen,[140] keineswegs aber macht er sich zum Ziel, die Religionsausübung an sich zu beseitigen:

»Aberglauben hat sich durch die Völker hin ergossen, allgemein die Herzen unterdrückt und sich der menschlichen Schwäche bemächtigt. Das führte ich in den Büchern aus, die dem »Wesen der Götter« gelten, und auch in der heutigen Erörterung kam es mir vor allem darauf an. Ich meinte nämlich, ich würde uns selbst und unsern Mitbürgern einen großen Dienst erweisen, wenn es mir gelänge, den Aberglauben restlos auszurotten. Freilich (daß dies richtig verstanden werde!): indem man den Aberglauben ausrottet, rottet man keineswegs auch die Religionsausübung aus. Vielmehr ist gerade der Philosoph darauf bedacht, die Einrichtungen der Ahnen zu bewahren, indem er an heiligen Handlungen und Bräuchen festhält; und die Schönheit des Alls und die Ordnung der Dinge am Himmel nötigen ihn zum Bekenntnis, es gebe eine überragende und ewige Natur und das Menschengeschlecht sei gehalten, zu ihr aufzublicken und sie zu bewundern. Wie man deshalb die Religionsausübung, die mit Naturerkenntnis verbunden ist, sogar fördern muß, ebenso gilt es, alle Wurzeln des Aberglaubens auszureißen.«[141]

Die formale Nähe der Toland'schen Liturgie zur christlichen Liturgie, die der deutsche Übersetzer des *Pantheistikon* Ludwig Fensch als satirischen Kommentar wertet, scheint eher als ein solches Zugeständnis an eine herkömmliche religiöse Praxis zugunsten der Herstellung von Gemeinschaft zu sein.[142]

Toland entwirft ein Modell natürlicher oder philosophischer religiöser Praxis, in der sein eigenes kritisch-obsessives Verhältnis zu Mysterien zum Ausdruck kommt, denn bei ihm bleiben beide Sphären – die gewöhnliche, mythengetränkte der Alltagspraxis und die rationale, ideale seines philosophischen Bundes – miteinander verkoppelt und gelten ihm als gleichermaßen ›real‹. Letztere zeichne im Verborgenen ein Ideal, welchem sich das Gewöhnliche später annähern solle. Es fungiere, indem

140 Ebd., S. 146.

141 Originalstelle: Marcus Tullius Cicero, Über die Wahrsagung/ De divinatione, lat.-dt., hg., übers. u. erl. von Christoph Schäublin, München, Zürich 1991, Buch II, Kap. 148f., S. 272f.; in der Übersetzung von Ludwig Fensch: Toland, Pantheistikon, S. 139f.

142 Ludwig Fensch verweist auf die christliche Kirchenliturgie als gemeinsamen Bezugpunkt von Freimaurerei und Pantheistengemeinschaft, auf den die formale Nähe beider Entwürfe zurückzuführen sei. Tolands Anlehnung an die christliche Liturgie ist sicherlich keine ehrfürchtige Geste gegenüber der Kirche, satirisch ist sie deshalb noch lange nicht. Verräterisch schimmert in Fenschs nicht wirklich ausreichend begründetem Satirevorwurf der etwas parteiische Wunsch durch, die christliche Liturgie vor nicht ebenbürtiger Konkurrenz zu schützen. Fensch, Pantheistikon, S. 41.

es die Vorherrschaft des Gemeinen verhindern soll, als gesellschaftliches Korrektiv.[143] Die konzeptionelle Trennung hat daher Methode, denn diese schützt die gesellschaftlichen Vordenker zum einen vor der Unvernunft und Intoleranz der Masse. Sie sichert allerdings auch, indem sie Auseinandersetzungen der Mitglieder des Bundes um religiöse Zugehörigkeiten vorbeugt, die Einmütigkeit innerhalb der Gemeinschaft. Sie vermag sich in der esoterischen Einigung auf ein pantheistisches Weltbild über die mythischen Volksreligionen, denen sich die Mitglieder des Bundes verbunden fühlen mögen, hinwegzusetzen. Darin besteht ihre religionsübergreifende Kraft, die wiederum den Unmut des Volkes errege und deshalb als etwas gelte, »[…] was man sich besser in der Schule hinter Wänden als draußen auf dem freien Markte anhört.«[144]

Varro hält die natürliche Philosophie für unvereinbar mit den Praktiken der beiden anderen Bereiche der Theologie. Und doch entdeckt Augustinus bei Varro eine eigenartige Scheu »die verderblichen Meinungen und Bräuche des Volkes anzutasten«.[145]

> »[D]ie scharfsinnigsten und gelehrten Männer, die hierüber [die Ablehnung der fabulierenden Theologie, KH] schrieben, sahen wohl, daß beide, sowohl die fabulierende als auch die staatliche, nicht taugten, wagten aber nur jene, nicht auch diese zu mißbilligen.«[146]

Toland legitimiert sein Projekt einer Verschmelzung von Philosophie und Religion, für die der Pantheismus ein Modell hergibt, letztendlich über die Positionierung der drei Arten der Religion innerhalb der klassischen *theologia tripertita*. Denn erst in diesem nicht unproblematischen Wechselverhältnis beider Sphären, das weiß Toland, liegt die Möglichkeit eines Wideranschlusses der modernen Welt an das Goldene Zeitalter. Er sieht sich mit seinem Entwurf durchaus im Wettstreit mit Vertretern der modernen *Reformation of Manners*, wie Dafoe, Swift oder Davenant.[147]

Tolands Entwurf einer Liturgie für einen vermeintlichen Sokratischen Bund wurde, wie eingangs erwähnt, von der Forschung aufgrund zahlreicher formaler Kongruenzen mehrfach zu den Ritualen der Freimaurer ins Verhältnis gesetzt. Ende des 17. Jahrhunderts stand Toland auf dem Kontinent wohl tatsächlich in Kontakt mit kleineren philosophischen Dispu-

143 Evans, Career of John Toland, S. 112.
144 Augustinus, Gottesstaat, 6. Buch, Kap. 5, S. 293.
145 Ebd., S. 295.
146 Ebd., S. 303.
147 Ebd., S. 201.

tationsgemeinschaften, wie beispielsweise mit den Mitgliedern der *Lantern* in Rotterdam in den frühen 90er Jahren und der 1686 von Locke, Limborch und Le Clerc in Amsterdam gegründeten Literarischen Gesellschaft. In London wird Toland mit dem republikanischen *Calves-Head Club* und dem whiggistischen *College* in Verbindung gebracht.[148] Inwiefern Toland, seinem Interesse an Vergemeinschaftungsformen folgend, auch die Aktivitäten der Freimaurerlogen zur Kenntnis genommen hat, ist nicht belegt. Am weitesten vorgewagt hat sich in dieser Frage Margaret C. Jacob, indem sie den Versuch unternommen hat, über ein auf das Jahr 1710 in Den Haag datiertes Protokoll des Treffens einer vermeintlich freimaurerischen Organisation mit dem Namen *Chapitre General des Chevaliers de la Jubilation*, das in den Papieren Tolands aufgefunden wurde, Kenntnisse der Freimaurerei und spezielle personelle Kontakte abzuleiten.[149] Auch der deutsche Philosoph und Freimaurerforscher Klaus Hammacher neigt zur Annahme einer Wechselwirkung zwischen freimaurerischem Gedankengut und Tolands Konzeption einer Sokratischen Gesellschaft. Eine Kenntnis freimaurerischer Logenarbeiten sei bei dem britischen Philosophen nicht auszuschließen.[150]

Auszuschließen ist sie sicher nicht, aber die Annahme ist sehr spekulativ. Vor dem Hintergrund gravierender inhaltlicher Unvereinbarkeiten, wie beispielsweise zwischen theistischer Grundhaltung und antireligiöser Weltsicht, reduzieren sich die Gemeinsamkeiten letztendlich auf formale Gestaltungsmittel, die gemeinsamen zeitgeschichtlichen Einflüssen und Bezugspunkten geschuldet sind. Albert Lantoine äußert im Großen und Ganzen dieselbe Auffassung. Wenn er in seinem Buch *John Toland. Un précurseur de la franç-maçonnerie* (1927) den britischen Philosophen dennoch als Vorläufer der Freimaurerei bezeichnet, so tut er dies lediglich in Anspielung auf die französische Freimaurerei seiner Zeit und betont damit die Aktualität einiger von Toland beschriebener Ritualbausteine. Auch er schließt direkte zeithistorische Bezüge aus, betont jedoch Tolands Einfluss auf die Entwicklungen der Freimaurerei auf dem Kontinent. Die Interferenzen seien keineswegs nur formaler Natur, vielmehr zeige sich Tolands Einfluss in einer konsequent deistischen und politisch radikaleren Auslegung der Freimaurerei.

Toland ist im zeithistorischen englischen Kontext – hierin schließe ich mich Ludwig Fensch an – vornehmlich als ein frühes Parallelphäno-

148 Stephen H. Daniel: John Toland. His Methods, Manners, and Mind, Kingston, Montreal 1984, S. 213f.

149 Jacob, Living the Enlightenment, S. 91ff.

150 Klaus Hammacher: Einübungsethik. Überlegungen zu einer freimaurerischen Verhaltenslehre, Schriften der Forschungsloge Quatuor Coronati Bayreuth, Nr. 45/2005, Anmerkung 23, S. 161.

men zur Freimaurerei zu lesen, als eine andere Antwort auf das Erbe der englischen Glaubenskriege und das Bedürfnis alternativer Gemeinschaftsbildung.[151] Der historische Widerstreit von Gewissens- und Habitusethik und die sich herausbildende Marktgesellschaft bilden für Toland wie für die Gestalter der modernen Freimaurerei des ersten Drittels des 18. Jahrhunderts einen gemeinsamen zeitgeschichtlichen Kontext. Obschon Toland religiöse und politische Grundsatzfragen wie auch Probleme der modernen Gemeinschaftsbildung auf eine sehr eigene Weise verhandelt, vermag diese den Blick auf die frühe britische Freimaurerei als Trägerin einer modernen Habitusethik in besonderer Weise zu schärfen.

Die gemeinschaftliche *energy of practice*

Bei Tolands Pantheistenclub und der frühmodernen Bruderschaft der Freimaurer in England handelt es sich um zwei alternative Operationalisierungsversuche moralphilosophischer Ansätze, die sich aus der Erfahrung der englischen Glaubenskriege heraus von konfessionellen Dogmen und Zuordnungen distanzieren und frömmigkeitsgeschichtliche Ursachen für die Auseinandersetzungen aufdecken. Vor dem Hintergrund der erlebten Gefahren einer Zurückgeworfenheit auf das individuelle Gewissen ohne Außenhalt ergründen sie neue Möglichkeiten der Durchsetzung ethischer Standards, in denen Formen der Gemeinschaftsbildung eine zentrale Rolle spielen. Über die neuen Gemeinschaften soll eine *force of morality* zur Wirkung kommen, die substitutiv oder zumindest contrainduktiv die Unzulänglichkeiten des menschlichen Gewissens und der menschlichen Urteilskraft ausgleichen soll. Dabei bietet sich eine funktionelle Differenzierung von Götterlehre und funktionalen Bedürfnissen der Konstitution von Gemeinschaft an. Für diese Neuerung haben, so scheint es, die Freimaurer im Laufe des 18. Jahrhunderts in England im gemeinsamen Ringen um eine Vereinbarkeit der Gegensätze die schlüssigere und praktikablere Lösung gefunden.

Innerhalb der Freimaurerei werden Möglichkeiten der gesellschaftlichen Einflussnahme im 18. Jahrhundert programmatisch bestimmt und sukzessive ausformuliert. Tolands Entwurf eines Sokratischen Bundes mit ritueller Formel kann als ein alternativer Vorstoß gelten, der markante strukturelle Ähnlichkeiten aufweist, dem eine vergleichbare Wirkung jedoch verwehrt blieb. Dies berührt die Frage der konkreten Wirkmacht, sowohl hinsichtlich einer persönlichen Aneignung sittlicher Grundsätze als auch der gesellschaftlichen Strahlkraft ethischer Konzepte.

151 Fensch in seiner Einleitung zu seiner deutschen Übersetzung von Tolands Panteistikon. Toland, Pantheistikon, S. 80.

Gegenüber Tolands Stiftungsversuch eines Sokratischen Bundes, der in politischer und religiöser Hinsicht weitaus radikalere Züge ausweist, hat sich die Freimaurerei als gesellschaftlich anschluss- und ausbaufähiger gezeigt. Dies vermutlich zum einen, weil von Beginn an ein offenes Konkurrenzverhältnis zu politischen und kirchlichen Instanzen weitestgehend vermieden wurde. Mit leidenschaftlichen Versicherungen der Staatstreue und des Patriotismus distanzieren sich die *Moderns* von als subversiv eingestuften kontinentalen Spielarten der Freimaurerei, die die utopische Rhetorik der englischen Maurerei politisch wenden und sie damit unter den Verdacht subversiven Handelns bringen.[152] »Die unaufrichtigsten Gegner des freimaurerischen Systems können nicht anders«, schreibt Thomas Bradshaw,

> »als anzuerkennen, in welchem Maße seine einfachen und ursprünglichen Institutionen dies wichtige Ziel befördert haben. Dieses System, welches die unsteten Ergüsse moralischer Zuwendung verdichtet, damit sich seine Wärme allgemeiner und gleichmäßiger verteilt, ist dem menschlichen Intellekt ein wertvoller Wegweiser; und es muss offensichtlich sein, dass die Prinzipien der Brüderlichkeit, die »die Liebe unseres Nächsten« mit den Vorzügen der Wissenschaft bekleidet, dem Wohlstand keines Staates, in dem sie praktiziert werden, zum Nachteil gereichen können.«[153]

Zum anderen können *Gentlemen Masons* äußerst erfolgreich an etablierte Strukturen und symbolische Praktiken aus der Handwerkskultur anknüpfen. Gegenüber eben diesen performativ-symbolischen Praktiken hegt Toland – wohl wissend, dass er selbst nicht ganz auf sie würde verzichten können – schwere Vorbehalte. Er hadert nicht nur mit ihren poetisch-mythischen Elementen. Toland spricht im Vorwort zum *Pantheistikon* offen seinen generellen Argwohn gegen die Gewohnheit – die *tyranny of custom* – aus, welcher er in seinen *Briefen an Serena* bereits eine klare Absage erteilt hat. Innerhalb der von ihm autonomieethisch propagierten »furchtlosen Selbstbestimmtheit« haben Momente einer vom Verstand abgekoppelten Verinnerlichung keinen Platz.[154]

---

152 Jacob, Living the Enlightenment, S. 65.

153 »The most *uncandid* opponents of the Masonic system cannot but acknowledge the high degree in which its *simple* and *genuine* institutions have promoted this important object. That system which concentrates the desultory effusions of *moral sympathy*, that the warmth of its influence may be more generally and equally distributed, gives a valuable direction to the intellect of man; and it must be obvious, that the *principles of brotherhood* which invest ›the love of our neighbour‹ with the attractions of science, can be injurious to the prosperity of no state in which they are propagated.« »On the Masonic Character, Essay VI«, in: *Scient. Mag.*, Bd. IX, Oktober 1797, S. 250.

154 Toland, Pantheistikon, S. 88.

Im Gegensatz dazu verschmelzen innerhalb der Freimaurerei zwei Formen der Wissensaneignung, die intellektuelle Verstandesarbeit und die Ausbildung eines intuitiven Körperwissens. Beide ziehen Anstöße zur Ausbildung neuer Verhaltensschemata aus der initiatorischen Praxis der Gemeinschaft. Die freimaurerische Habitusethik basiert auf der Annahme eines engen Wechselverhältnisses von objektiv-institutioneller gesellschaftlicher Handlungsnormierung und subjektiv umgesetzter, eingekörperter Handlungsregulierung, dem Habitus. Die Sitten gehören »als ethische Bestimmung im engeren Sinne wie Brauch, Konvention und Herkommen zum einen, wie der Bereich der Tugenden, der richtigen und anerkannten Verhaltensweisen zum anderen und wie die sozialen und politischen Institutionen zum dritten zum Ethos.«[155] Sie beanspruchen die präreflexive Anerkennung einer für alle verbindlich vorgefundenen Lebensform, deren institutionell verankerte Handlungsregeln und -muster sich ein jedes Mitglied der Gemeinschaft anzueignen hat.

Diese Form der präreflexiven Aneignung ist mit dem autonomieethischen Ansatz Tolands nicht zu vereinbaren. Letzterer führt zwar das bürgerliche Gesetz an und betont sowohl seine Notwendigkeit als auch die Dringlichkeit seiner Befolgung. Ohne »diese gibt es kein Eigentum und keine Sicherheit«, verkündet der Vorsitzende im dritten Abschnitt der Toland'schen Formel. Und die Antwort der Gemeinschaft lautet: »Wir sind deswillen Knechte, damit wir Freie sein können«.[156] Damit verweist er auf die erstmalig bei Locke formulierten Schutzaufgaben des Staates, die die Voraussetzung für die Sicherung des Eigentums und damit auch die bürgerlichen Freiheitsrechte gibt. Abgesehen von diesem kurzen Hinweis dient es ihm jedoch lediglich als Gesetzesmetapher für die stoische Vernunft. »Das wahre Gesetz ist die gesunde Vernunft, welche mit der Natur übereinstimmt, in alle ausgegossen, beständig, immerwährend ist«.[157] Verbote und Befehle verbleiben bei ihm auf einer metaphorischen Ebene, ohne zwingenden Einfluss. Vorherrschend scheint innerhalb der verabsolutierten Denk- und Handlungsfreiheit allein das Gebot der Rücksichtnahme auf die mit Unverstand gesegneten Volksgenossen.

Die *Masonicus*-Texte hingegen bringen sehr klar den Wunsch eines aktiven Hineinwirkens in die Gesellschaft innerhalb ihrer bürgerlichen Gesetze zum Ausdruck. Die Bemühungen des Freimaurers sollen in einem habituell verankerten, besonnenen Handeln und der Fähigkeit zur Selbstregulation resultieren. Das in den Persönlichkeitsstrukturen veran-

155 Wolfgang Kersting: Stichwort »Sitte«, in: Historisches Wörterbuch der Philosophie, hg. von Joachim Ritter und Karlfried Gründer, Band 9, Darmstadt 1995, Spalte 898.

156 Toland, Pantheistikon, S. 138.

157 Ebd.

kerte angemessene Verhalten soll sich positiv auf das gesellschaftliche Umfeld auswirken.

Die Einübung und Erfüllung dieser Anforderungen setzten im freimaurerischen Kontext spezifische Rahmenbedingungen voraus. So hält auch der unter dem Pseudonym *Masonicus* publizierende Autor Thomas Bradshaw zur Verhaltensregulation die individuelle Orientierung an sozietären Satzungen für unabdingbar und stellt diese Regeln als Ableitungen und praktische Folgerungen aus den Gesetzen der Natur dar, welche als universelle Wahrheiten eine allem übergeordnete Instanz bilden. Obwohl limitierter in ihrer Reichweite und relativer in ihrer Funktion als die Naturgesetze, verdienten gesellschaftliche Regeln und Prinzipien gleichermaßen das Einverständnis und die Anerkennung aller Mitglieder der Gemeinschaft.

»Diesen Naturgesetzen gilt die Aufmerksamkeit und Beobachtung des Maurers, aus ihnen leitet er die Prinzipien seiner Wissenschaft ab; und in der Anwendung dieser Prinzipien zum Nutzen der Gesellschaft besteht die hervorragende Leistung seiner Kunst. Die Basis für einen starken Charakter legt sowohl die Imitation als auch die Habitusbildung (*habit*); und seine Dauerhaftigkeit wird bestätigt durch andauernde Aufmerksamkeit auf Objekte dieser Art. Von diesem Globus, dem Werk des großen Architekten des Universums, und seinen Bewohnern, den Mitgliedern einer weltumspannenden Familie, wurde der erste große Plan des Systems abgeleitet. Die Dunkelheit, das Emblem der Ignoranz und des Vorurteils, wird uns durch das Licht (der zwei großen Objekte des Universums) vorgeführt, die in angenehmster Mannigfaltigkeit durch das Medium unserer Sinne auf unsere Fähigkeiten (ein)wirken und unserer Beobachtung die eindeutigsten Beweise präsentieren, dass Ordnung und Unterordnung immer zwei der vordersten Regeln der Natur und der Gesellschaft waren und sein werden. […] Während der echte Maurer innerhalb seiner Sphäre wirkt, ist er ein Freund einer jeden Regierung, die ihr Schutz angedeihen lässt und besonders jenem Land verbunden, in welchem er seinen ersten Atemzug tat.«[158]

158 »These [laws of nature, K.H.] are the objects of the Mason's attention and observation, from which he collects his principles of science; and in the application of those principles to the useful purposes of society consists the chief excellence of his art. The foundation of a strength of character is established by imitation, as well as by habit; and its durability confirmed by a constant attention to objects of that cast.
From this globe, as the work of the great Architect of the Universe, and from its inhabitants, as members of one universal family, arose the first grand outline of the system. Darkness, the emblem of ignorance and of prejudice, is exhibited to us by the light (from the two great objects in the universe) operating upon our faculties through the medium of our senses, in the most agreeable variety, and displaying to our observation the most unequivocal proofs, that order and subor-

Die Bezugnahme auf Naturprinzipien universeller Harmonie und die Loyalität gegenüber traditionellen Prinzipien gesellschaftlicher Differenzierung treten hier in ein zutiefst widersprüchliches Verhältnis zueinander, das den taktischen Grundzug dieser Herleitung bloßlegt. Der scheinbar bornierte und reaktionäre, wenn nicht gar zynische Begründungsversuch sozialer Hierarchie, der sich hier nicht leugnen lässt, hat seine Ursachen in der konkreten zeitgeschichtlichen Verfasstheit der britischen Freimaurerei zum Ende des 18. Jahrhunderts und ihrer Positionierung gegenüber ihren kontinentalen Spielarten. Angesichts der bürgerlichen Revolutionen, die in den späten achtziger Jahren auf dem Kontinent toben – in Amsterdam, Brüssel und vor allem Paris –, liefert Bradshaw eine konservativ-aristokratische Verteidigung der herrschenden gesellschaftlichen Rangordnung und maliziöse Begründung der Hierarchie als Anlass des Wohlwollens. Er vertritt damit die typische Haltung der englischen *upper-middle-class*, von der die Freimaurerei durchdrungen ist und die in ihrer aristokratischen Haltung den *status quo* verteidigt.

Vor dem Hintergrund jener am Ende des Jahrhunderts florierenden Philosophie der Menschenrechte, der schriftlichen Fixierung von Staatsverfassungen und dem Aufscheinen verschiedener Alternativen zur stratifizierten Gesellschaft muss die Haltung dieses Freimaurers auf den heutigen Leser besonders reaktionär wirken. Und tatsächlich ist diese Verteidigungshaltung nur im Kontext der konkreten zeitgeschichtlichen Verfasstheit der britischen Freimaurerei, nämlich der Auseinandersetzung mit den *Antients*, die zunehmend neue Mitglieder aus der unteren Mittelschicht aufnehmen, und ihrer Positionierung gegenüber kontinentalen Spielarten der Freimaurerei zu verstehen.

Als Vertreter der *Moderns* verteidigt Bradshaw Kooperation und Brüderlichkeit als Idealvoraussetzungen der *Commercial Society* nur unter einschränkenden Prämissen: Die Freimaurerei biete die für den zwischenmenschlichen Umgang notwendigen Grundregeln und halte sie so einfach, dass es jedermann möglich sei, sie zu verstehen und zu befolgen.

»Die Bräuche, Prinzipien und Praktiken der Freimaurerei bestechen durch ihre Einfachheit, Gleichförmigkeit und Universalität: sie sind nicht zahlreich, aber eindrucksvoll: sie tendieren eher dazu, den Menschen bescheiden und wohl unterrichtet zu machen als überheblich und pedantisch, den Maurer darauf zu verweisen, was schmückt und nützlich als auf jenes, was unbedeutend und insignifikant ist – sich fernzuhalten von den sklavischen Auswirkungen der Igno-

dination ever were, and ever will be, two of the first laws of nature and of society. […] While the real Mason acts within this sphere, he is a friend to every government which affords him protection; and particularly attached to that country where he first drew breath.« »On the Masonic Character, Essay II«, in: *Scient. Mag.*, Bd. VIII, Juni 1797, S. 339-341, hier: S. 339.

ranz und des Vorurteils und jene ungebundene Zuneigung zu Unabhängigkeit und wahrem Wissen zu pflegen.«[159]

Obwohl verständlich und eingängig, bliebe die Kompetenz zur Praktizierung der Freimaurerei jedoch einer kleinen gesellschaftlichen Elite vorbehalten.

»Die Gesellschaft schließt in ihrem Kreis neben anderen zwei Arten von Menschen ein, die von besonderem Interesse sind: die arbeitsame Mehrheit und einige wenige, die über Freizeit und besondere Talente verfügen. In der einen besteht ihre Stärke, in der anderen ihre Weisheit. Aus ihren gemeinsamen Anstrengungen innerhalb der ihnen eigenen Sphären resultieren Harmonie, Ordnung und Einmütigkeit. Durch die Herablassung der letzteren als Beitrag zur Beförderung der ersteren vereinigen sich beide eigennützig in einem universellen Plan und befördern damit Wohltätigkeit, die den Anfang und das Ende der Maurerei darstellt.«[160]

Unter Berufung auf einen leider nicht näher bezeichneten deutschen Autor, schlüsselt er die Rechte und Pflichten dieser wohlständigen, gesellschaftlichen Elite auf:

»›Der Mann von Reichtum und Qualität sollte sich dem Studium hingeben und alles daran setzen, die Geheimnisse der Natur und die Wahrheiten der Philosophie so tief wie möglich zu ergründen, die Prinzipien unserer Pflicht und unser Ende; sein Gedächtnis mit dem Wissen der Antike auffrischen und alles Bemerkenswerte seiner eigenen Zeit aufschreiben, kurz, sich damit beschäftigen, seinen Geist auf die Aneignung verschiedener Wissenschaften vorzubereiten, welche er entweder in einem nachdenklichen oder aktiven Leben nutzt. Er sollte bemüht sein, die Ergebnisse seiner Studien in einer der Masse verständlichen

159 »The customs, principles, and practices of the former [of freemasonry, K.H.] are strongly characterized by simplicity, uniformity, and universality: they are not numerous, but they are impressive: they tend rather to make men humble and well-informed, than presumptuous and pedantic; to point out to a Mason rather what is ornamental and useful, than what is trifling and insignificant – to beware of the slavish effects of ignorance and of prejudice, and to cherish an unbounded affection for the independency of real knowledge.« »On the Masonic Character, Essay III«, in: *Scient. Mag.*, Bd. IX, Juli 1797, S. 35.

160 »Society contains within this circle, among others, two descriptions of men, objects of particular notice: the industrious *majority*, and the *few* who are possessed of leisure and talents. In the one consists its *strength*, in the other its *wisdom*. From their united endeavours, each moving within its sphere, result harmony, order, and unanimity. By the condescension of the latter toward the advancement of the former, they interestedly unite in one universal plan, and thereby promote benevolence, which is the *beginning* and *end* of Masonry.« »On the Masonic Character, Essay V«, in: *Scient. Mag.*, Bd. IX, September 1797, S. 177.

Sprache zu fassen, ohne zu vergessen, dass ihrer Hände Arbeit sie zeitlich derart beansprucht, dass sie von der Kopfarbeit gänzlich ausgeschlossen sind. Die gewöhnlichen Menschen arbeiten ihm nicht nur zugunsten seines Wohlstandes zu, sondern in Erwartung dieser und anderer Hilfszuwendungen; sie bescheren ihm, indem sie ihn mit dem Nötigen und Angenehmen des Lebens versorgen, jene Freizeit, die ihm ohnedem nicht zukäme. Würde er sich aber auf eine Art und Weise verhalten und ausdrücken, die sie nicht verstehen, und sich selbst auf eine Weise zur Schau stellen, die ihnen weder Instruktion noch Vergnügen bereitet, dann verdient er kaum, dass sie sich für ihn abrackern.‹
Es sind Stolz, Vorurteil und selbstische Leidenschaften und Neigungen, die die Gesellschaft trennen und enteinen, den Segen verdrehen und die zuträglichen Auswirkungen von Rang und Würde zerstören. Der erkennende Maurer muss wissen, dass, hätte es Rang und Würde nie gegeben, so wäre auch eines der ersten großen Prinzipien der Maurerei, die Ausübung der Wohltätigkeit (*practice of benevolence*), nie in Gang gesetzt worden. Wo die verschiedenen gesellschaftlichen Klassen von Menschen in der Gesellschaft verschiedene Ansichten und Interessen vertreten, wird Eigennutz schnell ihre Verbindung und Blüte brechen und Unverschämtheit nach sich ziehen, die in kurzer Zeit jedes Prinzip des Respekts und des Wohlwollens verbannt. Gleichheit wird es dann nur dem Namen nach, aber nicht in Wirklichkeit geben. Drehen wir das Bild einmal herum. Die Maurerei schätzt seit jeher Ordnung, Unterordnung und wahren Respekt von Rang und Würde in der Gesellschaft als reale praktische Prinzipien der Freiheit. Prinzipien, die sich nicht praktisch umsetzen lassen, die unerprobt und unbewährt sind, waren ihr schon immer fremd.«[161]

---

161 »›The man of riches and of quality ought to apply himself to study, and endeavour to penetrate as far as possible into the secrets of nature, and the truths of philosophy; into the principles of our duty and the end of our being; to enrich his memory with the wisdom of antiquity, and note down every thing remarkable in his own age. In a word, to be occupied in preparing his mind, by the acquisition of the multiplicity of sciences, either for a life of reflection or of activity. To communicate the result of his inquiries in a language intelligible to the bulk of the people, remembering that the labour of the *hands* engages so closely their time, as must entirely preclude them from the labours of the *head*. It is in expectation of this, and of other good offices, and not merely for the sake of his wealth, that the plebeians labour to render him comfortable; and by supplying him with the necessaries and conveniencies of life, procure him that leisure which he could not otherwise enjoy. But were he to conduct or to express himself in a manner which they do not understand, and attempt to display what of consequences could afford them neither instruction nor amusement, he would deserve but little, that they should toil in his behalf.‹
It is pride, prejudice, and the selfish passions and affections, which divide and disunite men in society, pervert the blessings and destroy the beneficial effects of rank and distinction. The discerning Mason must know, that if rank and distinction had never existed, one of the first grand principles of Masonry, that of enforcing the practice of *benevolence*, had never been put into action. Where the

Masonicus verweist damit auf eine Praxisverpflichtung der oberen Gesellschaftsschichten zum gesamtgesellschaftlichen Nutzen. Um aber die so genannten minderbemittelten Ränge zu erreichen und die verschiedenen gesellschaftlichen Schichten im Sinne einer umfassenden Reformation des Verhaltens und der Manieren zu durchdringen, bedarf es einer besonderen *praktischen Wirksamkeit*. In dieser soll freimaurerisches Handeln, das Vorbildlichkeit zu erlangen vermag, nicht nur individuell verankert, sondern in seiner Beispielhaftigkeit auch auf andere übertragen werden.

»Die erfolgreichste Methode Wissen zu vermitteln, wird daher sein, die verschiedenen Gemütsarten, denen der menschliche Geist unterworfen ist, zu befragen und Wissen in jener Form und zu jenen Anlässen einzuschärfen, die der Hervorbringung von praktischer Wirksamkeit (*energy of practice*) besonders zuarbeiten.
Diese Überlegungen entgingen auch nicht der Weisheit des spartanischen Legislators, der, wie wir informiert sind, als er ein Gesetz herausgab, nach welchem es verboten war, seine Institutionen zu kopieren, folgende Erklärung abgab: ›Was immer die Kraft und Effektivität besitzt, eine Stadt glücklich und tugendreich zu machen, sollte sich habituell in die Herzen und Umgangsformen der Menschen einprägen (*impressed by habitual culture*), um ihre Charaktere unauslöschbar zu machen; und Wohlwollen und Beispiele sind wirkungsreicher als jede andere Form des Zwanges, der man den Mensch unterwerfen kann, denn auf diese Weise wird nicht nur ein jeder sein eigenes Gesetz, sondern unterstützt auch sein Land, indem er anderen ein leibhaftiges Gesetz wird.‹«[162]

---

different classes of men in society have distinct views and interests, their selfishness will shortly break their connection and pride, and consequent insolence, as shortly banish every principle of *respect* and *good-will*. Equality will exist then in *name*, but not in *reality*. Give me the reverse of the picture. Masonry has ever cherished order, subordination, and true respect for rank and distinction in society as the real *practical* principles of Freedom. Principles not reducible to practice, untried and unapproved, have been always foreign to its purposes.« »On the Masonic Character, Essay V«, in: *Scient. Mag.*, Bd. IX, September 1797, S. 178f. Leider wird der Autor – wie so oft im 18. Jahrhundert – ohne namentliche Nennung zitiert, welche eine konkrete Bestimmung des Austausches zwischen englischen und deutschen Philosophen und Reformern zuließe.

162 »The most successful method of communicating knowledge will, therefore, be, to consult the various degrees of temperament to which the human mind is subject, and to inculcate the lessons of wisdom in those forms, and upon those occasions, which are peculiarly adapted to produce the *energy* of PRACTICE.
These considerations did not escape the sagacity of the Spartan legislator, who, we are informed, made the following declaration, when he promulgated the particular law by which his institutes were *forbidden to be copied*: ›That whatever was of peculiar force and efficacy towards rendering a city *happy* and *virtuous*,

Beiden, sowohl Toland als auch den freimaurerischen Vordenkern, geht es um eine *Verleiblichung* selbst formulierter Gesetze, innerhalb welcher soziale Gemeinschaften eine Vorreiterrolle spielen sollen. Beide berufen sich auf ein anthropologisches Grundbedürfnis der Menschen, sich zusammen zu schließen.[163] Wie bereits im ersten Teil der vorliegenden Studie hervorgehoben, schließen über den Markt vermittelte Gesellschaftsstrukturen und Gemeinschaftsbildung einander strukturell aus. Doch die Vereinzelung in Konkurrenz innerhalb der sich herausbildenden Marktgesellschaft scheint das Bedürfnis hervorzubringen und zu verstärken, einer schleichenden Atomisierung der Gesellschaft entgegen zu wirken. Geselligkeit wird als Grundprinzip menschlicher Kultur und genuiner Wesenszug des Menschen hervorgehoben, aus denen sich moderne Gemeinschaftsbildung ableiten lässt. Staatliche Gesetze sichern die Eigentums-, Persönlichkeits- und Freiheitsrechte des Bürgers, der in der esoterischen Lehre einen geheimen Schutzraum gegen den Totalitarismus religiöser Glaubenssysteme öffnet, um Alternativen zu kirchlichen Strafandrohungen zu suchen. In einem modellhaften Laboratorium des Zukünftigen werden hier neue Verhaltensweisen erprobt und verinnerlicht, die anschließend auf das allgemeine gesellschaftliche Leben übertragen werden sollen.

In ihrer Begründung der Trennung einer eso- und einer exoterischen Sphäre des gesellschaftlichen Lebens unterscheiden sich die beiden hier diskutierten Entwürfe jedoch fundamental. Das Spannungsfeld antiker und moderner Gesellschaft reflektierend, entscheidet sich Toland – mit dem Ausschluss der ihm ›verhassten und unverständigen Volksmasse‹ – für den gelehrsamen Rückzug einer *vita contemplativa* nach antikem Vorbild. Die Rückzugsposition eines von der ›profanen‹ Welt enttäuschten Philosophen, der Kontemplation und zweckfreien Weltbezug lebt, steht zu der Forderung eines Praxisbezugs der gelehrten gesellschaftlichen Elite im Widerspruch. Dieser ist das grundlegende Problem der philosophischen Gemeinschaft, über das der Toland'sche Entwurf ins Schwanken gerät. In der Melange seines philosophischen Eklektizismus bleibt Tolands eigene Position unklar.

Konträr dazu strebt die Freimaurerei Bradshaw'scher Couleur innerhalb der Neujustierung des Verhältnisses von Spiritualität (*contemplatio*)

ought to be impressed by *habitual culture* on the *hearts* and *manners* of men, in order to make the characters indelible; and GOOD-WILL and EXAMPLE were more powerful than any other mode of constraint to which men could be subjected; for by means of them every one became not only the a law onto himself, but truly assisted his country, and became a *living law* unto others.‹ »On the Masonic Character, Essay VI«, in: *Scient. Mag.*, Bd. IX, Oktober 1797, S. 250.

163 Toland, Pantheistikon, S. 90.

und praktischer Lebensform (*vita activa*), welches vor dem Hintergrund einer radikalen Aufwertung des Arbeitsbegriffs und bürgerlicher Geschäfte ein Kernproblem der modernen Gesellschaft ausmacht, eine Einheit von *vita contemplativa* und *vita activa* an. *Vita activa*, nach Aristoteles verstanden als eine Lebensform, die einem Freien, d.h. jemandem, der nicht auf seiner Hände Arbeit angewiesen ist, zugesteht, sich politisch zu betätigen. Vor dem Hintergrund einer neuen Elitekultur, eines neuen unbekannten Reichtums und Überflusses, der neue Freiräume der Freizeitgestaltung und des gesellschaftlichen Engagements öffnet, geht es Freimaurern wie Thomas Bradshaw um die Aktivierung neuer gesellschaftlicher Potentiale.[164] Sie wollen den gesellschaftlichen Rangstreit durch eine gemeinsame Praxisverpflichtung der Oberschichten, Gelehrten und Arbeiter überwinden, um im Zusammenspiel der Kräfte soziale Differenzen aufzuheben.

In seiner doppelten Philosophie bestimmt Toland, die Mitglieder des Bundes sollen ihre Gedanken nach der Gemeinschaft, ihre Worte nach dem Volk richten. Zum einen ist es die subversive Stellungnahme gegenüber dem Staat und der Kirche, zum anderen eine recht fleischlose, rational kalkulierte liturgische Praxis des Bundes, die dazu beitragen, dass sein Entwurf nicht wurzelt. Hinzu kommt eben diese *reservatio mentalis*, die als esoterisches Zugeständnis Tolands Glaubwürdigkeit in Frage zu stellen scheint, vor allem, da die konkreten Wirkmechanismen innerhalb der angekündigten Selbstverbesserung und der konkrete Vorgang der habituellen Eintragung in die Gesellschaft, der die Gesellschaft zum wertvollen gesellschaftlichen Korrektiv machen soll, bei Toland konzeptionell merkwürdig unterbeleuchtet bleiben. Einer Abscheu gegen religiösen Fanatismus aus der Erfahrung der Glaubenskriege heraus folgend, leitet er sein antiklerikales Postulat der Erkenntnis des Göttlichen in jedem einzelnen aus der epikureischen Kritik der Religion ab. Toland liefert eine liturgische Vorlage für die gemeinschaftliche Vergewisserungsarbeit; die Konkretisierung praktischer Konsequenzen und Gesetzmäßigkeiten bleibt jedoch aus, sodass letzten Endes unklar bleibt, wie sich diese Ansätze zu einer anderen Form des Zusammenlebens auf den gesellschaftlichen Alltag übertragen ließen. Das mag in seiner Persönlichkeitsstruktur begründet liegen. Toland ist ein zu aufrührerischer und unruhiger Geist, als dass er als Sektenführer taugte, und verbleibt Ideengeber.

Bürgerliche Freiheiten sind letzten Endes als *die* Freiheit zu verstehen, »sich selbst objektive Wertmaßstäbe zu setzten, das heißt den moralischen Verhaltensnormen zu folgen, die sich aus diesen Wertmaßstäben

164 Vgl. Jacob, Living the Enlightenment, S. 53.

ergeben«.[165] Die freiwillige Selbstbeschränkung gilt in der Freimaurerei als eine Form bürgerlicher Autonomie und ist gleichzeitig die Grundbedingung der Setzung neuer moralischer Standards, die sich im Gefüge von Wertmaßstäben, Wertobjekten und Wertungsverhalten konkretisieren. Ohne einen Verpflichtungscharakter, der sich aus einem Leben in einem Gefüge von Zuschauerpositionen und die Anbindung an eine numinose Quelle des Lebens ergibt, bliebe die Setzung von Wertmaßstäben wirkungslos.

Einübungs- oder Habitusethik - Ansätze zur Bestimmung der freimaurerischen Ethikkonzeption

Enge Berührungspunkte ergeben sich zwischen dem hier vorgelegten Versuch, die ethische Konzeption der Freimaurer als eine spezifische Habitus-Ethik zu beschreiben, und dem von Klaus Hammacher entwickelten Modell einer *Einübungsethik*, welche die Eigenart einer als Verhaltenslehre begriffenen konkreten Ethik der Freimaurer zur Geltung bringen soll. Bereits in den wichtigen Aufsätzen »Über rituelle und symbolische Beherrschung verantwortungsvollen Handelns« (1976) und »Vom Sinn des Rituals« (1982) hat Hammacher den operativen Zusammenhang von Ritual und praktizierter Ethik innerhalb der Freimaurerei erkundet. Das Praktizieren der Ethik sei nicht eine nachträgliche Anwendung ethischer Postulate, sondern die eigenwertige Erfahrung und Verwirklichung des Einzelnen als moralisches Wesen.

»Wäre es der Maurerei lediglich um die richtigen Ideen für eine Verbesserung der Menschen durch die Entwicklung einer Ethik zu tun, so würde sie sich nicht von der philosophischen und politischen Ethik hinsichtlich der Praktiken, diese öffentlich durchzusetzen, unterscheiden. Sie muss deshalb auf eine andere Art ethischer Verwirklichung zielen. Diese aber ist im Ritual zu finden.«[166]

---

165 Giuliano Di Bernardo: Die Freimaurer und ihr Menschenbild. Über die Philosophie der Freimaurer, Wien 1996, S. 61.

166 Klaus Hammacher: »Vom Sinn des Rituals«, in: ders.: Einübungsethik. Überlegungen zu einer freimaurerischen Verhaltenslehre, Festschrift zum 75. Geburtstag des Autors, herausgegeben von der Freimaurerischen Forschungsgesellschaft e. V. und der Forschungsloge Quatuor Coronati, Bayreuth, Nr. 808 der Vereinigten Großlogen von Deutschland, Bruderschaft der Freimaurer, Bayreuth 2005, S. 60 (Schriftenreihe der Forschungsloge Quatuor coronati, Bayreuth Nr. 42/2005).

Dass die Freimaurerei trotz anderweitiger Formen so unbedingt am Ritual festgehalten hat, erklärt Hammacher aus der Grunderfahrung, »dass nämlich eine ethische Haltung nicht durch Einsicht in ihre Grundsätze verwirklicht wird, und dass deshalb richtige Grundsätze ihre Verwirklichung nicht durch irgendwelche Mittel (heute sagt man Strategien) erreichen können, sondern durch *Einübung* und immer wiederholter Arbeit an sich selbst«.[167] Das Ritual wird als eine Matrix der Einübung begriffen. Es geht um die Einübung von ethischen Handlungen im Ritual: »[...] konkret darum, durch genaue Ausgestaltung der mit unseren Haltungen, Zeichen und Worten zum Ausdruck gebrachten Gefühle, zu lernen, diese zu beherrschen«.[168] Beherrschen ist hier nicht im Sinne von unterdrücken, sondern von meistern zu verstehen. Dies soll ebenso »über die Körperfunktionen, über ihre Äußerungsformen in Gesten und Bewegungen und nicht zuletzt auch im sprachlichen Ausdruck« erreicht werden.[169] Hammacher gibt folgende Definition einer Einübungsethik, die er als das »älteste ethische Konzept« bezeichnet, das vor allem auf Aristoteles zurückgeführt wird. »Eine solche kommt ohne Imperative, Vorschriften und Gebote aus und stellt es nur darauf ab, gewisse in Tugendbegriffen gefasste Vorstellungen von vorbildlichen Verhaltensweisen durch Einübung zu vermitteln«.[170] Die These von Aristoteles als dem Vater der Einübungsethik wird durch folgende Maxime belegt, in der der Sinngehalt der *Nikomachischen Ethik* gleichsam *in nuce* zusammengefasst erscheint: »Für die Tugend aber bedeutet das Wissen wenig oder nichts, das andere dagegen, was nur durch fortgesetzte Übung der Gerechtigkeit und Mäßigkeit erworben wird, bedeutet nicht wenig, sondern alles.«[171] Es muss allerdings darauf hingewiesen werden, dass bei Aristoteles ethische Haltungen nicht im Ritual, sondern durch aktive Teilnahme im sozialen Verkehr nicht nur eingeübt, sondern auch permanent (aus)geübt werden müssen. Andererseits ist auch zu fragen, ob sich die aristotelische Habitus-Ethik auf eine Lehre von den Verhaltensgewohnheiten reduzieren lässt. Hammacher schreibt: »Gewohnheiten, die – wie Aristoteles es für die Ethik bestimmend sah – zu einer festen Grundhaltung (Hexis) werden, bezeichnen wir heute als Verhalten.«[172] *Hexis* (lat.: *habitus*) im aristotelischen Sinne ist aber mehr als Verhaltensgewohnheit, worauf im 18. Jahrhundert bereits Henry Home Lord Kames hingewiesen hat. Zum

---

167 Ebd., S. 61.
168 Ebd., S. 60.
169 Ebd., S. 61.
170 Ebd., S. 13.
171 *Nik. Eth.* 2, 3, 1105b, S. 32.
172 Klaus Hammacher: »Verhaltenslehre als Einübungsethik«, in: ders., Einübungsethik, S. 89.

tieferen Verständnis der Begriffe Einüben und Üben hat Hammacher auf den Philosophen Otto Friedrich Bollnow hingewiesen, auf dessen Schrift *Vom Geist des Übens* (1978) er sich ausdrücklich beruft. Bollnow geht vom Doppelsinn des Übens als Einüben einer Tätigkeit und als deren Vollzug (Ausüben) aus. Bevor praktisch jede Tätigkeit als Gegenstand des Übens auftrat, waren nach Auskunft der Sprachgeschichte zwei Bereiche als maßgeblich ausgezeichnet. Bollnow verweist hierzu auf das Grimmsche Wörterbuch:

»Zwei Sonderbedeutungen, die sich gerade aus den ältesten Belegen am deutlichsten erkennen lassen, nämlich ›den Boden bearbeiten, Ackerbau treiben‹ und ›eine gottesdienstliche Handlung begehen‹ stimmen mit der Bedeutungssphäre der Wurzel im Indischen und Lateinischen so genau überein, dass man in ihnen nicht sowohl eine Einengung des Bedeutungsumfanges sehen darf, sondern in alte Zeit zurückreichende Bedeutungszentren, aus denen das Wort im Germanischen bald herauswuchs.«[173]

Die Eigenart des Übens zeigt sich in der kultischen Handlung, in der Fokussierung auf den Vollzug der Handlung selbst, die sich nicht in einer spontanen Ausdrucksbewegung äußert, sondern in einer bewusst gestalteten, in besonderer Weise stilisierten Bewegung. Das Üben einer kultischen Handlung als ihr Vollziehen gestaltet sich als Wiederholung festgelegter Formen, indem ein Handlungsschema ausgefüllt wird. Die sakrale Dimension des Übens (das noch in den Wendungen »Gnade, Barmherzigkeit, Gerechtigkeit üben« fortlebt), dürfte in Hammachers Konzept der Einübungsethik eingegangen sein, das eine enge Bindung an das freimaurerische Ritual aufweist.

Übergreifend gründet Bollnow seine Philosophie des Übens auf die Differenz von Wissen und Können. Er schreibt:

»Ein Wissen kann man lehren und eine Einsicht zu erwecken versuchen. In beiden Fällen ist das Üben weder möglich noch notwendig. Das Üben ist vielmehr dort erforderlich, wo es sich um ein spezifisches Können handelt, das der Mensch erwerben soll.«[174]

Dies bezieht sich auf Fertigkeiten im körperlichen und auch im geistigen Bereich, wie das Beispiel der Urteilskraft zeigt. Die Aneignung und Steigerung eines Könnens bedarf der beharrlichen Übung. Der hiermit ver-

173 Deutsches Wörterbuch von Jacob und Wilhelm Grimm, 11. Band, 2. Abt., bearbeitet von V. Dollmayr, Leipzig 1956, Spalte 56, zit. bei Otto Friedrich Bollnow: Vom Geist des Übens. Eine Rückbesinnung auf elementare didaktische Erfahrung, Freiburg, Basel, Wien 1978, S. 23.

174 Bollnow, Vom Geist des Übens, S. 27.

bundene Aufwand wird entschädigt durch das Beglückende des besseren Könnens; durch diese Erfahrung kann auch die Übung zu einer Quelle der Funktionslust werden. Bollnow sieht allerdings etwas Bedenkliches darin, dass das »Gekonnte« einer Leistung als Selbstzweck genossen werden kann: der Akzent verlagere sich vom Inhalt auf die Form.[175] Bollnow sieht die im Stolz auf das Gekonnte liegende Gefahr nicht nur in einer Entfernung vom Leben, sondern auch in einem trügerischen Besitzerstolz, der sich in der Verfügbarkeit des Könnens sonnt. Dem wird entgegengehalten:

»Bei den höheren Leistungen und vom Leben allgemein aussagbar ist [...] das Können nicht mehr als ein verfügbarer Besitz gegeben [...]. Das Können besteht nur zusammen mit dem Üben und ist von diesem gar nicht zu trennen. Der Mensch ist in dieser Weise das übende Wesen, das heißt ein Wesen, das sich nur in beständig wiederholtem Üben in seinem Sein erhalten kann, das erstirbt, wo es vermeintlich im Besitz seines Könnens aufhört zu üben.«[176]

An der »erregenden Grenze von Können und möglichem Nichtkönnen« erfährt das übende Wesen in der Dialektik von Anspannung und Gelöstheit seine innere Verwandlungsfähigkeit und Freiheit.

Bollnow hat aber auch ein Problem aufgeworfen, das für das Konzept einer Einübungsethik zur Herausforderung werden muss. Der Philosoph spricht nämlich von der Unangemessenheit des Übens im zwischenmenschlichen Bezug: »Unter den Verhaltensweisen, in denen das Üben unangemessen oder gar unmöglich ist, nimmt die Beziehung zum anderen Menschen eine besondere Stelle ein.«[177] Wie ist nach dieser Prämisse eine Einübungsethik möglich? Die Verhaltensweise zu einem anderen Menschen üben zu wollen, heißt für Bollnow, den anderen als Material zu betrachten, an dem geübt wird. Zugleich aber fragt er, ob es nicht auch Bereiche menschlichen Umgangs gibt, »die man durchaus üben kann, ohne dabei den anderen zum bloßen Material zu entwürdigen und die, wenn in ihnen vielleicht auch nicht der echte menschliche Bezug eingeübt werden kann, doch geeignet sind, diesen vorzubereiten«.[178] Als solche Bereiche gelten Bollnow

»alle die Formen des zweckfreien Umgangs, die man [...] als das ›gesellige Leben‹ zusammenfassen könnte. Hier gibt es Formen der Höflichkeit, der wechselseitigen Rücksichtnahme, der Führung des Gesprächs usw., die ausdrücklich geübt werden können und müssen. Sie haben nichts Kränkendes

175 Ebd., S. 47.
176 Ebd., S. 52.
177 Ebd., S. 98.
178 Ebd., S. 99.

mehr, weil der andere in der Gelöstheit des freien Gesprächs ja nicht ›behandelt‹ wird, vielmehr in ein gemeinsames Tun einbezogen wird und das Üben nicht auf einen äußeren Erfolg bezogen ist, sondern sich auf die Fähigkeit des Übenden zurückbezieht«.[179]

Genau in den von Bollnow skizzierten Bereichen ist Hammachers Einübungsethik vornehmlich angesiedelt; er konzentriert sich auf »gesellschaftliche Umgangstugenden«. So bedeutet beispielsweise Toleranz, wird sie aus dem Begriff einer Einübungsethik verstanden, »nicht primär gleichberechtigte Anerkennung anderer Meinungen, sondern Umgangsformen zu entwickeln, die zeigen, dass man den Anderen und damit seine Meinung und die eigene aus dem gleichen Streben nach Anerkennung achtet«.[180] Es ist das Konzept einer »Einfachen Sittlichkeit«, womit Hammacher einen Begriff von Bollnow aufgreift und in bestimmter Weise interpretiert:

»Diese entwickelt nur verträgliche Verhaltensweisen, die durch *symbolische* Vollziehung nur die ethischen Ansprüche befriedigen müssen, soweit sie für ein Miteinander-Auskommen nötig sind. Dazu werden Verhaltensweisen, wie sie in Sitten und Gebräuchen sich im Umgang ausgebildet haben, durch Einüben in ihre Funktionsweise bewusst gemacht.«[181]

Bollnows Ausschluss des Übens aus dem zwischenmenschlichen Bezug hätte erhebliche Einschränkungen einer Habitus-Ethik zur Folge, müsste auch in Frage stellen, dass Tugenden (mit Ausnahme der sogenannten Umgangstugenden) eingeübt werden können. Zu fragen ist allerdings, ob sein Argument stichhaltig ist. Nötigt jede Einübung einer Verhaltensweise im Hinblick auf einen anderen Menschen den Übenden dazu, den Standpunkt des Technikers einzunehmen, der ein »Material« bearbeiten will? Ist allein der zweckfreie Umgang eine Zone, in der niemand versucht, einen anderen Menschen gemäß einer bestimmten Intention zu »behandeln«? Zieht jedes Hineinspielen eines Zwecks zwangsläufig die Instrumentalisierung des menschlichen Bezugs nach sich? Man kann sich des Eindrucks nicht erwehren, dass sich Bollnows Konzept des Übens bzw. der Gegenstände des Übens in ethischer Hinsicht als zu eng erweist. Wenn sich nur isolierte Einzelleistungen üben und durch Üben zum Können bringen lassen,[182] dann können auch nur begrenzte Kultur- und

179 Ebd.

180 Klaus Hammacher: »Zukunft aus Vergangenheit. Die freimaurerische ›Arbeit‹ in der heutigen Welt«, in: ders., Einübungsethik, S. 104.

181 Klaus Hammacher: »Verhaltenslehre als Einübungsethik«, in: ders., Einübungsethik, S. 97.

182 Bollnow, Vom Geist des Übens, S. 51.

Sozialtechniken eingeübt bzw. geübt werden. Vom Ansatz her ist Bollnows Begriff des Übens jedoch sehr viel reichhaltiger.

Mit der oben zitierten Definition der Einübungsethik stellt Hammacher die konkrete, praktizierte Ethik der Freimaurer in die Tradition der Tugendethik, die sich durch die Fokussierung auf die moralisch handelnden Personen von der Pflichtethik, die den Akzent auf das Handeln legt (›Wie soll ich handeln?‹), durch eine andere Perspektive und Fragestellung abgrenzt. Auch in diesem Zusammenhang bezieht sich Hammacher auf Otto Friedrich Bollnow. Der Philosoph, dem 1980 der Kulturpreis der Großloge der AFuAMvD verliehen wurde,[183] erinnert in seinem Buch *Wesen und Wandel der Tugenden* (1958) an die traditionelle Einteilung der Ethik in drei große Zweige, die Güterlehre, die Tugendlehre und die Pflichtenlehre. Diese »Zweige« sind kaum jemals als gesonderte Bereiche aufgefasst worden, sondern als drei Betrachtungsweisen oder besser Fragerichtungen, »deren jede einzelne das Ganze der Ethik, nur jeweils unter ihrem besonderen Gesichtspunkt, in Angriff nimmt«, was Bollnow wie folgt erläutert:

»Die Güterlehre fragt nach dem, was dem Menschen in seinem Leben erstrebenswert sein soll, und mündet schon bei den griechischen Anfängen in der Frage nach dem ›höchsten Gut‹, […]. Die Pflichtenlehre handelt von den sittlichen Forderungen, die der Mensch in seinem Handeln erfüllen soll. Die Tugendlehre endlich untersucht die letzten Grundhaltungen, in denen sich die sittliche Vollkommenheit des Menschen ausspricht«.[184]

In der neueren Entwicklung der Ethik hat vor allem die radikale Neufassung der Pflichtenlehre durch Kant die Tugendlehre in den Hintergrund treten lassen. Kant hat den Begriff der Tugend vollständig dem Pflichtbegriff untergeordnet und ihm dadurch jede Spezifik genommen: »Tugend ist die Stärke der Maxime des Menschen in Befolgung seiner Pflicht.«[185] Es war insbesondere das Glücksversprechen des erfüllten Lebens, die Eudaimonia, das die antike Tradition der Tugendethik als eudaimonistische Ethik diskreditiert hat. Ansätze zur Rehabilitierung der Tugendlehre finden sich in der von Max Scheler begründeten und von

183 Otto F. Bollnow: »Sei standhaft, duldsam und verschwiegen«, Rede bei der Verleihung des Kulturpreises der Großloge A.F.u.A.M.v.D. 1980, abgedruckt in: Humanität 4 (1980), S.21-27. Die Laudatio auf den Preisträger hielt damals Klaus Hammacher.

184 Otto F. Bollnow: Wesen und Wandel der Tugenden. Frankfurt/M., Berlin, Wien 1972, S. 19.

185 Immanuel Kant: Metaphysik der Sitten, Einleitung Tugendlehre IX, Werke, hrsg. von Wilhelm Weischedel, Bd. 4, Darmstadt 1956, S. 525.

Nicolai Hartmann fortgeführten Wertethik, die aber primär als Güterlehre ausgearbeitet wurde. Bollnow selbst knüpfte an die Rehabilitierung der Tugend seit Max Scheler (1913) an, schlug aber seinerseits den Weg zu einer neu begründeten Tugendlehre ein (1958). Tugenden bilden nach Bollnow einen Kern menschlicher Grundhaltungen, und zwar solche von sittlicher Relevanz. Eine Tugend komme dem Menschen nicht in der Weise zu, wie ein Naturding Eigenschaften habe, sondern als eigenes Verdienst, als Verhaltensqualität, für die er, im Guten wie im Schlechten, verantwortlich sei. Bollnow verankert den Tugendbegriff im aristotelischen Konzept des Habitus (*hexis*; Tugend als ein bestimmter Habitus des Wählens). Darin folgt ihm auch Hammacher, der *Hexis* als »feste Grundhaltung« und Tugend im wesentlichen gleichsetzt. Ein Habitus bezeichne bei Aristoteles eine »durch Wiederholung eingeprägte Erwerbung bestimmter ethisch geprägter Verhaltensmuster, die man in der Tradition *Tugenden* nannte«.[186] Tugenden gruppieren sich in Bollnows Sicht spontan je nach Anforderungs- und Gestaltungsfeldern des sozialen Zusammenlebens. Er schreibt:

»So gibt es die verhältnismäßig eng miteinander zusammenhängenden Tugenden des wirtschaftlichen Lebens (Fleiß, Sparsamkeit, Ordnungsliebe usw.) oder solche des menschlichen Zusammenlebens (Mitgefühl, Rücksichtnahme, Dankbarkeit usw.) oder solche insbesondere des höheren geistigen Lebens (wie Feinfühligkeit, Urteilsfähigkeit, Gedankenschärfe usw.), solche wiederum, die einem kraftvoll überquellenden Lebensgefühl entsprungen sind (wie Mut, Hingabefähigkeit, Großmut usw.) und demgegenüber wieder die eigentümlich christlichen Tugenden (Demut, Nächstenliebe usw.).«[187]

Bollnow verwirft jeden Anspruch auf Systematisierung der Tugenden, die sich keinem einheitlichen Prinzip unterwerfen lassen. Er weist auf die verschiedenartigen Gesichtspunkte hin, die sich bei jedem Versuch einer Zusammenstellung der Tugenden durchdringen: charakterologische, soziologische, geistesgeschichtliche usw. »Es gibt kein [...] geschlossenes System der Tugenden, und es kann auch keines geben.«[188] Dagegen spricht nicht nur die Tatsache, »daß die Mannigfaltigkeit der Tugenden viel zu groß und viel zu reich gegliedert ist«, sondern auch der geschichtliche Gesichtspunkt: »Die verschiedenen Zeiten und Kulturen sind auf ihre bezeichnenden Tugendsysteme hin zu untersuchen, und die einzelnen Tugenden wieder in ihrem Lauf durch die verschiedenen Geschichts-

186 Klaus Hammacher: »Zukunft aus Vergangenheit«, in: ders.: Einübungsethik, S.101.

187 Bollnow, Wesen und Wandel der Tugenden, S. 26.

188 Ebd.

epochen zu verfolgen.«[189] Die Unsystematisierbarkeit des »Tugendreichs« ergibt sich auch daraus, dass sich aus jeder einzelnen Tugend neue Ausblicke auf den ganzen Menschen ergeben: »In jeder einzelnen Tugend erschließt sich von einem bestimmten ethischen Phänomen aus zugleich über dieses hinweg ein neues Gesamtverständnis des Menschen.«[190]

Größeren Einfluss erlangte Bollnows Tugendschrift von 1958 nicht. Zu einer »Renaissance der Tugendethik« ist es erst Jahrzehnte später gekommen, und zwar vor allem im angelsächsischen Raum. Zum Durchbruch verhalfen einem tugendethischen Neuansatz vor allem Autoren wie Alasdair MacIntyre, Bernard Williams oder Martha C. Nussbaum. Der Ausgangspunkt lag allerdings auch hier bereits im Jahr 1958: in dem vielzitierten Aufsatz »Moderne Moralphilosophie« von Elizabeth Anscombe, der einflussreichsten weiblichen Vertreterin der analytischen Philosophie; ihr zur Seite trat in den 70er Jahren eine weitere britische Philosophin, die die moralphilosophische Debatte der Gegenwart entscheidend gefördert hat: Philippa Foot. Die Tugendethik, wie sie sich heute darstellt, ist keine homogene moralphilosophische Schule, sondern umfasst unterschiedliche Positionen, die zum Teil weit auseinander liegen. Was sie alle vereint, ist eine Problematisierung der Pflichten- und Prinzipienethik, die Skepsis gegenüber systematischen normativen Positionen, das Sichtbarwerden der Grenzen einer Vernunftmoral, wie es Martin Honecker ausdrückt:

»Anders als Sokrates behauptete, wonach Einsicht und Wissen von selbst zur Tugend, zum Tun des Guten führen, ist die Bedeutung der affektiven Bindung, der Motivation inzwischen erkannt. Sittliche Grundhaltungen entstehen nicht schon durch Belehrung, sondern durch Einübung, durch affektives Lernen. Die Qualifikation, die Fähigkeit des moralisch Handelnden bedarf somit besonderer Beachtung. Die Besinnung auf die Tugend erinnert an diesen Sachverhalt.«[191]

Im Mittelpunkt der Tugendethik stehen nicht Handlungen und ihre Folgen, sondern die handelnden Menschen. Die zentrale Frage für den Tugendethiker lautet nicht »Was soll ich tun?«, sondern »Was für ein Mensch soll ich *sein*?«. Martin Honecker spricht von einem Paradigmenwechsel: »An die Stelle der rationalen Argumentation normativer Ethik tritt die Orientierung an einer geschichtlich vielfältigen, kontextu-

189 Ebd., S. 28f.

190 Ebd., S. 27.

191 Martin Honecker: »Schwierigkeiten mit dem Begriff der Tugend. Die Zweideutigkeit der Tugend«, in: Klaus Peter Rippe und Peter Schaber (Hg.): Tugendethik. Stuttgart 1998, S. 180.

ellen Tugendlehre.«[192] Das birgt aber auch Gefahren. Aus dem Hinsichtenwechsel kann leicht eine schroffe Entgegensetzung werden. Es wäre verfehlt, durch eine Erneuerung der Tugendlehre alle ethischen Probleme lösen zu wollen. »Subjekt, personale Qualifikation und Struktur, Handlungsrahmen, Ordnungsgefüge sind nicht gegeneinander auszuspielen.«[193] Eine Tugendlehre macht weder die Reflexionen einer Regelethik noch eine Theorie der Institutionen überflüssig. »Die Achtung und Wahrung von Gütern des menschlichen Zusammenlebens und von Rechten des Einzelnen wie der Gesellschaft und der Menschenrechte sind genauso notwendig. Güter und Rechte sind jedoch nicht mit Tugenden, mit Haltungen gleichzusetzen.«[194] Auf solche Probleme hat Bollnow schon 1958 hingewiesen als er die Frage nach dem ethischen Sinn einer philosophischen Tugendlehre aufwarf;

»denn es ergibt sich der Einwand, daß eine solche Betrachtung sich an der Mannigfaltigkeit einander oft widersprechenden Möglichkeiten verliert, ohne dem Menschen die brennende Frage beantworten zu können: Was soll ich tun? Und in der Tat, wenn es die Aufgabe der Ethik ist, dem Menschen unmittelbar zu sagen, was er in seinem Leben zu tun hat, dann muß man zugeben, daß eine solche Tugendlehre dazu nicht imstande ist. Zu der schon genannten Schwierigkeit, daß die Tugenden überhaupt nicht direkt erstrebt werden können, tritt als zweite, daß der Reichtum der Tugenden viel zu groß ist und die einzelnen Tugenden vielfach einander so sehr widersprechen, daß kein Mensch hoffen kann, das Ganze der Tugenden in seinem Leben gleichmäßig zu verwirklichen.«[195]

Bollnow hat den ethischen Sinn seiner Untersuchungen zum *Wesen und Wandel der Tugenden* daher auch anders gefasst. Er schreibt:

»Nachdem das historische Bewußtsein die Überzeugung von der zeitlosen Gültigkeit eines bestimmten Tugendsystems zerstört hat, kommt es darauf an, den Reichtum der Möglichkeiten zu entfalten, damit in ihm dann der Mensch seine Wahl treffen kann und aus dem Stoff der Möglichkeiten die Gestalt seines eigenen Lebens aufbaut.«[196]

Am allerwenigsten hat Bollnow für eine isolierte Tugendethik plädiert. Vielmehr hat er die wechselseitige Abhängigkeit von Güterlehre, Tugendlehre und Pflichtenlehre bzw. Regelethik betont. In dieser Perspek-

192 Ebd., S. 178.
193 Ebd., S. 181.
194 Ebd., S. 182.
195 Bollnow, Wesen und Wandel der Tugenden, S. 30.
196 Ebd., S. 30.

tive wäre auch der rigorose Ausschluss von Imperativen, Vorschriften und Geboten aus der Definition einer freimaurerischen Einübungsethik zu überdenken. Klaus Hammacher selber verweist auf die »Alten Pflichten«, die als Auferlegung bestimmter Aufgaben durch die Gemeinschaft interpretierbar sind. Er empfiehlt aber darauf zu achten, »dass hier in der Freimaurerei nur auf ›Umgangsqualitäten‹ abgestimmt ist, nicht auf hochethische innere Ermahnungen des Gewissens, die dem einzelnen überlassen bleiben müssen«.[197] Letztlich scheint es Hammacher nicht so sehr auf das Fehlen jeglicher normativer Aspekte anzukommen, sondern auf die Art ihres Gegebenseins und auf ihre Wirkungsweise. Die Freimaurerei habe keine sittlichen Normen aufgestellt, nach denen sich der Freimaurer zu richten habe, »oder besser sie hat diese Normen nur durch bestimmte Verhaltensweisen beschrieben«.[198]

Die verschiedenen Hinweise auf die Grenzen der Tugendethik schmälern nicht deren Verdienst: sie hat nachhaltig mit der mangelnden Berücksichtigung der handelnden Person gebrochen. Sie leistet damit einen Beitrag zu einer aktuellen moralphilosophischen Debatte, die sich einer übergreifenden Fragestellung widmet. Es ist die Frage nach Personalitätsmodellen in der Ethik, die – mit den Worten von Michael Franz – eines zu leisten vermögen: »dem moralischen Selbst eine körperlich fundierte, in sozialen Kontexten agierende *Person* zurückzugeben. Hierin ist nicht impliziert, die Aufgaben der Ethik auf die Konzeptualisierung und Problematisierung von Personalitätsmodellen zu beschränken.«[199] Im Kontext einer solchen Fragestellung gewinnen auch die historischen Modelle einer Habitus-Ethik an Bedeutung. Die Habitus-Ethik weist, vom aristotelischen Ausgangspunkt her gesehen, enge Beziehungen zur Tugendethik auf, aber sie ist mehr und anderes als eine bloße Version der Tugendethik. Das zeigt sich auch darin, dass sie die Bezugnahme auf Regelethik und Sittendiskurs nicht ausschließt, sondern in einer komplementären Beziehung voraussetzt. Wollte man einen Zusammenhang zwischen Tugenden und Habitus-Eigenschaften herstellen, so könnte man sagen: konkrete Tugenden sind bestimmte soziale Verhaltensqualitäten, die sich als Habitus-Eigenschaften festgesetzt haben und zur personalen Qualifikation geworden sind.

197 Klaus Hammacher: »Woran wir anknüpfen können«, in: ders., Einübungsethik, S. 69.

198 Ebd., S. 13.

199 Michael Franz: »Personalfigur oder Selbst ohne Eigenschaften? Zur Rezeption antiker Personalitätsmodelle in der Gegenwart«, in: ders., Daidalische Diskurse, S. 163.

Schlussbetrachtung

Die vorliegende Studie liefert eine Untersuchung des freimaurerischen Rituals als *Cultural Performance*, der konkreten Präsentation des Körpers im Ritual als Konstitutionsfaktor einer normativ-esoterischen Gruppenidentität und eine Diskussion einiger bisher vernachlässigter Quellen, aus denen Performativierungsschübe ihre Impulse ziehen. Das freimaurerische Ritual interessierte dabei als kulturelle Form und *modus generandi* einer gemeinschaftsbildenden Welt- und Lebenshaltung. Die Aufhellung dieses komplizierten Zusammenhangs erforderte die genaue Beschreibung und Analyse der ritualgestützten Habitusveränderung und –neubildung, die als spezifischer Zeichenprozess am Körper durch physiologisch fundierte Reaktions- und Engrammbildung ausgelöst wird und in einen schrittweise enthüllten rituellen Darstellungscode eingebettet ist. Die Verortung der Freimaurerei im Kontext der modernen *Reformation of Manners*, die Ende des 17. Jahrhunderts in Großbritannien einsetzt, warf neues Licht auf die symbolisch-kommunikative Grundlegungen einer neuen konkreten Ethik im Rahmen der Freimaurerbruderschaft. Das in den Konstitutionspapieren der Zunft angelegte Erziehungsprinzip weckt schon früh das Interesse bürgerlicher Gentlemen an der Vereinigung und gewinnt im Laufe der zweiten Hälfte des 18. Jahrhunderts in England zunehmend an Bedeutung.

Das performativ-symbolische Ereignis, in dem darstellerische Tätigkeiten eine wesentliche Rolle spielen, genießt einen hohen Stellenwert neben dem philosophischen, geistigen Gebäude, das seinerseits keinen systematisch begründeten Lehrcharakter beansprucht. Daher war die Untersuchung des Körpers in seiner Materialität, als Agens, Zeichenmedium und Konstitutionsfaktor kollektiver und individueller Identitäten von spezifischer Relevanz. Zur Eigenart der Freimaurerei gehört unverzichtbar die Art und Weise, wie eine ›Lektion‹ performativ verkörpert und praktiziert wird, da das ethische Wertesystem erst hierdurch zum Gemeinschaftserlebnis und Handlungsimpuls wird. Die darstellerische Körpererfahrung setzt ein emotional, d.h. über die physiologischen Funktionszusammenhänge des Körpers vermitteltes Engramm, welches – gestützt auf das im 18. Jahrhundert im Anschluss an das von David Hartley ausgearbeitete neue Paradigma der Ideenassoziation – unausgeschöpfte geistige

Potentiale mobilisieren sollte. Der angestrebte Effekt war die allmähliche Herausbildung und Festigung eines spezifisch freimaurerischen Habitus.

Freimaurerei bezeichnet hier eher eine spezielle rituelle Form der Erarbeitung ethischer Tugenden denn unverwechselbar freimaurerische Inhalte. Ein Grundprinzip dieser Form ist die Vorstellung,

> »daß es ohne ›Veräußerlichung‹, also nach außen Wendung eines innerlichen Erlebens, überhaupt keine ›Verinnerlichung‹, also wirkliche Einverleibung höherer Einwirkungen geben kann. Nur der darf sagen, daß er Göttliches erfahre, dessen Sinne es bezeugen, dessen Tun es bekräftigt.«[1]

Die Freimaurer bestreiten, dass ihr aus unterschiedlichen Quellen gespeistes Selbstverständnis Lehrcharakter hat. Das Synkretistische der Freimaurerei, die heterogene Traditionselemente verarbeitet hat, ist nicht in ein System zu bringen. Wer dies dennoch versuchen sollte, wird der Eigenart der freimaurerischen Gesamtkonzeption nicht gerecht und läuft Gefahr, Widersprüchliches auszublenden. Dennoch ist die freimaurerische Körperpolitik vorliegender Lesart nicht zu erfassen, wenn man nicht tief in die rituellen Codes eindringt. Und diese Codierungen erschließen sich der Analyse nur, wenn man die Komplexität der konzeptionellen Selbstvergewisserung auszuloten versucht, was niemals zu letztgültigen Ergebnissen führen kann. In Blumenbergs Sinn wäre die Freimaurerei mit ihren Leitmetaphern und ihren »Erkenntnisgraden« ein möglicher Gegenstand einer Metaphorologie, die die vorbegriffliche Schicht freimaurerischer Begriffsbildung freizulegen ermöglicht.[2] Auch hierzu sollte die vorliegende Arbeit einen Beitrag liefern.

Die Eigenart des freimaurerischen Synkretismus ist im Verlaufe der Analyse vor allem in folgenden Schwerpunkten hervorgetreten:

(1) *Die Widersprüchlichkeit verschiedener Konzeptualisierungen des Körpers*:

In der freimaurerischen Darstellungskonvention findet eine Vereinigung von scheinbar widersprüchlichen Körperkonzepten statt, die aus einem komplexen Verhältnis von Vergeistigung und ritueller Körperdarstellung erwachsen. Einerseits kommt es zu einer Verkörperung im Sinne einer inszenierten Vergegenwärtigung des Geistigen im Ritual durch den mate-

1 Die Erläuterungen August Horneffers aus dem Jahre 1957 verdeutlichen die Wirkmächtigkeit der rituellen Darstellungsprinzipien bis in die Moderne hinein. August Horneffer: Aus meinem Freimaurerleben, Hamburg 1957, S. 64.

2 Vgl. Hans Blumenberg: Paradigmen zu einer Metaphorologie, Frankfurt a.M. 1999; ders.: »Ausblick auf eine Theorie der Unbegrifflichkeit«, in: ders.: Schiffbruch mit Zuschauer, Frankfurt a.M. 1979, S. 75-93.

riellen, handelnden Körper, andererseits beinhaltet der Umgang mit dem Körper Ansätze von Entkörperlichung im Sinne eines Sich-Entledigens des konkreten sozialen Körpers. Durch die feierliche Gleichtracht der Brüder wird eine Einschreibungsfläche für Symbole geschaffen. Embleme und Bijoux fungieren auf diesem gleichen Grund als Erkennungsmerkmale des Freimaurers als Freimaurer sowie als Indizien für die Stellung innerhalb der freimaurerischen Hierarchie der Erkenntnisgrade. Daneben spielen die produktive Seite des »Körper-Habens« (Plessner) und der Einsatz des Körpers als Darstellungsmedium für Bedürfnisse und als Ordnungskomponente für das alltägliche Leben durch vom Alltag abgehobene Ereignisse und Empfindungen – im Sinne einer mystischen »außerlogischen Vernunft des Lebens« (G. Mattenklott) – meines Erachtens die entscheidende Rolle.

(2) *Die Rolle spezifischer Übergangsrituale*:
Die Freimaurerei beinhaltet ein präzise ausgearbeitetes Erkenntnissystem, bestehend aus Riten, die die Mortifikation profan-körperlicher und die (Re-)Vitalisierung geistiger und zugleich habitusprägender Kräfte beschreiben. Im Verlauf der Durchwanderung verschiedener Übergangsrituale ist der einmal eingeschlagene freimaurerische Erkenntnisweg nicht mehr rückgängig zu machen. Dementsprechend kann es keine Rückstufung im Grad geben, da die Erleuchtung einem Menschen nicht wieder genommen werden kann. Auch der Austritt aus der Bruderschaft ist nur formal möglich. Unter der Bezeichnung »schlafender Bruder« bleiben die geistigen und habitusprägenden Veränderungen real.[3] Das Aufnahmeritual ist gleichermaßen ein Initiations- wie Einsetzungsritual, indem es »eine dauerhafte Unterscheidung zwischen denen, die von diesem Ritus betroffen, und denen, die nicht von ihm betroffen sind, institutionalisiert«.[4]

(3) *Das Verhältnis von Utopiepotential und performativer Eigenrealität:*
Über den in der rituellen Handlung agierenden Körper wird in zweifacher Hinsicht eine komplexe Wechselbeziehung von Sinnlichkeit und Geisteshaltung, von Wirklichkeit und Reflexion hergestellt: einerseits durch die exponierte Artifizialität einer neuen oder anderen Realität im geheimen Kreis, in der das utopische Potential als sinnliche, körperliche Erfahrung vollzogen wird, andererseits durch einen lebenspraktisch wirksamen Habitus, über den die so erarbeiteten Werte in das persönliche

3 Dictionnaire de la Franc-Maçonnerie, hg. von Daniel Ligou, neunte erweiterte Ausgabe, Paris 1987, Spalte 1131.

4 Begriff und Definition des »Einsetzungsrituals« nach Pierre Bourdieu Kapitel »Einsetzungsriten«, in: ders.: Was heißt Sprechen, S. 84ff.

Umfeld Eingang finden sollen. Körperdarstellungen spielen damit eine zentrale Rolle an der Schnittstelle zwischen der Simulation einer neugestifteten, im Esoterischen durchgespielten Ordnung von Welt, die auch einen anderen zwischenmenschlichen Umgang einschließt, und deren Realisierung in der Überschreibung eines alten sozialen Habitus durch einen neuen im Prozess der Selbstformung.

(4) *Die Performativität des Geheimbundes:*
»*Noble men, gentlemen and working men*« (Konstitutionen von 1723) sollten zu den Freimaurerlogen gleichen Zugang haben. Gleichwohl galt das egalitäre Prinzip des »Brudergeschlechts von Menschen« (Wieland) nur unter dem Geheimnis der Loge, die überdies als Männerbund die Frauen ausschloss.

Auf der einen Seite wurden in den Logen Verhaltensweisen eingeübt, die sich auch im Weltumgang bewähren sollten. Auf der anderen Seite schuf die esoterische Kultpraxis mit ihrem verbindlichen Verschwiegenheitsgelübde in allen freimaurerischen Angelegenheiten eine von der ›profanen‹ Welt abgegrenzte freiwillige Disziplinargemeinschaft. Dieser Widerspruch hat zu dem Versuch herausgefordert, die doppelt ausgerichtete, nach innen und nach außen wirksame Performativität des freimaurerischen Geheimbundes in ihrer Spezifik zu erfassen. Hier waren verschiedene Rahmen der Körperdarstellung zu betrachten: a) jene Körperinszenierungen innerhalb der rituellen Handlung, b) der interne Umgang der Brüder untereinander und c) ein exoterischer, d.h. alltagspraktischer Habitus.

Es wurde deutlich, dass sich über die Untersuchung der verschiedenen performativen Komponenten des Rituals, des Umgangs innerhalb der Gemeinschaft und der Gesellschaft als erweitertem Feld von Zuschauern das, was Freimaurerei ausmacht, substantieller begreifen lässt, als pauschale Verweise auf die Aufklärung es bisher konnten. Die Analyse der freimaurerischen Praktiken als rituelle Formen sozialer und körperorientierter Habitusprägung macht das historische Phänomen in subtilerer Weise als Teil der Kultur- und Gesellschaftsgeschichte sichtbar, als es pauschale Verweise auf die geistesgeschichtliche Nähe zu Ideen der Aufklärung vermögen.

Die Umcodierung des Körpers in der Freimaurerbruderschaft, das Leben in verschiedenen symbolischen Körperordnungen, das Spannungsverhältnis von materiellem Körper und symbolischer Inkorporierung des Göttlichen, die Dialektik von Erlebnisprinzip und Einsetzungsritual, die Beziehung zwischen Bruderschaft und spezifischem Disziplinarregime haben eine Fülle von Fragen aufgeworfen, die im Rahmen der Studie nicht in aller thematischen Breite behandelt werden konnten. In den Problemhorizont sind etliche thematische Aspekte getreten, die vertiefender Behandlung bedürfen, deren explizite und ausführliche Erörterung jedoch den Rahmen der Arbeit gesprengt hätte. Zum Ertrag der Untersuchung gehört daher auch die Eröffnung weiterer Problemfelder, die sich auf der Grundlage des bisher Erforschten gezielt weiter bearbeiten lassen. Dazu gehört beispielsweise die historische Trennung der Geschlechter, in welcher der faktische Geschlechterunterschied zur legitimen Differenz, zur Institution erklärt und festgeschrieben wird. Der sporadische Einbezug der Ehefrau erfolgt nicht als Gleichberechtigte – worüber auch die Bezeichnung als ›Schwester‹ nicht hinwegtäuschen darf. Aufschlussreich sind in diesem Zusammenhang weibliche Spielarten der Freimaurerei und die Frage nach ihrer Funktion bei der Neudefinierung der Geschlechterrollen im 18. Jahrhundert.

Ein zweiter großer Komplex, der noch einmal ein eigenes Thema bilden könnte, ist der Anteil des sozialen Imaginären an der freimaurerischen Gemeinschaftsbildung. Über die weiterführende Analyse des Imaginären als Konstitutionsfaktor der freimaurerischen Gemeinschaftsbildung dürften sich noch konkretere Aufschlüsse über das Utopiepotential gewinnen lassen. Vorübergehend ist festzuhalten, dass die Freimaurer ein Gemeinschaftsmodell praktizieren, das sich durch mindestens drei Besonderheiten auszeichnet:

(1) Es existiert niemals als ruhender Bestand, sondern nur in einem permanenten Prozess der Gemeinschafts*bildung* im Ritual.

(2) Das freimaurerische Gemeinschaftsmodell ist nur im geschlossenen und geschützten Rahmen der Bruderschaft lebbar. Im Verhältnis zur ›profanen‹ Gesellschaft ist es in letzter Konsequenz ein utopisches Modell von Gemeinschaftsbeziehungen.

(3) Das utopische Potential des freimaurerischen Gemeinschaftsmodells gewinnt seine performative Evidenz in der Präsenz des Körpers und körperlicher Konfigurationen. Dies bedeutet nicht, dass sich das Utopische in der Freimaurerei von der Gesellschaft auf den Körper verlagert wie in den Körperutopien bzw. »utopischen Körpern« der Gegenwart.[5] Am Körper soll eine Habitusveränderung und –neubildung vollzogen und sichtbar werden, keineswegs aber soll der Körper nach imaginären Leitbildern umgebaut werden, wie sie die heutige Sport-, Wellness- und Modeindustrie vorgeben. Gegenwärtige Zukunftsträume und Verheißungen des besseren Lebens tendieren im Gegensatz dazu, sich nicht mehr in

5 Vgl. Utopische Körper. Visionen künftiger Körper in Geschichte, Kunst und Gesellschaft, hg. von Kristiane Hasselmann, Sandra Schmidt, Cornelia Zumbusch, München 2004.

Form von gesellschaftlichen Entwürfen, sondern in Körperbildern zu manifestieren, an deren Realisierung fleißig gearbeitet wird.[6]

6 Ebd., S. 18.

ANHANG

Literatur

A Handlist of Masonic Documents, zusammengestellt von Douglas Knoop and G.P. Jones, Manchester 1942.

Alberti, Leon Battista: Zehn Bücher über die Baukunst, ins Deutsche übertragen, eingeleitet und mit Anmerkungen und Zeichnungen versehen durch Max Theuer, Darmstadt 1975.

Anderson, James: The Constitutions of the Freemasons. Containing the History, Charges, Regulations, &c. of that most Ancient and Right Worshipful Fraternity. For the use of the Lodges, London 1723 and The New Book of Constitutions of the Ancient and Honourable Fraternity of the Free and Accepted Masons. Containing Their History, Charges, Regulations, &c. Collected and Digested By order of the Grand Lodge from their old Records, faithful Traditions and Lodge-Books, For the Use of the Lodges, London 1738, Faksimile Ausgabe der Quatuor Coronati Lodge, London 1976.

Anonymus [Gabriel Louis Calabre Pérau]: L'Ordre des Francs-Maçons Trahi, et le Secret des Mopses Revelé, Amsterdam 1745.

Anonymus [Gabriel Louis Calabre Pérau]: Der verrathene Orden der Freymaurer, und das offenbarte Geheimnis der Mopsgesellschaft, Reprograpfischer Nachdruck der Ausgabe Frankfurt und Leipzig 1745, mit einem Nachwort herausgegeben von Anselm Maler, Habichtswald 2000.

Anonymus [Abbé Larudan]: Les Francs-Maçons Ecrasés. Suite du Livre Intitulé, L'Ordre des Francs-Maçons Trahi, Amsterdam 1747.

Anonymus: Unparteiische Ansichten eines tiefeingeweihten Freimaurers, enthaltend: was derselbe früher von der Freimaurerei dachte, was er während seiner Aufnahme empfand – was er gefunden als er Maurer geworden – was er jetzt darüber denkt und wie sie der Laie zu betrachten hat, Bamberg 5817 (d.i. 1817).

Aristoteles: Nikomachische Ethik, hg. von Günter Bien auf der Grundlage der Übersetzung von Eugen Rolfes, Hamburg 1972.

Aristoteles: Metaphysik, Gr.-Dt., Neubearbeitung der Übersetzung von Hermann Bonitz, mit Einleitung u. Kommentar hg. von Horst Seidl, griechischer Text in der Edition von Wilhelm Christ, Hamburg 1989.

Ashe, Geoffrey: The Hell-Fire Clubs – a history of Anti-Morality, Stroud Gloucestershire 2000.

Augustinus, Aurelius: Vom Gottesstaat (De civitate dei), aus dem Lateinischen von Wilhelm Thimme, eingel. und komm. von Carl Andresen, München 1991.

Austin, John: Zur Theorie der Sprechakte (How to do things with words), Stuttgart 1989.

Ball, Johnson: Paul and Thomas Sandby. Royal Academicians. An Anglo-Danish Saga of Art, Love and War in Gregorian England, Cheddar 1985.

Barker-Benfield, G. J.: The Culture of Sensibility. Sex and Society in 18th-century Britain, Chicago 1992.

Baxmann, Inge: Mythos Gemeinschaft. Körper- und Tanzkulturen in der Moderne, München 2000.

Ben-Amos, Ilana K.: Adolescence and Youth in Early Modern England, New Haven, London 1994.

Berger, Joachim/ Grün, Klaus-Jürgen (Hg.): Geheime Gesellschaft. Weimar und die deutsche Freimaurerei, München, Wien 2002.

Bernigeroth, Johann Martin: Les Coutumes des francs-maçons dans leurs assemblées principalement pour la réception des apprentifs et des maîtres, tout nouvellement et sincèrement découvertes = Neu und aufrichtig entdeckte Gebräuche der Freymäurer bey ihren Versammlungen, besonders bey Aufnahme ihrer Lehrlinge und Meister./ Nach dem im Deutschland noch nie gesehenen franz. Orig., aufs accurateste in Kupfer gebracht von Johann Martin Bernigeroth, Leipzig 1745.

Beschrijving der verzamelingen van het Groot-Oosten der Nederlanden. Boekwerken der Klossiaansche Bibliotheek, 1900 (= Bestand des CMC in Den Haag).

Bindman, David: Hogarth and his times, London 1997.

Blumenberg, Hans: Paradigmen zu einer Metaphorologie, Frankfurt a.M. 1999.

Blumenberg, Hans: Schiffbruch mit Zuschauer, Frankfurt a.M. 1979.

Bollnow, Otto F.: Wesen und Wandel der Tugenden, Frankfurt a.M., Wien, Berlin 1972 (Erstveröffentlichung 1958).

Bollnow, Otto F.: Vom Geist des Übens. Rückbesinnung auf elementare didaktische Erfahrung, Freiburg im Breisgau 1978.

Bollnow, Otto F.: »Sei standhaft, duldsam und verschwiegen«, Rede bei der Verleihung des Kulturpreises der Großloge A.F.u.A.M.v.D. 1980, abgedruckt in: Humanität 4 (1980), S. 21-27.

Bolton, Alexander T.: The Portrait of Sir John Soane, London 1927.

Bourdieu, Pierre: Sozialer Sinn. Kritik an der theoretischen Vernunft, Frankfurt a.M. 1987.

Bourdieu, Pierre: Was heißt Sprechen? Die Ökonomie des sprachlichen Tausches, Wien 1990.

Brown, Laura: English Dramatic Form, 1660-1760. An Essay in Generic History, New Haven, London 1981.

Burford, Douglas: »The Ark of the Masonic Covenant«, in: *AQC* 105 (1992), S. 203-216.

Butler, Judith: Körper von Gewicht. Die diskursiven Grenzen des Geschlechts, Frankfurt a.M. 1995.

Bynum, Caroline Walker: »Warum das ganze Theater mit dem Körper?«, in: Historische Anthropologie. Kultur, Gesellschaft, Alltag, hg. von A. Lüdtke u. Hans Medick, 1 (1996), S. 1-33.

Calcott, Wellins: Candid Disquisitions of the Principles and Practices of the Most Ancient and Honourable Society of the Free and Accepted Masons &etc., London 1769.

Campbell, Colin: Romantic Ethic and the Spirit of Modern Consumerism, Oxford 1993.

Carr, Harry: »An Introduction to Prichard's Masonry Dissected«, in: *AQC* 94 (1981), S. 107-118.

Castoriadis, Cornelius: Gesellschaft als imaginäre Institution. Entwurf einer politischen Philosophie, Frankfurt a.M. 1997.

Castoriadis, Cornelius: »Die griechische *polis* und die Schaffung der Demokratie«, in: Autonome Gesellschaft und libertinäre Demokratie, hg. von Ulrich Rödel, Frankfurt a.M. 1990, S. 298-328.

Catalogue of manuskripts and library, of portraits and prints of the museum at Freemasons' Hall in the possession of the UGLE, hg. von Algernon Tudor-Craig, London 1938.

Chakmakjian, Pauline V.: »Theological Lying and Religious Radicalism in Anderson's Constitutions«, in: Aries. The Journal for the Study of Western Esotericism, 8:2 (2008), S. 167-190.

Cheesman, W.N.: »An old Lodge and its refreshment bills«, in: *AQC* 10 (1897), S. 77-79.

Chetwode Crawley, W.J.: »Mock Masonry in the Eighteenth Century«, in: *AQC* 18 (1905), S. 129-146.

Child, Francis James (Hg.): English and Scottish Ballads, Boston 1868.

Cibber, Colley: An Apology for the Life of Colley Cibber (1740), Dover 2000.

Cibber, Theophilus/ Shiels, Robert: The Lives of Poets of Great Britain and Ireland, Bd. V, London 1753.

Cicero, Marcus Tullius: Brutus, Lat.-Dt. von Berhard Krytzler, München 1970.

Cicero, Marcus Tullius: Gespräche in Tusculum, hg. u. übers. von Olof Gigon, Düsseldorf, Zürich 2003.

Cicero, Marcus Tullius: Über die Wahrsagung/ De divinatione, lat.-dt., hg., übers. u. erl. von Christoph Schäublin, München, Zürich 1991.

Clark, Peter: British Clubs and Societies 1580-1800. The Origins of an Associational World, Oxford 2000.

Clarke, J.R.: »John Locke and Freemasonry«, in: *AQC* 78 (1965), S. 168-171.

Clements, Diane: »A seasonal feast!«, unter: www.freemasonrylondon.museum/exhibitions am 11.10.2004.

Collier, Jeremy: Short Review of the Immorality and Profaneness of the English Stage (1698), Nachdruck der dritten Auflage von 1698 mit einem bibliographischen Nachwort von Ulrich Broich, München 1967.

Cooper, Anthony Ashley (Third Earl of Shaftesbury): Characteristics of Men, Manners, Opinions, Times, hg. von Lawrence E. Klein, Cambridge 2001.

Copenhaver, Brian P.: Hermetica. The Greek Corpus Hermeticum and the Latin Asclepius in a new English translation with notes and introduction, Cambridge 1998.

Curl, James Stevens: The Art and Architecture of Freemasonry. An Introductory Study, Woodstock 1993.

Daniel, Stephen H.: John Toland. His Methods, Manners, and Mind, Kingston, Montreal 1984.

Das Corpus Hermeticum, einschließlich der Fragmente des Stobaeus, aus dem Griechischen neu übertragen von Karl-Gottfried Eckart, hg. und mit einer Einleitung versehen von Folker Siegert, Münster 1999.

Das Corpus Hermeticum Deutsch, Teil 1: Die griechischen Traktate und der lateinische ›Asclepius‹, übersetzt und eingeleitet von Jens Holzhausen, Stuttgart-Bad Cannstatt 1997.

De Sallengre, Albert Henrik: Ebrietatis Encomium: or, the Praise of Drunkenness, wherein is authentically, and most evidently proved, the Necessity of frequently getting Drunk; and, that the practice of getting drunk is most Ancient, Primitive and Catholic. Confirmed by the example of Heathens, Turks, Infidels, Primitive Christians, Saints, Popes, Free Masons, and other Men of Learning in all Ages. By Boniface Oinophilus de Monte Fiascone (Pseudonym), London 1723.

Der utopische Staat. Morus, Utopia; Campanella, Sonnenstaat; Bacon, Nova Atlantis, übersetzt, eingeleitet, mit einer Bibliographie und Kommentar hg. von Klaus J. Heinisch, Hamburg 1993.

Descartes, René: Die Leidenschaften der Seele, hg. und übers. von Klaus Hammacher, Hamburg 1996.

DeRitter, Jones: The Embodiment of Characters. The Representation of Physical Experience on Stage and in Print, 1728-1749, Philadelphia 1994.

Di Bernardo, Giuliano: Die Freimaurer und ihr Menschenbild. Über die Philosophie der Freimaurer, Wien 1996.

Dictionnaire de la Franc-Maçonnerie, hg. von Daniel Ligou, neunte erweiterte Ausgabe, Paris 1987.

Die Freimaurerbestände im Geheimen Staatsarchiv Preußischer Kulturbesitz, zusgest. von Renate Endler u. Elisabeth Schwarze, Bd. 1: Großlogen u. Protektor. Freimaurerische Stiftungen und Vereinigungen, Bd. 2: Tochterlogen, Frankfurt a.M., Berlin, Bern, New York, Paris, Wien 1994f.

Douglas, Mary: Ritual, Tabu und Körpersymbolik. Sozialanthropologische Studien in Industriegesellschaft und Stammeskultur, Frankfurt a.M. 1998.

Ebeling, Florian: Das Geheimnis des Hermes Trismegistos. Geschichte des Hermetismus, mit einem Vorwort von Jan Assmann, München 2005.

Endres, Franz C.: Die Symbole des Freimaurers, Hamburg 1977.

Evans, Robert R.: Pantheisticon: the career of John Toland, New York [u.a.] 1991.

Feddersen, Klaus C.F.: Statuten und Ordensregeln der Freimaurer in England, Frankreich, Deutschland und Skandinavien, hg. von der Forschungsloge Frederik, Flensburg o.J.

Fischer-Lichte, Erika: Vom ›künstlichen‹ zum ›natürlichen‹ Zeichen. Theater des Barock und der Aufklärung, Semiotik des Theaters Bd. 2, Tübingen 1983.

Foucault, Michel: »Was ist ein Autor?« (1969), in: Texte zur Theorie der Autorschaft, hg. und kommentiert von F. Jannidis, Gerhard Lauer, Matias Martinez und Simone Winko, Stuttgart 2000, S. 198-229.

Foucault, Michel: Dispositive der Macht. Michel Foucault über Sexualität, Wissen und Wahrheit, Berlin 1978.

Foucault, Michel: »Andere Räume«, in: politics/poetres, das buch zur documenta X (Ausstellungskatalog), Kassel 1997, S. 262-272.

Franz, Michael/ Kalisch, Eleonore: »*Cultural Performance* and *Semiotic Anthropology*. Zur Performativität der interkulturellen Übersetzung«, in: Kontaktzone Amerika. Literarische Verkehrsformen kultureller Übersetzung, hg. von Utz Riese, Heidelberg 2000, S. 287-315.

Franz, Michael: Von Gorgias bis Lukrez. Antike Ästhetik und Poetik als vergleichende Zeichentheorie, Berlin 1999.

Franz, Michael: Das Laokoon-Paradigma. Zeichenregime im 18. Jahrhundert, hg. von Inge Baxmann, Michael Franz und Wolfgang Schäffner, Berlin 2000.

Franz, Michael: »Personalfigur oder Selbst ohne Eigenschaften? Zur Rezeption antiker Personalitätsmodelle in der Gegenwart«, in: ders., Daidalische Diskurse. Antike-Rezeption im Zeitalter der High Techne, Berlin 2005, S. 149-165.

Franz, Michael/ Kalisch, Eleonore: »Die Wertsituation als spezifische Zeichensituation. Freimaurerische Ethik im historischen Kontext«, für die ICHF Edinburgh 2009 vorbereiteter Beitrag, Typoskript.

Franz, Michael: »Die Einheit von Pragmatik und Semantik in der Semiotik von John Locke«, Typoskript.

Fraser, Nancy/ Honneth, Axel: Umverteilung oder Anerkennung? Eine politisch-philosophische Kontroverse, Frankfurt a.M. 2003.

Gall, Stefan/ Kerschreiter, Rudolf/ Mojzisch, Andreas: Handbuch Biopsychologie und Neurowissenschaften, Bern 2002.

Gattermann, Rolf (Hg.): Verhaltensbiologie (Wörterbücher der Biologie), Jena 1993.

Gebauer, Gunter/ Wulf, Christoph: Spiel, Ritual, Geste. Mimetisches Handeln in der sozialen Welt, Hamburg 1998.

Gennep, Arnold van: Les rites de passage: étude systématique des rites de la porte et du seuil, de l'hospitalité, de l'adoption, de la grossesse et de l'accouchement, de la naissance, de l'enfance, de la puberté, de l'initiation, de l'ordination, du couronnement, des fiançailles et du mariage, des funérailles, des saisons, etc., Paris 1909.

George, M. Dorothy: London Life in the Eighteenth Century, London 1976 (Erstauflage 1925).

Gould, Robert Freke: The History of Freemasonry. Its antiquities, symbols, constitutions, costumes etc., embracing an investigation of the records of the organisations of the fraternity in England, Scotland, Ireland, British colonies, France, Germany, and the United States; derived from official sources, Edinburgh 1887.

Gould, Robert Freke: »The Duke of Wharton, Grand Master 1722-23; with which is combined the true History of the Gormogons«, in: *AQC* 8 (1895), S. 114-146.

Gould, Robert Freke: Concise History of Freemasonry, London 1903.

Habermas, Jürgen: Strukturwandel der Öffentlichkeit. Untersuchungen zu einer Kategorie der bürgerlichen Gesellschaft, Frankfurt a.M. 1990.

Hallett, Mark: The Spectacle of Difference. Graphic Satire in the Age of Hogarth, New Haven, London 1999.

Hamill, John: The Craft. A History of English Freemasonry, Crucible, Wellingborough 1986.

Hammacher, Klaus: Einübungsethik. Überlegungen zu einer freimaurerischen Verhaltenslehre, Schriften der Forschungsloge Quatuor Coronati Bayreuth, Nr. 45/2005.

Hammermayer, Ludwig: Der Wilhelmsbader Freimaurer-Konvent von 1782: Ein Höhe- und Wendepunkt in der Geschichte der deutschen und europäischen Geheimgesellschaften, Heidelberg 1980.

Hanegraaff, Wouter J. (Hg.): Dictionary of Gnosis and Western Esotericism, Leiden, Boston 2005.

Hartley, Harold (Hg.): The Royal Society: its origins and founders, London 1960.

Hasselmann, Kristiane/ Schmidt, Sandra/ Zumbusch, Cornelia (Hg.): Utopische Körper. Visionen künftiger Körper in Geschichte, Kunst und Gesellschaft, München 2004.

Hasselmann, Kristiane: Identität – Verwandlung – Darstellung. Das Freimaurer-Ritual als *Cultural Performance*, Innsbruck 2002.

Hasselmann, Kristiane: »Inszenierte Ereignisse – das freimaurerische Ritual als Drama«, in: Quatuor Coronati Jahrbuch für Freimaurerforschung 43 (2006), S. 121-126.

Hasselmann, Kristiane/ Snoek, Jan A.M.: »Entwürfe eines neuen Rituals für die Vereinigte Großloge von England im Jahr 1816. Ein Baustein deutsch-englischer Ritualgeschichte«, vorgesehen zur Publikation in der Zeitschrift für Internationale Freimaurerforschung (IF).

Hasselmann, Kristiane: »Die Freimaurerei im Spiegel der Dramatik«, in: Quellenkundliche Arbeit der Forschungsloge Frederik Nr. 16, Flensburg 2003, S. 207-224.

Hartley, David: Observations on Man. His Frame, his Duty and his Expectations, in zwei Teilen, Elibron Classics Replica Edition 2004 (Reprint der überarbeiteten sechsten Auflage London 1834).

Haug, Wolfgang Fritz (Hg.): Historisch-kritisches Wörterbuch des Marxismus, Bd. 2, Hamburg 1999.

Hewitt, A. R./ Massey, H.G.: A concise index to Ars Quatuor Coronatum, London 1971.

Hobbes, Thomas: Leviathan oder Stoff, Form und Gewalt eines kirchlichen und bürgerlichen Staates, hg. von Iring Fetscher, Frankfurt a.M. 1996.

Hobbes, Thomas: Philosophical Rudiments, Engl. Works, hg. von W. Molesworth, London 1841ff.

Hoffmann, Stefan-Ludwig: Die Politik der Geselligkeit. Freimaurerlogen in der deutschen Bürgergesellschaft 1840-1918, Göttingen 2000.

Hofstätter, Peter R.: Psychologie. Das Fischer Lexikon, Neuausgabe, Frankfurt a.M. 1981.

Home, Henry, Lord Kames: Elements of Criticism, Bd. 2, London, New York 1967 (Reprint der Ausgabe Edinburgh 1762).

Home, Heinrich: Grundsätze der Kritik, Bd. 1, aus dem Englischen übersetzt von Joh. Nikolaus Meinhard nach der vierten Englischen verbesserten Ausgabe, Frankfurt, Leipzig 1775.

Honneth, Axel: Kampf um Anerkennung. Zur moralischen Grammatik sozialer Konflikte, Frankfurt a.M. 1994.

Horneffer, August: Aus meinem Freimaurerleben, Hamburg 1957.

Hutchinson, William: Spirit of Masonry (1775), hg. von George Oliver, Kessingers Publishing's Rare Mystical Reprints, o.D. (Erstveröffentlichung London 1775).

Hutton, Ronald: The Rise and Fall of Merry England. The Ritual Year 1400-1700, Oxford 1994.

Jackson, A.C.F (Hg.): English Masonic Exposures of 1960-1769, with full transcripts of Three distinct Knocks (1760), Jachin and Boaz (1762), Shibboleth (1765), London 1986.

Jacob, Margaret C.: Living the Enlightenment. Freemasonry and Politics in Eighteenth Century Europe, Oxford 1991.

Jacob, Margaret C.: »Money, equality, fraternity: freemasonry and the social order in eighteenth-century Europe«, in: The culture of the market. Historical essays, hg. von Thomas L. Haskell and Richard F. Teichgraeber, Cambridge 1993, S. 102-135.

Jodl, Friedrich: Geschichte der Ethik als philosophische Wissenschaft, Essen 1997.

John Soane, Architectural Monographs, Bd. 8, London 1983.

Johnson, Samuel (Hg.): The Works of the English Poets, Bd. 70: Oliver Goldsmith, and Paul Whitehead, London 1790.

Jones, Bernard E.: Freemasons' Guide and Compendium, Nashville 2006 (Erstveröffentlichung London 1950, Reprint der überarbeiten Neuedition Kent 1994).

Kalisch, Eleonore: Von der Ökonomie der Leidenschaften zur Leidenschaft der Ökonomie. Adam Smith und die *Actor-Spectator*-Kultur im 19. Jahrhundert, Berlin 2006.

Kalisch, Eleonore: Konfigurationen der Renaissance. Zur Emanzipationsgeschichte der *ars theatrica*, Berlin 2002.

Kalisch, Eleonore: »Aspekte einer Begriffs- und Problemgeschichte von Authentizität und Darstellung«, in: Inszenierung von Authentizität, hg. von Erika Fischer-Lichte und Isabel Pflug, Tübingen, Basel 2000, S. 31-43.

Kalisch, Eleonore: »Der histrionische Körper«, in: Horizonte der Emanzipation: Texte zu Theater und Theatralität, hg. von Christopher B. Balme u.a., Berlin 1999, S. 119-150.

Kalisch, Eleonore: Theaterkrieg und histrionischer Körper. Der Pietismus und die Ansätze zu einer performativ orientierten Habitus-Ethik im späten 17. und frühen 18. Jahrhundert, Habilitationsschrift, Humboldt-Universität Berlin 1999.

Kalisch, Eleonore: »Leben in einer Gesellschaft von Zuschauern. Die Actor-Spectator-Beziehung im Denken von Adam Smith«, in: Spektakel der Moderne. Bausteine zu einer Kulturgeschichte des darstellenden Verhaltens, hg. von Joachim Fiebach u. Wolfgang Mühl-Benninghaus, Berliner Theaterwissenschaft Bd. 2, Berlin 1996, S. 79-137.

Kalisch, Eleonore: »›Kampf um Anerkennung‹ und darstellendes Verhalten. Anerkennungsprobleme der Moderne in transdisziplinärer theaterwissenschaftlicher und kulturhistorischer Perspektive«, in: Weimarer Beiträge 41 (1995) 3, S. 355-375.

Kant, Immanuel: Metaphysik der Sitten, hg. von Wilhelm Weischedel, Bd. 4, Darmstadt 1956.

Karlsruher virtueller Katalog: http://www.ubka.uni-karlsruhe.de/kvk.html.

Katalog der British Library Catalogue: http://www.blpc.bl.uk/.

Katalog der Freimaurer-Sammlung der Niedersächsischen Landesbibliothek, Freimaurerischer Bibliotheksverein, Hannover 1998.

Katalog der United Grand Lodge of England, Archiv der Freemasons' Hall, London: http://freemasonry.london.museum/catalogue.htm.

Katalog des Cultureel Maçonniek Centrum »Prins Frederik«, Den Haag: http://www.vrijmetselarij.nl.

Kittsteiner, Heinz D.: Die Entstehung des modernen Gewissens, Frankfurt a.M. 1995.

Kleine, Lothar: Spinoza. Substanz und System, in: Baruch Spinoza. Ethik, hg. von Helmut Seidel, Leipzig 1978.

Knoop, Douglas/ Jones,G.P., Hamer/ Douglas (Hg.): Early Masonic Pamphlets, London 1978 (Reprint der Ausgabe London 1944).

Knoop, Douglas: »The Mason Word«. The Prestonian Lecture for 1938, printed for private circulation, Sheffield 1938.

Knoop, Douglas/ Jones, G.P.: The Genesis of Freemasonry, Manchester 1948 (Dt.: Die Genese der Freimaurerei, Bayreuth 1968).

Kondylis, Panajotis: Die Aufklärung im Rahmen des neuzeitlichen Rationalismus, München 1986.

Köpping, Klaus-Peter/ Leistle, Bernhard/ Rudolph, Michael (Hg.): Ritual and Identity. Performative Practices as Effective Transformations of Social Reality, Berlin 2006.

Koselleck, Reinhart: Kritik und Krise. Eine Studie zur Pathogenese der bürgerlichen Welt, Frankfurt a.M. 1997.

Košenina, Alexander: Anthropologie und Schauspielkunst. Studien zur ›eloquentia corporis‹ im 18. Jahrhundert, Tübingen 1995.

Kristeller, Paul O.: Humanismus und Renaissance II, München 1975.

Kruft, Hanno-Walter: Geschichte der Architekturtheorie, München 1991.

Lantoine, Albert: John Toland, 1670-1722: un précurseur de la franc-maçonnerie, Paris 1927.

Ledoux, Claude-Nicolas: L'architecture considérée sous le rapport de l'art des mœurs et de la législation, Nördlingen 1981-84 (Reproduktion der Ausgabe Paris 1804-1847).

Lennhoff, Eugen/ Posner, Otto: Internationales Freimaurer-Lexikon, unveränderter Nachdruck der Ausgabe Wien 1932, Wien, München 1980.

Lennhoff, Eugen: Die Freimaurer. Geschichte, Wesen, Wirken und Geheimnis der königlichen Kunst, Zürich, Leipzig, Wien 1932.

Les Coutumes des francs-maçons dans leurs assemblées principalement pour la réception des apprentifs et des maîtres, tout nouvellement et sincèrement découvertes = Neu und aufrichtig entdeckte Gebräuche der Freymäurer bey ihren Versammlungen, besonders bey Aufnahme ihrer Lehrlinge und Meister./ Nach dem im Deutschland noch nie gesehenen franz. Orig., aufs accurateste in Kupfer gebracht von Johann Martin Bernigeroth, Leipzig 1745.

Lessing, Gotthold E.: Werke 1778-1781, Bd. 10, hg. von Arno Schilson und Axel Schmitt, Frankfurt a.M. 2001.

Lessing, Gotthold E.: Hamburgische Dramaturgie (1769), hg. und komm. von Klaus L. Berghahn, Stuttgart 1990.

Lessings Briefwechsel mit Mendelssohn und Nicolai über das Trauerspiel, hg. von R. Petsch, Leipzig 1910.

Lillo, George: »The London Merchant: or, The History of George Barnwell (1731)«, in: Eighteenth Century Plays, hg. von John Hampden, London, New York 1958, S. 213-265.

Locke, John: An Essay Concerning Human Understanding, hg. von P.H. Nidditch, Oxford 1975.

Locke, John: Versuch über den menschlichen Verstand, übersetzt von C. Winckler, 2 Bände, Hamburg 1988.

Locke, John: Ein Brief über die Toleranz, engl.-dt. Ausgabe, übersetzt, eingeleitet u. in Anmerkungen erläutert von Julius Ebbinghaus, Hamburg 1975.

Locke, John: Political Essays, hg. von Mark Goldie, Cambridge 1997.

Locke, John: The Works of John Locke in ten Volumes, London 1812.

Locqueneux, Robert: Kurze Geschichte der Physik, Göttingen 1989.

Lomas, Robert: The invisible college. The Royal Society, freemasonry and the birth of modern science, London 2002.

Lüdemann, Susanne: Metaphern der Gesellschaft. Studien zum soziologischen und politischen Imaginären, München, Paderborn 2004.

Lutherbibel Volksausgabe, Württembergische Bibelanstalt, Stuttgart 1971.

Mackey, Albert G.: Lexicon of Freemasonry, London 1883.

Mackie, John L.: Hume's Moral Theory, London, New York 1993.

McMillin, Scott (Hg.): Restauration and Eighteenth-Century Comedy authoritative Texts of the Plays. Context Criticism, 2. Aufl., New York, London 1997.

MacNulty, W. Kirk: Freemasonry. A journey through ritual and symbol, London 2003.

Macpherson, C. B.: Die politische Theorie des Besitzindividualismus. Von Hobbes bis Locke, Stuttgart 1990.

McKendrick, Neil: Birth of a Consumer Society. The commercialization of 18th-century England, London 1982.

Maurice, Florian: Freimaurerei um 1800. Ignaz Aurelius Feßler und die Reform der Großloge Royal York in Berlin, Tübingen 1997.

Menke, Christoph: »Wahrnehmung, Tätigkeit, Selbstreflexion: Zur Genese und Dialektik der Ästhetik«, in: Falsche Gegensätze. Zeitgenössische Positionen zur philosophischen Ästhetik, hg. von Andrea Dern und Ruth Sonderegger, Frankfurt a.M. 2002, S. 19-48.

Menke, Christoph: »Wozu Ästhetik?«, in: Ästhetik. Aufgabe(n) einer Wissenschaftsdisziplin, hg. von Karin Hirdina und Renate Reschke, Freiburg i.Br. 2004, S. 187-197.

Morris, Charles W.: Zeichen Wert Ästhetik, hg., übersetzt und eingeleitet von Joachim Eschbach, Frankfurt a.M. 1971.

Mulvey-Roberts, Marie: »Hogarth on the Square: Framing the Freemasons«, in: British Journal for Eighteenth-Century Studies 26 (2003), S. 251-270.

Neugebauer-Wölk, Monika/ Saage, Richard (Hg.): Die Politisierung des Utopischen im 18. Jahrhundert, Tübingen 1996.

Neumann, Gerhard/ Pross, Caroline/ Wildgruber, Gerald (Hg.): Szenographien. Theatralität als Kategorie der Literaturwissenschaft, Freiburg i.Br. 2000.

Ogée, Frédéric (Hg.): The dumb show. Image and Society in the works of William Hogarth, Oxford 1997.

Oxford Dictionary of National Biography, hg. von H.C.G. Matthew and Brian Harrison, Oxford 2004.

Palmer, Gesine: Ein Freispruch für Paulus. John Tolands Theorie des Judenchristentums, mit einer Neuausgabe von Tolands ›Nazarenus‹ von Claus-Michael Palmer, Berlin 1996.

Parsons, Talcott: Das System moderner Gesellschaften, Weinheim, München 1996.

Pedicord, Harry W.: »White Gloves at Five. Fraternal Patronage of London Theatres in the Eighteenth Century«, in: Philological Quaterly, hg. von Curt A. Zimanski, 45 (1966) 1, S. 270-288.

Pedicord, Harry W.: »The London Merchant. Ein sensationeller Erfolg mit freimaurerischem Hintergrund«, in: Kleine Schriften der Gesellschaft für Theatergeschichte 26 (1973), S. 19-34.

Pedicord, Harry W.: »Masonic Theatre Pieces in London 1730-1780«, in: Theatre Survey 25 (1984), S. 153-166.

Peirce, Charles Sanders: »Eine Vermutung über das Rätsel [der Sphinx]«, in: ders., Religionsphilosophische Schriften, übersetzt unter Mitarbeit von Helmut Maaßen, hg. von Hermann Deuser, Hamburg 1995, S. 112-170.

Peirce, Charles Sanders: »On Phenomenology«, in: The Essential Peirce. Selected Philosophical Writings, Vol. 2 (1893-1913), hg. vom Peirce Edition Project, Bloomington 1998, S. 145-159.

Philippson, Nicholas: »Politics and politeness in the reigns of Anne and the early Hannoverians«, in: J.G.A. Pocock (Hg.), The varieties of British political thought 1500-1800, Cambridge 1993.

Pochat, Götz: Geschichte der Ästhetik und Kunsttheorie. Von der Antike bis zum 19. Jahrhundert, Köln 1986.

Pocock, J.P.: Virtue, Commerce and History. Essays on Political Thought and History, Cambridge 1985.

Prescott, Andrew: »Some Literary Contexts of the Cooke and Regius Manuscripts«, in: Freemasonry in Music and Literature, The Canonbury Papers 2, hg. von T. Steward, London 2005, S. 1-36.

Prescott, Andrew: »The Old Charges Revisited«, in: Transactions of the Lodge of Research No. 2429, Leicester 2006, S. 25-38.

Prichard, Samuel: Die zergliederte Freymaurerey worin eine allgemeine und richtige Beschreibung aller ihrer Aeste vom Anfang bis auf gegenwärtige Zeit enthalten wie solche in den aufgerichteten regulmäßigen Logen sowohl in der Stadt als auf dem Lande nach den verschiedenen Stufen der Aufnehmung verordnet worden, Frankfurt, Leipzig 1788.

Pugin, Augustus Charles/ Britton, John: Illustrations of Public Buildings of London, London 1838.

Rawlings, Philip: Drunks, whores and idle apprentices. Criminal biographies of the eighteenth century, London, New York 1992.

Rawls, John: Gerechtigkeit als Fairneß. Ein Neuentwurf, Frankfurt a.M. 2003.

Rechnungszettel eines am 1. Dezember 1775 abgehaltenen Logendinners, UGLE Freemasons' Hall London, Katalognr.: HC/8/F/25a.

Records of the Lodge Original No. 1 now the Lodge of Antiquity No. 2 of the Free and Accepted Masons of England acting by Immemorial Constitution, Bd. 2, Privatdruck 1926.

Reinalter, Helmut (Hg.): Freimaurer und Geheimbünde im 18. Jahrhundert in Mitteleuropa, Frankfurt a.M. 1993.

Richardson, Margaret/ Stevens, Mary Anne (Hg.): John Soane. Architect, Master of Space and Light, London 1999.

Richardson, Samuel: The Apprentice's Vade Mecum (1734), Los Angeles 1975 (Reprint der Augustan Reprint Society).

Richardson, Samuel: The Apprentice's Vade Mecum (1734) and A Seasonable Examination of Playhouses (1735), Reprint Richardsoniana I, New York, London 1974.

Rippe, Klaus Peter/ Schaber, Peter (Hg.): Tugendethik, Stuttgart 1998.

Ritter, Joachim/ Gründer, Karlsfried (Hg.): Historisches Wörterbuch der Philosophie, Darmstadt 1989-2004.

Rituale des hohen Ordens vom heiligen Tempel zu Jerusalem, auch Strikte Observanz genannt, weltlicher Zweig nebst Ordensregeln und vielen Abbildungen aus dem Jahre 1764, I. bis IV. Grad, hg. von der Forschungsvereinigung Frederik, Flensburg 1999.

Roberts, John M.: »Freemasonry: Possibilities of a Neglected Topic«, in: English Historical Review 84 (1969), S. 323-335.

Sarasin, Philip: »Mapping the body. Körpergeschichte zwischen Konstruktivismus, Politik und ›Erfahrung‹«, in: Historische Anthropologie. Kultur, Gesellschaft, Alltag, 3 (1999), S. 437-451.

Sauerland, Karol: Diltheys Erlebnisbegriff. Entstehung, Glanzzeit und Verkümmerung eines literaturhistorischen Begriffs, Berlin, New York 1972.

Scanlan, Matthew D.J.: »Philip 1st Duke of Wharton: Freemason and Jacobite conspirator (1698-1731)«, in: La masonería en Madrid y en España del siglo XVIII al XXI, hg. von José Antonio Ferrer Benimeli, Bd. 2, 2004, S. 757-794.

Schindler, Norbert: »Der Geheimbund der Illuminaten – Aufklärung, Geheimnis und Politik«, in: Freimaurer und Geheimbünde im 18. Jahrhundert, hg. von Helmut Reinalter, Frankfurt a.M. 1993, S. 284-318.

Schindler, Norbert: »Freimaurerkultur im 18. Jahrhundert«, in: Robert M. Berdahl (Hg.), Klassen und Kultur, Frankfurt a.M. 1982, S. 205-262.

Schneider, Gerhard: Der Libertin. Zur Geistes- und Sozialgeschichte des Bürgertums im 16. und 17. Jahrhundert, Stuttgart 2000 (Erstauflage 1970).

Schottländer, Rudolf: Römisches Gesellschaftsdenken. Die Zivilisierung einer Nation in der Sicht ihrer Schriftsteller, Weimar 1969.

Schramm, Helmar: »Theatralität und Öffentlichkeit. Vorstudien zur Begriffsgeschichte von ›Theater‹«, in: Ästhetische Grundbegriffe. Studien zu einem historischen Wörterbuch, hg. von Karlheinz Barck; Martin Fontius und Wolfgang Thierse, Berlin 1990.

Scientific Magazine, and Freemasons' Repository, London: George Cawthorn, British Library, Strand, 1797-1798.

Semon, Richard: Die Mneme als erhaltendes Prinzip im Wechsel des organischen Geschehens, 3. Aufl., Leipzig 1911.

Seth, Wolfgang: George Lillos Dramen. Der Versuch der »Verbürgerlichung« des englischen Dramas im 18. Jahrhundert, Essen 1991.

Simmel, Georg: »Das Geheimnis und die geheime Gesellschaft«, in: Gesammelte Werke, Bd. 11, hg. von Otto Ramstedt, Frankfurt a.M. 1992.

Simonis, Linda: »Handlung und Gespräch im freimaurerischen Ritual. Erziehung und Selbstreflexion als Drama«, in: Jahrbuch der Forschungsloge Quatuor Coronati 40 (2003), S. 61-73.

Smith, Adam: Eine Untersuchung über Natur und Wesen des Volkswohlstandes. Unter Zugrundelegung der Übersetzung Max Stirners, aus dem Englischen Original nach der Ausgabe letzter Hand (4. Aufl. 1786) ins Deutsche übertragen von Prof. Dr. Ernst Grünfeld und eingel. von Prof. Dr. Heinrich Waentig, 3. unveränderte Aufl., Bd. 1, Jena 1923.

Snoek, Jan A.M.: Initiations. A methodological approach to the Application of Classification and Definition Theory in the Study of Rituals, Pijnacker 1987.

Snoek, Jan A.M.: »De allusieve methode/ The Allusive Method/ La méthode allusive«, in: Acta Macionica 9 (1999), S. 47-70.

Snoek, Jan A.M.: »The earliest development of masonic degrees and rituals: Hamill versus Stevenson«, in: The Social Impact of Freemasonry on the Modern Western World (The Canonbury Papers 1), hg. von Matthew D.J. Scanlan, London 2002, S. 1-19.

Snoek, Jan A.M.: »Die historische Entwicklung der Auffassungen über Geheimhaltung in der Freimaurerei«, in: Jahrbuch der Forschungsloge Quatuor Coronati 40 (2003), S. 51-59.

Snoek, Jan A.M.: »Die drei Entwicklungsstufen des Meistergrades«, in: Jahrbuch der Forschungsloge Quatuor Coronati 41 (2004), S. 21-46.

Stevenson, David: The Origins of Freemasonry. Scotland's Century 1590-1710, Cambridge 1988.

Stokes, John: »Masonic Teachers of the Eighteenth Century«, in: The Collected Prestonian Lectures 1925-1960, hg. von Harry Carr, London 1967, S. 63-94.

Stone, Lawrence: The Famlily, Sex, and Marriage in England, 1500-1800, London 1977.

Stroud, Dorothy: Sir John Soane. Architect, London 1996.

Stubbs, James/ Haunch, T.O.: Freemasons' Hall. The Home and Heritage of the Craft, London 1983.

Stukeley, William: The Jews seek a sign, the Greeks wisdom – Proserpine, London 1761.

Summerson, John: »Soane: the Man and the Style«, in: John Soane, Architectural Monographs 8, London 1983, S. 8-17.

Szondi, Peter: Theorie des bürgerlichen Trauerspiels im 18. Jahrhundert, Frankfurt a.M. 1973.

Tadmor, Naomi: »The Concept of the Household-Family in Eighteenth-Century England«, in: Past and Present 151 (1996), S. 111-140.

Taylor, Charles: Quellen des Selbst. Die Entstehung der neuzeitlichen Identität, Frankfurt a.M. 1999.

Taylor, John E.: »Sir John Soane: Architect and Freemason«, in: *AQC* 95 (1982), S. 194-202.

Terrasson, Jean (Abbé): Sethos, histoire ou vie tirée des monuments anecdotes de l'ancienne Egypte, traduite d'un manuscrit grec, Paris 1731.

The Early French Exposures, hg. von Harry Carr, London 1971.

The Early Masonic Catechisms, transkr. u. hg. von Douglas Knoop, G. P. Jones and Douglas Hamer, überarb. 2. Auflage, hg. von Harry Carr, London 1963.

The Encyclopaedia Britannica. A Dictionary of Arts, Sciences, Literature and general information, Bd. 2, 11. Ausg., Cambridge 1910.

The Freemasons' Magazine, or, General and complete Library, London: Printed and published by J. W. Bunney, No. 7 Newcastle Street Strand, and sold by Scratcherd and Whitaker, Ave Maria Lane, 1793-1796.

The Gentleman's Magazine, or, Monthly Intelligencer, London 1731-1821.

The Poems and Miscellaneous Compositions of Paul Whitehead, hg. von Edward Thompson, London 1787.

The Tatler, hg. m. einer Einführung und Anmerkungen von George A. Aitken, Bd. 1, Hildesheim, New York 1970 (Reprint der Ausgabe London 1898).

The Two Earliest Masonic Mss. The Regius MS (B.M. Bibl. Reg. 17 A1). The Cooke MS (B.M. Add. MS. 23 198), transkr. und hg. von Douglas Knoop, G.P. Jones and Douglas Hamer, Manchester 1938.

Thiel, Udo: John Locke, Reinbek bei Hamburg 1990.

Timbs, John: Curiosities of London, London 1867.

Timbs, John: Clubs and Club Life in London. With Anecdotes of its famous coffee-houses, hostelries, and taverns, from the Seventeenth century to the present time, London 1872.

Toland, John: Das Pantheistikon des John Toland, übersetzt und mit Einleitung versehen von Ludwig Fensch, Leipzig 1897.

Toland, John: Christentum ohne Geheimnis (Christianity not mysterious dt.) 1696, eingel. u. unter Beifügung von G.W. Leibnizens Annotatiunculae (subitaneae ad Librum de Christianismo Mysteriis carente) 1701, hg. von Leopold Zscharnack, Gießen 1908.

Toland, John: Briefe an Serena. Über den Aberglauben, über Materie und Bewegung, hg. und eingel. von Erwin Pracht, übersetzt von Günter Wichmann, Berlin 1959.

Tönnies, Ferdinand: Gemeinschaft und Gesellschaft. Grundbegriffe der reinen Soziologie, Neudruck der 8. verbesserten und erweiterten Auflage von 1935, Darmstadt 1991.

Tönnies, Ferdinand: Kritik der öffentlichen Meinung, Berlin 1922.

Trilling, Lionel: Das Ende der Aufrichtigkeit, München, Wien 1982.

Turner, Victor W.: The Forest of Symbols, Ithaca, New York 1967.

Turner, Victor W.: The Anthropology of Performance, Baltimore, London 1988.

Turner, Victor W.: The Ritual Process. Structure and Anti-Structure, New York 1969.

Turner, Victor W.: From Ritual to Theatre. The Human Seriousness of *Play*, New York 1982.

Vernon, W.F.: »›From Labour to Refreshment‹ in the olden time«, in: *AQC* 7 (1894), S. 4-14.

Vibert, Lionel: »The Development of the trigradal system«, in: The Collected Prestonian Lectures 1925-1960, hg. von Harry Carr, London 1967, S. 31-45.

Vitruv II de Architectura libri decem/ Vitruv Zehn Bücher über Architektur, übersetzt und mit Anmerkungen versehen von Curt Fensterbusch, Darmstadt 1991.

Vitruvius teutsch … erstmals verteutscht und in Truck verordnet durch D. Gualtherun H. Rivium Medi & Math. vormals in Teutsche sprach zu transveriren noch von niemand sonst understanden sonder fur unmüglichen geachtet worden, Nürnberg 1548; Nachdruck mit einer Einleitung von Erik Forssman, Hildesheim, New York 1973.

Ward, Edward (Ned): The History of the London Clubs, or, The Citizen's Pastime, London 1709.

Warner, Loyd W.: The Living and the Dead. A Study of the Symbolic Life of Americans, New Haven 1959.

Watkin, David: Sir John Soane. Enlightenment Thought and the Royal Academy Lectures, Cambridge 1996.

Watkin, David: »Freemasonry and Sir John Soane«, in: Journal of the Society of Architectural Historians (JSAH), 54:4 (1995), S. 402-417.

Weber, Max: Die protestantische Ethik I, hg. von Johannes Winckelmann, Gütersloh 2000.

Weisberger, R. William: Speculative Masonry and Enlightenment. A Study of the Craft in London, Paris, Prag, Wien, New York 1993.

Wertheimer, Michael: Kurze Geschichte der Psychologie, München 1971.

Wilkes, Kathleen V.: Real People. Personal Identity without Thought Experiments, Oxford 1988.

Wolfstieg, August: Bibliographie der freimaurerischen Literatur, Bd. 1-4, hg. im Auftrag des Vereins Deutscher Freimaurer, Leipzig 1911-1913.

Yates, Frances A.: Giordano Bruno and the Hermetic Tradition, London 1991 (Reprint der Ausgabe Chicago 1964).

York Plays. The plays performed by the crafts or Mysteries of York on the Day of Corpus Christi in the 14th, 15th and 16th centuries, hg. von Lucy Toulmin Smith, Oxford 1885.

Leland-Locke: »Ancient MS on Free Masonry«

Folgende Seiten:
Reproduktion der Erstpublikation des *Leland-Locke* Manuskripts als »Ancient MS on Free Masonry«, in: Gentleman's Magazine, Bd. xxiii, September 1753, S. 417-421.

Antient MS on Free Masonry. 417

Copy of a small Pamphlet, consisting of 12 *Pages in Octavo, printed at* Franckfort, *in* Germany, *in* 1748, entitled,

Ein Brief Von dem Beruehmten Herrn Herrn Johann Locke, betreffend die Frey-Maureren. So auf einem Schreib-Tisch eines verstorbnen Bruders ist gefunden worden.

THAT IS,

A LETTER *of the famous Mr* JOHN LOCKE, *relating to* FREE-MASONRY; *found in the Desk or Scritoir of a deceased Brother.*

A Letter from the learned Mr JOHN LOCKE *to the Rt Hon.* *** *Earl of* ****, *with an old Manuscript on the Subject of Free-Masonry.*

MY LORD, *May* 6, 1696.

I Have at length by the help of Mr. C——ns procured a Copy of that M. S. in the BodleianLibrary, which you were so curious to see: and in obedience to your Lordship's commands, I herewith send it to you. Most of the Notes annex'd to it, are what I made Yesterday for the Reading of my Lady MASHAM, who is become so fond of masonry, as to say, that she now more than ever wishes herself a Man, that she might be capable of Admission into the Fraternity.

The M.S. of which this is a Copy, appears to be about 160 Years old; Yet (as Your Lordship will observe by the Title) it is itself a Copy of one yet more Ancient by about 100 Years: For the Original is said to have been the Hand-writing of K. H. VI. Where that Prince had it is at present an Uncertainty: But it seems to me to be an Examination (taken perhaps before the king) of some one of the Brotherhood of MASONS; among whom, he entred himself, as 'tis said, when he came out of his Minority, and thenceforth put a Stop to a Persecution that had been raised against them: But I must not detain Your Lordship longer by my Prefaces from the thing itself.

Certayne Questyons, wyth Awnsweres to the same, Concernynge the

Mystery of Maconrye;

wryttenne by the hande of Kynge Henrye the Sixthe of the Name, and faythfullye copyed by me (1) Johan Leylande Antiquarius, **by the Commaunde of His (2) Highnesse.**

They

---

(1) *John Leylande* was appointed by King *Henry* the eighth, at the dissolution of MONASTERIES, to search for, and save such books and records as were valuable among them. He was a man of great labour, and industry.

(2) *His Highness*, meaning the said King HENRY the eighth. Our kings had not then the title of majesty.

They be as followethe:

Quest. What mote ytt be? (3)

Answ. Ytt beeth the Skylle of Nature, the understondynge of the myghte that ys hereynne, and its sondrye Werckynges; sonderlyche, the Skylle of Rectenyngs, of Waightes, and Metynges, and the treu manere of Faconnynge al thynges for Mannes Use, headlye, Dwellynges, and Buyldynges of alle Kindes, and al odher thynges that make Gudde to Manne.

Quest. Where dyd ytt begyne?

Answ. Ytt dyd begynne with the (4) fyrste menne yn the Este, whych were before the (5) ffyrste Manne of the Weste, and comynge Westlye, ytt hathe broughte herwyth alle Comfortes to the wylde and Comfortlesse.

Quest. Who dyd brynge ytt Westlye?

Answ. The (6) Venetians whoo beynge Grate Merchaundes, comed ffyrste ffromme the Este ynn Venetia, ffor the commodytye of Marchaundysynge beithe Este and Weste, bey the redde and Myddlelonde Sees.

Quest. Howe comede ytt yn Engelonde?

Answ. Peter Gower (7) a Grecian, journeyedde ffor kunnynge yn Egypte, and yn Syria, and yn everyche Londe whereas the Venetians hadde plauntedde Maçonrye, and Wynnynge Entraunce yn al Lodges of Maconnes, he lerned muche, and retournedde, and woned yn Grecia Magna (8) wachsynge, and becommynge a myghtye

(3) *What mote ytt be?* that is, what may this mystery of MASONRY be?—The answer imports, that it consists in natural, mathematical, and mechanical knowledge. Some part of which (as appears by what follows) the masons pretend to have taught the rest of mankind, and some part they still conceal.

(4.) (5.) *Fyrste menne yn the Este* &c. It should seem by this that MASONS believe there were men in the *East* before ADAM, who is called the *ffyrste Manne of the Weste*; and that arts, and sciences began in the *East*. Some authors of great note for learning have been of the same opinion; and it is certain, that *Europe* and *Africa* (which in respect to *Asia* may be call'd western countries) were wild and savage, long after arts and politeness of manners were in great perfection in *China*, and the *Indies*.

(6) *The Venetians* &c. In the times of Monkish ignorance 'tis no wonder that the *Phenicians* should be mistaken for the *Venetians*. Or perhaps, if the people were not taken one for the other, similitude of sound might deceive the clerk who first took down the examination. The *Phenicians* were the greatest voyagers among the ancients, and were in *Europe* thought to be the inventors of letters, which perhaps they brought from the *East* with other arts.

(7) *Peter Gower*. This must be another mistake of the writer. I was puzzled at first to guess who PETER GOWER should be, the name being perfectly *English*; or how a *Greek* should come by such a name: but as soon as I thought of PYTHAGORAS, I could scarce forbear smiling, to find that PHILOSOPHER had undergone a METEMPSYCOSIS he never dreamt of. We need only consider the *French* pronunciation of his NAME PYTHAGORE, that is, PETAGORE, to conceive how easily such a mistake might be made by an unlearned clerk. That PYTHAGORAS travelled for knowledge into EGYPT &c. is known to all the learned, and that he was initiated into several different orders of PRIESTS, who in those days kept all their learning secret from the vulgar, is as well known. PYTHAGORAS also, made every GEOMETRICAL theorem a secret, and admitted only such to the knowledge of them, as had first undergone a five years silence. He is supposed to be the inventor of the XLVII. of the first book of EUCLID, for which in the joy of his heart; 'tis said he sacrific'd a Hecatomb. He also knew the true system of the world lately reviv'd by COPERNICUS; and was certainly a most wonderful man. See his life by DION. HAL.

(8) *Grecia Magna*. A part of *Italy* for-

myghtye (9) Wyſeacre, and gratelyche renowned, and her he framed a grate Lodge at Groton (10) and maked many Maconnes, ſome whereoffe dyd journeye yn Fraunce, and maked manye Maconnes, wherefromme, yn Proceſſe of Tyme, the Arte paſſed yn Engelonde.

Queſt. Dothe Maconnes deſcouer here Artes unto Odhers?

Anſw. Peter Gower whenne he journeyedde to lernne, was ffyrſte (11) made, and anonne techedde; evenne ſoe ſhulde all odhers be yn recht. Natheleſs (12) Maconnes hauethe alweys yn everyche Tyme from Tyme to Tyme communycatedde to Mannkynde ſoche of her Secrettes as generallyche myghte be uſefulle; they haueth keped backe ſoche allein as ſhulde be harmefulle yff they commed yn euylle Haundes, oder ſoche as ne myghte be holpynge wythouten the Techynges to be joynedde herwythe in the Lodge, oder ſoche as do bynde the Freres more ſtrongelyche togeder, bey the Proffytte, and commodytye comynge to the Confrerie herfromme.

Queſt. Whatte Artes haueth the Maconnes techedde Mankynde?

Anſw. The Artes (13) AGRICULTURA, ARCHITECTURA, ASTRONOMIA, GEOMETRIA, NUMERES, MUSICA, POESIE, KYMISTRYE, GOVERNMENTE, and RELYGYONNE.

Queſt. Howe commethe Maconnes more teachers than odher Menne?

Anſw. They hemſelfe haueth allein the (14) Arte of fyndynge neue Artes, whyche Art the ffyrſte Maconnes receaued from Godde; by the whyche they fyndethe whatte Artes hem pleſethe, and the treu Way of techynge the ſame. Whatt odher Menne doethe ffynde out, ys onelyche bey chaunce, and herfore but lytel I tro.

Queſt. Whatt dothe the Maconnes concele, and hyde?

Anſw. They concelethe the Arte of ffyndynge neue Artes, and thattys for here owne

formerly ſo called, in which the GREEKS had ſettled a large colony.

(9) *Wyſeacre.* This word at preſent ſignifies ſimpleton, but formerly had a quite contrary meaning. *Weiſager* in the old SAXON, is PHILOSOPHER, wiſeman, or wizard; and having been frequently uſed ironically, at length came to have a direct meaning in the ironical ſenſe. Thus DUNS SCOTUS, a man fam'd for the ſubtilty and acuteneſs of his underſtanding, has by the ſame method of irony, given a general name to modern dunces.

(10) *Groton.* GROTON is the name of a place in ENGLAND. The place here meant is CROTONA a city of GRECIA MAGNA, which in the time of PYTHAGORAS was very populous.

(11) *Fyrſte made.* The word MADE I ſuppoſe has a particular meaning among the MASONS, perhaps it ſignifies, initiated.

(12) *Maconnes haueth communycatedde &c.* This PARAGRAPH hath ſomething remarkable in it. It contains a juſtification of the ſecrecy ſo much boaſted of by MASONS, and ſo much blamed by others; aſſerting that they have in all ages diſcover'd ſuch things as might be uſeful, and that they conceal ſuch only as would be hurtful either to the world or themſelves. What theſe ſecrets are, we ſee afterwards.

(13) *The Arts.* AGRICULTURA &c. It ſeems a bold pretence, this, of the MASONS, that they have taught mankind all theſe arts. They have their own authority for it; and I know not how we ſhall diſprove them. But what appears moſt odd is, that they reckon religion among the arts.

(14) *Arte of ffynding neue Artes.* The art of inventing arts, muſt certainly be a moſt uſeful art. My LORD BACON'S NOVUM ORGANUM, is an attempt towards ſomewhat of the ſame kind. But I much doubt, that if ever the MASONS had it, they have now loſt it; ſince ſo few new arts have been lately invented, and ſo many are wanted. The IDEA I have of ſuch an art is, that it muſt be ſomething proper to be apply'd in all the ſciences generally, as ALGEBRA is in numbers, by the help of which new rules of arithmetic are and may be found.

owne Proffytte, and (15) Preiſe: they concelethe the Arte of kepyngē (16) Secrettes, thatt for the Worlde mayeth nothinge concele from them. Thay conceletlle the arte of Wunderwerckynge, and of fore ſayinge thynges to comme, thatt ſo thay ſame artes may not be uſedde of the wyckedde to an euylle Ende; thay alſo conceethe the (17) Arte of chaunges, the Wey of Wynnynge the Facultye (18) of Abrac, the Skylle of becommynge gude and parfyghte wythouten the Holpynges of Fere, and Hope; and the Univerſelle (19) Longage of Maconnes.

Queſt. Wylle he teche me thay ſame Artes?

Anſw. Ye ſhalle be techedde yiff ye be werthye, and able to lerne.

Queſt. Dothe alle Maconnes kunne more then odher Menne?

Anſw. Not ſo. Thay onlyche haueth recht, and Occaſyonne more then odher Menne to kunne, butt many doeth fale yn Capacity, and manye more doth want induſtrye, thatt ys Perneceſſarye for the gaynynge all Kunnynge.

Queſt. Are Maconnes gudder Menne then odhers?

Anſw. Some Maconnes are nott ſo Vertuous as ſome other Menne; but yn the moſte Parte, thay be more gude then thay woulde be yf thay war not Maconnes.

Queſt. Doth Maconnes love eidther odher myghtylye as beeth ſayde?

Anſw. Yea verylyche, and yt may not odherwyſe be: For gude Menne, and true, kennynge eidher odher to be ſoche, doeth always love the more as thay be more Gude.

Here endethe the Queſtyonnes, and Awnſweres.

A GLOS-

(15) *Preiſe.* It ſeems the MASONS have a great regard to the reputation as well as the profit of their order; ſince they make it one reaſon for not divulging an art in common, that it may do honour to the poſſeſſors of it. I think in this particular they ſhew too much regard for their own ſociety, and too little for the reſt of MANKIND.

(16) *Arte of kepynge Secrettes.* What kind of an art this is I can by no means imagine. But certainly ſuch an art the MASONS muſt have: for tho' as ſome people ſuppoſe, they ſhould have no ſecret at all; even that muſt be a ſecret which being diſcover'd would expoſe them to the higheſt ridicule: and therefore it requires the utmoſt caution to conceal it.

(17) *Arte of Chaunges.* I know not what this means, unleſs it be the tranſmutation of metals.

(18) *Facultye of Abrac.* Here I am utterly in the dark.

(19) *Univerſelle Longage of Maconnes.* An univerſal language has been much deſired by the learned of many ages. 'Tis a thing rather to be wiſhed than hop'd for. But it ſeems the MASONS pretend to have ſuch a thing among them. If it be true, I gueſs it muſt be ſomething like the language of the PANTOMIMES among the ancient ROMANS, who are ſaid to be able, by ſigns only, to expreſs and deliver any oration intelligibly to men of all nations, and languages. A man who has all theſe arts and advantages, is certainly in a condition to be envied: but we are told, that this is not the caſe with all MASONS; for tho' theſe arts are among them, and all have a right and an opportunity to know them, yet ſome want capacity, and others induſtry to acquire them. However of all their arts, and ſecrets, that which I moſt deſire to know is, *The Skylle of becommynge gude and parfyghte*; and I wiſh it were communicated to all mankind, ſince there is nothing more true than the beautiful ſentence contained in the laſt anſwer, "that the better "men are, the more they love one a-"nother." Virtue having in itſelf ſomething ſo amiable as to charm the hearts of all that behold it.

I know not what effect the ſight of this old paper may have upon your LORDSHIP; but for my own part, I cannot deny, that it has ſo much raiſed my curioſity; as to induce me to enter myſelf into the fraternity; which I am determined to do (if I may be admitted) the next time I go to LONDON, (and that will be ſhortly.)

I am, my Lord,
Your Lordſhip's moſt obedient,
and moſt humble Servant,
JOHN LOCKE.

Gloſſary.—Adventurer on Criticiſm. 421

A GLOSSARY to explain the Words in larger Characters in the foregoing.

Allein, *only*
Alweys, *always*
Beithe, *both*
Commodytye, *conveniency*
Confrerie, *Fraternity*
Faconnynge, *forming*
Fore ſayinge, *propbecying*
Freres, *bretbren*
Headlye, *chiefly*
Hem pleſethe, *they pleaſe*
Hemſelfe, *themſelves*
Her, *there, their*
Hereynne, *therein*
Herwyth, *wiib it*
Holpynge, *beneficial*
Kunne, *know*
Kunnynge, *knowledge*
Make Gudde, *are beneficial*
Metynges, *meaſures*
Mote, *may*
Myddlelonde, *Mediterranean*
Myghte, *power*
Occaſyonne, *opportunity*
Oder, *or*
Onelyche, *only*
Perneceſſarye,; *abſolutely neceſſary*
Preiſe, *honour*
Recht, *right*
Reckenyngs, *numbers*
Sonderlyche, *particularly*
Skylle, *knowledge*
Wackſynge, *growing*
Werck, *operation*
Wey, *way*
Whereas, *where*
Woned, *dwelt*
Wunderwerkynge, *working miracles*
Wylde, *ſavage*
Wynnynge, *gaining*
Ynn, *into*

Quellennachweise

Abb. 1 nach Stubbs/Haunch: Freemasons' Hall. The Home and Heritage of the Craft, London 1983, S. 8 – *Copyright, and reproduced by permission, of the United Grand Lodge of England*; **Abb. 2** Frontispiz der 1784er Ausgabe des Konstitutionsbuches der United Grand Lodge of England – *Copyright, and reproduced by permission, of the United Grand Lodge of England*; **Abb. 3** nach David Watkin: Sir John Soane. Enlightenment Thought and the Royal Academy Lectures, Cambridge 1996, Farbtafel XXV (SM P268); **Abb. 4** nach David Watkin: »Freemasonry and Sir John Soane«, in: Journal of the Society of Architectural Historians (JSAH), 54:4 (1995), S. 409 (SM 52/5/42); **Abb. 5** nach ebd., S. 412 (SM 52/5/34); **Abb. 6** nach John Soane (Architectural Monographs, 8), London 1983, S. 15 (SM11/4/1); **Abb. 7** nach ebd., S. 17; **Abb. 8, 10-12, 14-16** nach Johann Martin Bernigeroth: Les Coutumes des francs-maçons dans leurs assemblées principalement pour la réception des apprentifs et des maîtres, tout nouvellement et sincèrement découvertes, Plates I-VII, Leipzig 1745 – *Herzog August Bibliothek Wolfenbüttel: Tq 4°8*; **Abb. 9** nach Anonymus [Gabriel Louis Calabre Pérau]: L'Ordre des Francs-Maçons Trahi, et le Secret des Mopses Revelé, Plate II, Amsterdam 1745 – *mit freundlicher Genehmigung der Staatsbibliothek zu Berlin – Preußischer Kulturbesitz: Nb 5042<a>;* **Abb. 13** nach Anonymus [Gabriel Louis Calabre Pérau]: L'Ordre des Francs-Maçons Trahi, et le Secret des Mopses Revelé, Plate V, Amsterdam 1745 – *mit freundlicher Genehmigung der Staatsbibliothek zu Berlin – Preußischer Kulturbesitz: Nb 5042*; **Abb. 17** nach Anonymus [Abbé Larudan]: Les Francs-Maçons Ecrasés. Suite du Livre Intitulé, L'ordre des Francs-Maçons Trahi, Plate II, Amsterdam 1747 – *mit freundlicher Genehmigung der Staatsbibliothek zu Berlin – Preußischer Kulturbesitz: Nb 5043*; **Abb. 18** nach David Bindman: Hogarth and his times, London 1997, S. 71; **Abb. 19** nach *AQC* 18 (1905), gegenüber S. 201 – *Copyright, and reproduced by permission, of the United Grand Lodge of England*; **Abb. 20** nach The dumb show. Image and Society in the works of William Hogarth, hg. von Frédéric Ogée, Oxford 1997, Nr. 24 d. Bildteils zw. S. 84 u. 85; **Abb. 21 u. 22** nach W.J. Chetwode Crawley: »Mock Masonry in the Eighteenth Century«, in: *AQC* 18 (1905), S. 129-146 – *Copyright, and reproduced by permission, of the United Grand Lodge of England*; **Abb. 23** Colour version of Hogarth's *The mystery of masonry brought to light by ye Gormogons* (1724) – *Copyright, and reproduced by permission, of the United Grand Lodge of England*; **Abb. 24-27** nach Mark Hallett: The Spectacle of Difference. Graphic Satire in the Age of Hogarth, New Haven, London 1999, S. 75-77 u. 81; **Abb. 28** nach »A Brief Memoir of Masonicus«, in: Scientific Magazine, and Freemasons' Repository, Bd. XI, Aug. 1798, S. 367 – *Copyright, and reproduced by permission, of the United Grand Lodge of England.*

Kultur- und Medientheorie

Christian Bielefeldt,
Udo Dahmen,
Rolf Grossmann (Hg.)
PopMusicology
Perspektiven der Popmusikwissenschaft
Februar 2008, 284 Seiten, kart., 26,80 €,
ISBN 978-3-89942-603-8

Annette Bitsch
Diskrete Gespenster
Die Genealogie des Unbewussten aus der Medientheorie und Philosophie der Zeit
Dezember 2008, 544 Seiten, kart., 42,80 €,
ISBN 978-3-89942-958-9

Matthias Bruhn,
Kai-Uwe Hemken (Hg.)
Modernisierung des Sehens
Sehweisen zwischen Künsten und Medien
Mai 2008, 374 Seiten, kart., 29,80 €,
ISBN 978-3-89942-912-1

Thomas Ernst,
Patricia Gozalbez Cantó,
Sebastian Richter,
Nadja Sennewald,
Julia Tieke (Hg.)
SUBversionen
Zum Verhältnis von Politik und Ästhetik in der Gegenwart
März 2008, 406 Seiten, kart., 30,80 €,
ISBN 978-3-89942-677-9

Susanne von Falkenhausen
KugelbauVisionen
Kulturgeschichte einer Bauform von der Französischen Revolution bis zum Medienzeitalter
Oktober 2008, 214 Seiten, kart., zahlr. Abb., 24,80 €,
ISBN 978-3-89942-945-9

Erika Fischer-Lichte,
Kristiane Hasselmann,
Alma-Elisa Kittner (Hg.)
Kampf der Künste!
Kultur im Zeichen von Medienkonkurrenz und Eventstrategien
Februar 2009, ca. 300 Seiten, kart., zahlr. Abb., ca. 28,80 €,
ISBN 978-3-89942-873-5

Ines Kappert
Der Mann in der Krise
oder: Kapitalismuskritik in der Mainstreamkultur
Oktober 2008, 250 Seiten, kart., 24,80 €,
ISBN 978-3-89942-897-1

Marcus S. Kleiner
Im Widerstreit vereint
Kulturelle Globalisierung als Geschichte der Grenzen
Januar 2009, ca. 150 Seiten, kart., ca. 16,80 €,
ISBN 978-3-89942-652-6

Doris Kolesch, Vito Pinto,
Jenny Schrödl (Hg.)
Stimm-Welten
Philosophische, medientheoretische und ästhetische Perspektiven
Dezember 2008, 234 Seiten, kart., zahlr. Abb., inkl. Begleit-CD-ROM, 24,80 €, ISBN 978-3-89942-904-6

Gunnar Schmidt
Visualisierungen des Ereignisses
Medienästhetische Betrachtungen zu Bewegung und Stillstand
Dezember 2008, 146 Seiten, kart., zahlr. Abb., 17,80 €,
ISBN 978-3-8376-1076-5